编 委 会

云南省社会科学院
中国（昆明）南亚东南亚研究院 编

东南亚报告

（2023—2024）

主　编　雷著宁　副主编　和瑞芳

云南人民出版社

图书在版编目（CIP）数据

东南亚报告. 2023—2024 / 雷著宁主编；和瑞芳副主编. -- 昆明：云南人民出版社，2024.12. -- ISBN 978-7-222-23221-1

Ⅰ．F133.04

中国国家版本馆 CIP 数据核字第 2024GL5607 号

责任编辑　陶汝昌
责任校对　梁　爽
责任印制　代隆参
装帧设计　肖树华

东南亚报告（2023—2024）
DONGNANYA BAOGAO（2023—2024）

雷著宁　主编　和瑞芳　副主编

出　版　云南人民出版社
发　行　云南人民出版社
社　址　昆明市环城西路 609 号
邮　编　650034
网　址　www. ynpph. com. cn
E-mail　ynrms@ sina. com
开　本　720mm×1010mm　1/16
印　张　28.25
字　数　435 千
版　次　2024 年 12 月第 1 版第 1 次印刷
印　刷　昆明理煜印务有限公司
书　号　ISBN 978-7-222-23221-1
定　价　68.00 元

如需购买图书，反馈意见，请与我社联系。
图书发行电话：0871-64107659

云南人民出版社微信公众号

目　录

总报告

2023—2024 年的东南亚形势

雷著宁　和瑞芳

一、2023 年的东南亚总体发展态势

2023 年，东南亚与全球其他地区相比，以其强劲韧性经受住了全球宏观经济的逆风，东南亚地区各国实现了经济增长。与 2019 年相比，东南亚地区外国直接投资增长 36%，地区出口增长 32%，出境旅客量恢复至 80%，旅行需求增长 40%。2023 年整个数字行业的收入达到 1000 亿美元。2023 年 6 月 2 日，《区域全面经济伙伴关系协定》（RCEP）对菲律宾正式生效，标志着 RCEP 对包括东盟 10 国在内的 15 个签署国全面生效。构建中国—东盟命运共同体十周年成效显著，共建和平家园、安宁家园、繁荣家园、美丽家园、友好家园的"五大家园"进程加快，中国与东盟国家双边都成为彼此最大的贸易伙伴，中国—东盟自贸区建设协同高质量实施区域全面经济伙伴关系协定（RCEP）进入了加快推进中国—东盟自贸区 3.0 版建设阶段。

二、政治

2023 年，除缅甸以外，东南亚政局基本没有大的波澜。面对日益复杂的"印太战略"竞争格局和安全环境，东盟领导人在东盟峰会和东亚合作领导人系列会议上将地区安全和发展放到中心地位，并取得成效：首先，

第43届东盟峰会聚焦区域经济增长和"和谐"愿景，通过第四份《东盟和谐联合声明》和《东盟2045年愿景》。其次，中国—东盟（10+1）领导人会议围绕"一带一路"倡议与东盟印太展望合作达成诸多声明。宣布2024年为"中国东盟人文交流年"，并就农业绿色发展、电子商务、科技创新达成《中国—东盟关于深化农业合作的联合声明》《中国—东盟农业绿色发展行动计划（2023—2027）》《中国—东盟关于加强电子商务合作的倡议》《共同推进实施中国—东盟科技创新提升计划的联合倡议》等成果文件。第三，东盟与中日韩（10+3）领导人会议声明10+3合作坚持多边主义，通过深化经贸、投资、数字经济、绿色低碳发展，电动汽车生态系统、气候变化、能源和粮食安全等合作落实新一期《10+3合作工作计划》。[①]

从国别看，缅军2021年2月夺权以来，缅甸政局陷入动荡，武装冲突四起，经济形势也一度较为严峻。当前，缅甸经济虽已出现逐渐企稳迹象，但仍面临诸多深层次困难和挑战。缅甸目前的经济困难主要是由政治因素导致的。虽然因化肥、燃料等生产原料价格上升，农业投入减少，未来粮食产量将减少，但粮食产量满足国内需求应无问题。关键是政府要及时平抑粮食价格，并向20%—30%的底层脆弱民众提供基本口粮保障。但是，由于政局持续混乱与武装冲突扩散，很多地区基层政权瘫痪，大量底层民众和避战避乱难民无法获得粮食。这不但加剧了经济困难，甚至会引发更大社会动荡。世界粮食计划署估计缅甸有300万人粮食短缺，尤其是有约120万躲避武装冲突的国内难民面临急迫的粮食短缺问题。老挝政治局势稳定，按照既定方针召开老党十一届六中和七中全会，九届国会五次、六次会议，继续加强党的建设，完善立法工作，调换省部级干部，惩治腐败，营造有利于经济社会发展的环境。面对纷繁复杂世界局势，越南积极克服困难，保持政治稳定，经济发展虽然遭遇暂时困难，但仍然保持增长韧性。政治方面，越南高层人事出现重大变动，年初阮春福辞去越共中央政治局

---

① 叶如静：《美国观察月度形势报告丨2023年9月美国—东南亚关系》，清华大学战略与安全研究中心，2023年10月6日。

委员和越南国家主席职务，武文赏接替阮春福当选越南国家主席，越南高层权力平稳交接。泰国完成了第三十届下议院大选，由为泰党率领的政党联盟组成新内阁，新一届下议院和第三十任总理诞生，泰国政治进入一个可期待的平稳发展阶段。

2023 年柬埔寨国情稳定。经过新一轮换届大选，执政党柬埔寨人民党获得了广泛民意的支持，实现了继续执政及国家领导人的平稳交接，社会秩序稳定。

新加坡人民行动党在总统选举中保持优势，前副总理尚达曼当选为第九任总统，总统选举过程显示出新加坡民众求变的心态。然而，即使政府的社会政策有所调整，新加坡依旧保持着精英管理模式。

马来西亚继续保持政治稳定和独立。马来西亚族群之间的分裂结构和马来族群内部分裂造成了当今马来西亚三大政治势力角逐的格局，并导致政党体制的碎片化，加剧了国内政治的不确定性和不稳定性。[①] 但总体上马来西亚政局稳定，政府持续推进改革议程。

印度尼西亚政局总体稳定。民众对佐科政府的执政业绩的满意度较高，希望他连任总统的呼声不断，但 72 岁的时任国防部部长普拉博沃·苏比安托与现任总统长子吉布兰竞选组合成功赢得选举。酝酿已久的迁都计划正式提上日程，国会通过了迁都法案。在巴布亚新增设 3 个省区，目的是促进该地区经济繁荣和发展，削弱分离主义运动，加速建设巴布亚特别自治区。

菲律宾政局总体稳定。帮助小马科斯总统赢得选举的政党联盟开始分化，小马科斯家族和杜特尔特家族的矛盾走向公开，小马科斯一方在众议院的权力博弈中逐渐占据优势。菲律宾政府主要聚焦保经济稳物价，严重通胀造成的民生压力拉低了小马科斯的民众支持率。

文莱"2035 宏愿"进展顺利，成果丰硕。2023 年文莱苏丹高度重视

---

① 傅聪聪：《马来西亚：2021 年回顾与 2022 年展望》，载《东南亚纵横》2022 年第 2 期，第 44 页。

"2035 宏愿"的进展与成就，发表致辞，国民人心振奋，蓄势待发。一年一度的苏丹华诞庆典也如期举行，有一批人获得苏丹授勋，民间万人空巷，张灯结彩，为苏丹庆生。苏丹带领王室成员积极参加"与民同乐"活动，与百姓近距离接触，接受祝福，也传递厚爱。文莱苏丹非常重视大学生毕业典礼，亲自参加了 UNISSA 第 13 届毕业典礼。此外，文莱首相府多位领导还出席了众多国际论坛。

东帝汶顺利完成国民议会选举。大会党领袖夏纳纳正式成为政府总理。2023 年，东帝汶军事力量得到进一步发展，相关军事规划草案也顺利通过议会批准并提交总统签署。法律工作也在有条不紊地持续完善，上诉法院恢复了流动性法庭工作，还通过了《工作安全、健康和卫生法》，并开展了大赦工作。

三、经济

2022 年东盟 10 国人口合计 6.79 亿占全球 8.5%，GDP 总和 3.62 万亿美元占全球 3.6%，出口规模总和 1.96 万亿美元占全球 7.8%，东盟已经稳居全球第五大经济体。尽管全球经济由于通胀压力、金融环境收紧、供应紧张和地缘政治分歧，世界经济增长和贸易活动放缓，2023 年以来，东南亚各国通货膨胀的走势出现明显分化，各国的利率政策开始有更多地着眼于国内通货膨胀和经济增长，但东南亚（东盟）地区和中国互为最大贸易伙伴，而且双边贸易对于各自经济增长的重要性都在持续提升。同时，在东南亚近 1000 亿产值的数字经济收入中，电子商务、旅游、交通运输和媒体整体上贡献了 70%，印度尼西亚是最大的数字经济体，其他国家则因为城市化率、互联网普及率和物理设施饱和度的原因，数字经济还有很大的发展空间。

2023 年，缅甸经济形势严峻。由于受军事政变、缅北冲突等的影响，外汇短缺问题日益突出，外债偿付违约风险增大。缅军夺权前缅甸十多年开放发展的成果丧失，快速发展势头被打断，经济陷入停滞。尽管当前亚太地区主要经济体已经基本恢复甚至超过 2019 年水平，或将在 2023 年左右恢复到疫情前水平，但是，缅甸经济不太可能在短期内恢复到疫情前水平。农业仍是维持缅甸经济稳定的基础。农业是缅甸的支柱产业，涉及缅甸三分之一的 GDP 和三分之二的就业。缅甸一直是粮食出口国。相较于斯里兰卡，缅甸经济的对外依存度较低，粮食自给无问题。通常情况下，只要粮食生产能够稳住，能够分配到需要粮食的底层民众手中，基本民生问题能得到保障，就可以维持经济的基本稳定。

老挝经济有所复苏。2023 年是老挝执行九五社会经济发展规划的第三年，在疫情后中国重新开放以及老挝国内发展旅游业、促进出口、改善金融状况、抑制通货膨胀等多种因素推动下，老挝经济逐步复苏。旅游业复苏强劲。2023 年 4 月 13 日，中老铁路开通了跨境班列，与此同时，老挝航空恢复了众多国际航线，赴老挝旅游的国际游客日益增多。2023 年 1—9 月，共有 240 万名外国游客赴老挝旅游，其中泰国游客 100 万人次，越南游客超 60 万人次，中国游客近 48 万人次，其余的主要来自亚太、欧美地区，与去年同期相比增长了 285%。[①] 农产品出口旺盛，电力出口大于进口，数字信息异军突起。老挝 758 万人口中，44% 的老挝人使用社交媒体（约 334 万），其中 295 万是 18 岁及以上用户，100% 的用户通过移动设备访问社交媒体。

越南经济因美元持续加息，全球需求下降，尤其欧美发达经济体需求下降，导致越南工业生产下滑，出口萎缩，持续火热的房地产等行业也出现明显降温。在面临如此挑战和困难下，越南经济上半年增长 3.72%，第三季度经济增长 5.33%，取得这样的成绩实属不易，在东盟国家中排在前列。

泰国大选的艰难历程和厄尔尼诺现象以及地缘政治紧张局势等因素影

---

① 《外媒：中老铁路助老挝旅游业发展》，参考消息网，2023 年 11 月 13 日。

响，工业生产指数持续呈下滑趋势，农业作物减产导致农业部门受损严重。幸运的是旅游业复苏带动服务业增长，成为经济增长的重要引擎。相较于 2012 年 7.2% 的增速，泰国经济下滑明显，呈现出衰退迹象。2023 年，新政府针对当前泰国面临的经济、社会与政治以及全球环境诸多方面的问题，提出了短期、中期和长期目标、战略与政策。旅游业是泰国重要产业和经济收入的重要来源，对泰国国内生产总值的贡献率一般约为 12%—20%，但 2020 年占到了 27%，旅游相关产业从业人员高达 25%。旅游业也带动了酒店业、餐饮业、免税店等服务业和零售行业发展。2022 年赴泰外国游客超 1100 万人次、旅游收入为 1.5 兆泰铢，但不到 2019 年的三分之一；2023 年 1—9 月赴泰外国游客突破 2000 万人次，年内或可实现 2500 万人次的目标。

柬埔寨开放国门两年以来，社会经济秩序全面复苏，经济活力逐步恢复，2022 年经济实际增长率增至 5.2%[①]，2023 年柬埔寨作为东道国主办了东南亚运动会、东盟残运会，与旅游相关的服务业得以强劲反弹。值得一提的是，尽管在 2023 年全球局势不稳，欧美市场需求下滑的情况下，柬埔寨与 RCEP 协定成员国之间的贸易量激增，占到了其贸易总额的三分之一。

新加坡持续 0.5% 的低速恢复期，但投资的吸引力依然不减。马来西亚在 2023 年的经济发展情况呈现出一种波动态势。虽然整体经济环境面临挑战，但一些行业如制造业和服务业仍然表现出较强的增长势头。政府正在采取措施以刺激经济发展，并促进各行业的平衡和可持续发展。

印度尼西亚 2023 年的经济增长速度在全球来说是一个相当不错的成绩。在全球经济动荡的情况下，印尼经济的基本面依然强劲且富有弹性。消费、制造业、投资及出口的增长推动了印尼整体经济增长，尤其是国内需求取代了大宗商品出口，成为印尼经济增长的主要动力。印尼官方确定

---

① The World Bank，"Cambodia's Economy on Firm Path to Recovery"，MAY 18，2023，https://www.worldbank.org/en/news/press-release/2023/05/18/cambodia-s-economy-on-firm-path-to-recovery.

2023 年的经济增长目标为 5.3%，通货膨胀率预测介于 2%—4% 之间。

菲律宾 2023 年度经济表现良好，上半年国内生产总值（GDP）增长 5.3%，仍是亚洲增长最快的经济体之一。各部门经济均有不同程度的恢复反弹，其中服务业增长最快。

文莱经济 2023 年 GDP 实际增长 1.5%，2024 年将增长 3.1%。消费者价格通胀从 2022 年的 3.7% 放缓至 2023 年的 0.6%，经常项目将继续出现巨额盈余。经济增长主要是因为旅游业重新开放，交通服务等显著改善，经济重新开放后国内油气供应向下游产业的分流使得非石油和天然气行业受益。文莱的经济活动主要由工业部门支撑，占 59.9% 左右，服务业占比 38.9%，农业、林业和渔业部门占比 1.2%。

东帝汶经济持续复苏，2024 年或将实现 2% 的增长。但通货膨胀依然严重，特别是在食品方面价格出现了大幅上涨，该国经济依然依赖于石油天然气产业和咖啡出口。此外财政赤字持续增长，但私人消费需求依然缺乏活力，就业机会的不足导致东帝汶劳动参与率过低。由于新冠疫情、洪灾、全球经济衰退等客观条件，该国发展依然面临诸多困难与挑战，极有可能无法在 2025 年前脱离最不发达国家行列。

四、外交

2023 年东南亚各国积极拓展全球外交关系，努力在中美竞争中保持稳定，欢迎澳大利亚、印度、日本和欧洲国家积极参与该地区的贸易、投资和国际对话。其中，中国—东盟合作是 2023 年东南亚地区的重要领域。2023 年是习近平主席在印度尼西亚提出建设更为紧密的中国—东盟命运共同体 10 周年，2022 年开始中国—东盟双方互为最大贸易伙伴，互为重要的投资来源地和目的地。2022 年 11 月，中国与东盟共同宣布正式启动中国—东盟自贸区 3.0 版谈判。2023 年 2 月、4 月和 6 月已经举行了三轮谈判，双方围绕数字经济、绿色经济、货物贸易、投资、经济技术合作、卫生与植物卫生措施、竞争和消费者保护、中小微企业、法律和机制事务、标准技术法规与合格评定程序等多个领域展开全面持续的商讨，共同提升中国—东盟自贸区贸易投资自由化便利化水平。

缅甸受到中国和东盟的密切关注，但来自美西方的外交环境短期难以改善。缅军夺权后，数十亿美元的发展资金（包括贷款、无偿援助等）被日本、美国、欧盟、欧盟国家、韩国、英国、世界银行、亚洲开发银行等暂停或取消，国际金融流入量大幅减少。俄乌冲突推高了燃油价格，短期内难以缓解。西方持续对缅甸看守政府进行制裁，东盟也不断施压，要求落实东盟五点共识，否则不邀请缅甸看守政府参加部长级以上会议，不给予其合法性认可，缅甸经济发展的外部环境难以改善。但东盟、澜湄合作等多边机制拓展向缅甸提供援助的渠道，努力扩大援助物资的覆盖面和受益面，帮助更多缅甸民众渡过难关。

2023 年老挝外交活跃，继续发展与周边邻国、区域内外国家以及国际组织的传统友好合作关系，积极争取国际经济和技术援助。2024 年，老挝担任东盟轮值主席国，东盟各国和日本等国纷纷表示要为老挝担任东盟轮值主席国提供必要的支持和帮助。[①]

越南大国外交实现重大突破，2023 年 9 月 10—11 日，美国总统拜登对越南进行国事访问，双方发表了关于将两国关系提升至全面战略伙伴关系的联合声明。2023 年 9 月 10 日，美越双边关系被提升为越南外交关系最高级别的"全面战略伙伴关系"。

泰国新政府优先考虑战略自主权，延续了传统上的"平衡外交"政策，积极保持和发展与中美两国的友好合作关系。赛塔政府实施"积极主动的经济外交"，赛塔总理上任两月密集出访中国、柬埔寨、老挝、新加坡等八国，与数家国际知名企业和集团高管会面，推广数字经济、绿色经济、陆桥、软实力和旅游等涉及泰国发展的关键领域，邀请知名企业到泰投资发

---

① Vietnam ready to support Laos' Asean Chairmanship 2024：minister，https://www.vientianetimes. org. la/freefreenews/freecontent_230Vietnam_23. php.

展业务。重视区域与国际社会的合作，提升泰国的国际影响力。加强与邻国的关系，促进与邻国的可持续增长和发展的战略伙伴关系，以保持泰国在东盟和大湄公河次区域的突出地位。

东盟将是柬埔寨外交政策的重中之重，柬埔寨将致力于推动东盟共同体建设，进一步扩大与外部伙伴的关系，以维护地区和平、稳定与繁荣。"一带一路"倡议促进了柬埔寨的发展，也丰富了两国与其他国家的合作领域，柬埔寨成为"一带一路"倡议合作的金色典范。

新加坡密切关注中美之间的竞争，持续在中美之间寻求平衡，并推进与周边国家关系，保障国内稳定的发展环境。

马来西亚是东盟的重要成员之一，积极参与区域合作和一体化进程。马来西亚与文莱之间存在领土争议，尽管双方多次进行协商，问题仍未得到解决。同时，马来西亚在人权问题上也受到国际社会的批评。总的来说，马来西亚在 2023 年的外交关系发展情况呈现出积极的一面，但也存在一些挑战。

2023 年，印尼在区域及国际舞台上较为活跃。印尼继 2022 年担任二十国集团（G20）轮值主席国后，2023 年担任东盟轮值主席国。佐科总统在发表国情咨文时指出：印尼处于"全球领导地位的巅峰"。[①] 佐科总统频繁出访，会见各国领袖，寻求各方支持。同时，佐科总统也先后访问乌克兰和俄罗斯，居间牵线搭桥，为争取和平而努力。"在充满不确定性和多边主义价值不断遭遇挑战的世界形势中，印度尼西亚将更加积极地奉行合作、团结与和平的理念。"[②] 在联合国教科文组织第 42 届大会上，印尼当选联合国教科文组织 2023—2027 年执行委员会成员，反映了印度尼西亚在全球层面推动文化、教育、科学以及通信和信息等问题上作出的显著贡献，得到

① 张佳莹，《佐科：印尼处于全球领导地位的巅峰》，《联合早报》，2022 年 8 月 16 日。

② 《黄金机会：维多多的中国之行聚焦贸易》，2022 年 7 月 25 日，https://chinese. al-jazeera. net.

了国际社会的信任。东南亚地区的首条高速铁路、中国与印尼合作建设的雅加达至万隆高速铁路于 2023 年 9 月 7 日正式开通运行，雅万高铁是中国与印度尼西亚合作的旗舰项目。2023 年 7 月，习近平主席在成都会见来华访问的佐科总统，中国和印度尼西亚两国高层互动频繁，为推动两国关系的长远发展提供了有力指引和强大动力，中国的"一带一路"倡议与印尼"全球海洋支点"的国家发展构想高度契合，为两国深化全面合作打下重要的基础。

2023 年菲律宾在外交领域十分活跃，在大国外交方面明显偏向美国，并在美国主导的"小多边"联盟框架下重点发展与日本、澳大利亚等国的双边关系，其大国外交出现失衡，外交政策中的机会主义正给国家和地区安全带来巨大风险。

2023 年，文莱与中国保持着友好关系，并积极与东盟的其他成员国开展交流。文莱在经济层面依托自身资源优势不断扩大与世界各国（地区）经济交往，推动经济多元化发展；在安全方面，文莱积极以培训、联合演习、互访、军事比赛等形式与各国开展军事合作，致力于维护地区和平；在人文交流方面，文莱以伊斯兰教为文化支柱，积极传播马来传统文化。

东帝汶外交工作是以加入东盟为主要方向，2022 年 11 月东盟领导人第 40 届和第 41 届峰会原则上同意东帝汶加入东盟后，东帝汶自此获得列席包括首脑会议在内的东盟所有会议资格，"一只脚"终于迈入了东盟大家庭。东帝汶与印度尼西亚、澳大利亚等周边国家发展友好关系，并依托葡共体等区域组织积极与葡语国家友好交往。东中关系在 2023 年更进一步，双边关系提升为全面战略伙伴关系。

五、社会

整体上，东南亚地区的社会发展进步明显，但域内地区差异较大。缅甸社会短期内难以恢复。2021 年 2 月缅军夺权后，成立"国家管理委员会"，其后又宣布成立"看守政府"。反对派随即发动大规模抗议行动，其后演变为武装对抗，缅甸政局陷入持续动荡。加之2021年年中第三波疫情暴发，缅甸经济受到巨大冲击。当前缅北政局混乱和武装冲突对生产经营活动造成了不利影响；农业企业中更有三分之二的企业认为影响巨大，说明政局形势对农业生产经营冲击巨大。由于就业机会少，工资水平下降，工作时间减少，通货膨胀加剧，实际家庭收入减少，导致国内需求不振，未来经济增长缺乏内部动力。政治、经济的困难状况导致相当部分地区社会秩序失控，社会治安状况恶化。

老挝居高不下的高通货膨胀导致食品、药品等物价上涨，普通民众、低收入的公务员、教师、医生等生活困难，从而导致一系列社会风险问题。总的来说，高通货膨胀率影响到老挝治安形势和教育医疗卫生的发展，这对未来一段时期内老挝发展人力资源，培养高素质人才形成严重负面影响。由于大量的辍学导致人才断层，职业技能人才短缺，影响老挝经济社会发展。

越南社会经济复苏成为发展的主题，面对更加复杂多变的国内外环境，越南结合自身实际，提出了具体的发展目标，通过灵活的政策调整，使得越南社会经济稳定复苏，进一步与国际接轨。

柬埔寨顺利完成大选，新一届政府在延续上届政府的民生政策的基础上，也提出了新的民生发展政策，将继续加强整个民族的团结，将实施五项政策以保证民生发展。

新加坡2023年房地产价格和租金将迅速上涨，这可能会引起公众的不满，并导致雇用外国人的成本上升，进而可能对新加坡企业的增长战略产生负面影响。

马来西亚的治安状况出现了一定程度的改善。犯罪率较前一年下降了20%，特别是在吉隆坡等大城市，犯罪率明显下降。这一数据的下降主要归功于警方在过去一年中加大了巡逻和打击犯罪的力度。

印尼政府一方面积极抗击疫情，保护人民的生命健康；另一方面向民众发放各种援助和补贴，帮助困难群体在特殊时期渡过难关。在疫情期间，为了促进社会经济复苏，印尼政府推出多项刺激措施，包括豁免销售进口货物的所得税，医药机构和房屋的增值税等。

菲律宾社会层面，由于粮食生产不足以及严重的通胀，贫困和食物匮乏情况变得更普遍。

文莱政府历来都重视人民福祉，正在执行第十一个国家发展规划（RKN11，2018—2023），其六个战略重点为：提高教学和培训质量，提升全社会人力资本；发展符合行业需求的人才；建立有远见的和谐社区；增进可持续的民生福祉；增加非油气部门产出对国内生产总值的贡献；加强政府治理，营造良好营商环境。2023 年 4 月起启动第十二个国家发展规划加快社会发展。

东帝汶不断加强社会治安工作，为儿童和青少年提供更好的教育机会、基础设施和医疗条件，并鼓励青年接受职业培训，在学校建设、消除童工现象方面取得了一定的成绩。

六、2024 年展望

随着 2022 年 1 月 1 日 RCEP 在东南亚各国陆续生效并持续释放红利，"一带一路"倡议和中国—东盟"10+1"框架下中国—东盟合作不断深化，东南亚地区迎来经济社会发展的重大机遇期。澜沧江—湄公河合作五年行动计划（2023—2027）将加速落地，政治、经济和人文等领域的可持续发展将不断拓展。东南亚移动互联网的普及、数字基础设施的完善以及电子商务的发展，未来东南亚数字经济将更快发展，包括支付、汇款、贷款、投资和保险在内的数字金融服务将成为东南亚数字经济增长的新动力。

缅甸政局混乱对国家影响巨大。根据世界银行的报告，三分之一的缅甸企业认为政局混乱和武装冲突对生产经营活动造成了不利影响；农业企业中更有三分之二的企业认为影响巨大，说明政局形势对经济冲击巨大，未来发展将取决于政局是否能恢复安定。

2024 年是老挝旅游年，即将第三次担任东盟轮值主席国（前两次是 2004 年和 2016 年），这在老挝的社会历史发展将是浓墨重彩的一笔。

结合越南《2021—2030 年国家总体规划和 2050 年愿景》，2024 年的越南将着力科技创新、数字化转型、绿色转型和循环经济发展。越南将继续多措并举持续加强与大国之间的合作，搞好与周边邻国的关系，努力在国际上表现出积极的国家形象。

新一届政府将复苏泰国经济作为 2024 年执政首要任务，实行自由自足经济理念，并继承上一届政府的执政理念，不会有太大的改变。如果新一届政府能在促进经济增长的基础上，弥合军方、王室与反对派的政治分歧，泰国政治将迎来一个相对平稳的发展时期。

新加坡正在密切关注着中美关系，因为这场博弈的结果可能会严重影响其自身的地缘政治地位和经济前景。此外，东盟内部的紧张局势也带来了挑战，新加坡将引导东盟谨慎应对。IPEF、CPTPP、RCEP 等关键协议的落实也将是新加坡关注的焦点，这些协议有望重新定义经济和战略关系，对新加坡在全球经济舞台上的地位产生深远影响。总而言之，未来新加坡的发展将迈入复杂且充满活力的阶段。

马来西亚在 2024 年的发展整体趋势可能会表现出经济增长放缓的特点。马来西亚的劳动力市场预计将继续保持强劲，这将有助于推动国内需求并促进经济增长。此外，马来西亚政府致力于维持经济增长，缓解生活成本压力，并积极推动面向未来的马来西亚战略不断取得成效。

2024 年印度尼西亚政治将基本实现平稳过渡，经济将保持较好增长。佐科政府将 2023 年的经济增长目标设为 5.3%，将通胀率控制在 3.3%，与世界银行的预测一致。[①] 2024 年印尼政府通过结构性改革刺激经济增长，加强基础设施建设、发展数字经济、对原材料进行深加工以延长产业链等，加上印尼加入 RCEP、雅万高铁通车等利好因素的加持，经济基本面稳定向好。外交方

---

① www. worldbank. org，Indonesia Economic Prospects（IEP），June 2022：Financial Deepening for Stronger Growth and Sustainable Recovery，June 22，2022.

面，普拉博沃·苏比安托与现任总统长子吉布兰组成的新一届政府将继续全方位务实外交模式，立足东盟，多渠道拓展区域多边外交舞台，全面参与国际和地区事务，维护和践行多边主义，提升国际地位和影响力。

2024 年，菲律宾小马科斯政府及其盟友对国会两院的控制力将增强。在外交方面，小马科斯政府上台使菲律宾在地区安全事务中的立场更加复杂化，甚至可能会将其置于大国竞争的前线，给菲律宾自身发展乃至地区安全和发展带来很大风险。而在经济社会发展方面，强劲的内需将推动菲经济在未来几年保持较高的增长，为数百万菲律宾人创造急需的就业机会和谋生机会，提供收入保障，帮助减少贫困。

2024 年，文莱的政局将持续稳固，政府也会继续推动非石油领域的经济发展，发展金融服务业、旅游业和其他战略性产业，以实现经济多元化。基础设施、数字化和创新也将成为文莱增强国际竞争力的发力点。外交领域的文莱将继续将东盟视为外交基石，同时重视与伊斯兰国家交好关系。

2024 年东帝汶奥尔塔总统将与夏纳纳总理继续合作主导第九届政府，主要政党党争也将逐渐平息。军事方面将进一步完善相关法律、硬件建设，并且将招募更多专业的军事人才。法律方面继续完善各类立法，并加强执法与司法工作。未来东帝汶经济仍将聚焦多元化发展，并积极加入各类世界或区域性经济组织。2024 年经济年均增长率预计在 3% 以上，在重点发展石油天然气产业的基础上，重点满足国民发展需求，特别是投资改善各类基础设施。通货膨胀率将在 2024 年回落至 3.1% 左右，但运输和加工成本依然会受到通胀压力。东帝汶将继续与周边主要国家深化合作，积极与中国、葡萄牙等传统友好和特定关系国家开展合作，并积极参与世界性和区域性合作。

[雷著宁，云南省社会科学院、中国（昆明）南亚东南亚研究院东南亚研究所所长、副研究员；和瑞芳，云南省社会科学院、中国（昆明）南亚东南亚研究院东南亚研究所副研究员]

国别报告

缅甸：大选久悬未决　国家走到分裂边缘

熊丽英

2023 年对于缅甸来说是注定不平凡的一年。上半年刚稳住由政权变动带来的经济下滑趋势使得经济复苏的曙光绽放一线光芒，下半年从 6 月开始电信诈骗的阴影就一直笼罩着中缅关系，直接给缅甸刚刚起步的经济浇了盆冷水。农产品出口、双边贸易、旅游往来等关键性产业，无一不受到负面舆论的影响。进入年底，果敢同盟军在边境挑起争端，并借由"打击电诈"为名，将缅甸再次拉至国家"分裂"的边缘，缅甸政局进入"ICU"。短期内，缅甸军方"出奇制胜"扭转局面的可能性不大，缅甸或将再度迎来新一轮的混乱。

一、政治发展

（一）全国大选筹备情况

2023 年，对于缅甸的"看守政府"而言，遵守承诺举办全国大选的压力无疑又增加了一倍。大选时间每被推迟一次，外界的质疑和内部的信心瓦解就会不成比例地增加。也因此，自 2023 年年初开始，缅甸军方就开始了积极地布局。从 1 月份开始，就开始在全国范围内开展声势浩大的身份核查工作，派遣调查人员入户核查。① 与此同时，还推出了新的《政党注册法》，要求所有政党要在 3 月份完成重新注册，否则就会被宣布注销。据悉，在军方的一番"运作"下，2023 年缅甸国内"合法"政党为 52 个，其中 12 个政党可以参与全国范围内的大选，40 个参与省/邦层级的选举。② 然而，由于全国大部分地区都陷入内战，民众普遍对选举缺乏兴趣，因此，再次举办大选面临的"信任危机"也很严重。缅甸媒体报道，反军方势力已经开始袭击收集选民名单民事数据的团队，并导致了十几人丧生，这些袭击可能会引发更多的暴力冲突。一些民众认为，"再次大选"是军方企图取代 2020 年全国民主联盟的压倒性胜利的一种手段。军方试图通过强制实施选举来维持其政治控制，但这将导致更多的暴力和不稳定。

　　显然，军方的大选筹备工作，显然遇到了前所未有的挑战。首先，新的选举政策，遭到了反对派的猛烈批评，国内很多小党也是敢怒不敢言。舆论普遍认为，新的大选政策是"量身定制"的产物，在各个方面明显更有利于军方政党。比如"比例代表制"大大降低了军方政党选举成功的门槛、大选区设置降低了军方选举的安全风险、新的选举政策极大地增大了非军方政党的注册和运营难度等。另一方面，人民保卫军（PDF）在全国范围内发起的针对大选筹备的攻击行动，使得一线核查人员面临着严峻的暴力风险，导致很多情况下入户核查"流于表面"或无法开展，依靠各级社区组织上报的信息准确性又非常低。同时，外界舆论也普遍认为，大选对于敏昂莱个人也将会是一个艰难的选择，因为按照宪法规定，敏昂莱必须在总统与三军总司令职务之中二选一。而作出这一选择显然并不容易，他必须要找到可以信任的合作者，才能确保军权与政权同时掌握在自己

---

① "On Myanmar Junta's Planned 2023 General Election", The Irrawaddy, January 13, 2023. https://www.irrawaddy.com/opinion/analysis/on-myanmar-juntas-planned-2023-general-election.html.

② "A Road to Nowhere：The Myanmar Regime's Stagemanaged Elections", Crisis Group, Bangkok/Brussels，28 March 2023. P3.

手中。

国际社会对缅甸大选的态度普遍持怀疑和批评的立场。西方国家和地区行动者已经呼吁缅甸政府不要强制实施选举，并发出一致的信息表明选举是非法的，不会为缅甸提供任何的选举援助。一些国家和地区已经对缅甸实施了制裁，以迫使政府放弃选举计划。此外，国际社会还在寻求其他方式来施加压力，例如通过国际组织和外交渠道。不过，由于缅甸政府的强硬立场和军方的控制，国际社会的影响力有限。

（二）和平进程推进情况

2023 年，缅甸在和平进程方面成绩乏善可陈。主要的原因在于，过去三年中，缅甸军方将 PDF 作为最主要的打击目标，在战术上采取暂时搁置与民地武矛盾的策略，基本维持了与"民地武"和平的局势。另一方面，国内的和平会议虽然陆陆续续召开，但被参与各方视为稳住局面的权宜之计，也因此注定不会有实质性的突破。不过，在军方与 PDF 对峙之时，各"民地武"组织获得了休养生息的机会，纷纷乘机扩大地盘，壮大势力。其中若开军（AA）、德昂民族解放军（TNLA）两支的实力壮大最为引人注目，短短几年间已经跻身实力排名前五强之列。[①] 2023 年果敢同盟军联合这两支新进"劲旅"，发起的"1027 行动"打了政府军一个措手不及。该事件的发生，极大地鼓舞了缅甸国内反政府势力的士气，同时也将当地的和平谈判带入了一个更加难以预测的境地。

二、经济发展

2023 年，缅甸经济在上半年展现出了稳定向好的趋势，不过在下半年国内越演越烈的武装冲突彻底打乱了经济复苏的步伐。上半年内，缅币对

---

① Kyaw Hsan Hlaing, "Understanding the Arakan Army", Southeast Asia Stimson Center, April 21, 2023, https://www.stimson.org/2023/understanding-the-arakan-army/.

美元的汇率贬值压力有所缓解，其余大多数的经济指标也表明整个国家的经济活力正在慢慢恢复，尤其制造业产出和新订单的增长较为明显。根据2023 年 4 月的世界银行企业调查，1—4 月企业平均报告的运营能力为75%，明显高于前几个季度。[①] 不过在下半年，尤其是 10 月份之后，缅甸国内的武装冲突升级明显。冲突导致人口流离失所、生计受到干扰，并增加了货物在国内和跨境运输的成本。同时，冲突的增加使得供应链、企业运营和出口面临重大风险。此外，冲突的不确定性增加导致家庭消费减少，进一步降低了企业投资的动力。也因此，到 9 月份，企业的平均运营能力下降至 59%，比 4 月下降了 16 个百分点。[②] 服务业部门，包括批发和零售贸易，在运营能力下降方面表现尤为明显，销售额大幅减少。在 2023 年 9月，近一半的企业报告称缺乏销售是他们面临的最重要的运营挑战，相比之下，这一比例在 2023 年 4 月为 18%。因此，可以说缅甸企业的平均运营能力相对较低。与此相伴的，缅甸还面临着汇率压力和通胀压力的增加，这是由内外部因素共同引起的。汇率贬值和通胀压力的增加加剧了冲突和物流限制所带来的价格压力。而外汇储备短缺也限制了进口许可证的发放，导致进口原材料和消费品的短缺。

2023 年，缅甸的通货膨胀情况一直保持较高水平，预计一直维持在20% 左右。[③] 尽管在上半年部分价格有所下降，但下半年汇率压力的再次出现导致了物价再次快速上涨。根据世界银行的预计，在未来几年通货膨胀水平相对较高将持续存在，原因包括国际收支压力和缅甸货币汇率的持续压力、冲突导致的本地供应限制、贸易和运输中断，以及央行继续为预算赤字提供融资等情况。总的来说，2023 年高通货膨胀压力持续困扰着缅甸，并对经济和居民生活水平产生了很大的负面影响。根据世界粮食计划署的

---

① Kyaw Hsan Hlaing, "Understanding the Arakan Army", Southeast Asia Stimson Center, April 21, 2023, https://www.stimson.org/2023/understanding-the-arakan-army/, P25.

② "Myanmar Economic Monitor Dec 2023", WORLD BANK, 27. 06. 2023, P8、P9.

③ "Myanmar Economic Monitor Dec 2023", WORLD BANK, 27. 06. 2023, P3.

数据，2017 年至 2023 年 6 月期间，六种主要食品（大米、豆类、食用油、洋葱、鸡蛋和番茄）的价格年均增长了 16.6%。① 特别是在冲突地区，食品价格出现了更显著的上涨。在克钦、钦邦、实皆和克伦等地，大米价格在四个月内翻了一番。从 2020 年 6 月到 2023 年 8 月，健康饮食的成本增加了111%，而普通饮食的成本增加了 130%。② 蔬菜、猪肉和叶菜的价格翻了一番，大米的价格几乎翻了三番，食用油的价格更是翻了四番。此外，政府对燃料和食品价格进行的干预措施也导致了供应中断和市场扭曲。同时，政府鼓励外汇流入和调控汇率的干预措施没有达到期待的效果，还加剧了不确定性和市场扭曲。缅甸存在的多种汇率制度，尤其是官方汇率和平行市场汇率之间的差距不断扩大，也限制了进口许可证的发放，导致进口原材料和消费品短缺。

2023 年，受到农作物产量、种植面积及飓风"Mocha"的影响，农业发展进一步萎缩。同时，受到出口需求减弱、电力短缺和供应链限制的影响，第二产业（制造业）的增长将放缓。随着消费者价格通胀的缓解和家庭收入的稳定，预计第三产业（服务业）尤其批发和零售贸易将逐渐回升。然而，由于面临持续的挑战，如冲突、电力中断和限制性的贸易政策，服务业的增长可能受到一定程度的限制。总体而言，缅甸经济的复苏仍然疲弱且不平衡，与该地区其他国家相比，缅甸经济复苏之路将更加漫长，甚至有研究机构认为，缅甸将需要 10 年的时间才能恢复到 2019 年前的水平。

（一）对外经济

缅甸的对外经济表现在过去一年中出现了下滑。2023 年 4—9 月期间，

---

① "Myanmar Economic Monitor Dec 2023"，WORLD BANK，12. 2023，P37.

② IFPRI（2023）Monitoring the Agri-food System in Myanmar：the rising costs of diets and declining purchasing power of casual wagelaborers，June 2020-August 2023. Strategy Support Program，P102.

缅甸的贸易逆差从去年同期的 6500 万美元增加到了 8.31 亿美元。[①] 出口下降了 11%，部分原因是全球需求下降，部分原因是国内某些地区的冲突导致物流限制增加。农产品出口也下降了 8%，其中大米出口以价值计算下降了 39%。然而，豆类的出口则呈现积极趋势，价值和数量分别增长了 12% 和 6%。[②] 进口相对稳定，2023 年 4—9 月期间仅下降了 1%。中间品进口保持稳定增长，而消费品进口继续下降，抵消了中间品和资本品进口的增长。

缅甸在 2023 年前四个月的外商直接投资承诺仅为 1.82 亿美元，国际公司继续退出缅甸市场。服务业占据了总 FDI 承诺的 50%，制造业占据了 47%。泰国是 2022 年前四个月的最大投资者，占总 FDI 承诺的 51%，其次是韩国（占 26%）。[③] 2023 年 6 月 1 日起，缅甸实施了新的进出口许可证政策。根据这一政策，所有进口商品都需要获得进口许可证，并且进口商必须通过银行获得外汇，用于支付进口商品的费用。此外，只有通过银行进行的交易才被允许通过陆路边境进口。这些新政策对进出口许可证产生了影响，增加了进口商品的审查和限制，并对进口商的外汇获取方式进行了规定。这些政策进一步导致进口商品的供应减少，进口商在获取进口许可证方面面临更大的困难。[④]

---

① "Myanmar Economic Monitor Dec 2023"，WORLD BANK，12. 2023，P28.

② "Myanmar's various pulses exports bag US $ 715 million during April-September"，Global New Light of Myanmar，2023.

③ "Myanmar Economic Monitor June 2023"，WORLD BANK，27. 06. 2023，P30.

④ Nishant Choudhary，Myanmar：Latest Trading Sector Developments，July，17 2023，https：//www. dfdl. com/insights/legal-and-tax-updates/myanmar-latest-trading-sector-developments/.

表1　缅甸进出口贸易情况（截至11月）与2022—2023财年同期比较

USD In Mill：

序号	部门	2023—2024（26-1-2024）			2022—2023（26-1-2023）			增长/减少		
		出口	进口	贸易额	出口	进口	贸易额	出口	进口	贸易额
1	海运	7398.323	10870.665	18268.988	8813.579	12368.952	21182.531	-1415.256	-1498.287	-2913.543
2	边贸	4438.415	2184.690	6623.105	4941.680	1812.672	6754.352	-503.265	372.018	-131.247
	总计	11836.738	13055.355	24892.093	13755.259	14181.624	27936.883	-1918.521	-1126.269	-3044.790

来源：根据缅甸商务部网站资料整理①

表2　中国与缅甸的边境贸易情况

USD In Mill：

序号	口岸	（1-4-2023至26-1-2024）		
		出口	进口	贸易额
	缅甸—中国	1778.413	1039.470	2817.883
1	木姐	1416.441	418.090	1834.531
2	雷基	50.696	39.268	92.964
3	清水河	174.559	528.507	703.066
4	甘拜地	107.185	20.078	127.263
5	景栋	26.532	33.527	60.059

来源：根据缅甸商务部网站资料整理②

---

①　缅甸商务部网站，https://www.commerce.gov.mm/en/Dobt/article/trade-data/ministry-commerce-exportimport-trade-situation-myanmar-1-4-2023-29-9-2023.

②　缅甸商务部网站，https://www.commerce.gov.mm/en/content/%E1%80%80%E1%80%AC%E1%80%9C%E1%80%90%E1%80%B0-%E1%80%94%E1%80%9A%E1%80%B9%E1%80%85%E1%80%81%E1%80%94%E1%80%B9%E1%80%B8.

表3　泰国与缅甸的边境贸易情况

USD In Mill：

序号	口岸	（1-4-2023 至 26-1-2024)		
		出口	进口	贸易额
1	缅甸—泰国	2646.000	1143.163	3789.163
2	大勘	39.506	88.334	127.840
3	妙瓦底	283.595	758.714	1042.309
4	康萨昂	138.970	25.998	164.968
5	丹老	32.364	78.208	110.572
6	提基	2135.371	190.684	2326.055
7	茂山	16.194	1.225	17.419

来源：缅甸商务部网站资料整理[①]

（二）能源供应

电力供应不足对缅甸经济发展产生了显著的影响。由于水电发电量的季节性下降、天然气发电厂供应减少、基础设施状况恶化以及与冲突相关的电力网络中断等原因，电力供应不足成为一个问题。这导致了电力短缺和频繁的停电。例如，仅在2023年3—5月期间，仰光的住宅区每天平均停电8小时，而其他地区的停电时间更长。[②] 电力供应不足对经济产生了多方面的影响。首先，企业和家庭不得不投资备用发电机和太阳能发电设备等替代能源，以满足能源需求。这增加了企业和家庭的运营成本，并对供应链产生了连锁效应。其次，电力供应不足限制了企业的生产能力和运营效

---

① 缅甸商务部网站，https://www.commerce.gov.mm/en/content /%E1%80%80%E1%80%AC%E1%80%9C%E1%80%90%E1%80%B0-%E1%80%94%E1%80%9A%E1%80%B9%E1%80%85%E1%80%81%E1%80%94%E1%80%B9%E1%80%B8.

② IN THE DARK：POWER SECTOR CHALLENGES IN MYANMAR，August 2023，WORLD BANK GROUP，East Asia & Pacific，p11.

率。由于无法获得足够的电力供应，企业无法正常运行设备和机器，导致生产能力下降。此外，停电还导致生产中断和订单延迟，进一步影响了企业的运营效率和客户满意度。此外，电力供应不足还对投资和经济增长产生了负面影响。由于缺乏电力供应，企业难以吸引外国投资和扩大生产规模。此外，电力供应不足还限制了新的投资和工业发展，进一步阻碍了经济增长。

（三）财政与金融

缅甸政府在 2023 财年的预算执行中有一些改善。上半年的预算执行情况较好，支出和收入执行都有所改善。支出方面，与 2022 财年相比，预算执行超出了约 10%，而 2022 财年则出现了 7% 的预算执行不足。收入方面，预计收入的执行将超出预算约 16%，这主要得益于税收和非税能源部门收入的提高。[①] 这些改变对经济产生了一定的影响。预算执行的改善意味着政府能够更好地支持经济发展和提供公共服务。预算执行超出预期可能意味着更多的资金用于基础设施建设、教育、卫生等领域，从而促进经济增长和改善人民生活水平。

2023 财年，缅甸的财政赤字为国内生产总值（GDP）的 6.4%。这主要是由于收入的下降超过了支出的小幅下降所致。教育和卫生的支出占 GDP 的比例从 2019—2020 财年的 3.8% 下降到 2022—2023 财年的约 2%。卫生和教育预算在同一时期下降了约 3%。然而，教育部门的支出在 2022—2023 财年适度增长，占总支出的比例约为 6.2%，较去年的 5.6% 有所增加。这验证了未受冲突影响地区学校、学院和大学逐步实现重新开放。卫生支出占总支出的比例下降到 1.7%，较去年的 2.1% 有所下降。同时，缅甸政府的财政赤字主要通过央行直接融资来弥补，预计占总公共融资需求的约 70%（约占 GDP 的 4.8%）。国内融资的净借款估计占 GDP 的 6.8%，较去

---

① "Myanmar Economic Monitor June 2023"，WORLD BANK，27. 06. 2023.

年的约5%有所增加，主要是通过缅甸中央银行等机构承担债务来实现[1]。

（四）劳动力市场

与此同时，2023年缅甸的劳动力市场状况仍然不稳定。据悉，在2017—2023年期间，缅甸的劳动年龄人口增加了约900万人。然而，就业只增加了200万人，导致失业、教育或培训人数增加了近600万人，占总劳动年龄人口的近40%。[2] 就业率下降、工作时间减少以及临时工和自雇工作的增加，降低了许多家庭的收入。劳动生产率和劳动需求率均出现了明显的下降，不过这也不是2023年的新现象，而是自疫情以来持续的现象。2024年的通货膨胀及持续的内部冲突进一步强化了这一趋势。贫困和不平等现象进一步加剧，食品安全风险也直线升高。

2023年缅甸的经济发展中，处于相对弱势状况的群体包括以下几类人：一是工人，工资普遍下降，特别是在仰光地区的薪资下降较为明显。除了以农业为主导的伊洛瓦底省，以及冲突发生相对较少的地区外。劳动力市场状况的恶化以及通货膨胀的上升对家庭收入造成了重大压力。许多家庭的就业率下降，工作时间减少，临时工作和自雇工作的比例增加，这降低了许多家庭的收入能力。二是失业人群，其中也包括大量在疫情中回国但之后无法获得生计的海外劳工。这些人普遍面临着收入减少、再就业及重返社会困难的境遇。通货膨胀导致食品、燃料和其他消费品价格上涨，影响了所有人的收入，尤其是那些失业或收入大幅减少的家庭。三是冲突地区居民，如克耶邦、克钦邦、若开邦、钦邦等，收入减少的情况尤为严重。这些地区已经受到冲突的影响，贫困率较高，物流限制很大。

（五）旅游复苏

2023年，缅甸旅游业继续面临多重挑战。其中，旅游业受到冲突和政

---

①　MOPF-https://www.mopfi.gov.mm/；WB staff estimates.

②　"Myanmar Economic Monitor June 2023"，WORLD BANK，27.06.2022，p18.

治不确定性的影响，国际游客到访量仅为疫情前水平的20%左右。[①] 此外，高频密的冲突和政治不确定性也阻碍了旅游相关行业（如旅行社、酒店和餐饮业）的复苏。另外，贸易业也面临着问题，包括价格上涨、贸易限制和外汇限制等。这些问题导致了服务业增长低于疫情前的趋势。这些问题对经济产生了负面影响。旅游业的低迷导致了旅游相关行业的困境，包括旅行社、酒店和餐饮业等。贸易业的问题则限制了进口商品的供应，导致了价格上涨和商品短缺，进一步影响了服务业的发展。此外，冲突和政治不确定性也阻碍了经济的复苏和投资的增加，进一步制约了服务业的增长。因此，这些问题对缅甸经济的恢复和发展产生了不利影响。

三、社会发展

（一）教育状况

2023年，缅甸的教育行业逐渐回归正常，这首先体现在2023年高考生人数的恢复。2023年，缅甸高考学生人数达到了17.8万人。[②] 其次，在教育改革方面，2023年5月12日缅甸国家管理委员会主席签字，颁布了缅甸《私立教育法》。与旧的法律相比，新的《私立教育法》涉及面不仅包括基础教育，还包括高等教育，甚至职业技术教育。同时，缅甸政府还宣布，

---

① THE STATE OF FOOD SECURITY AND NUTRITION IN MYANMAR 2022-23：FIND-INGS FROM FIVE ROUNDS OF THE MYANMAR HOUSEHOLD WELFARE SURVEY，US AID，October 31，2023 https：//myanmar. ifpri. info/2023/10/31/the-state-of-food-security-and-nutri-tion-in-myanmar-2022-23-findings-from-five-rounds-of-the-myanmar-household-welfare-sur-vey/.

② Pola Lem，"The Missing Students of Myanmar"，Times Higher Education，April 06，2023.11.29，https：//www. insidehighered. com/news/2023/04/06/where-are-future-students-myanmar.

从 2024 年开始，缅甸的基础教育制度正式改为 13 年制。[①]

整体来看，缅甸国内的受教育状况在过去几年有一些明显的变化。首先，在性别方面，小学和初中阶段男女之间的性别差距较小，但在高中阶段，女性的净入学率（NER）明显高于男性。这表明男性更有可能在中学阶段之后退出教育系统。此前，非缅族族群在接受教育方面的状况相对较差，普遍在净入学率上低于缅族族群，尤其是在高中阶段。2023 年，非缅族族群在高中阶段的净入学率实际上超过了缅族族群。这表明在近几年来，缅族族群地区学校教育的中断可能比非缅族族群所在的地区更多。另外，根据收入水平的差异，富裕家庭的孩子相比贫困家庭的孩子更容易获得教育机会。在 2023 年，这一差距进一步加大，在高中阶段这个差距更是达到了惊人的 185%。[②]

然而，尽管面临严峻的生存压力，2023 年缅甸全国范围的家庭教育支出却在明显上升。根据统计，2023 年每个学生的中位数教育支出，达到了 30000 缅币/人，而在疫情前大约是 22000 缅币/人。[③] 这虽然能在一定程度上体现了民众对教育的重视，但更多的是每个孩子上学费用大幅度增加所致。在性别方面，小学和初中阶段男女之间的性别差距较小，但在高中阶段女性的净入学率明显高于男性。

除了教育获取方式、支付水平和入学率等方面的变化，2023 年校园及学生的安全问题，继续成为民众最为头痛的问题之一。一是军方与反对派间的斗争日益白热化。无论是选择公立教育还是反对派成立的"民族团结

---

①　"MoE Union Minister observes opening of basic education schools for 2023—2024 academic year, with students studying peacefully", Myanmar News Agency, June 02 2023, https://www.gnlm.com.mm/moe-union-minister-observes-opening-of-basic-education-schools-for-2023-2024-academic-year-with-students-studying-peacefully/.

②　"Myanmar EDUCATION IN MYANMAR：WHERE ARE WE NOW?", Document of the World BankEducation and Poverty Global PracticesEast Asia Pacific Region, May 2023, P27.

③　"Myanmar EDUCATION IN MYANMAR：WHERE ARE WE NOW?", Document of the World BankEducation and Poverty Global PracticesEast Asia Pacific Region, May 2023, P34.

政府"（NUG）的教育体系，学生和家长都面临着反对一方的惩罚和袭击风险。二是越来越多的反政府活动，把学校和学生作为攻击、控制或是拉拢的目标，导致学校及相关人员的安全风险提升。尤其在冲突地区，这一趋势更为明显。三是尽管部分少数民族武装控制地区，为了拉拢民心当地政权为民众提供的公共教育福利有所增加。但在整体上，缅甸教育整体仍处在一个脆弱的、不稳定的、下滑的状态。

（二）气候变化危机

5 月 14 日，飓风"摩卡"（Mocha）在缅甸若开邦首府实党附近登陆，带来强降雨和山体滑坡。据悉，因为飓风造成的伤亡数据如下，涉及 11 个省份的 1068 个村，受灾住房 44928 间，宗教建筑 367 所，佛教寺院 59 所，学校 439 所，医院诊所 59 座，通信塔 11 座，机场 1 座，机关办公建筑 158 座，死亡人数 48 人。[①] 联合国发布的数据则称超过 540 万人受到了每小时 90 公里的风速影响，房屋和基础设施遭到破坏。估计有 320 万人需要人道主义援助。其中，克钦邦是飓风的主要受灾地区。此次灾难加剧了 180 万名内部流离失所者的困境，其中 150 万人是自 2021 年 2 月 1 日以来全国局势动荡导致的新流离失所者。[②] 交通基础设施受损和信息管制，则进一步提升了灾民获得援助的难度。

世界银行的灾害评估报告则认为，Mocha 对缅甸造成了的危害和损失远高于外界的认知。首先，Mocha 是自 1968 年以来登陆缅甸若开海岸的最严重的气旋，造成了严重的风灾和洪水灾害。其中，风灾是主要的破坏因素，对信息和通信技术（ICT）和电力网络造成了严重影响。在部分地区发生了

---

① "Myanmar: Cyclone Mocha Situation Report No. 4 (As of 14:00 8 June 2023)", United Nations Myanmar, https://myanmar.un.org/en/235527 - myanmar - cyclone - mocha - situation - report - no4 - 1400 - 8 - june - 2023.

② "Myanmar: Cyclone Mocha Situation Report No. 4 (As of 14:00 8 June 2023)", United Nations Myanmar, https://myanmar.un.org/en/235527 - myanmar - cyclone - mocha - situation - report - no4 - 1400 - 8 - june - 2023.

风暴潮和沿海洪水，导致盐水浸入水塘，对供水、卫生和卫生设施（WASH）造成了损害。其次，Mocha 对缅甸的农业部门造成了严重破坏，摧毁了农作物和牲畜，严重影响了国家的粮食安全。Mocha 导致粮食价格大幅上涨，给家庭预算带来了压力，加剧了粮食不安全问题。再次，灾害直接损失估计约为 22.4 亿美元，相当于缅甸 2021 年 GDP 的 3.4%。[①] 受影响最严重的部门是住宅建筑、非住宅建筑和基础设施，农业也受到了一定程度的破坏。最后，损失主要集中在若开邦和实皆省境内。其中若开邦受灾最严重，约有 120 万人受到影响。[②] 受影响地区的基础设施，包括卫生设施、学校、通信网络和运输系统，均遭到严重破坏。

除了 Mocha，2023 年缅甸国内各种自然灾害还有很多。近年来，缅甸已经成为全世界受气候变化危害最严重的国家，只是在政治动荡和冲突等热点新闻的挤压下，缅甸国内的灾害情况没有引起国际社会的关注，这也导致缅甸民生状况更为艰难。

四、外交政策

（一）与美国的关系

2022 年 12 月 29 日，美国总统拜登签署了 2023 年财政年度综合拨款法案。根据该法案，美国将提供不少于 1.3 亿美元的资金支持缅甸的民主运动。[③] 包含支援 NUG、CRPH、少数民族武装组织、民间组织、CDM 人员和弃逃武装人员以及收集和调查军方行为项目基金等。这是拜登于 2022 年 12 月 23 日签署国防授权法案（NDAA）后对缅甸援助的另一个法案，意味着

---

① Extremely Severe Cyclonic Storm Mocha, May 2023, Myanmar: Global Rapid Post-Disaster Damage Estimation (GRADE) Report, WB BANK, JUNE 29, 2023, P5.

② Extremely Severe Cyclonic Storm Mocha, May 2023, Myanmar: Global Rapid Post-Disaster Damage Estimation (GRADE) Report, WB BANK, JUNE 29, 2023, P5.

③ Mohamad Zreik, USA-Myanmar relations: democratization and beyond, Southeast Asia: A Multidisciplinary Journal, ISSN: 1819—5091, 19 September 2023, P68.

美国将公开支持缅甸的反军方民主运动。在该法案的支持下，美国继续加强了对缅甸的军方及相关利益企业的制裁。同时，美国宣称要给予缅甸的援助，则通过各种 NGO、基金会、公民组织注入缅甸大大小小的反军方活动中去。据悉，美国的海外缅甸人群体，也是缅甸反军方募款最大的来源地。美国相关研究机构的报道也证明，除了支持公益及公民组织，美国机构也在对边境地区的反军方组织进行训练。在缅甸地区发生"1027 事件"之后缅甸军方发言人公开批评称，"该事件是某民主大国在背后挑唆的入侵缅甸的行为"，背后的"民主大国"自是不言而喻的。[①] 而随着缅甸国内分裂危机加剧，军方与美国的关系还会变得更加紧张。

不过，尽管在对军方的舆论打压上不遗余力，但到目前为止美国对缅甸反对派的支持仍然相当有限。与美国对乌克兰和以色列的支持力度相比，美国在对缅甸的投入简直不值一提。这也导致了缅甸反对派内部一些对美国的不满和批评声音，同时，更让他们感到紧张的是即将到来的美国大选的不确定性。如果特朗普或持相似执政理念的政府上台的话，缅甸反对派获得支持的可能性还会更小。

（二）缅甸与东盟的关系

2023 年东盟所谓的解决"缅甸危机"的"五点路线图"方案，并没有取得实质性的进展，反而因为在缅甸问题上的巨大分歧而差点导致东盟的分裂。相对来说，马来西亚、印尼等国的态度较强硬。两国高层多次举行会晤，商讨如何共同督促军方落实东盟会议五项共识。泰国、柬埔寨、越南、老挝等国态度则相对中立。主张在尊重"不干涉内政"的基础上推动缅甸国内各派别的政治和解。显然，"缅甸危机"已经成为东盟走向"中心化"和"一体化"的重要挑战之一。

相对于在东盟层面寻求解决之道，泰国、印度等人更青睐在双边及多

---

① ［缅］《THE MIRROR》，28November. 2023，P17.

边层面的协调机制。2023 年 1 月 20 日，第 8 届缅甸泰国军方高级官员会议在若开邦举行，缅甸国家管理委员会主席敏昂莱与泰国皇家军队三军司令参加了会议。而从 2023 年年初开始，由泰国及印度主导的解决缅甸事务的"1.5 轨"会议，也分别举行了很多轮。此类会议通常由老挝、柬埔寨、缅甸、文莱、越南、中国、印度高级别代表参加，其他成员国、新加坡、马来西亚和印尼作为观察员国。泰方通常宣称，会议目的是寻找解决缅甸问题之道，为东盟解决缅甸问题探索其他的渠道。但这无疑在一定程度上削弱了东盟的"中心"地位，进一步加剧了东盟内部的分歧。

（三）与中国的关系

2023 年前十个月，中缅两国间的经济与文化交往逐步得到了恢复。2023 年 1 月 21 日芒市——曼德勒国际航线开通。两国间边境贸易口岸的跨境人流、物流逐步得到了恢复。来自缅甸官方的数据也佐证了这一趋势。据悉，2023—2024 财年 4 月至 10 月，中缅边境贸易额从 2022—2023 财年同期的 15.6 亿美元增至 22 亿美元以上，同比增加约 7.1 亿美元。中缅通过木姐、雷基、清水河、甘拜地和景栋开展边境贸易。2023 财年前 7 月，木姐口岸边境贸易额占比最高，为 14.5 亿美元；清水河口岸 7.0 亿美元，甘拜地口岸 6382.3 万美元；雷基口岸 4109.3 万美元；景栋口岸 499.2 万美元。[①]2023 年 6 月，中缅举行建交 73 周年纪念日活动期间，双边签署了多项合作和援助协议，包括农业、畜牧业、旅游业、科技环保等。同时，从 2023 年 6 月开始，中缅两国加大了在打击电信诈骗和跨境犯罪方面的合作力度。

不过，2023 年 10 月发生的"1027 事件"，打乱了中缅贸易恢复的节奏。在这场行动中，果敢同盟军联合另外两支民族武装，打着"打击电诈"的旗号，在中缅边境地区对缅甸政府军发起攻击。随着果敢地区全面"沦陷"，缅甸内部武装斗争"碎片化"混乱趋势还将加剧，中国在处理与缅甸的关系上

---

① 《近 7 个月中缅边境贸易额突破 22 亿美元》，中国贸易新闻网，https://www.chinatradenews.com.cn/content/202311/22/c153835.html。

面临巨大的挑战。

五、发展趋势预测

2023 年，缅甸内部、外部局势进一步复杂化。首先，由军方主导的全国性大选，迟迟无法落地实施。这导致军方的统治合法性，进一步受到质疑。其次，经过前三年的休养生息和地盘扩张，缅甸国内各殖民地区的实力迅速增强。开始在缅甸境内与军方争夺更多资源的趋势越来越明显。尽管面临着西方越来越严格的贸易制裁，2023 年缅甸经济发展的基本盘趋于稳定。但是仍然面临着高企的政治危机、气候危机、国际金融危机等多重因素的影响，不确定性依然很高。

在 2023 年年底，缅甸北部"兄弟联盟"与政府军之间的冲突爆发，再次将缅甸整个国家带到了分裂的边缘。在乐观的情况下，这有可能会为缅甸的民族和解，找到一条新的出路，再次将各方拉到谈判桌前，重新分配筹码。但在悲观的情况下，也有可能将缅甸推向更加混乱的境地，陷入各地军阀混战割据、民不聊生的局面。同时，各大国在缅甸的博弈，也呈现出进一步白热化的趋势。在这一轮的经济复苏中，缅甸不仅远远落后在了东盟邻国的后面，也难以在短期之内恢复到 2019 年之前的水平。未来一年，在各方能够顺利实现停火的状况下，相信缅甸的经济，还将保持一定的发展态势，但增长速度会远低于东盟其他国家，各大国际机构的预测普遍在 3%—4%左右。不过，一旦暴力和冲突出现升级或者扩大化，缅甸的经济发展就将面临停滞，甚至倒退的风险。

［熊丽英，云南省社会科学院、中国（昆明）南亚东南亚研究院东南亚研究所副研究员］

老挝：政局稳定　经济稳中有升

孔志坚

2023 年是老挝人民革命党（以下简称老党）十一届中央委员会执政中期，对于 2025 年召开老党十二大以及 2026 年摆脱欠发达国家，具有承上启下的作用。年内，老挝召开老党十一届六中、七中全会，九届国会五次、六次会议，分别回顾了老挝 2023 年上半年和全年政治、经济、社会发展情况，并对 2024 年老挝政治经济发展提出举措和目标。2023 年老挝政治局势稳定；经济稳中有升，基本达到预期目标；外交上积极发展与周边邻国以及区域外国家的友好合作关系，为 2024 年担任东盟轮值主席国作好各方面准备；社会秩序总体安宁稳定，但在教育、医疗方面，由于物价上涨、资金短缺导致学生辍学率高、民众看不起病，教师、医生流失。2024 年，老挝将按照既定目标加强党的建设，办好老挝旅游年和东盟峰会，发展经济、提升国际影响力，增加事关民生项目的资金投入，努力完成"九五"社会经济发展规划的各项目标任务，争取 2026 年从欠发达国家行列中"毕业"。

一、政治局势稳定

年内，老挝政治局势稳定，按照既定方针召开老党十一届六中和七中全会，九届国会五次、六次会议，继续加强党的建设，完善立法工作，调换省部级干部，惩治腐败，营造有利于经济社会发展的环境。

（一）大刀阔斧地进行人事调整

2022 年 12 月 31 日，老挝副总理宋赛接替潘坎履新总理，在总理就职演说中宋赛表示，"我深知这是赋予我的崇高政治任务和充满巨大挑战与考验的重大任务。我将同其他内阁成员一起精诚合作，奉献个人智慧和能力，完成好宪法和法律赋予的使命，高度负责任地忠诚履行职责。"①宋赛履新仅仅一月，老挝财政部、能矿部、工程与交通部"换帅"，调整了内阁 6 位政府要员的职务，分别是前公共交通运输部部长万沙瓦·西潘敦调任琅南塔省担任省长，擢升公共交通运输部副部长担任部长；前沙湾拿吉省省长伞迪帕·丰威汉担任财政部部长；前沙拿湾省省长坡赛·赛雅宋担任能矿部部长。10 月 5 日，老挝东北部的华潘省和南部的阿速坡省同日换帅，老挝总理府原常务部长康平·赛宋平先生出任华潘省新任省长；调任阿速坡原省长列·赛亚鹏到老挝国家工会任职，任命党中央委员、公安部副部长万通·贡马尼少将为阿速坡新任省长。宋赛出任总理后近一年时间，调整了 18 个省部级干部中 10 余个职位，对老挝的财政、能矿、交通运输等领域以及相关省市的发展将产生重要影响。

（二）继续惩治腐败，查处涉贪案件

腐败是影响社会稳定和经济发展的毒瘤。近年来，全球"清廉指数"排行榜连续把老挝排在 130 名外，在东盟各国中处于倒数的位置。2022 年老挝全国审计工作总结会于 2023 年 2 月 23 日召开，会议由中央政治局委员、中央书记处书记、中央审计委员会主席、国家审计组织主席、中央反贪组织负责人康潘·鹏玛塔先生主持。会议报告指出 2022 年老挝各级监察委员会在全国共查处涉贪案件 19 起，涉案人数 187 人。其中，涉及 134 名国家公务人员、33 名国有企业职员、16 名公司职员和 4 名公民。这 187 名

---

① 《国会通过对宋赛·西潘敦的新总理任命》，老挝《人民报》，2023-01-03（2）.

涉案人员，有 169 人受到行政处分，18 人被依法提起诉讼；其中 11 人被移送到检察院，包括国家公务人员 7 人、国有企业职员 2 人、公司职员 1 人和公民 1 人，法院已依法判决 2 人。检查发现共损失 956.1 亿基普，6585 万泰铢，10 万美元；初步追回 95.6 亿基普，463 万泰铢。[①] 2022 年查处的涉贪案件，仅仅是老挝贪腐领域的冰山一角，老挝反腐工作任重道远。

（三）继续加强老党的领导，努力完成既定的工作目标和任务

年内，老党分别召开十一届中央委员会六中全会（6 月 5—9 日）、七中全会（10 月 23—26 日），在六中全会上，老党中央政治局发布了两个决议，分别是关于在新形势下加强和平保护工作的决议和中央书记处关于老挝对外民族关系工作的决议。会议商讨并一致同意第十一届中央委员会领导的多项工作：一是重视对党委、党员、工兵警和群众的思想政治教育工作，继续坚决维护内部团结，克服经济金融困难；各级党委要提高警惕性，做好国防安全工作，实事求是，维护秩序，营造有利于经济社会发展的环境。二是推动爱国发展进程，创造多种发展模式，解决贫困问题，增加群众收入。三是细化措施，把更多的精力放在宏观经济管理上，解决问题，朝着正确的方向前进；积极探索和创造新的收入，防止财政税收外泄，同时严控费用，以节约精神为重；以更加准确的政策鼓励和促进生产；专注市场管理；吸引旅游，拉动经济，做大做强生产和服务业。四是督促作为政治生活重要组成部分的党委、部委、地方的中期审查会议按计划办好，查清问题根源，提出纠正措施和方法。五是完善体制机制、工作方法和分工，划分政治局、党中央书记处和党常委、各地党委职责，提高办事效率。带头指挥，抓好节奏，解决问题要实事求是。六是继续积极贯彻落实对外政策，寻求友好国家和国际组织的合作和援助，以发展、恢复经济和扩大生产；继续开展老挝海外工作，为民族发展贡献更大力量。

---

① 《老挝反贪局共查处 187 人，七成是政府公务员》，老挝资讯网，2023-02-25.

在 10 月份召开的老党中央十一届七中全会主要研究讨论 2023 年经济社会发展计划、预算计划、货币计划并重点制定了《经济财政困难国家议程》《解决毒品问题国家议程》以及 2024 年计划方向；评估了 2023 年国防和治安工作并制定了 2024 年各项事务工作方向。通伦总书记要求各级党委、各级领导机关、党员、职工、战士、警察和各族人民，加强团结、当好参谋，共同高举爱国主义精神，确保社会安定，国家稳定发展。

（四）进一步完善国家法律体系，推进法治国家建设

随着经济社会的发展，老挝国会适时制定修订法律法案。6 月 26 日至 7 月 18 日，老挝召开九届国会五次会议，审议通过《卫生法案》《就业安排法案》《土地税法案》《青少年法案》4 项法案，以及《商业银行法》《渔业和捕捞法》《野生动物法》《出版法》《儿童权利保护法》《军队法院法》6 项法律修正案。在 10 月 31 日至 11 月 21 日召开的九届国会六次会议上，审议《经济特区法（草案）》《知识产权法（修订案）》等多部法律草案。

二、经济复苏

2023 年是老挝执行"九五"社会经济发展规划的第三年，在疫情后中国重新开放和国内发展旅游业、促进出口、金融状况逐步改善、抑制通货膨胀等多种政策推动下，老挝经济逐步复苏。

（一）主要经济数据

2023 年 1—9 月，老挝经济稳步增长，农林部门增长 3.4%，占 GDP 比重的 17.3%；工业部门增长 3.5%，占 GDP 比重 34.5%；服务业增长 5.6%，占 GDP 比重的 37.2%；税收增长 3.9%，占 GDP 比重的 10.6%；老挝货物出口额 595475 万美元；进口额完成 501097 万美元，主要进口燃料、机械设备、农机、木浆和肥料、饮料、塑料用具、食品、钢铁和钢铁制品

等；主要出口矿产品、农产品，且主要通过中老铁路出口到中国。老挝过去 9 个月的投资总额为 786939 亿基普，内部预算投资已拨付 24180.8 亿基普，官方发展援助投资已落实 82777 亿基普，国内外私营部门投资实际进口资金已达 679982.2 亿基普或 367398 万美元，其中车辆及设备进口约占实际进口资金总额的 70%。[①] 亚洲开发银行《2023 年 9 月亚洲发展展望》称，2023 年老挝经济增长 3.7%。[②] 1—9 月通货膨胀率逐月下降，2023 年第一季度，老挝通货膨胀率是 40.85%，第二季度的 5 月份是 38.6%，6 月份是 28.64%，7 月份是 27.8%，8 月份是 25.88%，9 月份是 25.69%，尽管有所下降，但老挝仍是东南亚通胀率最高的国家之一。汇率贬值、物价上涨以及高通货膨胀率导致老挝民众生活困难。

（二）主要产业发展

一是旅游业强劲复苏。2023 年 4 月 13 日，中老铁路开通了跨境班列，与此同时，老挝航空恢复了众多国际航线，赴老挝旅游的国际游客日益增多。2023 年 1—9 月，共有 240 万名外国游客赴老挝旅游，与去年同期相比增长了 285%，其中泰国游客 100 万人次，越南游客超 60 万人次，中国游客近 48 万人次，其余的主要来自亚太、欧美地区。[③]

二是农产品出口旺盛。老挝农业资源丰富，许多农产品搭乘中老铁路出口到中国。2023 年 1—9 月，老挝农产品出口 9.82 亿美元，占出口总额的 16%，其中出口木薯 4.48 亿美元、香蕉 1.97 亿美元、橡胶 1.5 亿美元、咖啡 6400 万美元、西瓜 5000 万美元等，[④] 木薯出口占其农产品出口总额的 50% 左右，且主要出口到中国。

[①] Souksakhone Vaenkeo, Inflation, exchange rates, M2 targets 'a great challenge', PM says, https://www.vientianetimes.org.la/sub-new/Previous_218_y23/freefreenews/freecontent_218Inflation_23.php.

[②] 老挝宣称 2023 年经济增长率是 4.2%。

[③] 《外媒：中老铁路助老挝旅游业发展》，参考消息网，2023-11-13.

[④] 《老挝农产品出口超 9 亿》，老挝资讯网，2023-11-04.

三是电力出口大于进口。2023 年上半年，老挝国家电力公司共计输送了 8187.58 亿基普（约合人民币 2.93 亿元）的电力。其中，对外出口电力达 2105 亿基普（约合人民币 7500 万），而自国外进口电力则为 1423 亿基普（约合人民币 5080 万）。这意味着，2023 年上半年，老挝电力产业创造了超过 682 亿基普（约合人民币 2430 万元）的出口盈余，相当于每月 1140 亿基普的出口量。

四是数字信息异军突起。2023 年 8 月 3 日，老挝技术和通信部部长在总理府举行的老挝国家数字化委员会首次会议上表示：老挝近 750 万人口中，约有 645 万使用手机，占人口总数的 85%；约有 470 万互联网用户，占总人口的 62%；移动电话连接数量在 2022 年至 2023 年间增长了 7.8%，互联网用户数量增长了 1.4%。电信网络和互联网几乎覆盖了老挝全国所有家庭，其中 2G 移动网络系统覆盖率 96%，3G 系统覆盖率 83%，4G 系统覆盖率 75%。随着老挝移动网络的发展，新媒体用户数日益增长。We Are Social 发布了 2023 年联合全球数字概述报告声称，老挝 758 万人口中，44% 的老挝人使用社交媒体（约 334 万），占人口的 44.2%，其中 295 万是 18 岁及以上用户，100% 的用户通过移动设备访问社交媒体。其中使用 Facebook 的人最多，约 53% 的 Facebook 账户是女性用户，男性用户占 46%。Instagram 在老挝的用户数是 48.8 万，在这些 Instagram 用户中，58% 是女性，41.2% 是男性。Twitter 在老挝的用户总数为 23.8 万，其中 69% 是女性。在老挝，Android 占据移动设备网络流量的最大份额（81.34%），而苹果 iOS 设备占网络流量的 18%。[①]

三、外交活跃

2023 年老挝外交活跃，继续发展与周边邻国、区域内外国家以及国际

---

① 《老挝网民大调查，老挝男人和女人谁更爱上网？网民有多少？》，2023 年 3 月 17 日，https://kuaibao.qq.com/s/20230317A017OL00?refer=cp_1026.

组织的传统友好合作关系，积极争取国际经济和技术援助。2024 年，老挝担任东盟轮值主席国，东盟各国和日本等国纷纷表示要为老挝担任东盟轮值主席国提供必要的支持和帮助。①

（一）与中国的关系

2023 年是中老建交 62 周年，中老双方继续深化政治互信，中央和地方继续保持友好关系，推动构建中老命运共同体走深走实。

1. 政治互信继续加强

一是元首外交深化双方战略合作。年内，老挝人民革命党（以下简称人革党）总书记、国家主席通伦两次访华，第一次于 6 月 15 日抵达昆明，与中共中央政治局常委、中央纪委书记李希在昆明举行会谈。李希表示中方愿同老方共同落实好习近平总书记和通伦总书记达成的重要共识，深化治国理政交流互鉴，加强反腐败领域交流合作，促进中老两党两国不断取得新发展。② 随后，通伦率代表团在中国云南、广西、重庆访问考察。第二次于 10 月 16—20 日通伦总书记应邀来华出席第三届"一带一路"国际合作高峰论坛。习近平主席会见通伦主席并指出，10 年来，中老命运共同体建设不断取得重要进展。在当今世界变乱交织、百年变局加速演进背景下，中老命运共同体建设更具时代价值和战略意义，具有积极示范引领作用。通伦表示，当前老中各方面合作顺利推进，老方衷心感谢中方长期以来为老挝经济社会发展提供的宝贵帮助。老中铁路建成和顺利运营极大促进了老挝经济发展，也给老挝人民生活带来了积极变化。③ 中老双方共同签署了《中国共产党和老挝人民革命党关于构建中老命运共同体行动计划（2024—

---

① Vietnam ready to support Laos' Asean Chairmanship 2024：minister，https：//www. vientianetimes. org. la/freefreenews/freecontent_230Vietnam_23. php.

② 《李希看望并会见老挝人革党中央总书记、国家主席通伦》，新华社，2023-06-15.

③ 王海林：《习近平会见老挝人民革命党中央总书记、国家主席通伦》，《人民日报》，2023-10-21.

2028 年）》，共同见证签署共建"一带一路"、数字经济、新闻、文化、旅游、卫生、海关检验检疫等领域多项双边合作文件。① 9 月 5 日，全国人大常委会委员长赵乐际同老挝国会主席赛宋蓬会谈。9 月 16 日下午，国务院总理李强在广西南宁会见来华出席第二十届中国—东盟博览会的老挝总理宋赛。二是政党外交持续推进。9 月 6—8 日，中共中央对外联络部部长刘建超率中共代表团访问老挝，会见老挝人革党中央总书记、国家主席通伦，同老挝人革党中联部部长通沙万举行会谈，并以"携手践行三大全球倡议，共同谱写中老命运共同体新篇章"为主题向老挝党政干部作专题宣讲。双方一致表示，要贯彻落实好两党两国最高领导人重要共识，以构建中老命运共同体行动计划为引领，密切高层战略沟通，深化经验交流互鉴，推动中老命运共同体建设走深走实。② 10 月 15 日，刘建超同老挝人革党中联部部长通沙万举行会谈。三是地方外交掀起"小高潮"。三年的新冠疫情阻断了面对面的交流联系，放开疫情管控后，中国地方政府与老挝的交流日益紧密。年内，云南、湖南省领导分别访问了老挝并同老挝领导人会谈。3 月底，云南省委书记王宁率云南代表团访问老挝，会见了老挝人民革命党中央总书记、国家主席通伦·西苏里，政府总理宋赛·西潘敦、副总理兼外交部部长沙伦赛·贡玛西。双方就贯彻落实中老两党两国最高领导人重要共识、落实好《关于进一步深化中老命运共同体建设的联合声明》、推动边境地区共同发展和共同富裕进行了充分沟通。王宁还分别会见了老挝计划投资部部长兼老中合作委员会主席坎坚·翁坡西和琅勃拉邦省委常务副书记苏甘·本勇，双方围绕用好中老铁路，开展经贸投资、旅游文化、农业发展与减贫、人员培训等领域合作达成广泛共识。③ 9 月 4—7 日，湖南省委副书记、省长毛伟明率湖南省代表团访问老挝，深入落实习近平总书记关于深化中老命运共同体建设的重要指示精神，会见老挝政要、见证项目签

---

① 《习近平会见老挝人民革命党中央总书记、国家主席通伦》，央视网，2023-10-20.
② 《刘建超访问老挝》，新华网，2023-09-08.
③ 雷桐苏：《云南省代表团访问越南老挝缅甸》，《云南日报》，2023-04-05.

约，进一步深化友好合作，共创美好未来。① 9 月 18—21 日，老挝总理宋赛率老挝代表团到云南访问考察。

2. 进出口贸易稳步增长

2023 年 1—12 月，中老进出口贸易额突破 70.99 亿美元大关，其中出口 33.51 亿美元，进口 37.48 亿美元，创造了历史最高水平。截至 2023 年 12 月 2 日，中老铁路开通运营满两周年，运输安全保持稳定，累计发送旅客 2420 万人次，其中老挝段 374 万人次，发送货物 2910 万吨，其中跨境货物超 600 万吨，黄金大通道效应日益凸显，为区域经济社会发展注入新活力，货物运输覆盖老挝、泰国、越南、缅甸等 12 个共建"一带一路"国家。②

3. 援老项目如期交付

年内，中国援建老挝的许多民生项目如期移交。比如，援老挝万象皮瓦中学于 3 月 30 日顺利移交。10 月 12 日，中国援建老挝第一所铁道学院在老挝万象举行移交仪式，该学院是东南亚国家第一所铁道职业技术学院，填补了老挝铁道专业技术教育的空白。11 月，援老挝万象纳赛通中学项目和援老挝人民革命党青年团中央活动中心项目举行移交仪式

4. 友城"朋友圈"不断扩大

自 2002 年以来，老挝与中国共缔结了 20 多对友好城市。年内，新增了不少于 3 对友好城市，比如重庆市与老挝占巴赛省缔结友好城市，湖南省湘西州花垣县十八洞村与老挝琅勃拉邦省琅勃拉邦市听松村缔结"国际姊妹村"，中国红河县与老挝赛塔尼县建立友好城市关系。

5. 继续加强两军深入合作交流

5 月 11—30 日，中老两军开展"友谊盾牌-2023"联合军事演习，旨在增进中老两国、两党、两军和人民之间的友谊与合作。11 月 28 日，中国

---

① 孙敏坚：《志同气和　携手同行　为建设中老命运共同体贡献力量》，《湖南日报》，2023-09-08.

② 《中老铁路开通运营两周年累计发送旅客 2420 万人次，货物 2910 万吨》，云南发布，2023-12-02.

老挝两军第四次边境国防友好交流活动在老挝丰沙里省约乌县举行。12 月
5 日，老挝人民革命党中央总书记、国家主席通伦在万象会见到访的中央军
委副主席何卫东。

（二）发展与东盟及其成员国的友好合作关系

老挝于 1997 年加入东盟，且与东盟中的泰国、缅甸、越南、柬埔寨接
壤，发展与东盟及其他成员国的友好合作关系也是老挝外交的优先发展
方向。

1. 与越南的传统友好合作关系

一是元首外交引领双边关系。年内，老挝与越南继续保持传统友好合
作关系，高层互访频繁。1 月 11—12 日，越南总理范明政对老挝进行正式
访问，并出席越老政府间第 45 次会议。这是宋赛履新总理后首次接待外国
领导人来访。4 月，越南国家主席应邀访问老挝，这是武文赏 3 月 2 日当选
越南国家主席后首次出国访问，并把第一站选在老挝，充分体现了越南对
越老特殊关系的高度重视。两国领导人在双边会谈中商定继续加强和发展
两国政府和人民之间的伟大友好、特殊团结、全面合作的关系。双方高度
赞赏两国建交和《合作友好条约》签署 45 年以来在各领域的合作所取得的
突出重要成就。

二是经贸合作向纵深发展。当前，越南是老挝第三大投资国，越南对
老投资项目共 415 个，投资总额约达 44 亿美元，主要集中于金融银行、电
能、电信、农林业、采矿等领域。2023 年 1—10 月，越南与老挝的双边贸
易额达到 13 亿美元。[①]

三是基础设施稳步推进。年内，酝酿多年的长达 500 公里的老挝万象
—越南永安港铁路中的一期项目，即从老挝甘蒙省塔哈耶克县（Thakaek）
修建到老挝越南边境长达 139.18 公里的铁路终于获两国政府批准。

---

① Vietnam ready to support Laos' Asean Chairmanship 2024：minister，https：//www. vien-
tianetimes. org. la/freefreenews/freecontent_230Vietnam_23. php.

四是越南援建的华潘农康机场移交。5 月 15 日，由越南承建的老挝华潘省农康机场交接仪式在华潘省桑怒县举行。农康机场是老挝政府基础设施发展战略中的项目之一，旨在将老挝从一个没有出海口的内陆国家转变为陆路连接枢纽的国家。该工程项目由越南黄英嘉莱国际农业股份公司承建并与老挝政府合作，以建设—转让（BT）模式实施，投资总额 8200 万美元。机场按照国际民用航空组织（ICAO）3C 标准建设，年旅客吞吐量 10 万人次，可起降 70 座到 100 座的飞机。越老两国相关部门领导出席了移交仪式。[①]

2. 与泰国的关系

2023 年是老挝与泰国建立外交关系 72 周年。长期以来，泰国是老挝的最大贸易伙伴和主要投资来源国，泰国的媒体、影视文化影响了老挝社会生活的方方面面。中老铁路建成通车后，泰国的许多商品通过老挝搭乘中老班列出口到中国。

老挝积极开展与泰国的互联互通。10 月 30 日，泰国总理赛塔访问老挝并与老挝总理宋赛出席老泰铁路建设项目二期万象站（康萨瓦站）开工仪式，该项目得到了泰国政府与邻国经济发展合作署的资金支持，以低息贷款和赠款的形式提供总计 10.65 亿泰铢的支持，其中 70% 为贷款，30% 为赠款，主要包括塔纳楞站至万象站全长 7.5 公里的铁路建设、万象站（康萨瓦站）、职工住房、车站入口及十字路口建设工程等。目前，泰国与老挝共建有 5 座友谊桥，泰国承诺即将在乌汶府和沙拉湾建设第六座友谊桥。同时，老挝和泰国正讨论一条连接老挝沙湾拿吉、越南及泰国东北部长达 160 公里高速公路的可行性。

3. 与新加坡的关系

近年来，老挝和新加坡在贸易投资、教育、人力资源开发、国防、维和等领域开展了广泛的合作。目前新加坡是老挝十大外国投资来源国之一。

---

① 《老挝华潘省弄康机场正式移交》，老挝华文网，2023-05-16.

10 月 12—13 日，新加坡高级代表团对老挝进行正式访问，老挝欢迎新加坡在农业、绿色能源（水、太阳能和风能）、旅游和酒店等领域投资。双方讨论了续签老挝电力公司（EDL）与吉宝电力私人有限公司之间的购售电协议，并考虑将协议从两年延长至五年。

4. 与柬埔寨的关系

年内，老挝和柬埔寨实现了高层互访，政治互信继续加强。应老挝总理宋赛·西潘敦的邀请，柬埔寨首相洪森 2 月 13—14 日对老挝进行为期两天的正式访问。洪森和宋赛·西潘敦会谈讨论打通柬老中铁路，并签署了"柬埔寨与老挝 2023—2027 年全面持久战略伙伴关系行动计划"。老挝国家主席通伦向洪森授予最高荣誉勋章。5 月 4—6 日，应柬埔寨国王邀请，老挝国家主席通伦对柬埔寨进行国事访问，并出席第 32 届东南亚运动会开幕式。在经贸合作领域，老挝与柬埔寨的进出口贸易额从 2021 年的 1.6 亿美元增加到 2.1 亿美元。截至 2022 年 2 月，有 30 家柬埔寨公司在老挝进行投资，注册投资资本为 1.07 亿美元，老挝已向柬埔寨出口了 445 兆瓦的电力，计划到 2030 年增加到 6000 兆瓦。[①]

5. 与马来西亚的关系

老挝与马来西亚于 1966 年建交，两国在国防、贸易、投资、能源、教育和银行领域的合作密切。应老挝总理宋赛的邀请，6 月 26—27 日，马来西亚总理安瓦尔·易卜拉欣率代表团对老挝进行正式访问，以加强老挝和马来西亚之间的长期友谊与合作。马来西亚在老挝的外国投资中排名第五，总价值达 9.24 亿美元，涵盖了 46 个项目。11 月 21 日，马来西亚驻老挝大使走访了沙湾拿吉省色诺经济特区，并与马来西亚驻老挝商会交流。[②]

---

① President's state visit aims to strengthen ties with，https：//www. vientianetimes. org. la/freeContent/FreeConten2023_President85. php.

② Malaysian Ambassador to Laos visits the Malaysian Business in Savannakhet Province，https：//www. vientianetimes. org. la/freefreenews/freecontent_230Malaysian_23. php.

（三）与日本的关系

10月11日，日本外相访问老挝并与老挝外长会谈，就合作推动日本企业进驻老挝达成一致。日本外相表示日方将帮助老挝积极开展人道主义援助和灾害能力建设项目。11月7—11日，老挝副总理沙伦赛对日本进行正式访问，此访旨在进一步加强两国长期友好合作关系。

（四）积极参与多边、地区和国际事务

年内，老挝积极参与国际和地区事务，提升国际影响力，保护合法权益。积极参加在雅加达举办的第43届东盟峰会并与东盟成员国举行双边会晤；参加第三届"一带一路"倡议国际合作高峰论坛；参加湄公河次区域经济合作（GMS）、柬老越三角区合作（CLV）、柬老缅越四国峰会（CLMV）等；主办第十届伊洛瓦底江—湄南河—湄公河经济合作战略峰会（ACMECS 10）。通过主办和参与地区和国际事务会议，提升了老挝在地区的影响力，为老挝经济社会发展营造良好的外部环境。

四、社会形势存忧

年内，居高不下的高通货膨胀导致食品、药品等物价上涨，普通民众、低收入的公务员、教师、医生生活困难，从而导致一系列社会风险问题，影响到事关老挝民生的教育医疗卫生事业。总的来说，高通货膨胀率影响到老挝治安形势和教育医疗卫生的发展，这对未来一段时期内老挝发展人力资源，培养高素质人才是致命打击，由于大量的辍学会导致人才断层，职业技能人才短缺，影响老挝经济社会发展。

（一）社会治安风险加大

由于国内外局势影响和老挝经济发展面临困境等叠加因素，老挝社会治安风险逐步加大。年内，老挝国内连续发生多起枪杀、抢劫、盗窃、贩

毒等严重治安刑事案件，其中不乏中国公民受害事件，这给一向安全祥和的老挝蒙上一层阴影，对老挝的营商环境产生了负面影响。

（二）学生辍学和教师短缺

受老挝物价上涨，通货膨胀的影响，自 2021 年以来，教师队伍不稳定，辞职或另谋职业人数日益增加，受制于经济困难，老挝大学、中学学生辍学人数逐年增加。2022 年万象市的中学约有 150 名学生辍学，2023 年辍学率较去年翻了一番，主要原因是学生家庭经济困难导致无法支付学费，迫使许多学生不得不放弃学业辍学打工赚钱。老挝国立大学是老挝最好的大学，2021—2023 年共有 555 名学生退学，退学的原因是多方面的，有获得奖学金出国留学、找工作、学业上的挑战和健康等问题，但不排除因贫困退学，放弃学业打工赚钱。另外由于物价上涨等因素，许多教师不得不辞职转行或者身兼数职养家糊口，严重影响了教学教育质量。以波里坎塞省巴山县为例，2022—2023 学年巴山中学，2022 年 9 月初在校生为：男生 4557 人，女生 2305 人；到了 2023 年 5 月，男生 4422 人，女生 2237 人。仅仅上了一个学期，有辍学学生 135 人，女生 68 人，辍学率是很高的。同时，老挝的入学率也在下降，以国立大学为例，2021 年度招收 9000 多名学生，2023 年仅招收 6688 名学生。为了解决学生辍学，老挝政府提出国家资助学校午餐、增加培训学校、提供培训机会以及为家庭贫困学生提供住宿金、住宿补贴、免除学费等。同时通过增加教师招聘名额和延迟退休年龄来解决当前教师短缺的问题。①

（三）老挝民众"看病难""看病贵"

长期以来，老挝医疗保险体系滞后，医疗卫生人员短缺，医疗保险基金管理不善、预算不足。截至 2022 年，老挝全国仅有 1232 家医疗机构，其

---

① NA member voices concern over school dropout rate，https：//www. vientianetimes. org. la/ sub-new/Previous_219_y23/freefreenews/freecontent_219Na_23. php.

中中央或省级医院 22 家，市县级医院 135 家，社区卫生服务中心共 1075 家。[①] 自 2020 年以来，高通货膨胀催生了更多的医疗债务，导致许多医院没有药品给病人治病，要求患者治病自带药，并支付高昂的检查和手术费用，许多老百姓根本无力支付高昂的医疗费用，只能回家听天由命。

（四）禁毒形势依然严峻

毒品是制约老挝经济社会发展的一大毒瘤，老挝历届政府都严厉打击毒品，但是屡禁不止。11 月 3 日，老挝副总理兼任公安部部长维莱·拉坎蓬将军向九届国会六次会议作报告并指出，2021—2023 年老挝共侦破涉毒案件 10843 起，逮捕了 15966 人，其中包括 1804 名妇女、324 名外国人（外国妇女 21 人）；搜缴毒品颗粒、粉末共 32111.78 公斤，缴获各类化学品 260 余吨；并扣押、变卖大量车辆、土地、宾馆等财产；共有 10900 名吸毒受害者接受治疗，其中女性 361 名；吸毒受害者中有 5734 人戒毒成效显著，其中包括 209 名女性，还有 104 名女性继续接受治疗。10 月 12 日是老挝禁毒日，老挝每年都会在波乔省、首都万象市、沙湾拿吉省焚烧毒品，旨在警醒民众不要吸毒贩毒。

（五）雾霾和洪涝灾害频发

老挝许多地区还存在刀耕火种，大面积的毁烧灌木丛、秸秆使得烟尘淤积在空气中，从而形成雾霾，多出现在每年 12 月至次年 3—4 月，2023 年尤为严重，3 月老挝各大城市都出现严重的雾霾，以万象为例，$PM_{2.5}$ 浓度上升到 71μg/立方米，严重影响民众出行和身体健康安全。[②] 8 月，强降雨导致老挝境内多省发生大范围洪水与山体滑坡，房屋被淹，农田被摧毁，道路被切断。

[①]　Lao Statistics Bureau, Statistical Yearbook (2022), P138.

[②]　Air quality falls to toxic levels countrywide, https://www.vientianetimes.org.la/freeContent/FreeConten2023_Air60.php.

五、2024 年形势展望

2024 年是老挝旅游年，同时老挝即将担任东盟轮值主席国，也是其第三次担任东盟轮值主席国（前两次是 2004 年和 2016 年），这在老挝的社会历史发展中将是具有浓墨重彩的一笔。基于对 2023 年以来老挝政治、经济、外交、社会等情况的梳理，对老挝 2024 年发展态势作如下研判：

政治上，老党将召开党中央十一届八中、九中全会，对贯彻落实十一大决议进行回顾和总结。老党将继续加强党的自我建设，提高党的执政能力，打击腐败，修订完善各项法律制度，巩固党的执政地位，为国内的经济社会发展营造良好的发展环境。

经济上，一是发展旅游。2024 年是老挝旅游年，主题是"安全游览老挝，享受文化、自然和历史"，老挝各部门、各省市已做好迎接国内外游客的准备，预计 2024 年外国游客达到 270 万人次，旅游收入 4.01 亿美元。[①]二是加大基础设施建设，继续发挥中老铁路的重要作用，并加快公路、机场等项目建设，促进与周边国家的互联互通。启用新建的波乔国际机场，启动建设中老高速公路孟赛至磨丁段和升级改造琅南塔省至波乔省会赛的高速公路。三是改革财政、金融，发展经济。主要措施如下，老挝政府将探索新的融资方式，避免陷入债务违约；建立现代化的税收征收体系，防止偷税漏税；严控国家支出；严格规范管理汇率；继续改善营商环境；继续改革表现不佳的国有企业，比如老挝电力公司、航空公司等；促进生产，减少进口；促进中小微企业发展；优化陆港跨境贸易的程序。老挝政府制定了 2024 年经济增长达到 4.5%和通货膨胀率缩减到 9%的目标。[②] 四是继续改善营商环境，并设定了吸引 32 万亿吉普国内外私人投资的目标，希望

---

① Visit Laos Year 2024 opens with great fanfare，https：//www. vientianetimes. org. la/freefreenews/freecontent_230VisitLaos_23. php.

② Souksakhone Vaenkeo，NA adopts ambitious macro targets as it concludes 3-week session，https：//www. vientianetimes. org. la/freefreenews/freecontent_228NAadopts_23. php.

外国资本和技术以可持续的方式开采和利用自然资源，造福老挝人民。

外交上，2024 年老挝担任东盟轮值主席国，相比前两次，老挝有丰富的经验发挥东盟和老挝在国际和地区的地位和作用，继续开展多元务实外交，加强与中国、东盟及区域外国家的交流合作，提升其在地区和国际上的影响力，为国内的经济发展和社会文化建设营造良好的外部环境。

社会方面，老挝在控制物价，抑制通货膨胀的基础上，增加公务员的工资，加大对教育医疗卫生的资金投入，提高各级学校的入学率，积极发展职业教育，打击毒品犯罪，使社会安定，人民生活幸福。

[孔志坚，云南省社会科学院、中国（昆明）南亚东南亚研究院老挝研究所副研究员]

越南：高层权力结构出现变化
经济发展遭遇暂时困难

王育谦　孙梦笛　张　玲

2020 年以来，在新冠疫情蔓延、地区爆发严重冲突、全球经济衰退的背景下，尽管经济发展遭遇波折，但越南总体保持良好发展势头。越南政治社会稳定；经济发展，生产力增强，外国投资持续流入；贫困人口持续快速下降；人民生活水平得到改善，许多社会问题得到解决；对外接连提升与各大国的关系，国家实力和地位不断增强。

一、2023 年越南总体发展状况与形势研判

2023 年面对纷繁复杂的世界局势，越南积极克服困难，保持政治稳定，经济发展虽然遭遇暂时困难，但仍然保持增长韧性。政治方面，越南高层人事出现重大变动，年初阮春福辞去越南共产党（以下简称越共）中央政治局委员和越南国家主席职务，武文赏接替阮春福当选越南国家主席，越南高层权力平稳交接。经济方面，因美元持续加息，全球需求下降，尤其欧美发达经济体需求下降，越南工业生产下滑，出口萎缩，持续火热的房地产等行业也出现明显降温。越南上半年经济增长 3.72%，第三季度经济增长 5.33%，在东盟国家中排在前列。在面临如此挑战和困难下，取得这样的成绩实属不易。外交方面，越南大国外交出现重大进展，9 月 10—11 日美国总统拜登对越南进行国事访问，双方发表了关于将两国关系提升至

全面战略伙伴关系的联合声明，越美关系提升了一个层级。12 月，中共中央总书记、国家主席习近平同越共中央总书记阮富仲在河内举行会谈，双方宣布中越两党两国关系新定位，在深化中越全面战略合作伙伴关系基础上，携手构建具有战略意义的中越命运共同体，中越关系提升至新定位，向国际社会发出两党两国团结合作的明确信号。一方面，越南接连与大国加深关系体现出越南"竹式外交"的成功，成为小国与大国交往的典范，另一方面，也表明越南在地区地缘政治中的重要性不断攀升。

二、政治：高层权力结构出现变化

2023 年，越南发生的最大政治事件就是阮春福辞去国家主席职务，武文赏接任国家主席一职。越共十三大后，作为越南最高权力象征的"四驾马车"体系呈现出南北人员和权力双重失衡的状态，越共总书记阮富仲、越南总理范明政和国会主席王廷惠均为北方人，唯一的南方人阮春福下台，造成了这种失衡更明显。武文赏虽然是南方人，但从任职经历看，2016 年 2 月至 2021 年 1 月，任越共中央政治局委员、中央书记处书记、中央宣教部部长，负责思想、文化、科教和对外通信宣传工作，越共中央反腐指导委员会委员等职；2021 年 1 月，任越共第十三届中央委员会委员、越共中央政治局委员，中央书记处常务书记。武文赏可以说是阮富仲的坚定支持者和跟随者。阮富仲在阮春福辞去国家主席一职后，对越南国家最高权力的掌控达到了前所未有的高度，这为越南坚定执行越共十三大决议提供了坚强领导保证。

（一）武文赏当选国家主席

2023 年 1 月 17 日，越共第十三届中央委员会召开会议，同意阮春福辞去越共中央政治局委员和越南国家主席职务。3 月 2 日上午，越南第十五届国会第四次特别会议选举武文赏同志为越南社会主义共和国主席（任期

2021—2026 年）。武文赏此次当选创造了一项纪录——他以 53 岁的年龄成为史上最年轻的越南国家主席。由于有包括范平明和武德儋两名政府副总理和另外三名部长在内的多名领导干部违反规定，造成了严重后果，阮春福承担领导责任。阮春福认识到自身对党和人民应有的责任，向越共中央递交了辞去各项职务的申请书，请求退休。

阮春福、范平明等人被西方媒体归为"阮晋勇的派系"，或被称为"改革派""南方派"甚至"亲美派"。他们有些共性：出生或成长于胡志明、岘港等原南越政府控制区。这些地区市场经济活力旺盛，是革新开放的先行地区，也是越南的经贸中心。他们大多是专家型官员出身，在 20 世纪 90 年代革新开放后被特意送到国外留学，有别于从理论战线、公安战线晋升起来的其他高层领导。范平明和武德儋辞职后，接替他们职务的是自然资源与环境部长陈红河和海防市委书记陈流光。陈红河出身知识分子家庭，获得矿业学博士学位后一直在自然资源与环境部任职，与范平明一样都是典型的专家型官员。陈流光拥有公共管理硕士学位，长期在南方经济发达地区任职，曾任胡志明市委常务副书记。武文赏履新国家主席，被外界视为越南改革开放政策将维持稳定的信号。可以预见中越两国在今后很长一段时间内大的方向上将继续保持一致，坚持共产党领导，坚持走符合本国国情特点的社会主义道路。两国两党将会继续加强团结合作，推动各自党的建设和社会主义事业不断发展。

（二）反腐工作

2023 年初，越共中央总书记阮富仲出版两本反腐败相关著作，总结了越南共产党反腐败的思想、经验、文件精神等。一本是《坚决打好反腐败斗争战 为党风廉政建设作出贡献》，系统地梳理了阮富仲同志在反腐倡廉斗争方面的指示精神；越南共产党有关反腐败工作、整党建党工作、党员干部品德修养等的一贯思想。另一本是《坚决、坚持推进反腐败反消极斗争，为建设日益廉洁和强大的我党和国家作出努力》，对阮富仲总书记指示意见进行系统化，展现出越南共产党在反腐败、反消极工作，党建工作，磨炼党员和干部道德和工作作风等工作中的一贯和贯穿思想，让干部、党员和人民充分了解并有效实施该工作。

2023 年越共中央总书记、越共中央反腐败反消极指导委员会主任阮富仲提出了"没有禁区、没有例外"精神，让"不敢腐、不能腐、不想腐"遍及各地各领域，防止发生集体贪污、有组织贪污或利益集团贪污等现象。肯定成立省级反腐败反消极指导委员会是必要的，也是正确的。很多地方不靠上级，以身作则，表现出"上下统一、协商一致、横纵顺畅"，协调越来越有节奏、越来越紧密、越来越有效，真正成为一种运动。

越共十三大以来，中央委员会、中央政治局、中央书记处、指导委员会已就内政、反腐败反消极等工作召开了三次全国会议；指导委员会就加强党建工作、巩固政治体制、反腐败反消极现象等方面出台了 100 余份文件，是十二大上半任期的两倍。2023 年前 6 个月，各级党委、检查委员会一共对 218 名党员因腐败而进行纪律处分。而越共十三大任期开始至今，共有属于中央管理的 91 名官员因腐败而受到纪律处分。本届任期的新特点是，落实中央的指导方针，各级党委、党组织、职能机构坚决明确发生严重腐败和消极现象单位的首长、领导干部、管理者的政治责任。①

10 月 11 日颁发的第 168/NQ-CP 号决议提出了《到 2030 年国家反腐败战略》。该战略提出 5 项措施和任务，其中包括：完善在经济社会管理、防治腐败等领域上的政策和法律；健全国家机制，完善公务制度，建设廉洁的干部、公务员队伍；提高执法效率；加强检查、监督、监察、审计、侦查、起诉、审判和判决执行工作；提高认识并促进社会在反腐败工作中的作用和责任；积极参与预防，并提高反腐败国际合作的效率，全面落实《联合国反腐败公约》成员国的权利和义务。

---

① 《阮富仲总书记：反腐败斗争没有任何压力》，越通社，2023 年 8 月 16 日，https://link.gov.vn/rVYL5uvh.

（三）越共十三届中期会议及八中全会

2023 年 5 月 15 日，越共第十三届中央委员会任期中期会议开幕。阮富仲主持会议。中央委员会分别对政治局、书记处任期中期工作报告、越共截至第十三届到任期末的一些核心任务提出意见；对第十三届政治局委员和书记处成员投信任票；对其他重要问题进行讨论。中央委员会在对新形势背景进行分析研判的基础上，要求在越共第十三届下半任期集中指导、重点实施 5 项重点任务，包括：经济建设发展；文化与社会发展；加强国防安全，组织好对外活动；大力推动和进一步做好政治系统建设与整顿和党建与整党工作；重点筹备 2025 年至 2030 年任期各级党代表大会，迈向越共第十四次全国代表大会。

10 月 2 日，越共第十三届中央委员会第八次全体会议开幕，会议讨论 2023 年经济社会形势、国家预算和 2024 年计划，2024—2026 年国家财政预算和实施新工资制度的路线图，讨论关于《越共十一届八中全会有关新形势下保卫祖国战略的决议》落实十年总结提案。分组讨论越共十一届四中全会于 2012 年 6 月 10 日颁布关于 2012—2020 年阶段若干社会政策问题的第 15 号决议实施 10 年的工作总结。讨论了越共第十届中央委员会 2008 年 8 月 6 日颁布的关于在国家工业化、现代化时期知识队伍建设的第 27 号决议实施 15 年的工作总结。就越共第九届中央委员会于 2003 年 3 月 12 日颁布关于发挥全民族大团结力量，致力于民富国强、社会公平、民主、文明的第 23 号决议 20 年总结工作进行分组讨论。阐述越共第十四届中央委员会（2026—2031 年任期）人选酝酿方案；成立越共第十四次全国代表大会各筹备小组等的呈文。

（四）国会认真履职

2023 年 1 月 5—9 日，越南召开第十五届国会第二次特别会议，特别会议表决通过《2021—2030 年及远景展望至 2050 年国家总体规划》等重要决议。国会审议罢免两名副总理的职务，任命陈红河和陈流光为副总理。1 月 18 日越南第十五届国会召开第三次特别会议，通过关于免去阮春福国家主席职位和中止其国会代表资格的决议。3 月 2 日，召开第十五届国会第四次特别会议，国会讨论并表决通过了选举武文赏同志为国家主席的决议。

第十五届国会第五次会议分为两个阶段，第一阶段为 5 月 22 日至 6 月 10 日，第二阶段为 6 月 19 日至 6 月 23 日。会议审议通过 8 项法律，包括：《消费者权益保护法修正案（草案）》《招标法修正案（草案）》《价格法修正案（草案）》《电子交易法修正案（草案）》《合作社法修正案（草案）》《越南公民出入境法若干条款修改补充（草案）》《旅居越南外国人出入境、过境和居留法若干条款修改补充（草案）》。国会审议和通过以下两项决议：2024 年法律、法令制定计划和 2023 年法律、法令制定计划调整方案，关于"国会和人民议会选举或批准的任职人员信任投票程序"的第 85 号修改补充决议。国会还向另外 8 项法律草案提供意见。

8 月 14 日，国会常务委员会第二十五次会议召开。这是年初以来内容最多的会议，会议聚焦 21 项内容，主要围绕监督和立法以及其他重要问题。国会常委会专题监督会议首次通过广播、电视渠道得到直播，让国会代表、选民和全国人民观看，发挥国会的民主性、法治性、公开透明性。

10 月 23 日，越南召开第十五届国会第六次会议。会议审议并通过 9 项法律草案和 1 项决议草案，包括：《土地法（修订版）》草案、《房地产经营法（修订版）》草案、《住房法（修订版）》草案、《水资源法（修订版）》草案、《电信法（修订版）》草案、《国防工程和军事区管理保护法》草案、《维护基层安全与秩序参与力量法》草案、《公民身份法（修订版）》草案、《信贷机构法（修订版）》草案、关于试行多项机制与政策，消除道路交通工程建设投资相关法律规定障碍的决议。会议还对 8 项法律草案提出意见，包括：《社会保险法（修正版）》草案、《档案法（修订版）》草案、《国防工业、安全和工业动员法》草案、《公路法》草案、《公路交通秩序与安全法》草案、《首都法（修订版）》草案、《人民法院组织法（修订版）》草案、《资产拍卖法若干条款修改和补充法》草案。
越南第十五届国会第六次会议还审议并决定其他重要问题，特别是国会对
国会选举或批准职位的官员进行信任投票。

三、经济方面：经济发展遭遇暂时困难

2022 年越南经济增长率达到了 8.03%，这一增速创下 1997 年以来新
高。但 2023 年越南经济遭遇断崖式下跌，第一季度，越南的 GDP 增速跌至
3.32%，创下自 2011 年以来的历史新低；第二季度同比增长 4.14%；第三
季度，同比增长 5.3%，第四季度同比增长 6.72%，2023 全年增长 5.05%，
仅高于 2011—2023 年间 2020 年和 2021 年的增长率[①]，未完成 6.5% 的增长
目标。越南经济下滑的主要原因是面临美国持续加息，美元货币供应紧缩
以及全球需求减弱等外部挑战。发达国家特别是美国、欧盟等实力较强的
市场通胀高企。同时，新冠疫情后维持紧缩的货币政策和较高的库存量导
致越南主要出口市场的订单减少。此外还有大国之间的战略竞争，俄乌冲
突，大国政策调整对金融货币市场稳定、能源安全、粮食安全以及地区和
全球地缘政治问题产生的影响。同时越南经济还面临来自内部的压力，
2023 年上半年电力短缺，部分地区的劳动力短缺，生产成本增加，一些严
重依靠出口的行业出现困境等。

（一）宏观经济形势

据越南统计总局 2023 年 9 月 29 日公布的报告显示，2023 年第三季度
越南国内生产总值（GDP）同比增长 5.33%。2023 年前 9 个月，越南 GDP
同比增长了 4.24%。2023 年前 9 月越南国内生产总值保持增长势头。越南
居民消费价格指数（CPI）环比增长 1.08%。越南居民消费价格指数

---

① 《2023 年越南国内生产总值增长 5.05%》，越通社，2023 年 12 月 29 日，https://
link. gov. vn/uDycVpO9。

（CPI）环比增长 1.08%，较 2022 年 12 月环比增长 3.12%，同比增长 3.66%。2023 年第三季度越南 CPI 同比增长 2.89%。其中，住房和建材类价格同比增长 6.99%，教育价格增长 5.95%，货物和其他服务价格上涨 5.9%，饮料和香烟价格上涨 3.05% 等。电信邮政类和交通类是价格下降的两种商品类，分别同比下降 1.12% 和 2.28%。2023 年前 9 个月，越南 CPI 同比增长 3.16%，核心通货膨胀率增长了 4.49%。为越南前 9 个月经济增长 4.24% 作出积极贡献的是公共投资。2023 年前 9 个月，公共投资实际到位资金达 171 亿美元，相当于全年计划的 57.4%，同比增长 23.5%。[①]

1. 吸引外资情况

外国直接投资方面，截至 9 月 20 日，越南新注册、增资和购买股份的资金总额达 202 亿美元，同比增加 7.7%。2023 年前 9 个月，越南新批投资项目为 2254 个，同比增长 66.3%；注册资本总额超过 102.3 亿美元，同比增长 43.6%。与此同时，增资项目为 934 个，同比增长 21.5%；增资总额超过 51.5 亿美元，同比下降 37.3%。此外，在外国投资商出资入股投资方面，全国共有 2539 个交易项目，同比下降 5.9%；出资总额超过 48.2 亿美元，同比增长 47%。2023 年前 9 个月，外国投资商共对越南 21 个国民经济产业中的 18 个进行投资。加工制造业连续多年保持领先地位，投资总额超过 140 亿美元，占注册资本总额的 69.3%，同比增长 15.5%。房地产经营产业位居第二，投资总额达 19.4 亿美元，占注册资本总额的 9.6% 以上，同比下降了 45%。金融银行业、批发零售业注册资本总额为：15.4 亿美元，增长 63 倍；7.34 亿美元，增长 18.7%，分别位列第三和第四位。从新批项目数量来看，加工制造业也是新批项目数量最多的产业，占 32.6%，增资项目数量占 56.3%。批发零售业出资入股交易笔数最多，占 41.4%。[②] 2023

---

① 《2023 年前 9 个月越南国内生产总值保持增长势头》，越通社，2023 年 9 月 29 日，https://link.gov.vn/IDHv4SFb.

② 《2023 年前 9 个月越南吸引外资保持增长势头》，越通社，2023 年 9 月 27 日，https://link.gov.vn/Ak1jRRYO.

年越南累计吸引 39140 个外国直接投资（FDI）项目，注册资金总额达 4689.17 亿美元，其中，吸引 FDI 最多的 10 个省市包括胡志明市、河内、平阳、同奈、巴地头顿、海防、北宁、清化、隆安和广宁等。[①]

2. 进出口情况

据越南统计总局的数据，2023 年全年越南商品进出口总额约为 6830 亿美元，同比下降 6.6%。[②] 2023 年前 9 月贸易顺差 216.8 亿美元。累计 2023 年前 9 月出口总额为 2596.7 亿美元，比去年同期下降 8.2%。在 2023 年前 9 月的出口商品结构中，出口额为 2292.2 亿美元的加工工业占比 88.3%。在货物进口方面，2023 年 9 月商品进口额为 291.2 亿美元，环比下降 0.7%，同比增长 2.6%。2023 年前 9 月，进口额为 2379.9 亿美元，同比下降 13.8%。在进口商品结构中，生产材料进口额为 2230.8 亿美元，占比 93.7%。从 2023 年前 9 月的商品进出口市场来看，美国仍然是越南最大的出口市场，出口额为 709 亿美元。中国是越南最大的进口市场，进口额为 791 亿美元。[③]

（二）部门经济形势

1. 农业发展情况

越南农林渔业平稳运行。前三季度，农业部门增加值同比增长 3.42%，林业增长 3.13%，渔业增长 3.56%。冬春夏秋水稻生产情况较好，全国水稻种植面积达 149.25 万公顷，茶叶、橡胶、椰子、腰果等部分多年生作物产量同比实现增长，畜牧业生产稳定发展；新增集中造林 19.79 万公顷，与去年同期持平；海产品产量 679.67 万吨，同比增长 2.1%。

---

① 《吸引外资最多的前 10 个省市》，越通社，2024 年 1 月 15 日，https://link.gov.vn/IerY4nr7.

② 《2023 年越南出口额超过 10 亿美元的商品类为 35 个》，越通社，2024 年 1 月 4 日，https://link.gov.vn/NX2jBUAE.

③ 《2023 年前 9 个月越南实现贸易顺差 216.8 亿美元》，越通社，2023 年 9 月 29 日，https://link.gov.vn/AjYmYOeN.

2. 工业发展情况

由于世界总需求下降，工业和建筑业面临困难。前三季度，工业部门增加值同比仅增长 1.65%，为 2011 年以来历年同期最低增幅；建筑业增加值同比增长 6.17%。特别是，加工制造业仅增长 1.98%，亦为 2011 年以来的同期最低增幅；平均库存率 85.3%，高于去年同期的 76.4%；工业企业从业人数同比下降 1.9%。

3. 服务业发展状况

贸易和旅游业保持高增长势头，对服务业增长作出积极的贡献。2023 年前 9 个月服务业增加值同比增长 6.32%，对经济增长贡献率为 53.34%。

（1）旅游成为发展亮点

在经济面临困难的情况下，越南旅游服务业被视为一个亮点，为经济增长做出重要贡献。越南文化体育和旅游部国家旅游总局发布，2023 年前 10 月，越南接待外国游客 1000 万人次，国内游客 9870 万人次。旅游收入达约 582.6 万亿越盾（折合人民币约 1796 亿元）。据计划与投资部统计总局发布的 2023 年前 9 月经济社会报告，旅游服务板块增长 6.24%，对经济 GDP 增长贡献 53.34%。贸易和贸易产业保持高增长势头，对服务板块增长做出积极贡献。部分行业对经济增长的贡献率较大，其中住宿和餐饮服务增长 13.17%，贡献 0.33 个百分点。

越南旅游也获得国际权威奖项，其中越南第七次被评选为"亚洲最佳高尔夫球目的地"（2017—2023）；第二次被评选为"亚洲最佳水疗目的地"（2022—2023）。河内被评选为"世界最佳高尔夫球市目的地"；2023 年亚洲新兴饮食城市目的地。2023 年 9 月 16 日在沙特首都利雅得，联合国教科文组织（UNESCO）第 45 届世界遗产委员会扩大会议已正式批准将位于广宁省和海防市的下龙湾—吉婆群岛群体列入世界自然遗产名录。

（2）房地产业外资持续流入但流入总额大大减少

2023 年越南房地产市场在一季度出现严重下滑，供应严重减少，几乎停滞不前，成交量只有 1000 多套。第二季度，超过 200 个项目再次上架销售，成交量约 3700 笔。截至第三季度，成交数量已超过 5000 套，开盘项目达 300 个。① 这表明投资者的信心和房地产交易正在回归。在 2023 年前三季度，越南吸引外资房地产投资排名第二，流入房地产的外国投资资金近 19.4 亿美元，但同比下降 45%。② 越南政府发布"2021—2030 年为低收入人群和工人建成 100 万套住房"项目加快房地产市场结构重组，提高市场的承压能力。

（三）区域发展

2022 年，越南提出国家整体规划，2022 年底至 2023 年全年，越南政府围绕这一发展规划，按照区域协调发展的思路，出台了多项决议，预计将为越南未来发展产生较为重要的影响，也体现了越南政策的连续性。

越南政府 2022 年 12 月 29 日签发了第 168/NQ-CP 号决议，发布了越南政府关于实施越共中央政治局 2022 年 11 月 3 日签发的有关近期至 2030 年，远景展望至 2045 年中北部和中部沿海地区的国防和安全的第 26-NQ/TW 号决议的行动计划。该行动计划紧扣越共中央政治局第 26-NQ/TW 号决议中提出的观点和目标：1. 2021—2030 年，年均地区生产总值（GRDP）增长率达 7%—7.5% 的目标。到 2030 年，GRDP 与 2020 年相比增长 2.5—3 倍，其中农林渔业约占 11.5%，工业—建筑业约占 40.7%，服务业约占 37.5%。加工制造业占 GRDP 的比重约为 30%；数字经济占地区 GRDP 的比重约为 30%。人年均 GRDP 约为 1.56 亿越盾（约合 6617 美元）。国家财政收入占全国财政收入约 20%—25%；财政收入增速高于全国平均水平 2—3 个百分点；力争城镇化率达到 47%—48%；新农村建设标准达标率达 90% 以上；达到新型农村示范社区建设标准的乡村比例约为 30%。人类发展指数

---

① 《越南房地产市场恢复增长》，越通社，2023 年 10 月 19 日，https://link. gov. vn/FcA4RFeE.

② 《流入越南房地产领域的外资占 FDI 近 10%》，越通社，2023 年 10 月 5 日，https://link. gov. vn/qGF72Zm0.

（HDI）高于全国平均水平；人均收入是全国平均水平的 120% 以上；技能劳动力占比约 75%；多维贫困发生率下降 1—1.5 个百分点；每万人床位数为 32 张；每万人有医生数为 11 人；医疗保险参保率达到 95% 以上等。重点调整区域经济结构，促进海洋经济的发展，制定专项规划，加强各级各部门之间的协调联动，将发展海洋经济与保障国防安全和海上安全相结合。①

年初，越南政府总理范明政主持召开以"连接—海洋经济突破—快速、可持续发展"为主题的越南中部以北地区和沿海地区经济社会发展会议。范明政要求各部委、行业和中部以北和沿海地区 14 个省市尽快制定方案和行动计划。

2023 年 2 月，越南政府公布《到 2030 年红河三角洲地区经济社会发展与国防安全保障和 2045 年愿景》的第 30 号决议（30-NQ/TW）的行动计划。行动计划指出，将红河三角洲建设成为现代化、文明和生态的发展区；是本地区乃至世界的主要经济和金融中心。其中，将首都河内建设成为与本地区和世界发达国家首都齐头并进的全球互联城市。2021—2030 年阶段，红河三角洲地区力争地区生产总值（GRDP）年均增长率达 9% 左右。到 2030 年，红河三角洲地区生产总值比 2020 年（现价）增长 3 倍左右，其中农林渔业约占 3.5%，工业和建筑业约占 47%，服务业约占 41%，人均 GRDP 约为 2.74 亿越南盾一年。完成 2021—2030 年阶段和 2050 年远景红河三角洲总体规划和省级地方规划，确保互联互通、同步、快速和可持续发展，并且符合地缘政治地位。研究出台优惠机制和政策，建设发展海防—广宁地区成为具有国际地位的现代海洋经济中心，领先东南亚，通往世界门户和地区的发展驱动力。制定在广宁省设立越中跨境经济合作区的试点机制和政策。②

---

① 《越南出台"发展中北部和中部沿海地区社会经济发展的行动计划"》，越通社，2022 年 12 月 30 日。

② 《越南政府公布关于红河三角洲地区经济社会发展的行动计划》，越通社，2023 年 2 月 25 日。

7 月，政府总理范明政刚签发有关成立以副总理陈红河担任主席的中部以北和中部沿海地区、以总理范明政担任主席的南部以东地区、以总理范明政担任主席的红河三角洲地区、以副总理陈流光担任主席的西原地区的四地区协调委员会的第 824 号、825 号、826 号和 827 号等四项决定。目的在于改进地区协调机制，促进地区经济社会朝着快速、可持续，环保和国防安全保障的方向发展。各地区协调委员会负责制定、调整和组织实施 2021—2030 年时期及远景展望至 2050 年的国家规划、四个地区规划和地区内各省市规划。就区域而言，越南政府副总理黎明慨 9 月 27 日主持召开九龙江三角洲协调委员会第一次会议，就省市而言，10 月，朔庄省着眼九龙江三角洲地区公布了《朔庄省总体规划（2021—2030 年阶段，远期至 2050 年）》。

四、外交方面：实践灵活主动的全方位平衡外交战略

越南致力于打造阮富仲总书记提出的越南特色"竹式外交"新格局[①]，践行"以不变应万变"的外交策略。2023 年越南外交取得亮眼成绩，特别是成功推动与美国和中国关系提质升级，因此越共中央总书记阮富仲评价道：外交工作取得具有历史意义的成就，可以说是越共十三大任期以来，国家取得的令人印象深刻的成果之一。越南外交部部长裴青山在 2022 年末接受媒体采访时称，决心将 2023 年的越南外交事业发展成为"又红又专"、廉洁、稳固、开拓、全面、现代、主动的事业，不辜负越南党、国家和人民赋予的繁重而又极其光荣的使命。[②] 越南总理范明政也曾强调"外交必须

---

① 于向东：《越南欲打造何种"竹式外交"新格局》，载《世界知识》2022 年第 11 期。

② Ngoại giao Việt Nam 2023：Nỗ lực phấn đấu để xứng đáng với sự mệnh được Đảng, Nhà nước, nhân dân giao phó，ngày 23 - 01 - 2023，https://baochinhphu. vn/ngoai - giao - viet - nam - 2023 - no - luc - phan - dau - de - xung - dang - voi - su - menh - duoc - dang - nha - nuoc - nhan - dan - giao - pho - 10223011909104424. htm.

始终为国家利益服务"。① 越南媒体称赞 2023 年初越南的外交活动成效显著，不仅向国际社会传达了越南充满活力、不断创新、深入有效融入国际的信息，还展示越南积极、主动、负责任地为国际社会共同事务作出贡献的形象。② 总体来看，在世界形势复杂多变、难以预测的背景下，越南致力于推动负责任、灵活、具有创造性和有效的外交活动。越南的外交活动始终为实践灵活主动的全方位平衡外交战略而服务，积极发挥经济外交、文化外交、人民外交、气候外交等多渠道的外交手段，取得诸多成效，为越南的国际形象的塑造增分添彩。2023 年的越南外交为各领域的合作带来很多创造性的效果，目的是实现四项任务：（一）营造、维护和平稳定的发展环境；（二）深化与许多重要合作伙伴的关系；（三）利用机遇，有效吸引外部资源，为复苏和可持续发展作出贡献；（四）提高越南的地位和声誉。③

（一）对华关系

越南与中国是友好邻邦，互为重要合作伙伴，越南始终将巩固和发展与中国的全面战略合作伙伴关系视为战略选择，置于越南外交政策的头等优先。2023 年，双方贯彻落实好两国高层共识，特别是落实 2022 年阮富仲总书记访华期间取得的重要成果，继续加强高层战略沟通，巩固政治互信，完善多边交流机制，拓展并提升各领域合作水平，越中全面战略合作伙伴关系步入新的发展阶段。其中，两国安全、执法合作已基本形成全方位、

---

① Đẩy mạnh công tác ngoại giao kinh tế phục vụ phát triển đất nước, ngày 20-09-2022, https://dangcongsan.vn/thoi-su/day-manh-cong-tac-ngoai-giao-kinh-te-phuc-vu-phat-trien-dat-nuoc-619939.html.

② Dấu ấn ngoại giao Việt Nam: Chủ động, hội nhập, nâng cao vịthá, ngày 16-11-2023, https://vov.vn/chinh-tri/dau-an-ngoai-giao-viet-nam-chu-dong-hoi-nhap-nang-cao-vi-the-post1022757.vov.

③ 4ưu tiên của ngoại giao Việt Nam 2023, Phát luật, ngày 25-01-2023, https://plo.vn/4-uu-tien-cua-ngoai-giao-viet-nam-2023-post717121.html.

多层次、多领域的合作机制，成为两党两国总体关系的"亮点"。^①当然，
受到疫情政策的影响，双边线下外交活动开展较迟。2023 年 9 月 6 日，在
出席第 43 届东盟峰会和有关会议期间，越南政府总理范明政会见中国国务
院总理李强。9 月 12—16 日，越南公安部部长苏林对中国进行正式访问。9
月 16—17 日，越南政府总理范明政率领越南高级代表团出席第 20 届中国—
东盟博览会（CAEXPO）和中国—东盟商务与投资峰会（CABIS），并提出
加强与中国广西壮族自治区合作的六大突破口。^② 9 月 19 日，全国政协常
委、政协经济委员会主任王国生为首的中国人民政治协商会议全国委员会
代表团访问越南。2023 年 10 月 17—20 日，越南国家主席武文赏率领越南
高级代表团出席第三届"一带一路"国际合作高峰论坛。11 月 4—6 日，越
南政府副总理陈鸿河率领越南代表团出席第六届中国国际进口博览会。11
月 5—7 日，越共中央政治局委员、中央书记处书记、中央检查委员会主任
陈锦秀率领越南共产党代表团对中国进行访问。上述活动正是双方继续落
实两党总书记所达成的共识，延续两党、两国高层互访和接触活动的有力
明证。12 月 12—13 日，中共中央总书记、中国国家主席习近平出访越南，
两国一致同意深化和提升越中全面战略合作伙伴关系，构建具有战略意义
的命运共同体，两国共同发表了《中华人民共和国和越南社会主义共和国
关于进一步深化和提升全面战略合作伙伴关系、构建具有战略意义的中越
命运共同体的联合声明》在多个领域提出务实合作，为两国加强团结友好、
深化互利合作奠定了坚实基础。两国关系的深化既符合双方的共同利益，

---

① 《越南公安部部长苏林访问中国》，越南政府新闻网，2023 年 9 月 14 日，https://
cn. baochinhphu. vn.

② 范明政高度评价双方各地方的合作潜力，指出加强与广西在各领域合作的六大突破
口：一是基础设施互联互通，包括加强公路和铁路对接。二是促进经贸投资合作，新开通和
升级口岸，为货物通关提供便利。三是开展更多民间交流，青年、文化和文艺等交流活动。
四是加强口岸合作。五是落实好有关越中陆地边界管理的 3 项文件。六是加强教育培训合
作。详见《越南政府总理范明政提出加强与中国广西壮族自治区合作的六大突破口》，越南
政府新闻网，2023 年 9 月 16 日，https://cn. baochinhphu. vn/.

也有利于维护地区乃至世界的和平稳定与繁荣。

除了高层友好往来，两国省级层面合作也在加强。2023 年中国广东省、海南省、云南省、重庆市和广西壮族自治区等不断加强各地方与越南的对话交流与合作，同时越南胡志明市、河内市等各地方也积极推进与中国各地合作，并取得积极成效①，地方合作已经成为越中关系的重要组成部分。

目前，中国是越南最大贸易伙伴。越南海关总局的统计数据显示，截至 10 月份双边贸易总额达近 1400 亿美元，越南对中国的出口额逾 495 亿美元，同比增长 5.1%；中国市场占越南进出口额的 24.88%，出口市场排名第二（仅次于美国），而进口市场仍保持第一的位置。②

（二）对美关系

2023 年，越美关系提升为全面战略伙伴关系，双方高层互访交流频繁。越美关系提升后，越南与美国在多个领域展开活动，例如积极推动经贸投资和战争遗留问题领域，除了传统领域，两国在高精尖领域也开始了合作，例如半导体芯片生产、供应链合作等。越南与美国的关系的升级可视为在

---

① 2023 年 4 月 27 日，越共中央政治局委员、中央书记处常务书记、中组部部长张氏梅一行到访重庆市，会见了中共中央委员，重庆市委副书记、市长胡衡华。8 月 10 日，越南海防市海防经济区管理委员会领导与中国海南省儋州市工作代表团举行座谈，讨论双边合作问题。8 月 16 日，越南政府副总理陈流光出席第七届中国—南亚博览会暨中国昆明进出口商品交易会开幕式并发表讲话。8 月 26 日，胡志明市委常务副书记、人民委员会主席潘文买会见了来访的中国全国党建研究会会长李智勇。8 月 30 日，中国广西壮族自治区东兴市和防城区代表团赴广宁省芒街市进行访问并庆祝越南国庆。8 月 29 日，同塔省人民委员会，工商部在高岭市联合举行中国农产品进口市场信息推介及越南（同塔省）与中国（广西）企业经贸合作对接会。9 月 25—29 日越共政治局委员、河内市委书记丁进勇对中国广东、北京等地进行访问。10 月 13 日，胡志明市人民委员会副主席武文欢会见了中国重庆市副市长张国智一行。11 月 13 日在河内举行第 10 次越中 5 个省市经济走廊合作会议，等等。

② 《越中两国进出口总额达近 1400 亿美元》，越共电子报，2023 年 11 月 14 日，https：//cn. dangcongsan. vn/cate-317/article-607785. html；《越南出口额达数百亿美元的市场为 4 个》，越共电子报，2023 年 11 月 16 日，https：//cn. dangcongsan. vn/cate-3087/article-607816. html.

地缘政治中的左右逢源，无论是经济或是国际地位都获得了实际的利益。范明政强调，美国是越南头等重要合作伙伴，越方把经济、金融、贸易合作视为越美全面战略伙伴关系的优先方向。[①] 2 月 12—15 日，美国贸易代表凯瑟琳·戴对越南进行工作访问。3 月 9 日，美国商务部副部长玛丽莎·拉戈访越。3 月 10 日，越南政府总理范明政会见美国国际开发署（USAID）署长萨曼莎·鲍威。3 月 21 日，越南计划与投资部部长阮志勇与来访的美国—东盟商务理事会（USABC）高级企业代表团举行座谈，双方希望促进数字转型、供应链合作。3 月 29 日，越共中央总书记阮富仲与美国总统约瑟夫·拜登举行电话会谈。4 月 14—16 日，美国国务卿安东尼·布林肯对越南进行访问。5 月 20 日，在七国集团峰会扩大会议期间，越南政府总理范明政会见了美国总统约瑟夫·拜登。6 月 28 日至 7 月 2 日，越共中央委员、中央对外部部长黎淮忠对美国进行访问。7 月 13 日，在出席第 56 届东盟外长会及相关会议期间，越南外交部部长裴青山会见了美国国务卿安东尼·布林肯和欧盟外交与安全政策高级代表博雷利。9 月 6 日，在出席第 43 届东盟峰会和相关会议期间，越南政府总理范明政会见美国副总统卡玛拉·哈里斯。9 月 10—11 日，美国总统约瑟夫·拜登对越南进行的国事访问，双方发表联合声明[②]，将越美关系提升为致力于和平、合作与可持续发展的全面战略伙伴关系，两国关系翻开新篇章。[③] 9 月 17 日，越南政府总理范明政与越南代表团赴美参加第 78 届联合国大会高级别会议周和在美国的双边活动。11 月 14—17 日，越南国家主席武文赏与夫人以及越南高级代表团出席在美国举行的 2023 年亚太经合组织（APEC）领导人会议周，并展

---

① 《越南美国互为彼此重要的经贸合作伙伴》，越南政府新闻网，2023 年 9 月 21 日，https：//cn. baochinhphu. vn/.

② 《越南与美国关于提升两国关系为全面战略伙伴关系的联合声明（全文）》，越南政府新闻网，2023 年 9 月 12 日，https：//cn. baochinhphu. vn/.

③ 《美国总统约瑟夫·拜登：期待两国关系翻开新篇章》，越南政府新闻网，2023 年 9 月 10 日，https：//cn. baochinhphu. vn/；《越南美国关系提升为全面战略伙伴关系》，越南政府新闻网，2023 年 9 月 12 日，https：//cn. baochinhphu. vn/.

开各项双边活动。

目前，越南是美国第七大贸易伙伴，美国是越南第 11 大投资来源国。越南对美国出口超过 1000 亿美元，投资项目超过 1150 个，在教育合作领域取得积极成效，已有 6 所美国大学在越南开设分校，年均有 23000—25000 名越南学生赴美留学，美国政府已向越南富布赖特大学提供 3700 万美元、向越南的三所一流大学提供 1420 万美元的资金支持。① 据海关总署的最新统计，截至 10 月底，美国继续成为越南最大的出口市场，越南对美国的出口额达 792.5 亿美元。②

（三）对日韩关系

1. 越南与韩国的关系

2022 年 12 月，越韩两国提升为全面战略伙伴关系。越南高度重视发展与韩国的关系，韩国将越南视为其"印太战略"和"韩国—东盟团结倡议"的重要伙伴。2023 年是越韩两国建交 30 周年，双边开展了一系列活动，在政治、经济、文化、民间交流、国防安全、政党交流等领域取得积极成就。1 月 12—18 日，韩国国会议长金振杓与夫人及韩国国会高级代表团对越南进行正式访问。3 月 10 日，越南政府副总理黎明慨与韩国副总理秋庆镐在河内共同主持第二次越南—韩国副总理级经济合作对话会。3 月 20 日，越南国会副主席阮德海一行赴韩国访问，推进韩国国会与越南国会以及双边关系合作。3 月 29 日，越共中央政治局委员、中央军委副书记、国防部部长潘文江一行访问韩国。4 月 3 日，越南政府副总理黎明慨在河内会见韩国国家农业合作社联合会主席李承熙。5 月 19 日，在出席 G7 峰会扩大会议期间，越南政府总理范明政会见韩国总统尹锡悦。6 月 5 日，韩国警

---

① 《越南美国关系提升为全面战略伙伴关系》，越南政府新闻网，2023 年 9 月 12 日，https://cn. baochinhphu. vn/.

② 《越南出口额达数百亿美元的市场为 4 个》，越共电子报，2023 年 11 月 16 日，https://cn. dangcongsan. vn/cate-3087/article-607816. html.

察厅厅长尹熙根访问越南。6 月 22 日，韩国总统尹锡悦和夫人以及韩国代表团对越南进行国事访问。2023 年是越南与韩国建立全面战略伙伴关系开局之年，这是韩国总统尹锡悦首次访问越南，越南也是尹锡悦于 2022 年 5 月就任韩国总统后出访的首个东南亚国家，体现韩国政府和尹锡悦总统对发展越韩关系的重视。7 月 13 日，在第 56 届东盟外长会和相关会议期间，越南外交部部长裴青山同韩国外交部部长朴振在印尼雅加达共同主持东盟—韩国外长会。10 月 11—15 日，越共中央政治局委员、胡志明国家政治学院院长、中央理论委员会主席阮春胜率领的越南共产党代表团对韩国进行了访问。10 月 23—25 日，越共中央政治局委员、中央经济部部长陈俊英率领的越南共产党高级代表团对韩国进行访问。10 月 30 日，越共中央政治局委员、公安部部长苏林大将在河内会见了韩国海警中央海域司令部司令 Kim Byung Ro。

越韩两国关系呈现出快速强劲发展态势。韩国是越南第一大投资来源地（其投资总额为 820 亿美元[1]），第二大 ODA 援助国和第三大贸易合作伙伴。[2] 2023 年，双边提出贸易额目标要达 1000 亿美元。[3] 据海关总署的最新统计，截至 10 月底，韩国成为越南第三大出口市场，越南对韩国的出口额达 196.5 亿美元。[4]

2. 越南与日本的关系

日本将越南视为该国在地区合作中的重要伙伴，双方不断推动互信战略伙伴关系发展。2023 年是越南与日本建交 50 周年，双方举行了系列活

---

[1] 《黎明慨副总理会见韩国前国会议长》，越南政府新闻网，2023 年 7 月 25 日，https://cn.baochinhphu.vn/.

[2] 《越南一向视韩国为其长期重要战略伙伴》，越南政府新闻网，2023 年 9 月 13 日，https://cn.baochinhphu.vn/.

[3] 《越共中央经济部部长陈俊英访问韩国》，越南政府新闻网，2023 年 10 月 30 日，https://cn.baochinhphu.vn/.

[4] 《越南出口额达数百亿美元的市场为 4 个》，越共电子报，2023 年 11 月 16 日，https://cn.dangcongsan.vn/cate-3087/article-607816.html.

动。1 月 9 日，越南政府总理范明政在河内会见前日本首相菅义伟。1 月 13 日，越南政府总理范明政会见日本财务大臣铃木俊一，并建议日本协助越南研究兴建北南高速铁路。2 月 9 日，越共中央总书记阮富仲与日本自由民主党总裁、日本首相岸田文雄举行线上视频会晤，拉开了越日建交 50 周年系列活动的序幕。2 月 13 日，越共中央委员、中央军委常委、越南人民军总参谋长、国防部副部长阮新疆上将会见访问越南的日本陆上自卫队幕僚长吉田圭秀一行，一致同意加强两国陆军之间的友好合作关系。2 月 13 日，日本海岸警卫队 SETTSU 号巡逻舰抵达越南岘港仙沙港，开始对岘港进行友好访问。3 月 3—4 日，越南政府副总理兼自然资源与环境部部长陈鸿河出席在日本首都东京举行的"亚洲零排放共同体"（AZEC）部长级会议。3 月 6 日，越南政府总理范明政会见正在访越的日本国家安全保障局长秋叶刚男。5 月 19 日，越南政府总理范明政与越南高级代表团出席七国集团（G7）峰会并对日本进行工作访问。5 月 24 日，越南政府副总理陈流光访日并出席在东京举行的第 28 届"亚洲的未来"国际交流会议，其间提议日本对越南公民免签证和免所得税。6 月 20—23 日，日本海上自卫队出云级直升机驱逐舰（Izumo）和"五月雨"号（Samidare）驱逐舰停靠在庆和省金兰国际港，开始对越南进行礼节性访问。7 月 10 日，日本自民党政务调查会长萩生田光一访越，推动政党合作。8 月 23 日，日本公明党党首山口那津男访越。8 月 29—31 日，日本立宪民主党（CDP）党首泉健太对越南进行访问。9 月 4—7 日日本参议院议长尾辻秀久率日本代表团对越南进行正式访问。9 月 6 日，在第 43 届东盟峰会和相关会议期间，越南政府总理范明政会见日本首相岸田文雄。9 月 22 日，日本皇室秋筱宫文仁亲王和纪子王妃正式访越。10 月 10 日，日本外务大臣上川阳子访越。10 月 11 日，越共中央政治局委员、越南人民军总参谋长、越南国防部副部长阮新疆上将为首的越南人民军高级军事代表团访日。11 月 7 日，日本兵库县神户市日越友好议会联盟主席村野精一一行访越。

日本是越南重要的经济伙伴之一，是向越南提供官方发展援助（ODA）

最多的国家，是越南的第二大劳务合作伙伴、第三大外商直接投资来源地
和第四大贸易伙伴。双方在基础设施建设、交通、人才培养、经济改革、
科技、教育等领域合作保持密切合作。民间交流和各地合作日益扩大，两
国近 100 对地方建立友好合作关系。在日本的越南人社区共有 50 万个，是
日本第二大外国人社区①，为日本经济社会发展作出务实贡献。据海关总署
的最新统计，截至 10 月底，日本成为越南第四大出口市场，越南对韩国的
出口额达 192.3 亿美元。②

（四）对东盟国家关系

越南与东盟各国保持友好交往，积极参与东盟组织的活动，塑造在地
区内负责任的国家形象。5 月 9—11 日，越南政府总理范明政率领越南代表
团出席第 42 届东盟峰会，并就东盟的本色、生机活力和国际威信等三大核
心问题提出意见，在协助东帝汶早日成为东盟第 11 个成员国以及协助东盟
与非洲联盟等事项上表现积极。7 月 13 日，越南外交部部长裴青山出席东
盟与对话伙伴外长会议。8 月 2 日，越南国防部副部长黄春战出席东盟国防
高级官员会议。8 月 7 日，越南国会主席王廷惠出席第 44 届东盟议会联盟
大会（AIPA-44）。9 月 4—7 日，范明政总理参加第 43 届东盟峰会和相关
会议，范明政强调，面对大国竞争的漩涡，发扬自强精神和巩固内部团结
是确保东盟核心战略地位的唯一答案。处于竞争中心，东盟应与各大国保
持战略平衡。③ 此外，越南在中国—东盟（10+1）领导人会议、东盟与中日
韩（10+3）领导人会议、东盟—印度领导人会议、东盟澳大利亚峰会、东
盟—联合国峰会、中国—东盟博览会（CAEXPO）和中国—东盟商务与投

---

① 《日本丸红株式会社将继续加大其对越南投资范围》，越南政府新闻网，2023 年 11
月 14 日，https://cn.baochinhphu.vn/.

② 《越南出口额达数百亿美元的市场为 4 个》，越共电子报，2023 年 11 月 16 日，ht-
tps://cn.dangcongsan.vn/cate-3087/article-607816.html.

③ 《范明政总理：发扬自强精神，巩固内部团结是确保东盟核心地位的唯一答案》，越
南政府新闻网，2023 年 11 月 14 日，https://cn.baochinhphu.vn/.

资峰会（CABIS）、东盟—韩国、东盟—日本等会议机制与关系中积极发挥作用。值得注意的是，在越南—东盟—中国的关系上，越南范明政总理提出，希望越南成为东盟与中国货物中转中心。[①]

1. 越柬关系

2023 年越柬关系不断得到巩固和发展，高层互访频繁。2 月 18 日，越共中央总书记阮富仲与柬埔寨人民党主席、首相洪森在河内会晤。2 月 19 日，柬埔寨副首相兼国防大臣迪班访问越南。3 月 4 日，越南公安部和柬埔寨王国内务部举行 2022 年合作计划总结会议，签署 2023 年合作计划。3 月 4 日，柬埔寨王国副首相兼内政大臣韶肯访问越南。2023 年 3 月 21—22 日，柬埔寨副首相兼外交与国际合作部大臣布拉索昆正式访问越南，并共同主持越柬经贸合作委员会第 20 次会议。4 月 25 日，越南政府副总理陈流光与柬埔寨副首相兼内政部大臣韶肯共同主持第 12 次越南与柬埔寨各省合作与发展会议。5 月 9 日，出席第 42 届东盟峰会期间，越南政府总理范明政会见了柬埔寨首相洪森。5 月 25—26 日，柬埔寨副首相、议会联络与监察部大臣、柬越友好协会主席梅森安赴越访问。8 月 5 日，越共中央总书记阮富仲与柬埔寨人民党主席、柬埔寨首相洪森举行高层线上通话。8 月 18 日，越南人民军副总参谋长范长山少将会见了柬埔寨王家军总司令部作战局局长嫩巴伦中将，深化两国国防合作关系。9 月 26—29 日，越南人民海军第五区 263 号舰和工作代表团访问柬埔寨西哈努克省，加强越柬两国海军以及两国军队的友好关系。10 月 16—19 日，柬埔寨王家军总司令翁比塞大将率柬埔寨王家军高级代表团对越南进行正式访问。10 月 18 日，出席"一带一路"国际合作高峰论坛期间，越南国家主席武文赏会见柬埔寨首相洪玛奈。11 月 12—14 日，柬埔寨副首相兼国防大臣迪西哈率领柬埔寨国防高级代表团对越南进行正式访问，双方一致同意要积极建立和开展防务合作机制，推进双边防务合作。

[①]《范明政总理：希望越南成为东盟与中国货物中转中心》，越南政府新闻网，2023 年 9 月 17 日，https://cn.baochinhphu.vn/.

越南不仅成为柬埔寨在东盟最大的贸易伙伴，而且也成为该国在世界上的第三大贸易伙伴，仅次于中国和美国。2023 年前五个月，双边贸易额占柬埔寨贸易总额的近 50%，越柬双边贸易额达 28 亿美元，同比增长近 3%。其中，柬埔寨对越南的出口额达 13 亿美元，而越南对柬埔寨的出口额达 15 亿美元。①

2. 越老关系

越老两国积极维护特殊团结关系，保持高层紧密交往，不断促进双方在政治、外交、安全、国防、投资、贸易等领域的合作关系，着力开创合作新局面。2023 年 1 月 11—12 日，越南总理范明政对老挝进行正式访问，并与老挝总理共同主持召开越南—老挝政府间委员会第 45 次会议，签署 2023 年两国政府双边合作谅解备忘录。3 月 23 日，越南国防部与老挝国防部在老挝华潘省举行了第三次越老国防部副部长政策对话。4 月 5 日，越南政府总理范明政出席在老挝举行的第 4 届湄公河委员会（MRC）峰会。4 月 10—11 日，越南国家主席武文赏与越南高级代表团对老挝进行正式访问。5 月 29 日，老挝科技与通讯部部长波万坎·翁达拉访问越南。6 月 28 日，越南外交部副部长杜雄越和老挝外交部副部长珀赛·凯康佩屯在万象共同主持越老两国外交部第八次政治磋商。7 月 21 日，老挝卫生部长本风·福马来西特访越。8 月 7 日，第 44 届东盟议会联盟大会期间，越南国会主席王廷惠会见老挝国会主席赛宋蓬·丰威汉。8 月 10 日，越南公安部副部长阮唯玉中将与老挝公安部副部长坎京·佩拉玛尼冯中将举行会谈。9 月 29 日，越南公安部部长苏林大将拜访老挝。10 月 19 日，第三届"一带一路"国际合作高峰论坛期间，越南国家主席武文赏在北京会见了老挝人民革命党中央总书记、国家主席通伦·西苏里。10 月 20 日，政府总理范明政在出席沙特阿拉伯举行的东盟—海湾阿拉伯国家合作委员会（GCC）峰会期间会见了老挝总理宋赛·西潘敦。

① 《越南是柬埔寨在东盟最大的贸易伙伴》，越南人民报，2023 年 7 月 11 日，https://cn. nhandan. vn.

目前，越南是老挝前三大贸易伙伴之一。越南在对老挝投资的国家中排名第三，重点关注农业、银行、金融、电信、制造加工等领域。2023年前6个月，越南与老挝的进出口总额达到了8.33亿美元，比去年同期（8.24亿美元）增长1.06%。其中，老挝自越南进口成交额达26787万美元，较去年同期（3.094亿美元）下降13.67%；老挝对越南出口成交额达56.5万美元，同比增长6700万美元，比2022年同期（5.146亿美元）增长9.94%。① 老挝从越南进口的商品包括：橡胶、木材及木制品、各种肥料等。

3. 越新关系

2023年是越南新加坡建交50周年和建交战略伙伴关系10周年，建交以来两国关系紧密，政治互信、各领域合作成效显著，越新两国关系呈现良好发展势头。2月8—10日，越南政府总理范明政与夫人和越南高级代表团对新加坡进行正式访问，一致表示要加强在绿色经济和数字经济领域的合作。5月10日，正在印尼出席第42次东盟峰会的越南政府总理范明政会见新加坡总理李显龙。5月18日，越南外交部部长裴青山会见了赴越出席越南与新加坡外交部第15次政治磋商的新加坡外交部常务副部长艾伯特·蔡。7月5日，越共中央政治局委员、中央经济部部长陈俊英会见新加坡人力部长兼贸工部第二部长陈诗龙。7月4日，越共中央委员、越南祖国阵线中央委员会副主席、秘书长阮氏秋霞在河内与正在访问越南的新加坡人民协会总执行理事长卓荣能举行会谈。7月17—18日，越南外交部部长裴青山对新加坡进行正式访问。2023年8月27—29日，新加坡总理李显龙与夫人对越南进行正式访问，签署越南与新加坡的碳信用额协定，越南是新加坡签署本协定的第一个国家。

越南与新加坡经济合作是两国乃至东盟地区双边关系的亮点，其中数

---

① 6 tháng đầu năm 2023, kim ngạch thương mại song phương Lào-Việt Nam đạt hơn 833 triệu USD, quân đội nhân dân, ngày 18 - 11 - 2023, https://www.qdnd.vn/quoc-te/tin-tuc/6-thang-dau-nam-2023-kim-ngach-thuong-mai-song-phuong-lao-viet-nam-dat-hon-833-trieu-usd-743392.

字经济、绿色经济是合作亮点，是两国优先发展的领域。在东盟国家中，新加坡是越南第一大投资国，同时在对越南投资的国家和地区中排名第二。2023 年上半年，两国进出口总额达 45 亿美元、同比下降 5.7%（其中越南出口 20 亿美元、同比下降 13.1%，进口 25 亿美元、同比增长 1.3%）。在对越投资的 8 个东盟成员国中，新加坡占据首位，在对越南投资的 143 个国家和地区中，新加坡排第二位（投资项目 3274 个，合同协议额 735 亿美元）。新加坡对越南 63 个省市的 51 个省市进行了投资，覆盖几乎所有行业、领域，主要集中在加工制造业、房地产经营和电力、热力、燃气生产和供应。①越新工业园区（VSIP）业绩良好，成为两国经贸投资合作的成功典范。

（五）对欧盟、俄罗斯关系

1. 越南与欧盟国家

越南高度重视发展与欧盟国家的关系，并积极协助加强欧盟在地区中的作用。同时，越南是欧盟在亚太地区和东盟地区的重要合作伙伴。2 月 14 日，越南政府总理范明政会见了欧盟—东盟商务理事会和越南欧洲商会（Euro Cham）代表团，讨论推进越南与欧盟经贸投资关系的各项措施。5 月 20 日，在 G7 峰会扩大会议期间，范明政总理会见欧盟理事会主席夏尔米歇尔。6 月 19 日，越南国会主席王廷惠在河内会见了以欧洲议会（EP）东南亚和东盟事务负责人丹尼尔·卡斯帕里为首的欧洲议会负责东南亚和东盟事务的议员代表团。7 月 13 日，在出席第 56 届东盟外长会及相关会议期间，越南外交部部长裴青山会见了美国国务卿安东尼·布林肯和欧盟外交与安全政策高级代表博雷利。10 月 25 日，正在比利时布鲁塞尔出席"全球门户"论坛的越南政府副总理陈红河会见欧盟委员会主席乌尔苏拉·冯德莱恩，深化越南与欧盟全面合作伙伴框架。11 月 2 日，越南政府总理范明

---

① 《新加坡总理李显龙正式访越：促进战略伙伴关系》，越南政府新闻网，2023 年 8 月 27 日，https://cn.baochinhphu.vn/.

政会见了正在访问越南的欧盟委员会执行副主席兼贸易官员瓦尔迪斯·东布罗夫斯基斯。瓦尔迪斯认为，越南逐渐成为吸引外商投资的中心。①　11 月 15 日，正在访问比利时和欧洲议会（EP）的越共中央政治局委员、越南国会常务副主席陈青敏在比利时首都布鲁塞尔会见欧洲议会国际贸易委员会（INTA）主席贝恩德·朗格。

欧盟是越南主要的贸易、投资和发展援助伙伴。目前，欧盟是越南第四大贸易伙伴、第三大商品出口目的地和第五大进口来源地。越南是欧盟在东盟最大贸易伙伴，欧盟也是越南第六大投资来源地。②　据统计总局数据，2023 年前 9 个月越南与欧盟贸易额达 440 亿美元（去年同期达 471 亿美元），其中越南对欧盟出口 328 亿美元（比去年同期下降 8.2%），进口 112 亿美元（比去年同期下降 2.9%）。③　大宗进出口商品主要集中在手机、零件、计算机、电子产品及零部件机械、设备、工具、鞋类和纺织品。

2. 越俄关系

越南高度重视越俄关系，双方全面战略伙伴关系良好发展，政治互信日益增强，重视深化各领域合作。2 月 17 日，越南国会主席王廷惠在河内会见了俄罗斯联邦委员会第一副主席、俄罗斯联邦委员会与越南国会合作小组主席安德烈·亚茨金，这是新冠疫情暴发以来两国议会领导首次互访活动，王廷惠提议两国提升石油和能源领域合作水平。4 月 6 日，陈红河副总理同俄罗斯副总理德米特里·切尔内申科在河内共同主持越南俄罗斯经贸与科技合作联合委员会第 24 次会议。4 月 26 日，越南政府总理范明政在河内会见了正在访问越南的白俄罗斯内务部部长伊万·弗拉基米洛维奇。5

---

①　《欧盟委员会执行副主席：越南逐渐成为吸引外商投资的中心》，越南政府新闻网，2023 年 11 月 3 日，https://cn. baochinhphu. vn/.

②　《越南是欧盟在亚太地区和东盟地区的重要合作伙伴》，越南政府新闻网，2023 年 11 月 3 日，https://cn. baochinhphu. vn/.

③　Thương mọi Việt Nam – EU 9 tháng đạt 44 tỷ USD, Bộcông thương Việt Nam, ngày 03-10-2023, https://moit. gov. vn/tin-tuc/thi-truong-nuoc-ngoai/hiep-dinh-evfta/thuong-mai-viet -nam-eu-9-thang-dat-44-ty-usd. html.

月 21—23 日，统一俄罗斯党主席、俄罗斯联邦安全会议副主席德米特里·梅德韦杰夫对越南进行正式访问，深化两党合作。6 月 19 日，俄罗斯联邦最高法院代表团对越南进行工作访问，深化两国最高法院的合作。7 月 5—7 日，越共中央委员、国防部副部长黄春战上将率领越南国防部高级代表团对俄罗斯进行工作访问。8 月 29 日，越南外交部副部长阮明武先生率团访俄，并与俄罗斯外交部第一副部长弗拉基米尔·季托夫共同主持召开第十二次越南与俄罗斯外交国防安全战略对话会。9 月 7 日，政府总理范明政在雅加达出席第 43 次东盟峰会及系列会议期间会见与会的俄罗斯外交部部长拉夫罗夫。10 月 12—13 日，越南工商部部长阮鸿延访问俄罗斯并出席第六届"俄罗斯能源周"国际论坛。10 月 15—16 日，俄罗斯国家杜马（议会下院）主席维亚切斯拉夫·维克多罗维奇·沃洛金率俄罗斯联邦高级代表团对越南进行正式访问。10 月 17 日，正在中国北京出席第三届"一带一路"国际合作高峰论坛的越南国家主席武文赏会见了与会的俄罗斯总统普京。10 月 31 日，俄罗斯内务部部长弗拉基米尔·亚历山大罗维奇·科洛科利采夫访问越南。11 月 9 日，俄罗斯紧急情况部长亚历山大·库连科夫上将一行访问越南，双方同意加强应对自然灾害事故的合作。

双边贸易呈现积极复苏态势，2023 年前 7 个月同比增长了 6.2%。[①] 据统计，2023 年前 9 个月，两国进出口总额将达到 25 亿美元，相当于 2022 年全年的 66%。[②]

（六）对印关系

越南重视越印传统友谊、全面战略伙伴关系，越南是印度的印度洋—

①　《越南俄罗斯加强能源领域合作》，越南政府新闻网，2023 年 11 月 3 日，https://cn. baochinhphu. vn/.

②　Kim ngạch thương mại song phương Việt Nam–LB Nga, Vietnamplus, ngày 16-10-2023, https://www. vietnamplus. vn/infographics-kim-ngach-thuong-mai-song-phuong-viet-nam-lb-nga-post902338. vnp.

太平洋战略和东向政策中重要战略伙伴之一，两国关系强劲发展，各领域合作不断深化。4月9—10日，越共政治局委员、公安部部长苏林大将对印度进行访问，推进双边安全合作。5月20日，越南政府总理范明政在出席七国集团峰会扩大会议期间与印度总理纳伦德拉·莫迪举行会晤，范明政强调，越印两国拥有许多相似的战略利益。① 6月9日，印度共产党（马克思主义）总书记西塔拉姆·亚秋里一行访越。6月17—20日，越共中央政治局委员、中央军委副书记、国防部部长潘文江大将对印度进行正式访问。10月15—17日，印度外交部部长苏杰生对越南进行正式访问并共同主持越南印度经贸、科技合作混合委员会第18次会议。

2022年双边贸易额近150亿美元，力争2023年早日达到200亿美元目标。② 2023年前7个月，越南与印度双边贸易额达83亿美元，比去年同期的89.8亿美元下降7.7%。其中，2023年前7个月越南对印度出口额为46.6亿美元，比上年同期的47.2亿美元下降1.1%。印度对越南进口36.4亿美元，下降14.9%。贸易顺差10.2亿美元，增长130.6%。③

五、社会：目标明确，政策灵活

2023年越南社会经济复苏成为发展的主题，面对更加复杂多变的国内外环境，越南结合自身实际，提出了具体的发展目标，通过灵活的政策调整，使得越南社会经济稳定复苏，进一步与国际接轨。

---

① 《越南和印度战略利益相似》，越南政府新闻网，2023年11月3日，https://cn. baochinhphu. vn/.

② 《越南和印度战略利益相似》，越南政府新闻网，2023年11月3日，https://cn. baochinhphu. vn/.

③ Tháng 7/2023, mặt hàng nào đạt tăng trưởng xuất khẩu 3 con số sang thị trường Ấn Độ? Báo Công Thương, ngày 02-09-2023, https://congthuong. vn/thang-72023-mat-hang-nao-dat-tang-truong-xuat-khau-3-con-so-sang-thi-truong-an-do-270067. html.

（一）制定社会领域中期目标

根据政府 2023 年 6 月 16 日颁布的第 90/NQ-CP 号决议《2021—2030 年，展望至 2050 年国家总体规划》实施路线图，到 2030 年，越南将发展成为工业现代化的发展中国家，平均收入高，经济增长催化剂主要来自科学技术、改革创新和数字化转型等平台。至 2030 年国家总体规划中的社会指标为城镇居民人均住宅建筑面积达到 32 平方米，交通用地占比 16%—26%，城市人均绿地面积 8—10 平方米，每万人中拥有大学人数达 260 人，经过培训并获得学位和证书的工人占比为 35%—40%，每万人拥有病床数为 35 床，每万人拥有的医生为 19 人，民营医院床位比率为 15%。[①]

（二）就业形势明朗

2023 年第三季度越南劳动力就业形势趋于好转，但劳动力市场和就业增长缓慢，仍面临诸多困难和挑战，主要是企业生产订单较低。社会保障工作持续受到从中央到地方各级的重视，家庭生活得到改善。根据越南统计总署数据，2023 年第三季度，越南 15 岁及以上劳动力为 5240 万人，比上一季度增加 9.26 万人，比去年同期增加 54.6 万人。2023 年前 9 个月，15 岁及以上劳动力为 5230 万人，比去年同期增加 76 万人。2023 年第三季度就业工人预计为 5130 万人，比上一季度增加 8.74 万人，比去年同期增加 52.36 万人。前 9 个月，就业人数较去年同期增加 77.6 万人。2023 年第三季度劳动年龄人口失业率为 2.3%，与上季度持平，比去年同期上升 0.02 个百分点。前 9 个月劳动年龄失业率为 2.28%，比去年同期下降 0.07 个百分点，其中城镇地区为 2.73%；农村地区为 2%。2023 年第三季度劳动年龄人口就业不足率为 2.06%，与上季度持平，比去年同期上升 0.14 个百分点。前 9 个月，劳动年龄人口就业不足率为 2.02%，比去年同期下降 0.27

---

① 《国会通过关于越南〈2021—2030 年国家总体规划和 2050 年愿景〉的决议》，越通社，2023 年 1 月 9 日，https://link.gov.vn/HJ1s7pmx。

个百分点。2023 年第三季度工人平均收入为 710 万越南盾/月，比 2023 年第二季度增加 14.6 万越南盾，比 2022 年同期增加 35.9 万越南盾。前 9 个月，低收入工人的平均收入为 700 万越南盾/月，增长 6.8%，相当于比去年同期增加 45.1 万越南盾。

越南劳动荣军与社会部海外劳工管理局公布的数据显示，2023 年前 10 月，越南出国务工人数已超过 13.2 万人（其中女性劳工占比达近 30%），超额完成了 2023 年全年计划的 120%。日本仍是越南劳工第一大接收国（67550）人，其次为中国台湾（50862）、韩国（5973）、中国大陆（1669）等。[①]

越南政府总理于 11 月 8 日签发第 1305/QĐ-TTg 号决定，其中批准了《到 2030 年提高劳动生产率的国家计划》。该计划的总体目标是到 2030 年劳动生产率成为快速、可持续增长的重要动力，有效利用第四次工业革命带来的机遇。该计划的具体目标是劳动生产率年均增长 6.5% 以上，其中加工制造业的劳动生产率年均增长 6.5%—7%；农、林、渔业劳动生产率年均增长 7%—7.5%；服务业劳动生产率年均增长 7%—7.5%。2023—2030 年重点经济区和 5 个中央直辖市的劳动生产率增速高于全国平均水平。该计划的主要任务和解决方案是大力推进提高劳动生产率；大力推进科技研发、应用、创新和数字化转型力度；对经济空间结构进行调整，提高产业竞争力等。

（三）教育领域持续发力

2023 年 9 月，越南 6 所大学跻身了《2024 年泰晤士世界大学排名》（THE WUR 2024）。其中，维新大学和孙德胜大学排名在 601—800 区间；河内国家大学排名在 1201—1500 区间；胡志明市国家大学、河内理工大学和顺化大学均排名第 1501 位。与 2023 年泰晤士世界大学排名相比，越南上

---

① 《2023 年前 10 月越南出国务工人数超 13.2 万人》，越通社，2023 年 11 月 8 日，https://link.gov.vn/yqP1zhsr.

述 6 所大学依然在该排行榜中占有一席之地。然而有三所机构的位置出现了下滑，包括：维新大学和孙德胜大学（2023 年排在 401—500 区间）；河内国家大学（2023 年排在 1001—1200 区间）。其余三所大学的位置保持不变。[1]

尽管越南经济正在走上快速增长的轨道，但青年失业或找不到合适工作的比例仍较高（7.61%），超过全国劳动年龄段劳动力失业率（2.25%）。造成这种情况的主要原因是劳动者的技能未能满足劳动力市场变化的需求。因此，越南政府正在努力推动包括职业培训在内的各个领域数字化转型，旨在利用数字技能来提升劳动年龄段劳动者的业务能力和劳动生产率。为了实现上述目标，"协助越南政府通过加强职业教育推动人力资源数字化转型"项目自 2021 年实施以来已协助学生和劳动者满足工作技能要求。项目落地实施两年多后取得了重大成果。在线学习平台（http://www.congdan-so.edu.vn）自上线以来吸引了 15100 多个用户，31100 人次完成培训并获得数字技能证书，借此提升了劳动者技能，特别是各工业园区移民劳动者的工作技能。贯彻落实政府总理关于批准到 2025 年，远期展望至 2030 年职业培训中数字化转型计划的决议。[2]

（四）着力减少交通事故

越南交通运输部部长阮文胜在 2023 年上半年交通安全秩序确保工作小结和第三季度任务部署的全国视频会议上表示，2023 上半年交通安全秩序情况有许多积极转变。在 2023 年上半年，全国共发生了 4970 起交通事故，导致 2865 人死亡和 3471 人受伤。与 2022 年同期相比，交通事故起数减少762 起（下降 13.29%）、死亡人数减少 484 人（下降 14.45%）、受伤人数

---

① 《越南 6 所大学入围 2024 年泰晤士世界大学排名》，越通社，2023 年 9 月 29 日，https://link.gov.vn/ZbgGd1I0.

② 《通过数字化转型提高劳动生产率》，越通社，2023 年 8 月 26 日，https://link.gov.vn/AfGj8tPF.

减少 214 人（下降 5.81%）。43 个省市交通事故死亡人数较 2022 年同期减少，其中 8 个省市死亡人数减少 40% 以上，即太原省、岘港市、奠边省、广义省、坚江省、承天顺化省、河内市、宁平省。特别是太原省、岘港市等地交通事故死亡人数减少了 60% 以上。此外，河内、胡志明市等大城市和平阳、前江省的交通事故死亡人数同期比例和人数也大幅下降。17 个省市交通事故死亡人数比 2022 年同期增加，其中 7 个省市增幅超过 20%，即老街省、同奈省、清化省、山罗省、西宁省、谅山省和河静省。在未来期间须进一步提高责任担当精神，指导并在第三季度有效开展落实确保交通安全秩序的措施；致力完成 2023 年各地交通事故三个指数同比至少降低 5% 的目标。①

（五）加快数字化转型

越南是世界上最早发布国家数字化转型战略计划的国家之一，越南提出数字化转型包括三大支柱，即数字政府、数字经济和数字社会。四大优先事项包括：数据库开发、大力推广在线公共服务、发展基础设施与数字平台、确保网络安全与信息安全。

与前几年相比，2023 年越南数字化转型发展呈现出国际化特点。越南国会主席王廷惠强调"数字化转型是一场全球竞赛，我们不能袖手旁观。"2023 年，越南与英国、韩国、美国、俄罗斯在不同场合，探讨数字化转型的合作。9 月 14—17 日越南主办题为"青年在通过数字化转型和改革创新实现可持续发展目标中的作用"的第九届全球青年议员大会，会上越南建议各国议联研究建立关于创新的全球青年议员网络。

3 月，越南共产党信息门户网站（越共信息门户网站）上线启动仪式，其网址为 www.dangcongsan.org.vn。该信息门户网站提供越南共产党的主张、路线、政策和文件，同时是党群沟通的门户。目前，该信息门户网站

---

① 《越南各地力争交通事故发生率至少降低 5%》，越通社，2023 年 9 月 4 日，https://link.gov.vn/llocwNtq.

汇集了108家中央机关的信息门户网站、报纸杂志社和各政治社会组织、各部委、行业、地方等的数据，旨在通过推动数字化转型，在密切党群关系上取得实质性的突破。

7月，越南政府总理、越南国家数字化转型委员会主席范明政主持召开国家数字化转型委员会第六次会议暨总结2023年上半年开展数字化转型任务。越南内务部称，上半年越南行政改革工作取得的突出成果是建设与发展电子政府和数字政府。截至2023年6月，30个部门、机构、部级机构和政府直属机构中的3个，63个省市中的36个已颁布数字化和社会化国家发展战略行动计划（至2025年，远期至2030年）。通过集成平台和国家数据共享平台（NDXP）的交易量达到2179万笔，2023上半年交易总量达2.769亿笔。自NDXP开通以来，交易总量超13.5亿笔。居民国家数据库已与13个部委、1家国有企业（EVN）、3家电信企业和63个地方正式联网，为民众和组织办理行政手续提供服务。全国11个省市在国家人口数据库中实现了户籍数据的数字化。

（六）环境保护与国际接轨

越南政府副总理陈流光签署了第993/QD-TTg号决定，批准《至2030年落实〈关于森林和土地利用的格拉斯哥领导人宣言〉的国家计划》。这是越南总理范明政在《联合国气候变化框架公约》第26次缔约方会议（COP26）上提出越南到2050年实现净零排放的目标后，越南继续采取的下一步具体行动。该计划旨在直接促进农业农村可持续发展目标；减少温室气体排放和适应气候变化、保护生物多样性、可持续森林管理以及向绿色经济和循环经济转型的目标；促进人民和当地社区可持续生计的发展，确保粮食安全和环境保护，从而实现《宣言》的承诺。目标到2025年，严格管理现有天然林面积，最大限度减少天然林用途变换现象，逐步减轻森林退化和土地退化问题。到2030年，从根本上遏制毁林、森林资源退化、土地退化和荒漠化趋势，确保农林业可持续生产与农业农村发展协调发展；有效落实在国家自主贡献（NDC）中确定的温室气体减排目标。同时，力争到 2025 年，不良天然林恢复和质量提升面积达到 10%，到 2030 年达到 20%，为降低不良天然林面积比例、提高中等和丰富的天然林作出贡献；提高生物多样性保护效率和保护能力；提高人工林和农作物的生产力、经济效益和可持续性；到 2025 年，获得可持续森林管理认证的森林面积将达到 50 万公顷，到 2030 年将达到 100 万公顷的目标。①

（七）疫情管控措施调整

据卫生部签发的 3896 号决定，自 2023 年 10 月 20 日起，该部将新冠肺炎从 A 类传染病名单中移除，划归为 B 类传染病。《决定》指出，新冠肺炎属于 B 类的传染病，其潜伏期为 4 天，未发现新增病例的时间为 8 天（此前是潜伏期为 14 天，未发现新增病例的时间为 28 天）。这一调整基于科学证据，结合当前的新冠疫情形势，世界卫生组织和美国疫情防控中心的指示来调整。自疫情暴发以来，越南经历过四波疫情，累计新冠肺炎确诊病例为 11624065 例，在 231 个国家和地区中位居第 13 位。而按每百万人感染率计算，越南在 230 个国家和地区中排名第 120 位（平均每百万人感染 117470 例）。累计治愈病例 10640953 例；累计新冠肺炎死亡病例为 43206 例，致死率 0.4%，在 230 个国家和地区中排名第 26 位，在 50 个亚洲国家中位居第 7 位。截至 2023 年 10 月，累计完成新冠疫苗接种量为 266532582 万剂。

六、2024 年展望

（一）政治、社会方面

越南《2021—2030 年国家总体规划和 2050 年愿景》提到，2021—2030 年阶段越南的发展是以科技创新、数字化转型、绿色转型和循环经济发展

---

① 《〈关于森林和土地利用的格拉斯哥领导人宣言〉实施计划获批》，越通社，2023 年 8 月 26 日，https://link.gov.vn/SyvOrYWK.

为主，实现包容性、快速和可持续发展。充分发挥国家、地区和地方的优势；经济、文化、社会、环境保护、适应气候变化与保障国防安全协调发展。以改革提高全面、同步、现代化、一体化的社会主义市场经济体制的质量以及有效执法为推动国家发展的前提条件。市场在资源的调动、配置和有效利用中起着关键作用。实现各经济区域和各类企业的快速和谐发展；民营经济真正成为经济的重要驱动力。同时，激发建设富强幸福国家的渴望，增强自强意志和发挥民族大团结的力量；最大限度发挥人的因素，以人为发展的中心、主体、资源和目标。[①]

（二）经济方面

2023 年底，世界各国通胀出现了降温趋势，但仍处于高位；地缘政治冲突仍然复杂；一些大国尚未放松货币紧缩政策。这些情况严重影响越南企业生产、吸引外资及进出口。面对种种挑战和困难，越南政府采取了多项积极措施，包括：下调贷款利率、稳定外汇市场、减免或推迟税收及土地租金、延长游客的电子签证期限、帮助房地产企业及证券市场解决困难、做好社会保障工作等。2023 年下半年，越南经济社会多个领域、产业都出现明显的积极迹象。在困难重重的背景下，越南经济 2023 年第三季度仍取得 5.33% 的增长，高于第一和第二季度。这表明，越南政府年初以来一直坚决指导和努力实施的经济社会发展促进政策已初步见效。

2024 年如何进一步发掘经济增长动力，是否应该维持利率稳定，以增加信贷并刺激经济，是越南政府主要考虑的问题。增加企业获得资本的机会，同时继续采取其他重要措施，如：适当调控货币和财政政策、推动消费和生产、刺激贸易和服务需求、大力促进公共投资资金拨付、提高企业生产经营及其他活动效果，以促进经济持续复苏和良好增长。这是越南政府将继续坚持的指导方针，旨在促进越南经济社会的继续发展。

---

① 《国会通过关于越南〈2021—2030 年国家总体规划和 2050 年愿景〉的决议》，越通社，2023 年 1 月 9 日，https://link.gov.vn/HJ1s7pmx。

亚行在《亚洲展望报告》中表示，越南最新经济增长预测为 2023 年
5.8% 和 2024 年 6.2%。这个数字低于之前 4 月份的预测。不过，从这份报
告中可以看出，越南的经济增长预测仍位居亚洲前列，仅次于印度和菲律
宾。与此同时，亚行预测 2023 年和 2024 年通胀率将放缓至 4%。世行预测
越南 GDP 增速将从 2022 年的 8% 放缓至 2023 年的 4.7%，并将逐步恢复至
2024 年的 5.5% 和 2025 年的 6%。内需仍将是增长的主要动力，私人消费将
保持韧性，同比增长 6%。

（三）外交方面

2024 年越南将继续多措并举持续加强与大国之间的合作，搞好周边邻
国关系，努力在国际社会表现出负责任国家的形象。越南外交将贯彻落实
越共十三大决议精神，体现出越南继续坚定不移地走独立、自主、多边化、
多元化的对外路线。

[王育谦，云南省社会科学院、中国（昆明）南亚东南亚研究院越南研
究所所长、副研究员；孙梦笛，云南省社会科学院、中国（昆明）南亚东
南亚研究院越南研究所助理研究员；张玲，云南省社会科学院、中国（昆
明）南亚东南亚研究院越南研究所助理研究员]

泰国：政治融合发展与经济复苏转型

袁春生

2023 年的泰国历经大选和新政府组阁的波折，最终由为泰党率领的 11 个政党联盟组成新内阁，赛塔·他威信当选泰国第 30 任总理，保守派与革新派实现历史性和解，推动泰国政治历史迈向新的一页。赛塔政府执政以来实施积极的经济增长措施，着力恢复受新冠肺炎疫情影响的旅游业、贸易服务业等，大力开展招商引资、基础设施建设。泰国经济与社会发展委员会早期预测泰国经济增长为 2.7%—3.7%，但受全球经济放缓和国际需求紧缩的影响，泰国经济增长未能达到预期。同时，家庭债务、生活成本高企加剧了民生困境和社会矛盾。赛塔政府推进"积极主动的经济外交"，赛塔总理在密集出访和出席"一带一路"高峰论坛（2023）、亚太经合组织第三十次领导人非正式会议等外交活动期间，与全球知名跨国集团会谈，成功吸引跨国企业投资泰国，增强了泰国的国际地位和影响力。

一、政治：保革和解合力执政

泰国政党政治从 2006 年政变以来分为保守派和革新派，代表王室的保皇派、军人集团、曼谷政商集团利益的保守派与代表新兴资本集团、新兴代力量的革新派之间的分歧急剧加大，两大阵营之间的上层权力博弈使泰国此次的总理选举持续近百日。最终，走温和路线的为泰党与保守派阵营联手组成联盟政府，推举为泰党的赛塔·他威信出任第 30 任总理。赛塔政府组成后，将面临国家治理、宪政改革和恢复经济以及改善民生等方面的困境，促进政党有序发展和政治稳定的任务依然艰巨，由此可见赛塔政府的执政能力至关重要。

（一）历经百日博弈的 2023 年大选

泰国国会于 2023 年 3 月 20 日解散泰国议会以筹备新一轮大选。国会由上议院与下议院组成，上议院 250 个席位议员由国王任命、实际由军方控制，下议院有 500 个席位议员由选举产生。备受瞩目的泰国大选是对 500 名下议院议员的选举。本次选举采用单一选区两票制，一票投政党、一票投议员。2023 年 5 月 14 日，大选正式拉开帷幕，有 70 个政党、6679 名议员候选人竞选，其中 43 个政党提名 63 名总理候选人，3929 万人投票，投票率高达 75.22%，创下历史新高。[①] 大会选举结果出人意料，由皮塔领导的远进党获得 151 个席位居榜首，为泰党获得 141 个席位排名第二，执政联盟阿努廷领导的泰自豪党获得 70 个席位排名第三，看守政府副总理巴威领导的公民力量党和看守政府总理巴育领导的泰国人团结建国党分别以 40 席和 36 席排名第四、第五。[②] 远进党获得下议院选举的第一大党，具备了优先组建新内阁的权力。

由于泰国宪法规定，总理候选人必须获得上下两院 750 票超过一半的支持票，即至少 376 票才能当选首相。尽管远进党获得 151 席但未超过下议院半数议席，不可以单独组建政府，因此，5 月 18 日，远进党联合为泰党、国家党、自由合泰党、泰建泰党、正义党、合力为泰党和新社会力量党组成了八党联盟，汇集了下议院新当选议员的 312 个席位，八个政党支持皮塔竞选第 30 任总理[③]，但八党联盟还必须再取得上议院至少 64 席的支持才

---

① 余海秋：《泰国大选杀出"黑马"》，《世界知识》2023 年第 11 期，第 16 页。

② 王思成：《泰国大选迎来历史性结果》，《光明日报》2023 年 5 月 16 日，第 16 版。

③ 《泰前进党与七党组联盟 披塔：有信心成为首相》，联合早报网，2023 年 5 月 19 日，https://www.zaobao.com/news/sea/story20230518-1396029.

能确保皮塔当选。由于远进党的激进竞选纲领虽然获得新生代选民的大力支持，但让王室和军方感到不安，指控皮塔登记参选议员时持有 ITV 媒体公司股份而违反宪法规定，经泰国选举委员会调查认定后提请宪法法院中止皮塔议员资格。7 月 13 日，泰国国会上下两院联席会议第一轮选举，皮塔获得 324 票未能当选总理；7 月 19 日，国会联席会议依据会议规则第四十一条否决了皮塔总理候选人资格，皮塔总理之梦彻底破碎。7 月 21 日，远进党宣布放弃领导组建新政府的权力，为泰党正式接过组阁权力。

为泰党要保证组阁的成功，获得保守派阵营的支持是必须的。8 月 7 日，为泰党宣布与泰自豪党、泰国发展党、国家党、勇敢国家发展党、合力为泰党、自由合泰党、新社会力量党、地方泰党和亲军方的公民力量党、泰国人团结建国党建立了 11 党联盟，推荐为泰党赛塔·他威信为总理候选人。8 月 22 日，国会上下两院联席会议第三轮总理选举投票，赛塔以 482 票成功当选泰国第 30 任总理，其中 152 票上议院选票支持起到了重要作用。[1] 8 月 23 日，泰国国王签字批准众议院议长呈送的总理票选结果，持续三个多月的泰国大选终于落下帷幕。

当然，本届总理选举历经百日最终能够平稳过渡，是保守派、军方力量与革新派摒弃前嫌，互相妥协与和解的结果。以为泰党为代表的民主力量与保王派、军方之间的争斗持续十余年，导致泰国政局不稳定状态持续多年。此次总理选举多轮分化组合仍难产，为泰党意识到继续与保守派对抗，领导组阁新政府的希望渺茫，便与激进政治主张的远进党分道扬镳、誓言保护君主制，向王室和军方妥协，与阻击自己的保守派合流，维护其既得利益；泰国上层统治阶层，意识到即使上议院 250 票全部赞成，巴威、巴育领导的两个政党仍无法过半票数组阁，军人统治注定难以为继，便主动与为泰党联合，顺应时代潮流向"民意"妥协。如此，泰国保守派与革新派实现大融合，跨党派联合共治，也是文武共治意愿的初步达成。

---

[1] 《为泰党社德他高票当选泰国新首相》，联合早报网，2023 年 8 月 23 日，https://www.Zaobao.com/news/sea/story20230823-1426231.

他信·西那瓦回国获得国王特赦也是保守派与革新派和解的关键。2023 年 8 月 22 日可载入泰国政治历史的史册，流亡海外 17 年的前总理他信返回泰国并被宣判三项罪名、刑期 8 年。9 月 1 日，泰国国王玛哈·哇集拉隆功特赦他信刑期减至 1 年；前总理英拉也被最高法院裁定无罪。这意味着泰国保守派与革新派实现了大和解。保革两派 11 党联盟执政、赛塔当选以及他信回国等政治行动，未来四年，泰国政局将在一个可控的、半民主的和多方利益共存的格局中，有望赢来一个稳定和均衡发展时期。

（二）赛塔政府的治国理政纲领

9 月 2 日，泰国国王玛哈·哇集拉隆功批准了赛塔内阁名单；9 月 5 日，赛塔率领全体内阁成员向国王宣誓就职，标志着泰国赛塔政府正式开始履职。9 月 11 日向国会作的施政纲领报告，表明赛塔政府致力于实现泰国社会和谐的意图、战略和政策，通过促进经济、社会和政治发展，促进泰国人民的福祉。基于此，赛塔政府针对当前泰国面临的经济、社会与政治以及全球环境等诸多方面的问题，提出了短期、中期和长期目标、战略与政策。

1. 短期"经济疗法"

泰国在过去 10 年的经济增长缓慢，赛塔说"泰国就像一个生病的国家"，国家经济萎靡不振，需要推行"经济疗法"来刺激经济发展。短期来看，提出了重振经济的四项政策：一是刺激消费，为泰党竞选时承诺提供 5600 亿泰铢给"全民发钱"[①]。赛塔政府拟在 2024 年 1 月 1 日启动"数字钱包"项目，给年满 16 周岁的泰国公民发放 1 万泰铢的数字现金，刺激国内消费以唤醒泰国经济。数字钱包计划可增加就业机会和经济活动，估计此举提振经济效果是发放金额的 4 倍。二是解决债务和减轻能源成本。泰国的家庭债务占国内生产总值超过 90%、公共债务占比达到 60%。政府将动

[①] 赵玲艺、李绍曦编译：《赛塔总理向国会作施政纲领报告》，星暹日报网，2023 年 9 月 11 日，https://www.singsianyerpao.com/article-94175.html.

用政策为背负贷款的农民和中小企业提供贷款解决方案，如债务延期偿付等。同时，尽快降低生活成本，通过调低能源价格，包括降低电费、燃气费和油费。三是采取旅游便利化措施以推动旅游业复苏。将旅游收入作为创收的首要关键，建立旅游收入目标，改善签证申请程序和交通系统，免除中国、哈萨克斯坦、印度等目标国家的旅客免签证费用等政策为旅客提供便利，以及向赴泰参与国际活动的外国人提供办理签证的快速通道，达到吸引国际旅客提振旅游业，增加收入和创造工作机会。四是修改宪法，在不改动涉及君主制条款的原则下，讨论如何修改宪法以使其更为民主、更能被各方接受，让泰国人民在坚持君主立宪制政体下拥有更民主的宪法。

2. 推行中长期目标与政策施行

赛塔分析了泰国经济和社会面临的长期性问题，表示政府四年内将着力解决这些问题，有办法提高泰国人民的生活质量和收入。赛塔政府施政纲领中的中长期政策主要有五个方面。一是经济政策：开展积极的经济外交，加快国际自贸协定谈判，打开面向欧盟、印度、中东、非洲、南美等新市场贸易大门，以提振出口，扭转对外贸易下滑的局面。加大招商引资力度，通过完善投资项目审批流程等，吸引投资新经济产业如数字经济、绿色技术和高新技术产业等，进一步提升经济走廊和特区的效率；同时，加大对公路、水路、铁路和航空等交通基础设施的投资。加大对农业、渔业部门创新以增加收入。[1] 二是实施分权管理模式，提高行政效率。采取"府尹负责制"，将行政权力下放给府尹和首席执行官，同时，选举行政代表以鼓励公众参与目标制定，以及利用现代技术提升政府透明度。三是取消不必要的法律，赛塔认为一些法律不符合泰国实际，将解除本土酒业限制和电子雾化的规定，使酒类售卖和电子雾化合法化。四是致力解决社会问题。赛塔政府将解决毒品问题列为国家议程，召开了推动预防、打击和解决毒品问题的会议，成立禁毒工作组以及支持鼓励所有机构和公民参与

---

① 余海秋：《历时百日，泰国大选尘埃终落定》，载《世界知识》2023 年第 18 期，第 28 页。

毒品预防等措施，以清除毒品问题；同时，对卫生和教育进行改革，关注所有群体的平等权益。五是改强制征兵为自愿入伍，国防部部长素廷与军队指挥官讨论了适度削减兵力和减少高级军官数量的问题。未来将现行的抽签征兵模式改为自愿征兵，让年轻人拥有选择职业的自由，不断提高军队的创新能力。[①]

（三）积极筹备修宪以弥合分歧

泰国 2017 年宪法（第 20 部宪法）规定，总理人选须经国会上议院议员投票，而上议院议员为军方委任，这一规定被民主派政党认为不符合民主精神，曾多次动议修宪。2021 年泰国宪法法院裁定，修宪须举行两次全民公投，即一次投是否修宪，一次投是否草拟新宪法。为泰党在竞选时承诺就修改宪法并举行公投，赛塔政府要取得朝野两党的政治信任，必须兑现承诺考虑修宪，以使宪法更符合民意。赛塔政府第一次内阁会议就讨论了制定新宪法并举行全民公投的问题，并于 2023 年 10 月 3 日任命了修宪委员会，研究全民公投修改宪法的可行性。修宪委员会的 35 名成员包括政府和反对党的代表、学者、法律专家和政治活动家等。修宪的过程较为漫长，有可能需要三年多的时间才能完成。

相对于远进党的激进修宪动议，赛塔政府明确修宪不会修改任何与冒犯君主法有关的内容，不会触及"第一章泰国是单一、不可分割的王国，国王是国家元首；第二章规定的与王室特权有关的权利。"从而排除了修改与君主制有关的争议性内容的可能性。可见，政府主导的修宪得到全民支持的可能性更大，但政府能否让保守派接受修宪，是需要克服的挑战，而且要达成民主派和保守派都接受修宪条款，唯有如此，才能避免引发社会动荡。

---

① 《"泰国就像一个生病的国家"！新总理要推"经济疗法"》，中国网新闻中心，2023 年 9 月 12 日，http://news.china.com.cn/2023-09/12/content_115683051.htm.

（四）赛塔政府面临的挑战

为泰党领衔 11 党成立执政联盟共同执政，但由于联合政府自身合力小、经济状况脆弱和远进党等新生代反对阻力和深度分化的社会矛盾，也有来自美西方国家和国际复杂形势等影响，泰国赛塔政府面临政治、经济、社会和外交层面上的多重压力和挑战。

一是从内阁成员来看，弥合政党分歧并非易事。泰国 11 党联盟政府的内阁职务分配为赛塔任总理兼财政部部长、自豪泰党阿努廷任副总理兼内政部长、公民力量党帕查拉瓦任副总理兼自然资源与环境部部长、联合建泰党披拉攀任副总理兼能源部部长等。其中，为泰党掌管财政部、商业部、国防部、外交部、公共卫生部、文化部、交通部等重要部门。联盟 11 党中只有 6 个政党获得内阁职位，内阁职位分配以及松散的联盟形式，难以形成有效的合力，极有可能导致政策制定、推动和落实受阻。因此，如何驾驭主张多元的政党联盟，弥合泰国政治分歧是赛塔总理面临的首要挑战。

赛塔政府首要任务是振兴国家经济和改善民生。已出台或即将实施的惠民经济政策，如"数字钱包"项目、农民和中小企业债务偿还延期、降低居民生活能源价格，免签证提高旅游收入以及未来提升每日最低工资标准等利好政策，能否得到有效实施有着不小的阻力，实施的效果也会对政府的公信力产生影响。泰国赛塔政府已经宣布实施的政策取得了成功，但如"数字钱包"计划就遭到质疑，被认为会加重财政赤字，其实施效果也有待商议。①

反对派的政治阻力不可小觑。远进党以最高的民意成为下议院选举第一大党，但最终因与保守派政党分歧受到上议院阻挠，未能赢得总理宝座。居第二位的为泰党接棒组阁与远进党分离后，与保守派政党合作成立了政治联盟。为泰党与王室、军方由宿敌变盟友的这种"泰式妥协"，引起了远

---

① DAILYNEWS，"'Memorial' Vogue Works 'Economic Government' 60 days to pass as it campaigned"，November11, 2023，https：//www.dailynews.co.th/news/2889535/.

进党支持者的反对，认为与民意不符合，无异于"政治自杀"。远进党未加入执政联盟，并在赛塔竞选总理时投了反对票。远进党表示将作为反对派，与人民一起对政府进行监督并推动泰国社会变革。同时，泰国经过22年的政治发展，民众的政治意识被唤醒，尤其是新兴城市中产年青一代，新生代的政治力量要求变革社会的意识十分强烈，尤其是针对王室和军队以及要求平等人权的改革主张，这是赛塔政府不得不面对的政治极化形势。因此，促进各方妥协以恢复经济和谋求社会稳定，是赛塔政府必须面对的挑战，只有各派达成政治默契，赛塔政府才能更好地治国。

外部环境也是赛塔政府需要积极应对的挑战。在国际层面，美西方国家希望皮塔领导的远进党能够上台，但最终未能如愿，这在一定程度上给泰国赛塔政府制造了外交障碍。同时，俄乌冲突胶着、巴以冲突等亚太、中东的紧张局势，以及全球经济衰退的影响，泰国恢复经济、解决社会不平等和改善民生任重道远，对赛塔政府形成严峻考验。

二、经济：总体趋于复苏但增速放缓

2023年，全球经济持续放缓、厄尔尼诺现象造成的国内干旱、总理选举难产造成的"政治真空"以及公共消费增长放缓对泰国经济的影响，泰国经济形势严峻，已落后于邻国经济增长。泰国实行自由经济政策，对外依存度高，2023年泰国出口总值缩幅超过预期致使制造业持续萎缩，旅游业尚未完全恢复以及债务高企导致国内需求疲软，泰国央行和其他金融机构，多次下调泰国2023年国内生产总值增速预测，且下调幅度超过1个百分点，能保持在3%左右已是最大努力。相较于2012年7.2%的增速，泰国经济下滑明显，呈现出衰退迹象。早在1996年泰国就被列入中等收入国家，形成了完备的产业结构。随着全球产业链的重新布局，泰国经济面临诸多结构性挑战，如农业生产效率低下、中等收入陷阱和国际竞争力下滑等。因此，赛塔政府不仅要多管齐下促进经济快速恢复，更要重视泰国经济长期的结构性问题。短期来看，赛塔政府的"快赢"政策成效初显，推动社会经济回升。

（一）宏观经济形势低于预期

2022 年泰国经济增长 2.6%，国内生产总值为 17.4 万亿泰铢（4950 亿美元），远超 2021 年的 1.6% 和 16.2 万亿泰铢（5050 亿美元）[①]，高于 2019 年的 2.3%，基本从新冠肺炎疫情泥沼中走出。2023 年泰国经济面临泰铢贬值、外部风险导致萎缩以及消费下降等多重压力，前三个季度经济增长 1.85%[②]，低于 2022 年同期的 2.35%。9 月下旬，泰国央行（BOT）更改了 2023 年泰国 GDPF 增速预测数据，下调 GDP 增速为 2.8%，远低于早期预测的 3.8%；10 月，世界银行认为全球需求减少将影响泰国出口，将泰国经济增长预测从 3.6% 下调至 3.4%[③]；泰国经济与社会发展委员会（NESDC）预测国家经济发展区间为 2.5%—3.0%[④]。尽管 9 月以来，赛塔政府实施的"经济疗法"发挥正面激励作用，但由于制造业增长持续放缓和家庭债务高企，尤其是一些债务演变为不良贷款的影响，乐观预测 GDP 在 2.8% 的

---

① Office of the National Economic and Social Development Council, "Gross Domestic Product：Q4/2022," February17, 2023, https：//www. nesdc. go. th/nesdb_en/article_attach/article_ file_20230217093030. pdf.

② Office of the National Economic and Social Development Council, "Gross Domestic Product：Q4/2022," February17, 2023, https：//www. nesdc. go. th/nesdb_en/article_ file_ 20230217093030. pdf。Office of the National Economic and Social Development Council, "Gross Domestic Product：Q2/2023," August21, 2023, https：//www. nesdc. go. th/nesdb_en/article_attach/article_file_20230821091724. pdf.

③ 《全球需求减少影响出口，泰国经济增长预期下调：世界银行下调泰国国内生产总值预测》，［新加坡］泰国之眼网，2023 年 9 月 21 日，https：//thethaiger. com/cn/news/578911/.

④ Office of the National Economic and Social Development Council, "Gross Domestic Product：Q1/2023," May15, 2023, https：//www. nesdc. go. th/nesdb_en/article_attach/article_file_ 20230515090312. pdf.

增速。

泰国 2023 年 GDP 增长相对缓慢，与之相应的消费物价指数（CPI）较 2022 年大幅回落至低位运行。泰国商务部数据显示，2023 年 1—10 月，泰国通货膨胀率趋向逐渐放缓，1 月 CPI 为 108.18，年同比增幅降至 5.02%，核心通货膨胀率降为 3.04%。[①] 继 1 月之后，泰国通货膨胀持续回落，3 月的核心通货膨胀率为 1.75%，回落到商务部预期的目标区间 1.7%—2.7%；至 10 月，源于政府补贴电价的能源类产品和消费品，泰国 CPI 降为 107.72，CPI 同比增长率即通货膨胀率为负的 0.31%，是两年以来首次出现负值。[②] 1—10 月 CPI 为 1.6%，处于泰国财政部和银行货币政策委员会设定的 1%—3%的目标区间内；但核心通胀率同比上涨了 0.66%，当然，开泰研究中心专家认为重要产油国限制石油生产和出口措施以及地缘政治冲突造成紧张形势，泰国通胀下降幅度小于预期，全年平均通货膨胀预测值为 1%—1.7%（中间值为 1.35%），通胀压力有所减弱。9 月，泰国银行货币政策委员会维持 2.25%利率，但国际原油价格仍处于高位以及厄尔尼诺现象导致食品价格上涨，市场仍担忧通胀再度加速，为此，泰铢加息受到限制，利率维持在 2.25%。[③] 促进经济增长成为泰国的首要目标，政府需要采取扩张性政策以刺激经济增长，不排除短期内继续加息至 2.5%的可能。通货膨胀持续下降和政府实施的利好经济政策，泰国经济开始持续稳定复苏。

---

① 《泰国一月份通胀率为 5.02%，创 9 月新低》，中华人民共和国驻泰王国大使馆经济商务处，2023 年 2 月 17 日，http://th.mofcom.gov.cn/article/jmxw/202302/20230203391796.shtml.

② 《泰国一月份通胀率为 5.02%，创 9 月新低》，中华人民共和国驻泰王国大使馆经济商务处，2023 年 2 月 17 日，http://th.mofcom.gov.cn/article/jmxw/202302/20230203391796.shtml。Ministry of Commerce, "Headline inflation in October 2023 fell by 0.31%, the first decline in 25 months," November11, 2023, https://www.moc.go.th/th/content/category/detail/id/325/iid/6659.

③ 《泰国央行料将在 2023 年 9 月 27 日会议上维持利率 2.25%不变，但仍不排除未来加息的可能性》，开泰研究中心，2023 年 9 月 25 日，https://www.kasikornresearch.com/ch/analysis/k-econ/financial/Pages/MPC-2023Sep-EBR4018-2023-09-25.aspx.

同时，随着入境国际游客人数的增加，带来餐饮业和住宿业等服务消费增长。劳动力市场状况继续改善，服务业和制造业社会保障体系中参保人数的增加正好反映这一点。

从泰国吸引投资来看，泰国政府创造良好环境吸引外资，包括与东盟和其他国家和地区签订了14项自由贸易协定（FTA），促进商品和服务更好地进入这些市场，并且出台减免税收、简化审批流程等一系列的刺激措施等。2023年1—9月，泰国投资促进委员会收到1555份项目申请，共投资5168.02亿泰铢，同比增长22%。其中，外国直接投资（FDI）项目数量增长了49%，投资增幅达3985亿泰铢。中国对264个项目的总投资承诺为974亿泰铢、占外国直接投资额的24%，成为最大的外国直接投资申请来源国；新加坡对133个项目投资802亿泰铢，排名第二；日本对176个项目投资431亿泰铢，位居第三；中国台湾和韩国分别以63个项目、价值361亿泰铢和15个项目、价值326亿泰铢位居第四和第五。① 外商投资的目标行业居前的有电器和电子（E&E）、涉农工业和食品加工业、汽车和零部件等。投资的旗舰区域仍是东部经济走廊（EEC），前9个月有552个项目申请投资额2316.6亿泰铢，而前8个月在东部经济走廊投资的项目和投资额分别占投资者总数的20%、占总投资额的44.8%，其中日本、中国及中国香港地区居前三位，优先领域为生物循环绿色经济、医药、电动车、数字、服务业等5个领域。② 这些成果表明泰国对外国投资吸引力日益增长，有利于促进泰国向新经济战略的过渡。

从国际贸易和汇率的角度来看，2023年泰国出口额为2845.62亿美元、负增长1%，进口额为2897.54亿美元、下降3.8%，全年出现贸易逆差

---

① Thailand Board of Investment，"Thailand Board of Investment（BOI）Reports Steady Growth in 9-Month Results，Attracting Foreign Investment and Fostering Key Industries，" October16，2023，https://www. boi. go. th/index. php? page = press _ releases _ detail&topic _ id = 134733&_module=news&from_page=press_releases2&language=zh.

② 《9月份泰国吸收外资182亿泰铢》，中华人民共和国驻泰王国大使馆经济商务处，2022年11月2日，http://th. mofcom. gov. cn/article/d/202311/20231103450970. shtm.

51.92 亿美元，出口大幅萎缩的原因主要是制造业出口结构不符合世界需求以及泰铢的持续贬值。[①] 汇率方面，受美联储货币加息政策、中国经济疲软和人民币汇率走势和泰国本身因素的影响，泰铢对美元贬值幅度达 4.1%，居亚洲货币排名第六位。[②] 尽管如此，泰国作为东盟中心的战略地理位置和重要的制造和分销基地，为外国投资者提供了大量机会。

从外汇储备来看，据世界经济指标网数据，截至 12 月，泰国的外汇储备为 2244.84 亿美元[③]，在世界上排名第 11 位。由于地缘政治风险和高通胀，泰国外汇储备需要考虑避免市场动荡的影响，泰国央行认为黄金是相对安全的。泰国自 2020 年遭遇外汇暴跌后实施多样化的外汇储备，增加黄金储备，至 10 月 20 日，黄金储备价值约为 156 亿美元。泰国央行（BOT）负责管理和监管外汇市场，近年来，央行调整政策将环境、社会和公司治理纳入长期储备管理政策。2023 年泰国进口外汇储备保持在高水平的时间为 7.1 个月，高于信用 BBB Median 的 5 个月。11 月 13 日，泰国政府发言人透露，惠誉评级国际评级公司（Fitch）维持泰国信用评级为 BBB+，并维持泰国信用前景（Outlook）为稳定水平，表明国际信评机构相信泰国新政府有能力在中期内促进经济增长以及经济政策实施效果。[④]

（二）主要部门经济发展态势

受 2023 年泰国大选的艰难历程和厄尔尼诺现象以及地缘政治紧张局势等因素影响，工业生产指数持续呈下滑趋势，农业作物减产导致农业部门

---

① 《泰国主要出口产品统计数据》（2023 年 1—12 月），泰国商务部，https://tradere-port. moc. go. th/Report/Default. aspx？Report＝CountryRankMonth&Lang＝Th&imextype＝1.

② 《2023 年剩余时间泰铢走势将取决于美联储货币政策、人民币走势以及泰国国内因素》，开泰研究中心，2023 年 9 月 21 日，https://zh. tradingeconomics. com/thailand/indicators.

③ 经济指标，泰国外汇储备，https://zh. tradingeconomics. com/thailand/foreign－ex-change－reserves.

④ 《惠誉评级维持泰国信用评级为 BBB+》，中华人民共和国驻泰王国大使馆经济商务处，2023 年 11 月 15 日，http://th. mofcom. gov. cn/article/jmxw/202311/20231103453891. shtml.

受损严重。幸运的是旅游业复苏带动服务业增长，成为经济增长的重要引擎。

1. 农业部门较低增长

泰国素来享有"粮仓"盛名，大量沃土孕育出稻米、水果、棕榈、橡胶、木薯、橡胶、甘蔗、绿豆、麻、烟草、咖啡豆、棉花、棕油、椰子等作物，因此，农业是泰国传统经济产业，约占国内生产总值的8.4%。2023年前三季度，农林渔业增长了3%，与2022年同期相比增长2%。这一较低增长是由于甘蔗、油棕、木薯、橡胶和菠萝产量下降，畜牧业和渔业有所放缓，而稻谷、玉米、蔬菜和水果产量增加。农产品价格指数连续三个季度下跌1.6%，除稻谷和水果等主要农产品价格上涨外，橡胶、油棕和家禽等农产品价格大幅下跌，导致农民收入指数下降。[①] 农业经济较低增长是受天气干旱影响，7月，厄尔尼诺现象导致农作物减产，估计农业部门损失为480亿泰铢，其中稻米损失最大为376.31亿泰铢[②]；使泰国国内稻米价格在8月初上涨近20%，从约1700泰铢上涨至每吨2100泰铢。年底，厄尔尼诺现象或将加重，将影响农作物产量，进而影响农产品出口水平。2023年前4个月，国际大米的需求旺盛，泰国大米收购价格和出口价格同时上涨，平均价格同比分别上涨18.1%、16.3%。[③] 上半年泰国水果（含新鲜、冷藏、加工水果）出口总值达到55亿美元，出口值的同比增长了10.3%，中国是最重要出口市场，其中，泰国榴莲出口中国高达60万吨价值30.03亿美元，

---

① Office of the National Economic and Social Development Council，"Gross Domestic Product：Q32023," November 20，202 https：//www. nesdc. go. th/nesdb_en/article_attach/QGDP3-2566%20（EN）%20V3. pdf.

② November 20，202 https：//www. nesdc. go. th/nesdb_en/article_attach/QGDP3-2566%20（EN）%20V3. pdf.《智库：今年厄尔尼诺对泰农经损失约480亿泰铢》，泰国中华日报网，2023年9月15日，http：//th. mofcom. gov. cn/article/ztdy/202309/20230903440758. shtml.

③ 《今年下半年厄尔尼诺现象或导致2023年泰国雨季稻产量下降4.1%—6.0%》，开泰研究中心，2023年5月17日，https：//www. kasikornresearch. com/ch/analysis/k-econ/business/Pages/THAI-RICE-AND-EL-NINO-CIS3410-Web-17-05-2023. aspx.

与 2022 年同比分别增长 20%、22%，泰国还开辟了韩国、美国、阿拉伯联合酋长国以及印度和印尼等新兴市场。[①]

目前，泰国农业人口数量庞大、拥有 1000 万农民，新政府出台惠农政策刺激农业部门实现扩张，包括暂停农民偿还债务三年以减轻农民负担，共同推动农产品开拓非洲和中东等新市场，指导农业使用有机肥降低成本，对参与 2023 年度稻米生产的农民发放每亩 1000 泰铢补贴。[②] 这些政策的持续有效实施，将推动 2023 年泰国农业经济与去年同比增长 1.5%—2.5%。

2. 制造业大幅缩减

泰国拥有强劲的出口导向型制造业，制造业约占国内生产总值的 27.5%，汽车、电子、半导体、医疗设备、橡胶、食品和饮料等处于全球领先地位，电子配件制造、汽车和纺织是制造业的龙头。但 2023 年国际能源价格的不稳定和市场需求减弱，前三个季度制造业缩减 3.4%，所有类型包括轻工业、原材料产业、高科技产业都出现下降，降幅分别为 5.5%、0.4%、2.25%。[③] 其中出口制造业（出口产量占总产量的比重大于 60%）和内销制造业（出口产量占总产量的比重低于 30%）的生产指数分别下降 14.7%、1%。平均产能利用率为 59.83%、低于 2022 年同期的 63.57%。[④]制造业缩减受三个方面因素的影响：一是全球经济放缓导致泰国工业产品出口持续收缩；二是泰铢贬值和国际能源价格处于高位，进口原料价格上

[①] 《2023 年泰国水果出口趋向良好增长，但面临生产成本上升和气候变化压力》，开泰研究中心，2023 年 6 月 30 日，https://www.kasikornresearch.com/ch/analysis/k-econ/business/Pages/Fruit-Export-CIS3418-B-30-06-2023.aspx.

[②] 《泰政府将对大米发放价格补贴》，中华人民共和国驻泰王国大使馆经济商务处，2023 年 11 月 15 日，http://th.mofcom.gov.cn/article/jmxw/202311/20231103453895.shtml.

[③] Offce of the National Economic and Social Development Council, "Gross Domestic Product：Q2/2023", August21, 2023, https://www.nesdc.go.th/nesdb_en/article_attach/article_file_20230821091724.pdf.

[④] Office of the National Economic and Social Development Council, "Gross Domestic Product：Q32023," November 20, 2023, https://www.nesdc.go.th/nesdb_en/article_attach/QGDP3-2566%20(EN)%20V3.pdf.

涨；三是泰国严峻的家庭债务导致贷款利率上升，企业成本和债务负增加。因此，工业经济办将制造业生产指数预测下调为 4%—4.5%，工业经济增长预测下降 2.5%—3%。①

制造业也是泰国重要的出口产业，上半年 10 项主要工业出口产品价值942.23 亿美元，约占出口总值 1411.70 亿美元的 66.74%，但除电子设备、汽车设备和零部件以及电器外，塑胶制品、化工品和纺织品等大部分工业品出口大幅下滑。② 2023 年全年出口额和工业产品出口额大幅下滑表明泰国的工业产品结构不符合国际市场需求。为此，泰国大力发展高附加值制造业，激励外商投资生物技术、纳米技术和先进材料等高端技术领域。泰国计划发展成为电动汽车生产基地，出台"电动汽车三加（EV 3 Plus）"措施和 3—11 年的免税期等吸引投资的激励措施，以发展纯电动汽车产业。目前，泰国与日本丰田和中国长城汽车签署了一项政府激励计划，批准了中国长安汽车在泰国建设电动汽车工厂的计划。未来五年，泰国吸引国际跨国汽车公司投资泰国生产纯电动汽车，逐步由传统汽车向电动汽车制造转型，泰国的纯电动汽车制造业将很快崛起。

3. 旅游业持续复苏

旅游业是泰国重要产业和经济收入的重要来源，旅游业对泰国国内生产总值的贡献率约为 12%至 20%，2020 年占到了 27%，旅游相关产业从业人员高达 25%。旅游业还带动酒店业、餐饮业、免税店等服务业和零售行业发展。2022 年赴泰外国游客人数超 1100 万人次、旅游收入为 1.5 兆泰铢，仍然不到 2019 年的三分之一；2023 年入境泰国的外国游客人数达到

① 《泰国 9 月制造业生产指数下降 6.06%》，中华人民共和国驻泰王国大使馆经济商务处，2023 年 11 月 2 日，http://th.mofcom.gov.cn/article/d/202311/20231103450977.shtml.

② Office of the National Economic and Social Development Council，"Gross Domestic Product：Q3/2023"，November 20, 2023，https://www.nesdc.go.th/nesdb_en/article_attach/QGDP3-2566%20(EN)%20V3.pdf.

2815 万人次，创新冠肺炎疫情以来入境外国游客数量新高，比 2022 年增长 20%。①

目前，泰国旅游业尚未完全恢复，旅游业持续复苏仍是泰国经济增长的主要驱动力。赛塔政府履职后就立即着手推出振兴旅游业的措施，包括向中国、印度、哈萨克斯坦及中国台湾地区等实施免签政策，便利化出入境手续以及延长旅游签证停留时间至 90 天；开展"神奇泰国新篇章"旅游宣传，遏制泰国旅游业海外口碑下滑的趋势；以优质服务标准提升旅游信心；完善机场运营、航班安排、行李管理、入境检查等配套措施。泰国免签等政策实施后，旅游显示出强劲的增长势头，2023 年赴泰中国游客约 505 万人次，超越马来西亚排名第一。② 而且中国游客出现了一个新趋势，由传统旅游团转向自由行和创业考察行，泰国需要适应这一新趋势，迎接更多的中国游客。

三、外交：强调经济外交助力复苏

2023 年全球仍然处于动荡和变革之中，俄乌冲突和巴以冲突导致地缘政治形势持续紧张，持续恶化的能源短缺、气候变化和粮食危机，高通胀以及全球低经济增速等多重挑战叠加，世界发展正面临重重困难。如何在持续动荡变革的国际社会中，促进泰国恢复经济和迈向前进，是泰国新一

---

① 《入境泰国的外国游客统计 2023 年 1—12 月前往泰国的国际游客人数》，泰国旅游与体育部，https：//view. officeapps. live. com/op/view. aspx? src = http%3A%2F%2Fwww. mots. go. th% 2Fimages% 2Fv2022 _ 1705641041201SmFuLURlY19ZMjAyM1IueGxzeA% 3D% 3D. xlsx&wdOrigin = BROWSELINK.

② 《入境泰国的外国游客统计 2023 年 1—12 月前往泰国的国际游客人数》，泰国旅游与体育部，https：//view. officeapps. live. com/op/view. aspx? src = http%3A%2F%2Fwww. mots. go. th% 2Fimages% 2Fv2022_1705641041201SmFuLURlY19ZMjAyM1IueGxzeA% 3D% 3D. xlsx&wdOrigin = BROWSELINK。中国入境泰国游客数包括中国大陆 3521095 人、中国香港 802368 人、中国台湾 724594 人。

届政府面对的首要问题。因此，赛塔政府实施"积极主动的经济外交"，赛塔总理上任两月密集出访中国、柬埔寨、老挝、新加坡等八国，与数家国际知名企业和集团高管会面，推广数字经济、绿色经济、泰南陆桥项目、软实力和旅游等涉及泰国发展的关键领域，邀请知名企业到泰国投资发展业务。重视区域与国际社会的合作，提升泰国的国际影响力。加强与邻国的关系，促进与邻国的可持续增长和发展的战略伙伴关系，以保持泰国在东盟和大湄公河次区域的突出地位；促进与国际经济和发展组织合作，以增强对泰国的信心和安全；同时，坚持在联合国主导下妥善处理地缘政治局势，力求在促进世界和平和全球共同利益方面发挥积极作用。

（一）在中美战略博弈中寻求平衡

中美两个大国的关系直接影响到印太地区的经济和安全利益，泰国正在谨慎应对美国与中国之间的战略竞争。泰国优先考虑战略自主权，延续了传统上的"平衡外交"政策，积极保持和发展与中美两国的友好合作关系。

1. 积极恢复泰美同盟与战略伙伴关系

2023年泰国下议院大选中胜出的皮塔是亲美派，但在总理选举中出局，引起了美国对泰国保守派的不满。赛塔政府履职后积极恢复发展与美国的战略伙伴和盟友关系。一是双方高层积极互动。美国国务卿、国会议员等在上半年多次出访泰国，双方就共同关切的问题开展会谈。然而，泰国总理选举结果未达到美国期望值，导致美国在外交层面对泰设置障碍。赛塔政府上任后，着力恢复与美国的关系，赛塔出席了11月15—17日在美国旧金山举行的亚太经合组织（APEC）第30次领导人非正式会议。会议期间，赛塔总理在APEC的合照和晚宴上，都站在美国总统拜登身旁，并在晚宴活动中与拜登进行了长时间的交谈，赛塔在自己的推特上发布重要信息时，晒出了与拜登的亲切自拍照，这表明泰美两国已恢复和巩固传统盟友和战略伙伴关系。

二是泰国在美国推销引资政策成效显著。赛塔出席 APEC2023 会议期间，会见了美国商务部部长，双方就两国政策和经济发展交换意见。美国重申愿意与泰国保持密切合作。16 日，赛塔总理与美国—东盟工商理事会、美国商会和 NCAPEC 组成的美国—亚太经合组织工商联盟举行会议，与来自波音、亚马逊公司、联邦快递集团、辉瑞公司、维萨、花旗银行和达美航空等美国知名企业的近 50 位高管会谈，就吸引这些大型企业到泰国投资交换了意见，成功地与微软和谷歌签署了谅解备忘录（MoU）。亚马逊公司拟将投资重点放在建设 3 个数据中心上，另有亚马逊云平台（AWS）、中国深圳市腾讯计算机系统有限公司、阿里巴巴等公司的投资，总计约 8500 亿泰铢。①

三是支持美国主导的"印太经济框架"（IPEF）。2023 年 11 月 16 日，泰国总理赛塔出席了在旧金山举行的印太经济框架部长级会议，会议发表了联合声明，并宣布签署《IPEF 公平经济协议》《IPEF 清洁经济协议》《印太繁荣经济框架协议》的谈判已经实质性结束。② 总体来看，泰国赛塔总理通过到访美国并出席美国主持的 APEC2023 峰会，支持"印太经济框架"的协议事项，双方延续了战略联盟和伙伴关系，也减轻了来自美国的压力。

2. 携手构建中泰命运共同体

2022 年，中泰两国发表了《中华人民共和国和泰王国关于构建更为稳定、更加繁荣、更可持续命运共同体的联合声明》，明确了双边关系发展的方向。2023 年，中泰双方在多领域开展合作，落实联合声明确立的事项。

一是巩固中泰全面战略合作伙伴关系。2023 年是共建"一带一路"倡

---

① Ministry of Foreign Affairs, Kingdom of Thailand, "Prime Minister of Thailand had a meeting with US-APEC Business Coalition," November11, 2023, https：//www. mfa. go. th/en/content/pmapecbusinessforum-2？cate=5d5bcb4e15e39c306000683e.

② 《赛塔访美之行收获满满，吸引全球多家大型企业在泰投资建立数据中心》，2023 年 11 月 16 日，https：//www. thaihead-lines. com/140901.

议 10 周年，作为共建"一带一路"重要国家，赛塔总理出席了第三届"一带一路"国际合作高峰论坛，并对中国进行正式访问。这是赛塔总理除东盟外首个正式访问的国家，表明赛塔政府高度重视中泰关系。会议期间，中国国家主席习近平会见泰国总理赛塔，强调支持泰国走出符合自身国情的发展道路，双方继续在涉及彼此核心利益和重大关切问题上相互给予坚定支持；中泰要做高质量共建"一带一路"的排头兵。赛塔总理表示将认真落实 2022 年 11 月习近平主席访泰重要成果，同中方一道构建更加稳定、更加繁荣、更可持续的泰中命运共同体。[①] 双方发表了《中华人民共和国政府和泰王国政府联合新闻公报》。访问期间，中泰双方对出口、新闻传媒等议题进行了商讨，签署涉及外交、"一带一路"、数字经济、海关检验检疫、电影、文化、媒体等领域的合作文件。[②]

二是中泰经贸合作持续加强。中国连续 11 年是泰国第一大贸易伙伴，2019 年以来又数次成为泰国第一大外资来源国。2023 年，泰中双边贸易额约为 1049. 65 亿美元，其中泰国对中国出口额为 341. 65 亿美元，泰国自中国进口额为 708 亿美元，泰国贸易逆差为 366. 36 亿美元。[③] 泰国对外出口额在 8 月和 9 月出现增长，主要源于对中国出口榴莲等农产品增长的支撑。在投资方面，泰国吸引中国投资额排名第一，投资主要行业有机动车及配件制造、钢铁制造、轮胎及橡胶制品生产等，热点地区是"东部经济走廊"。其中，大部分投资进入了泰国的电子和电动汽车领域，如中国广汽永旺准备投资超过 60 亿泰铢在泰国建立制造和销售业务；中国长安汽车获准在泰国投资 88. 6 亿泰铢，建设初期年产能约为 58000 辆纯电动汽车（BEV）和

① 《习近平会见泰国总理赛塔》，新华网，2023 年 10 月 19 日，https://www. guancha. cn/politics/2023_10_19_712680. shtml.

② 《中华人民共和国政府和泰王国政府联合新闻公报》，中华人民共和国外交部，2023 年 10 月 20 日，http://www. fmprc. gov. cn/web/ziliao_674904/1179_674909/202310/t20231020_11164330. shtml.

③ 《泰国主要贸易伙伴贸易统计数据（2023 年 1—9 月）》，泰国商务部，2023 年 11 月 2 日，http://tradereport. moc. go. th/Report/Default. aspx？Report＝TradeThCountryTrade.

约 36500 辆插电式混合动力汽车（PHEV）的生产基地①，助力泰国成为东盟电动汽车制造中心。

三是加强双方绿色科技合作。泰国政府制定了新的国家能源规划，减少温室气体排放，做好化石能源和可再生能源管理，包括能源发展、油气管理、替代能源发展和能源效率管理，以达成预计的温室气体排放目标。同时，为缓解电力短缺和能源绿色转型出台了多项利好政策，将吸引外资作为发展可再生能源的重要方向。近年来，中国和泰国在风力发电、光伏发电等可再生能源领域的合作取得了丰硕成果。在清洁能源应用等领域，中国具有很强的技术优势和雄厚的资金支持，两国在可持续绿色清洁技术领域具有广阔的合作前景。②

四是促进中泰人文交流交融。中泰两国人文交往密切，在文化、教育、科技等方面合作成果丰硕。10 月 25 日，中国南方报业传媒集团与泰国网签署战略合作框架协议、与泰中华文媒体签署战略合作框架协议，建立与 GDToday 全面合作，旨在持续报道中泰经贸文化合作、华人华侨在泰国奋斗历程，讲好中泰故事、粤泰故事。③ 11 月 9—15 日，2023 年中国（温州）—泰国青年交流项目之温州医科大学中泰药学人文研习营圆满结束，泰国东方大学的师生参加，拓展中泰双方在药学领域的人文交流。此外，中泰教育和培训合作广泛，在泰国各所大学学习的中国留学生超万余人；泰国选派议会、政府、军警等重要部门人员到中国学习超千余人，深入广泛的合作密切了"中泰一家亲"友好关系。

---

① Thailand Board of Investment, "China's Changan Automobile Pledges 8.8 billion Baht Investment to Build a Factory in Thailand After Receiving Government Green Light; Plans to Add R&D," August15, 2023, https://www.boi.go.th/index.php? page = press_releases_detail&topic_id = 134324&_module = news&from_page = press_releases2.

② 王思成：《"一带一路"十周年 中泰绿色科技合作前景可期》，《光明日报》，2023 年 11 月 15 日，第 12 版。

③ 泰国网编辑部：《中国南方报业传媒集团与泰国第一华文媒体"泰国网"签署战略合作框架协议》，泰国网传媒，2023 年 11 月 16 日。

（二）促进东盟发展以及与其他成员国的关系

泰国作为东盟的创始成员国，2023 年泰国积极参与东盟事务和相关会议，支持东盟数字发展、加强互联互通和开展经贸活动等，泰国支持东盟强大、统一，成为地区合作的核心。

1. 积极促进东盟合作发展

作为东盟的创始成员国，泰国积极参加东盟会议和关切东盟事务，提出促进东盟可持续发展的方案。赛塔总理出席东盟—海湾阿拉伯国家合作委员会（GCC）峰会，推动建设东盟与 GCC 的伙伴关系，推动了绿色金融与清洁能源可持续发展议程，以实现温室气体净零排放，促进东盟—海湾合作委员会之间的自由贸易协定谈判以促进贸易和投资；与沙特阿拉伯两国领导人就国际形势特别是中东局势交换了意见，总理呼吁各方立即停止暴力和对平民的袭击。泰国副总理兼外交部部长班比出席第 56 届东盟外交部部长会议，促进东盟与外部伙伴关系，重申东盟领导人关于缅甸局势"五点共识"[1]。泰国外交部部长助理出席 2023 年经合组织东南亚部长级论坛，与经济合作与发展组织（OECD）秘书长科尔曼讨论了泰国在促进经合组织与东南亚合作方面的作用，泰国与经合组织合作得到加强。

与此同时，泰国与东盟贸易合作方面：泰国在东盟的主要出口市场和进口来源地分别是马来西亚、越南、印度尼西亚、新加坡和菲律宾。泰国参与东盟自由贸易协定升级谈判，包括东盟货物贸易协定、东盟与对话伙伴自由贸易协定在内的 5 份贸易协定，即东盟分别与中国、印度、韩国、澳大利亚和新西兰签署的自贸协定。

---

[1] Ministry of Foreign Affairs of the Kingdom of Thailand, "Statement of Mr. Settha Thaweesin prime minister ASEAN–Gulf Cooperation Council Summit, Riyadh," October 20, 2023, https://asean. mfa. go. th/th/content/% E0% B8% 96% E0% B8% AD% E0% B8% A2% = 5d68ab2615e39c1b9c05b8c3.

2. 发展与东盟成员国的友好关系

泰国经济外交政策的前沿是周边邻国，与周边国家深化合作关系关乎泰国人民的直接利益。赛塔总理上任两月密集访问周边邻国，与周边国家建立友好合作关系。先后出访了柬埔寨、文莱、马来西亚、新加坡、老挝等，本着"推销员"的精神，积极推动与邻国深化经贸合作和吸引邻国投资，不断促进双边关系，取得了显著成效。

一是促进泰柬关系。泰柬两国边界相连，互为重要邻国，双方经贸合作良好，2022 年泰柬双边贸易额超过 3000 亿泰铢。2023 年 8 月 22 日，泰国赛塔、柬埔寨洪马奈当选为总理，9 月 28 日，赛塔总理上任后首访柬埔寨，开启了泰柬之间共同安全与繁荣伙伴关系的新时代。双方同意利用现有的双边合作机制，如联合内阁务虚会（JCR）、双边合作联合委员会（JC）、联合贸易委员会（JTC）和边境总委员会（GBC），加强经济和安全合作以及人文合作。在经济方面，双方将在贸易、旅游、投资、边境建设、数字和绿色经济五个领域促进两国经济一体化，推动两国在 2025 年内贸易额达 150 亿美元，并将加快开通泰国友谊大桥，以增加边境贸易额。在安全方面，双方支持泰国和柬埔寨各级安全机构进行定期和亲密的沟通和互访。他们还同意密切合作，有效打击跨国犯罪，尤其是要消除泰柬边境的诈骗活动。[①] 此外，泰柬双方有意搁置争议，双方在 2001 年签署的谅解备忘录规定了在北纬 11 度线以北的争议区域内的海上边界划分，以及在北纬 11 度线以南的争议区域内的共同石油资源开发协议，共同开发泰国湾能源。

二是深化泰老关系。泰老两国互为友好邻国，泰国是老挝的第一大贸易伙伴和第三大外资来源国。2023 年 10 月 30 日，赛塔率领泰国高级代表团对老挝进行正式访问，双方重申持续促进泰老睦邻友好和良好合作，加

---

① Ministry of Foreign Affairs of the Kingdom of Thailand, "Prime Minister paid an official visit to the Kingdom of Cambodia to strengthen friendship and cooperation between them," September30, 2023, https：//www. mfa. go. th/th/content/cambodia280923? page = 5d5bd3c915e39c 306002a904&menu = 5d5bd3c915e39c306002a905.

强安全、经济、发展以及人文交流等领域合作。在经济上，双方致力于贸易便利化，确立 2025 年实现双边贸易额达到 110 亿美元的目标，扩大中小企业网络，刺激两国各省和边境省份之间的经济活动。在互联互通上，双方同意推动合作实施建设和升级老泰互联互通的公路、铁路交通基础设施项目，包括建设廊开—万象的湄公河铁路大桥、延伸泰老铁路服务至万象站、建设第六座泰老友谊大桥以及改善从泰国—老挝边境到老挝—越南边境口岸的 12 号公路，以促进旅游和贸易。在安全上，两国安全机构将密切合作，维护边境秩序，预防和打击跨国犯罪。①

三是强化泰越关系。越南是泰国的第八大贸易伙伴，在东盟国家中位居第二位。2023 年泰越贸易额为 189.5 亿美元，其中对越南出口额 111.96 亿美元、自越南进口额 77.54 亿美元、贸易顺差 34.43 亿美元，是仅次于中国香港、印度的最大出口地。② 因此，泰国副总理兼外交部部长 10 月 26 日访问越南时，同意推动两国贸易、投资和旅游额的增加，实现到 2025 年 250 亿美元的双边贸易目标，并商定"三通构想"（连接供应链、连接当地经济、连接可持续发展）的具体落实，推动在数字经济和绿色经济领域加强合作。在安全方面，主张加强两国军队和安全机构之间的合作，利用现有的双边合作机制解决非法、不报告和不管制的捕捞、贩毒，人口贩运和其他跨国犯罪，尤其是网络诈骗等共同的安全问题。在公共关系领域，泰国将继续在越南开展国际合作发展计划，支持泰越两国大学开展教育教学交流，促进两国青年之间的友谊和理解；在地区问题上，双方有共同的利益，就地区局势交换了意见，并将密切合作，在维护地区和平与发展方面

---

① Ministry of Foreign Affairs of the Kingdom of Thailand，"Prime Minister makes official visit to Lao People's Democratic Republic，" October 30, 2023，https：//www. mfa. go. th/th/content/pm - officially - visits - lao - pdr - 2023？ page = 5d5bd3c915e39c306002a904&menu = 5d5bd3c915e39c306002a905.

② 《泰国主要贸易伙伴贸易额统计（2023 年 1—9 月）》，泰国商务部，2023 年 11 月 2 日，http：//tradereport. moc. go. th/Report/Default. aspx？ Report＝TradeThCountryTrade.

发挥重要作用。①

四是密切泰新关系。泰国和新加坡的经济关系非常重要，在东盟国家中，二者的投资环境相近，均居于东盟中心地位。2022 年 10 月，泰新双方签署 5 份合作备忘录，涉及知识产权、肉类贸易、可持续性发展、电动摩托车和旅游业，这些合作协议在 2023 年得到实施，双方经济关系日益密切。2023 年 10 月 12 日，赛塔总理应邀访问新加坡期间，双方就关键问题进行了友好协商，强调利用现有的双边合作机制，如泰国—新加坡公务员交流计划（CSEP）、泰国—新加坡经济合作框架（STEER）会议等方式加强泰新全方位合作，以建立前瞻性的战略伙伴关系。②

3. 在国际事务中发挥积极作用

2023 年，泰国充分运用联合国会议积极参与国际事务，重申泰国在关涉人权方面、区域合作和可持续发展等议题上的承诺，履行联合国成员国的职责义务，发挥其在国际事务中的应有作用。一是泰国总理赛塔在第 78 届联合国大会一般性讨论上，分享泰国对粮食安全、全球变暖、气候变化、全球和平等问题的看法，申明泰国对和平与可持续繁荣的承诺，同时保持不干涉其他国家的内政。二是重申东盟在人权方面的作用，在第 75 届亚太区域人权对话会上，提出加强东盟机制以促进全球人权的途径。三是落实联合国可持续发展议题。2023 年 5 月 15—19 日，联合国亚洲及太平洋经济社会委员会第 79 届会议开幕式上，泰国时任总理巴育在开幕式上致辞时强调亚太国家在气候变化方面要加强合作，阐明泰国将促进可持续发展目标

---

① Ministry of Foreign Affairs of the Kingdom of Thailand，"Deputy Prime Minister and Minister of Foreign Affairs paid an official visit to Vietnam during 25—26 October 2023," October27, 2023，https：//www. mfa. go. th/th/content/dpmfm－vietnam－summary？ page ＝ 5d5bd3c915e39c306002a904&menu ＝ 5d5bd3c915e39c306002a905.

② Ministry of Foreign Affairs of the Kingdom of Thailand，"Prime Minister makes official visit to Republic of Singapore to promote all－round friendship and cooperation," Octobe14，2023，https：//www. mfa. go. th/th/content/pmssgvisit？ page ＝ 5d5bd3c915e39c306002a904&menu ＝ 5d5bd3c915e39c306002a905.

的实现。泰国履行了《联合国气候变化框架公约》《海洋法公约》缔约国承诺。赛塔总理在 2023 年可持续发展目标峰会上表示，泰国重视可持续发展协定，愿意为和平与可持续发展作出贡献，实现联合国可持续发展目标。四是向联合国儿童基金会提供 360 万泰铢，以支持缅甸的人道主义援助任务，以帮助改善缅甸公共卫生系统和预防和控制传染病的能力。①

四、2024 年展望

政治方面，泰国大选历经波折后，组建了既有民主派又有保守派的联合政府，初步形成了民主派与保守派的政治大融合。赛塔政府将复苏泰国经济作为执政首要任务，并传承巴育总理的执政理念，持续推行"自由自足经济理念"。同时，赛塔政府将主导修宪公投，在一定程度上体现远进党反对派的政治主张，如果赛塔政府能在促进经济增长的基础上，弥合军方、王室与反对派的政治分歧，泰国政治将迎来一个相对平衡的发展时期。

经济方面，泰国赛塔政府针对泰国经济下滑和国内生产总值增长缓慢的状况，推行"经济疗法"和积极主动的经济外交，出台系列刺激经济增长的政策，目前已实现成效。同时，赛塔总理上台后密集出访、出席国际经济合作会议和"一带一路"高峰论坛，化身为高级"推销员"推广泰国经济政策，吸引外商投资成效显著。应该说，泰国 2024 年吸引投资发展数字经济、绿色经济的预期良好。但由于泰国经济的外贸依存度高，2023 年出口持续下降的状况尤其是制造业出口放缓，影响到经济增长的预期。全球经济下行尤其是主要经济体需求疲软将持续影响泰国的出口，因此，泰

---

① Ministry of Foreign Affairs of the Kingdom of Thailand, "Ministry of Foreign Affairs donated 3.6 million baht to UNICEF in support of humanitarian assistance missions in Myanmar In terms of public health in areas adjacent to the Thai border," October 6, 2023, https://www.mfa.go.th/th/content/unicef061023? page = 5d5bd3c915e39c306002a904&menu = 5d5bd3c915e39c306002a905.

国经济发展水平要恢复到 2019 年的水平有较大难度，预期将高于 2023 年，达到 4% 左右的增速。

外交方面，2024 年，泰国仍将以经济外交为主，持续平衡与大国间的等距离关系。通过与在该地区政治和经济领域有影响力的国家建立关系，推动绿色经济和可再生能源以创造新的就业机会。同时，除了依赖传统经济体如中国、美国、日本和印度等，还需要增加与韩国、澳大利亚和欧盟等重要国家以及沙特阿拉伯、阿拉伯联合酋长国和土耳其等新兴市场的互动与合作。同时，泰国将发挥东盟成员国主体地位的作用，支持东盟成为强大、统一的共同体，成为地区合作的核心。泰国充分认识到亚洲国家间开展合作的重要性，支持建设一个稳定、和平合作的亚太地区，并为亚洲的可持续发展发挥重要作用。

［袁春生，云南省社会科学院、中国（昆明）南亚东南亚研究院泰国研究所副所长、副研究员］

柬埔寨：政权平稳过渡　经济逐步复苏

宫　珏

　　2023 年，在百年未有之大变局向纵深演进的背景下，柬埔寨国情稳定，经过新一轮换届大选，执政党柬埔寨人民党获得了广泛民意的支持，实现了继续执政及国家领导人的平稳交接，社会秩序稳定。开放国门两年以来，柬埔寨社会经济秩序全面复苏，经济活力逐步回暖，2022 年实际增长率增至 5.2%[①]，柬埔寨作为东道国主办了东南亚运动会、东盟残运会，与旅游相关的服务业得以强劲反弹。2023 年是"一带一路"倡议提出十周年，也是中柬建交 65 周年，中柬合作成为构建新型国际关系的典范。同时，柬埔寨积极保持与东盟区域内国家及世界各国的友好合作，柬埔寨民众对国家未来的发展充满信心。

一、政治局势：顺利完成大选，国家领导人平稳过渡

　　2023 年内，柬埔寨政府治理能力持续提升。柬埔寨人民党作为执政党长期以来较好地保持了国家政治稳定性，保障了国内民生的稳步发展。尽管在新冠病毒疫情期间，柬埔寨经济受到冲击而发展速度放缓。但国门开

　　[①]　The World Bank，"Cambodia's Economy on Firm Path to Recovery"，MAY 18, 2023, https：//www. worldbank. org/en/news/press－release/2023/05/18/cambodia－s－economy－on－firm－path－to－recovery.

放后，社会经济活动逐步复苏。这为柬埔寨人民党获得了更广泛的民众支持，为新一轮国家大选奠定了民意基础。

（一）顺利完成第七届全国大选

2023 年 7 月 23 日，柬埔寨第七届全国大选（国会选举）举行，一共有 18 个政党参加此次大选，全国约 970 万柬埔寨人将投票选举 125 个国民议会席位。

18 个政党按照抽签顺序依次为：蜂巢社会民主党，成立于 2015 年，党主席为蒙速弄多；一个高棉党，成立于 2018 年，党主席为朱利；柬埔寨国籍党，成立于 2011 年，党主席为成速庆；高棉民族团结党，成立于 2016 年，党主席为涅文才；民主力量党，成立于 2020 年，党主席为文威斯坤；农民党，成立于 1988 年，党主席为棉波宝；妇女为了妇女党，成立于 1999 年，党主席为森淑蒂；高棉扶贫党，成立于 2007 年，党主席为戈万达伦；奉辛比克党，成立于 1981 年，党主席为诺罗敦·扎卡拉瓦；法治党，成立于 1998 年，党主席为波蒂德莎温蝶；基层民主党，成立于 2015 年，党主席为杨威烈；人民意志党，成立于 2019 年，党主席为文莎伦；高棉经济发展党，成立于 2012 年，党主席为华占通；高棉国家统一党，成立于 2020 年，党主席为翁金；高棉保守党，成立于 2019 年，党主席为雷卡马林；柬埔寨青年党，成立于 2015 年，党主席为碧斯洛；柬埔寨原住民民主党，成立于 2017 年，党主席为巴兴；人民党，成立于 1951 年，党主席为洪森亲王。[①]

本届大选中，尽管仍存在部分反对派分子有意投废票以及反叛组织 Sabai Sabay 的成员、反对党领袖桑兰西通过社交媒体呼吁柬埔寨民众投掷废票、破坏选票的行为，但根据柬埔寨选举委员会的数据，23 日投票结束

---

① 《全国大选丨盘点柬埔寨 18 个参选政党》，《柬华日报》，2023 年 7 月 21 日，https://mp.weixin.qq.com/s/bQO28v02eylIurPb6JC1_Q.

时统计的投票率为84%，共有810万人投票①，投票率高于2018年大选。8月5日，柬埔寨国家选举委员会公布第七届全国大选正式结果，柬埔寨人民党以绝对优势赢得大选，获得国会125个席位中的120个议席。根据正式投票结果，人民党获得约639.8万张选票，得票率82.3%，位居第一；奉辛比克党获得约71.6万张选票，得票率9.2%，获5个国会席位。② 8月7日，西哈莫尼国王发布皇家法令，正式任命洪玛奈为柬埔寨新任首相，这也是柬埔寨1985年以来首次更换首相人选。

（二）新一届政府内阁人员构成

8月22日，新一届柬埔寨国民议会首次召开全体会议，投票产生国会主要领导并通过新一届政府内阁成员名单，新政府宣誓就职。

由洪玛奈提交的第七届政府内阁名单赢得国会全体会议信任投票。新任内阁阵容为：首相洪玛奈，另有10位副首相、21位国务部长、28位部长和2个国务秘书处部长。根据柬埔寨媒体报道，大部分第七届政府内阁人员年轻化，这也标志着柬埔寨国家领导层代际更换的完成。

根据柬媒体报道，副首相兼内政大臣苏庆之子、现任教育部国务秘书苏速卡将出任内政大臣。暹粒省省长、现年42岁的狄西哈将接替其父狄班出任国防大臣。此外，前商务大臣占蒲拉西之女、现任商务部国务秘书占尼莫尔将出任商务大臣；国土、城市规划和建设部大臣谢索帕拉的女婿杨·索帕勒将出任环境大臣。洪森次子、现年40岁的洪玛尼将出任文官部大臣。副首相兼财经大臣、现年57岁的安蓬·莫尼拉是少数继续留任的内阁高官。30个内阁职位中，有23个都将换为新人出任；现任10名副首相中除安蓬·莫尼拉之外，其余9人都将退休。

---

① 《柬埔寨人民党宣布以压倒性优势胜选，首相洪森的长子备受关注》，澎湃新闻，2023年7月23日，https://www.thepaper.cn/newsDetail_forward_23959818。

② 《正式任命！柬埔寨新任首相》，中国新闻社，2023年8月7日，https://mp.weix-in.qq.com/s/5FEhnoq3hVet7ldg-aNJRg。

新任首相洪玛奈除了接受过良好军事教育外，在其硕士与博士学习阶段都曾系统地接受经济学教育，先后获得美国纽约大学经济学硕士和英国布里斯托大学经济学博士学位。此外，新任政府内阁成员中，大多接受了良好的高等教育或拥有西方教育背景。这也让诸多媒体开始关注柬埔寨新任政府在改善柬埔寨与西方国家的关系上将发挥更为积极的作用。

（三）新一届政府的治国理政纲领

8月24日，在洪玛奈首相主持召开的新任政府内阁会议上，宣布将实施"五角战略"及第一阶段国家发展计划。"五角战略"是在柬埔寨过去"三角战略""四角战略"的成功基础上，带领柬埔寨国家与人民在未来25年里致力于实现高收入国家的发展愿景。"五角战略"将分五个阶段，跨越五届政府来推行实施。

当前，"五角战略"第一阶段目标为：增长、就业、平等、效率和可持续性，主要目的是为实现柬埔寨2050年远景目标奠定基础。

"五角战略"的主要内容具体包括了以下五点：一是确保经济年均增长7%左右，具有抵御危机的能力；二是加大人力资源投入，增加就业机会；三是实现贫困人口减少到10%以下的目标，将贫困率控制在最低水平；四是提高治理能力和公共机构质量，改善营商环境，促进贸易和投资；五是确保社会经济可持续发展，增强抵御气候变化的能力。①

为能够有效实施"五角战略"第一阶段目标，新政府再确立了2023年优先实施的6项政策，分别为：扩大医保服务，覆盖全国范围；为贫困户和弱势群体提供技能和技术专业培训；完善社会保障制度，帮助贫困家庭和弱势群体应对经济危机；将非正规经济纳入发展战略，让非正规经济服务人员参与正规经济系统，并享受社会保障；推出协调机制和融资项目，稳定农产品价格；向全国农村派遣农业技术官员，并在乡村地区建立农业

---

① 《柬埔寨出台发展战略》，中国东盟博览会 CAEXPO，2023年8月31日，https://mp.weixin.qq.com/s/awBKblcOfN1CQGflEOTcSQ。

协会。①

洪玛奈提出，"鉴于当前全球加速变化，不确定性增强，柬埔寨国家建设也步入新时期。落实'五角战略'，需要政府更加专注于营造有利的国内外环境。"

在国家内政上，基于过去发展的基础，新一任政府将制定稳健的宏观经济和财政政策；确保国内的和平稳定；持续构建有效的发展合作伙伴关系，打造具有韧性的柬埔寨经济，增加抵御危机的能力；推动柬埔寨社会经济迈向新的发展高度。②

在经济发展上，由于当前柬埔寨财政仍然高度依赖于其他国家、国际机构提供无偿或优惠贷款来推动经济发展，新任政府将投入更多力量来营造有利于经济发展的大环境，吸引外来投资，以平衡国际贸易赤字。③

在外交政策上，新一任政府将实施以战略目标为导向的外交政策，广泛与世界各国和国际组织建立良好的友谊与合作，积极参与地区和世界的和平与繁荣事业，推动和深化区域及全球合作，开拓新的国际贸易和投资渠道，让柬埔寨更好地融入全球价值链和供应链，提升柬埔寨的国家竞争力。④

（四）美西方国家对第七届全国大选的干预

在柬埔寨第七届全国选举举行期间，欧盟、美国和其他西方国家拒绝派遣观察员，称选举"缺乏自由和公平的条件"。

---

① 《柬埔寨出台发展战略》，中国东盟博览会 CAEXPO，2023 年 8 月 31 日，https://mp. weixin. qq. com/s/awBKblcOfN1CQGflEOTcSQ.

② 《柬埔寨出台发展战略》，《经济日报》，2023 年 8 月 30 日，http://paper. ce. cn/pc/content/202308/30/content_280144. html.

③ 《柬埔寨出台发展战略》，中国东盟博览会 CAEXPO，2023 年 8 月 31 日，https://mp. weixin. qq. com/s/awBKblcOfN1CQGflEOTcSQ.

④ 《柬埔寨出台发展战略》，中国东盟博览会 CAEXPO，2023 年 8 月 31 日，https://mp. weixin. qq. com/s/awBKblcOfN1CQGflEOTcSQ.

选举结果刚出炉之际，美国国务院发言人米勒在声明中表示，柬埔寨这场选举"既不公平也不自由"，令美国深感"不安"。美方认为在选举之前，柬埔寨当局对政治反对派、媒体和民间社会进行了一系列"威胁"和"骚扰"，破坏了"柬埔寨的宪法的精神与国际义务"。对此，美国已采取措施对破坏民主的个人实施签证限制，并暂停了某些对外援助项目。并且提醒柬埔寨："随着执政的柬埔寨人民党组建新政府，当局有机会提高该国的国际地位，包括恢复真正的多党民主，结束出于政治动机的审判，撤销对政府批评者的定罪，以及允许独立媒体在不受干扰的情况下重新开放和运作"。① 日本《产经新闻》更是刊登了该报支局局长森浩撰写的"'历史上最为恶劣'的柬埔寨选举"一文对柬埔寨选举横加指责。

针对美国、欧盟的指控，柬埔寨人民党发言人宋艾山回应道，美国对柬埔寨制裁是美方的一贯作风，不承认柬埔寨的选举结果，对柬政府高官采取签证限制以及暂停援助柬埔寨，这已经是美国对柬埔寨的屡见不鲜的态度。②

（五）庆祝柬埔寨独立 70 周年

1953 年 11 月 9 日，法国与柬埔寨在金边王宫举行了权力移交仪式，柬埔寨宣布独立。11 月 9 日也被定为柬埔寨"独立日"。2023 年 11 月 9 日，柬埔寨举行了隆重庆典仪式庆祝国家独立 70 周年，诺罗敦·西哈莫尼国王主持了庆典仪式，参议院主席赛冲、国会主席坤淑达薇、政府首相洪玛奈、国王最高顾问委员会名誉主席韩桑林、国王最高顾问委员会主席洪森、多位政要、师生等群众参加了活动。

西哈莫尼国王在致辞中表示："我们都记得始于 1952 年的民族团结运

---

① 《称柬埔寨大选"不自由不公平"美暂停对柬援助项目》，《联合早报》，2023 年 7 月 24 日，https://www.zaobao.com.sg/realtime/world/story20230724-1416878.

② 《不足为奇！大选后制裁柬埔寨是美国的一贯作风》，《柬报》，2023 年 7 月 29 日，https://mp.weixin.qq.com/s/3pnLdKRa-bsvO4_jELn7Iw.

动，当时每个村庄的柬埔寨人民都加入了勇敢的民兵运动，最终为柬埔寨
争取到完全独立。"并强调，1953 年 11 月 9 日，柬埔寨王国成为一个完全
独立的国家，柬埔寨民族开始直接建设自己的家园，捍卫国家领土完整，
确保各领域发展进步，使柬埔寨在国际舞台上赢得了良好声誉。西哈莫尼
国王赞扬了西哈努克国父的伟大贡献，他被誉为"伟大民族英雄""民族独
立之父""国防之父""国民教育之父""国家建设之父"。同时，国王也对
柬埔寨王家军为国家、民族和人民所作出的巨大贡献表示了赞誉。[①]

二、经济形势：经济复苏势头逐步巩固

根据世界银行的研判，随着柬埔寨国家一系列促进经济增长的相关举
措的不断出台，柬埔寨经济复苏的势头明显。值得一提的是，尽管在 2023
年全球局势不稳，欧美市场需求下滑的情况下，柬埔寨与 RCEP 协定成员
国之间的贸易量激增，占到了其贸易总额的三分之一。

（一）宏观经济

根据柬埔寨官方预测，2023 年柬埔寨的经济增长率将达到 5.6%，2024
年将达到 6.6%。[②] 柬埔寨财经部公布的《2024 年财政管理法》草案预计，
柬埔寨 2024 年的国内生产总值（GDP）将达到 351.7 亿美元，增长率达
6.6%；柬埔寨 2024 年人均 GDP 也将从 2023 年的 1917 美元增至 2071
美元。[③]

[①] 《柬埔寨隆重庆祝王国独立 70 周年》，柬埔寨王国驻华大使馆，2023 年 11 月 11 日，
https://mp.weixin.qq.com/s/XS31HX6fqOvaQcARc0-2fA.

[②] 《柬埔寨隆重庆祝王国独立 70 周年》，柬埔寨王国驻华大使馆，2023 年 11 月 11 日，
https://mp.weixin.qq.com/s/XS31HX6fqOvaQcARc0-2fA.

[③] 《柬埔寨政府预计 2024 年柬经济增长率将达到 6.6% 人均 GDP 将达 2071 美元》，驻
柬埔寨王国大使馆经济商务处，2023 年 10 月 30 日，http://cb.mofcom.gov.cn/article/jmxw/
202310/20231003449852.shtml.

1. 财政预算

2023 年上半年，柬国家预算收支结余 35331 亿瑞尔，约合 8.8 亿美元，同比增长 8.2%。其中，预算执行收入 145603 亿瑞尔，约合 36.4 亿美元，同比增长 1.8%，占年度计划的 52%（经常性收入 130578 亿瑞尔，约合 32.6 亿美元，同比增长 3.6%，相当于年度计划的 51.1%；资本收入 15025 亿瑞尔，约合 3.76 亿美元，同比下降 2.3%，相当于年度计划的 58.4%）。全国税收收入 118454 亿瑞尔，约合 29.6 亿美元，同比下降 5.6%。预算执行支出 110272 亿瑞尔，约合 27.6 亿美元，同比增长 0.7%，相当于年度计划的 36.2%。[①]

2. 通货膨胀率

由于柬埔寨是高度美元化国家，因此在美国也面临着严重的通货膨胀问题的同时，美元汇率的波动，也对柬埔寨的通货膨胀产生了"输入性"的影响。据柬埔寨国家银行消息，柬埔寨通货膨胀率较 2022 年有所下降，但由于全球经济和政治危机持续影响着世界各国的所有经济活动，柬埔寨通货膨胀率仍有起伏。

柬埔寨政府的预测，2023 年年均通货膨胀率为 3%。[②] 7 月份柬埔寨通货膨胀率为 1.9%，而 8 月份则为 3.2%。通胀上升的主要原因是食品价格上涨。此外，8 月份主要商品类别的通胀率为 4.2%（7 月份为 3.1%），其中酒和烟草为 3.3%（7 月份为 2.4%），服装和鞋类 4.2%（3.4%），家庭水、电、燃气和其他燃料 1.9%（0.5%），家具、电器和定期家庭维护 1.7%（1、4%），健康 1.6%（0.9%），运输 0.2%（3.2%），餐饮 2.9%（0.5%）、其他商品和服务 3%（2.3%）。2022 年，消费者价格指数（CPI）年均通胀率飙升至 5.3%，并在 2023 年上半年大幅回落至 1.2%。2023 年全

---

① 《中国驻柬经商处：2023 年上半年柬宏观经济形势及全年预测》，《柬华日报》，2023 年 10 月 20 日，https://mp.weixin.qq.com/s/XIq_InrL1S_rb67hMhBNdA.

② 《中国驻柬经商处：2023 年上半年柬宏观经济形势及全年预测》，《柬华日报》，2023 年 10 月 20 日，https://mp.weixin.qq.com/s/XIq_InrL1S_rb67hMhBNdA.

年，随着经济增长强劲，CPI 通胀率预计将下降至 2.3%，然后在 2024 年回升至 2.7%。[①]

柬埔寨皇家科学院经济学家洪万纳认为，近年来柬埔寨稳步上升的通货膨胀是由多种因素造成的，当前全球政治局势存在很多不确定因素，其中包括全球新冠疫情、俄罗斯与乌克兰战争推动经济制裁、切断全球供应链、汇率等等。

3. 对外贸易

由于作为柬埔寨主要出口市场的欧美市场需求下降，根据柬海关总署的最新统计，2023 年前 9 个月柬埔寨的对外贸易总额为 3516 亿美元，同比下降 3.5%。[②] 其中，出口额为 1694 亿美元，同比下降 0.8%；进口额下降了 5.9%，为 1821 亿美元。[③] 2023 年前 9 个月柬埔寨对美国的出口额约为 69 亿美元，同比下降 2.1%；从美国进口额为 1.8 亿美元，同比下降 27.8%。[④]

柬埔寨向区域全面经济伙伴关系协定（RCEP）成员国出口了价值 58 亿美元的商品，同比增长 23.59%；对 RCEP 成员国的进口额达 160 亿美元，同比下降 17.36%；同 RCEP 成员国之间的双边贸易额超 218 亿美元，同比下降 9.36%。[⑤]

2023 年前 9 个月柬埔寨对 RCEP 成员国的出口持续增长，柬埔寨与

---

① 《IMF 下调柬埔寨经济增长预期至 5.6%》，《柬中时报》，2023 年 10 月 19 日，https://cc-times.com/posts/22921.

② 《柬埔寨经济复苏持续巩固》，《经济日报》，2023 年 11 月 3 日，http://www.ce.cn/xwzx/gnsz/gdxw/202311/03/t20231103_38776440.shtml.

③ 《柬埔寨经济复苏持续巩固》，《经济日报》，2023 年 11 月 3 日，http://www.ce.cn/xwzx/gnsz/gdxw/202311/03/t20231103_38776440.shtml.

④ 《柬埔寨经济复苏持续巩固》，《经济日报》，2023 年 11 月 3 日，http://www.ce.cn/xwzx/gnsz/gdxw/202311/03/t20231103_38776440.shtml.

⑤ 《前 9 个月柬对 RCEP 国家出口额达 58 亿美元》，中国贸促 FTA，2023 年 10 月 31 日，https://mp.weixin.qq.com/s/cTxWQpYYj-LCzoSIJKBAkQ.

RCEP 成员国的贸易已占其贸易总额的 33%。^① 柬埔寨商业部的报告显示，柬埔寨在 RCEP 框架下的三大出口目的地分别为越南 20.4 亿美元，同比增长 30.68%；中国 10.6 亿美元，同比增长 18.27%；日本 8.8574 亿美元，同比下降 1.33%。同时，柬埔寨对中国的进口额为 80.4 亿美元，同比增长 1.77%；越南 27.3 亿美元，同比下降 10.99%；泰国 21.7 亿美元，同比下降 27.05%。^②

4. 外来投资情况

柬埔寨国家银行指出，2023 年上半年，柬吸引外国直接投资净流入为 22.43 亿美元。预计外国直接投资数量将继续增加，2023 年将占柬 GDP 的 11.8%，2024 年将占到柬埔寨 GDP 的 11.7%。柬埔寨发展理事会指出，2023 年前 9 个月，有 175 个工业投资项目获得批准，柬埔寨的工业领域投资保持增长，投资额达到了 18 亿美元。^③

5. 外债情况

根据柬埔寨财经部发布的报告，2023 年第一季度，柬埔寨公共债务总额为 102.7 亿美元，其中 99.59%（102.3 亿美元）为外债，0.41%（42.45 亿美元）为内债。在公共债务中，包括美元占比 43%、特别提款权（SDR）占 21%、人民币占 12%、日元占 11%、欧元占 7%，以及其他货币占 6%。报告显示，2023 年第一季度，柬埔寨王国政府与发展伙伴签署了总计 4.8831 亿美元的优惠贷款协议，相当于 3.6115 亿特别提款权（SDR），约占法律框架（17 亿 SDR）门槛的 21.24%。其中双边框架约占 38%，多边框架约占 66%。若与去年同比，2023 年第一季度新签订的优惠贷款协议增

---

①　《柬埔寨经济复苏持续巩固》，《经济日报》，2023 年 11 月 3 日，http://www.ce.cn/xwzx/gnsz/gdxw/202311/03/t20231103_38776440.shtml.

②　《前 9 个月柬对 RCEP 国家出口额达 58 亿美元》，中国贸促会，2023 年 10 月 31 日，https://mp.weixin.qq.com/s/cTxWQpYYj-LCzoSIJKBAkQ.

③　《柬埔寨经济复苏持续巩固》，经济日报，2023 年 11 月 3 日，http://www.ce.cn/xwzx/gnsz/gdxw/202311/03/t20231103_38776440.shtml.

长约54%。① 同时，财政部也指出尽管柬埔寨经济受到新冠疫情危机和其他外部因素的影响，但柬埔寨目前的公共债务状况仍被评估为可控，即保持"可持续"和"低风险"状态。

（二）部门经济

根据柬埔寨经济和财政部的报告数据，至2024年，工业、服务业和农业分别预计将增长8.5%、6.9%和1.1%。② 同时，2023年柬埔寨非服装制造业的出口成为拉动经济增长的主要动力。而柬埔寨旅游业的持续复苏为柬埔寨经济注入了强大的活力。

1. 农业

2023年上半年，全柬雨季稻种植面积199.9万公顷，较去年同期增加51.6公顷；玉米种植面积11.8万公顷，同比增加0.8万公顷；木薯种植面积50万公顷，同比增加0.5万公顷；红薯种植面积1400公顷，与去年同期持平；蔬菜种植面积2.2万公顷，同比减少0.5公顷；橡胶种植面积40.5万公顷，同比增长0.1%（其中可割胶面积31.5万公顷，同比增长1.7%），橡胶产量共13.88万吨，同比增长3%。渔业产量37.6万吨，较去年同期增长8.3%。柬埔寨稻米联盟报告显示，上半年柬埔寨共向52个国家和地区出口大米33万吨，出口额2.3亿美元。其中，向中国出口13.8万吨，占比42%，出口金额8896万美元。③

鉴于当前农作物行业的持续向好趋势，以及渔业的持续复苏，预计

---

① 《柬埔寨公共债务总额超100亿美元》，《柬华日报》，2023年6月15日，https://baijiahao. baidu. com/s？id=1768755925357838707&wfr=spider&for=pc.

② 《柬埔寨公共债务总额超100亿美元》，《柬华日报》，2023年6月15日，https://baijiahao. baidu. com/s？id=1768755925357838707&wfr=spider&for=pc.

③ 《中国驻柬经商处：2023年上半年柬宏观经济形势及全年预测》，《柬华日报》，2023年10月20日，https://mp. weixin. qq. com/s/XIq_InrL1S_rb67hMhBNdA.

2024 年农业将继续实现 1.1% 的良好增长，而 2023 年仅为 0.9%。① 柬埔寨超过半数人口依赖农业维生，农业的高效发展依托于提高农产品产量与质量，小额贷款机构对于帮助农民和推动柬埔寨农业领域发展具有重要性。但目前柬埔寨农业领域贷款占银行体系总贷款（约 583 亿美元）还不足一成。② 因此，柬埔寨政府将在"五角战略"中加强农产品加工、生态农业、农机、农技和人力资源等对外合作。柬埔寨农业部将制定新的农业社区政策，并编制充足的资源和资金，以增加柬埔寨农产品出口。

2. 旅游业

根据统计数据显示，2023 年前 8 个月，柬埔寨接待了来自外国的 350 万名游客，同比增长了 250%，泰国、越南、中国、老挝、美国、韩国、印度尼西亚、俄罗斯、法国和英国为十大外国游客来源地；本国游客增长了 62.5%，达到了 1238 万人次。③ 柬埔寨旅游部预测，柬埔寨 2023 年将接待 400 万名国际游客。④ 旅游业的快速增长将带动酒店、餐饮、批发零售和运输等相关服务行业的增长，预计柬埔寨的服务业在 2023 年将增长 8.1%。⑤

柬中共建"一带一路"标志性工程柬埔寨暹粒吴哥国际机场于 2023 年 10 月 16 日通航，并于 11 月 16 日正式通航。暹粒吴哥国际机场具备 4E 级机场等级，航站楼面积 8.18 万平方米、跑道长度 3600 米，年旅客吞吐量达

---

① 《柬政府预计明年经济增长率达 6.6%》，《柬华日报》，2023 年 10 月 29 日，https://mp.weixin.qq.com/s/V1RRn_wdB8LLRsvZdzCx2w.

② 《为什么柬农业占总贷款不足一成?》，凤凰农投，2023 年 11 月 1 日，https://mp.weixin.qq.com/s/MY3LLs1SytSKalkZ8yzgAA.

③ 《柬埔寨经济复苏持续巩固》，《经济日报》，2023 年 11 月 3 日，http://www.ce.cn/xwzx/gnsz/gdxw/202311/03/t20231103_38776440.shtml.

④ 《旅游部高官：柬埔寨今年预计接待游客约 400 万人次》，新鲜新闻网，2023 年 11 月 21 日，https://cn.freshnewsasia.com/index.php/en/19189-2023-04-04-08-35-11.html.

⑤ 《柬埔寨经济复苏持续巩固》，《经济日报》，2023 年 11 月 3 日，http://www.ce.cn/xwzx/gnsz/gdxw/202311/03/t20231103_38776440.shtml.

700 万人次，可满足主流大型宽体客机起降。① 作为大型国际机场，暹粒吴哥国际机场自通航运营以来，日均进出港航班 36.3 架次，国际航班日均 29.9 架次占比 82.44%，国内航班日均 6.4 架次占比 17.56%；截至 11 月 13 日，暹粒吴哥国际机场已通航 6 个国家 12 个城市，累计完成航班起降 1125 架次、旅客吞吐量为 95747 人次。② 洪玛奈首相表示，为了让暹粒能够接待更多游客，王国政府已经制定了多项计划来帮助旅行社。政府还考虑开通直飞其他国家潜在旅游目的地的航班，并扩大边境卡的使用范围，让游客不必使用护照也可以入境暹粒游玩。同时还宣布柬埔寨移民总局正在建立电子入境登记系统（E-Arrival），以更高效、更便捷地管理入境游客。

根据规划，暹粒吴哥国际机场年旅客吞吐量到 2030 年将增至 1000 万人次，到 2050 年再增至 2000 万人次。同时，货物吞吐能力也将逐步提升，初期为 1 万吨，到 2050 年将提高至 6 万吨。③

3. 建筑业

建筑业是柬埔寨经济增长的主要支柱之一，对柬 GDP 的贡献率约为 10%。④ 新冠疫情发生以来，柬埔寨建筑业的外来投资减少，导致建筑业处于低位增长的状态。

2023 年柬埔寨旅游业与城市化建设的复苏，有望带动建筑业回暖。根据柬埔寨建设部公布的《金边 2030 年房地产行业十大预测》，未来 10 年首都金边的城市化步伐将日益加快，届时金边人口将从目前的 200 多万增至 250 万，城市人口增加和家庭收入增长，将进一步扩大住宅和租赁市场的需

---

① 《新机场正式通航，暹粒"朋友圈"不断扩大!》，《柬华日报》，2023 年 11 月 16 日，https://mp.weixin.qq.com/s/q_rb7mPGMUbmirRxNclZww.

② 《新机场正式通航，暹粒"朋友圈"不断扩大!》，《柬华日报》，2023 年 11 月 16 日，https://mp.weixin.qq.com/s/q_rb7mPGMUbmirRxNclZww.

③ 《洪玛奈出席主持，暹粒吴哥国际机场正式通航》，《柬报》，2023 年 11 月 16 日，https://mp.weixin.qq.com/s/c6lELSwVf5yJyaxUvpHOYg.

④ 《柬埔寨打造建筑业"防波堤"》，《经济时报》，2023 年 2 月 1 日，http://paper.ce.cn/pc/content/202302/01/content_268038.html.

求，2030 年金边市场的公寓需求有望超过 30 万套。[①]

2023 年上半年，柬土地管理、城市规划和建设部共批准建设项目 1849 个，较去年同期减少 151 个；批准建筑面积 681.7 万平方米，投资额 27.6 亿美元，同比分别增长 1391.8% 和 128.7%。[②]

4. 纺织业

柬埔寨《2015—2025 工业发展计划》提出，到 2025 年服装加工业占 GDP 的比重由 15.5% 提高到 20%，并将发展纺织产业链上下游配套环节列为制造业重点发展方向之一。但由于纺织业高度依赖海外市场，加之近年来受到新冠病毒疫情、俄乌长期冲突、美国银行持续提高利率以及欧美市场订单数量减少等因素的影响，柬埔寨纺织业的出口数量持续低迷。柬埔寨海关总署的数据显示，2023 年第一季度，与纺织品相关的出口达到了 24.494 亿美元，较去年同期减少 7.056 亿美元，降幅达 22.4%。[③]

5. 工业

2023 年上半年，全柬注册登记的工业企业共 1997 家，同比增长 3.3%，其中新增小型企业和手工作坊 595 家，同比减少 5.7%；继续生产经营的小型企业和手工作坊 747 家。全柬纺织和制鞋产值 5.4 亿美元，较去年下半年减少 88.6%，较去年同期下降 89.6%。截至 6 月 30 日，全柬共有 1326 家制衣厂，创造近 100 万个就业岗位。[④]

6. 矿产能源

2018 年，柬埔寨通过了《国家矿产资源政策（2018—2028）》，以实

---

① 《柬埔寨打造建筑业"防波堤"》，《经济时报》，2023 年 2 月 1 日，http://paper. ce. cn/pc/content/202302/01/content_268038. html.

② 《中国驻柬经商处：2023 年上半年柬宏观经济形势及全年预测》，《柬华日报》，2023 年 10 月 20 日，https://mp. weixin. qq. com/s/XIq_InrL1S_rb67hMhBNdA.

③ 《柬埔寨的纺织业感受到了全球通货膨胀和经济衰退的影响》，RECP 中文网，2023 年 4 月 20 日，https://cn. rcepnews. com/2023/04/20/2423. html.

④ 《中国驻柬经商处：2023 年上半年柬宏观经济形势及全年预测》，《柬华日报》，2023 年 10 月 20 日，https://mp. weixin. qq. com/s/XIq_InrL1S_rb67hMhBNdA.

现矿产资源开发持续性的高质量发展。2023 年上半年，全国电力供应 81.1 亿千瓦·时，同比增长 10%。其中水电 24.4 亿千瓦·时，同比下降 24.4%，占电力供应的 30%；煤电 47.1 亿千瓦·时，同比增长 157.4%，占电力供应的 8.1%；太阳能供电 4.1 亿千瓦·时，同比增长 20.2%，占电力供应的 5.1%；从邻国进口电力 4.6 亿千瓦·时，同比下降 70.8%，占电力供应的 5.7%。

三、外交：中立多元外交赢得更多发展机遇

在正式上任首相前，洪玛奈曾在其社交媒体账户中提出，柬埔寨需要从多边机制的角度与所有国家交好。柬埔寨外交目的是拥有更多的朋友和更多的合作关系，并继续支持和加强多边主义，以维护国家利益。柬埔寨新一任政府将继续与邻国及其他国家本着互惠互利原则进行合作和解决问题，坚持"中立原则"，既不干涉他国内政，也反对他国干涉柬埔寨内政。东盟将是柬埔寨外交政策的重中之重，柬埔寨将致力于推动东盟共同体建设，进一步扩大与外部伙伴的关系，以维护地区和平、稳定与繁荣。

（一）柬中关系

2023 年是柬埔寨与中国建交 65 周年，两国的友好往来跨越历史长河，源远流长。2023 年也是"一带一路"倡议提出 10 周年，柬中之间的合作促进了两国之间的和平与繁荣。"一带一路"倡议促进了柬埔寨的发展，也丰富了两国与其他国家的合作领域，成为"一带一路"倡议合作的金色典范。

1. "钻石六边"开启中柬合作新时期

2023 年 2 月，洪森首相再度访华，柬中双方将从政治、产能、农业、能源、安全和人文六大领域入手，携手构建高质量、高水平、高标准的新时代中柬命运共同体，就打造"钻石六边"合作框架达成共识：

政治方面。双方同意发挥好两国政府间协调委员会作用，尽快商签新

的构建中柬命运共同体行动计划，统筹推进各领域务实合作。[①]

产能合作方面。重点打造"工业发展走廊"。目前柬政府正着力将西哈努克省打造成多功能经济示范区。中方愿为此提供助力，探讨打造以西哈努克省为中心的"工业发展走廊"，依托西港经济特区和金港高速等项目，鼓励更多中国企业赴西哈努克省投资，推进配套交通设施、电力光缆、仓储物流等合作。[②]

农业合作方面。农业合作，重点打造"鱼米走廊"，柬西北部和洞里萨湖区是柬重要粮仓和"鱼仓"，柬中双方将探讨打造以该地区为中心的"鱼米走廊"，发展临湖现代化生态农业，帮助柬加快实现农业现代化、增加农民收入、推动更多优质农产品输华。[③]

能源合作方面。目前中国在柬埔寨的电站装机容量占柬全国装机总量的七成，上网电量占八成。柬埔寨旱季电力短缺问题突出，中方将想方设法帮助柬方解决这一问题，目前双方正就有关项目进行沟通研究，为柬经济发展提供稳定可靠的电力来源。[④]

安全合作方面。双方同意加强两军各层级交往，加强军兵种交流和联演联训，坚定推进重大项目合作。[⑤]

人文交流合作方面。双方同意加强旅游、科技创新、教育、卫生等领域合作，开展文化遗产保护和修复工作。

---

① 《中华人民共和国政府和柬埔寨王国政府联合公报》，中华人民共和国中央人民政府，2023 年 9 月 16 日，https://www.gov.cn/yaowen/liebiao/202309/content_6904397.htm.

② 《中华人民共和国政府和柬埔寨王国政府联合公报》，中华人民共和国中央人民政府，2023 年 9 月 16 日，https://www.gov.cn/yaowen/liebiao/202309/content_6904397.htm.

③ 《中华人民共和国政府和柬埔寨王国政府联合公报》，中华人民共和国中央人民政府，2023 年 9 月 16 日，https://www.gov.cn/yaowen/liebiao/202309/content_6904397.htm.

④ 《中华人民共和国政府和柬埔寨王国政府联合公报》，中华人民共和国中央人民政府，2023 年 9 月 16 日，https://www.gov.cn/yaowen/liebiao/202309/content_6904397.htm.

⑤ 《中华人民共和国政府和柬埔寨王国政府联合公报》，中华人民共和国中央人民政府，2023 年 9 月 16 日，https://www.gov.cn/yaowen/liebiao/202309/content_6904397.htm.

2. 双边贸易再创佳绩

根据中国商务部最新数据显示，2022 年中柬贸易额达到 160.2 亿美元，同比增长 17.5%，再创历史新高，中国连续 11 年成为柬埔寨最大贸易伙伴。[①] 柬埔寨海关总署的报告显示，2023 前 10 个月，柬埔寨与中国双边贸易额超 100 亿美元，同比增长近 5%，其中中国对柬出口额占贸易总额近 90%；柬埔寨对中国出口额为 11.8 亿美元，同比增长 19.3%；进口额为 88.9 亿美元，同比增长 2.9%。[②]

在 RCEP 和中柬自贸协定的双重推动下，大量柬埔寨优质农产品出口至中国。2022 年，玉米、龙眼、巴沙鱼等 3 种柬农产品完成输华程序进入中国市场。龙眼成为第三个可以直接出口中国的生鲜水果。中国也成为柬埔寨大米、香蕉的最大出口目的国。目前中柬双方正抓紧推进柬埔寨胡椒、野生水产品、燕窝、椰子等输华工作。[③]

根据柬埔寨发展理事会的数据，2022 年，柬埔寨政府批准了 186 个新投资项目，协议投资额达 40.32 亿美元，其中中国在柬投资达 16.94 亿美元，占总投资额的 42%，中国是柬埔寨最大投资来源国。[④] 2023 年前 9 个月，中国企业在柬埔寨投资额超 28 亿美元，约占柬总投资额的 76%。较 2022 年同期增加约 3.06 亿美元。2023 年获批的重大投资项目之一是金边—巴域高速公路投资项目，投资额约为 14 亿美元。[⑤]

---

① 《中柬务实合作持续深化》，《人民日报》，2023 年 2 月 11 日，http://world. people. com. cn/n1/2023/0211/c1002-32621662. html.

② 《柬中贸易额已超 100 亿美元》，《柬华日报》，2023 年 11 月 14 日，https://mp. weixin. qq. com/s/RieIQcKjZ_EmOr-mbNxhegl.

③ 《柬中贸易额已超 100 亿美元》，《柬华日报》，2023 年 11 月 14 日，https://mp. weixin. qq. com/s/RieIQcKjZ_EmOr-mbNxhegl.

④ 《柬中贸易额已超 100 亿美元》，《柬华日报》，2023 年 11 月 14 日，https://mp. weixin. qq. com/s/RieIQcKjZ_EmOr-mbNxhegl.

⑤ 《今年前 9 个月，中国是柬埔寨第一大投资来源国，投资额约 28.6 亿美元》，新鲜新闻网，2023 年 11 月 23 日，https://cn. freshnewsasia. com/index. php/en/20995-2023-10-06-12-24-00. html.

3. 人文交流合作走深走实

教育合作方面。中国对柬埔寨的援助有力改善了柬埔寨教育基础设施的完善，为稳定培养人才奠定了基础。近年来，中国设立奖学金，吸引了诸多柬埔寨学子赴中学习，截至 2019 年，中国政府奖学金项目已累计接收到柬埔寨学生近 3000 人。中文纳入柬埔寨国民教育体系后，在柬国内掀起"汉语热"。柬埔寨孔子学院已从 1 个教学点发展到目前的 14 个教学点，覆盖柬埔寨各省，在校学生超过 1 万名。[①]

医疗合作方面。中国援建的柬埔寨考斯玛中柬友谊医院在 2022 年 3 月开设了柬埔寨首个中医门诊，截至目前门诊接诊量已经超过 16000 人次，义诊 6000 余人次；中医科复诊率从最初的 21% 上升至现今的 56%；柬籍患者占比由 15% 上升至 43%。[②]

旅游合作方面。根据柬埔寨旅游部数据，2013 年 1 月份抵达柬埔寨的中国游客人数为 2.5 万人，与 2022 年同期相比增长了 901%。[③] 新冠疫情前，中国是赴柬游客的最大来源国。2023 年，中华人民共和国国家主席习近平在会见洪玛奈首相时，也提出将鼓励更多中国游客赴柬旅游，洪玛奈首相也多次在公开场合呼吁欢迎中国游客赴柬旅游。中柬双方共同商定 2024 年为"中柬人文交流年"。

4. 军事执法合作稳步推进

军事合作方面。中柬"和平天使－2023"卫勤联合演习于 2023 年 9 月 21 日举行。本次演习根据"严重洪涝飓风灾害国际人道主义联合医学救援"为主题，以中柬两军卫勤分队在某假想国联合执行国际人道主义医学救援任务为背景，中柬两军参演部队组成联合救援力量，在受灾国救援指

---

① 唐琪：《六十五载相知相交，中柬情意长》，载《中国—东盟博览》2023 年 8 月刊，第 24 页。

② 唐琪：《六十五载相知相交，中柬情意长》，载《中国—东盟博览》2023 年 8 月刊，第 24 页。

③ 唐琪：《六十五载相知相交，中柬情意长》，载《中国—东盟博览》2023 年 8 月刊，第 24 页。

挥部统筹协调下，依托三级救援指挥体系和三级医疗救治阶梯，共同完成灾害现场搜救、伤病员中转救治、伤病员空运医疗后送、传染病防控等 7 个课目的实兵演习。[①] 双方出动兵力 700 余人，动用包括运-20 运输机、运-9 医疗救护飞机、消杀无人机、负压救护车、帐篷医院等各类装备设备 1000 多台套，是中柬两军在卫勤领域的一次深入合作和生动实践。[②] 中柬双方认为此次联合演习有效检验提升了两军卫勤协同行动和应急处置能力，是两军"钢铁兄弟"关系、中柬团结合作关系以及两国人民和睦友好的新起点。

执法合作方面。2022 年 6 月以来，我国最高法、最高检、公安部等有关部门联合部署开展"拔钉"行动，严厉打击惩处电信网络诈骗集团重大头目和骨干。中国公安机关与柬埔寨警方积极开展警务合作，成功抓获 9 名电信网络诈骗犯罪集团幕后组织者，查明涉案金额上亿元。另有 10 余名犯罪嫌疑人主动回国投案自首，目前已成功到案 24 名犯罪嫌疑人。[③]

6 月 26 日，中国公安部国际合作局副局长牛海峰率代表团会见柬埔寨国家警察总署副总监迪伟杰，柬中双方就这次会面商定了 5 项合作任务：按照两国部门规划内容，继续加强合作；赞赏和高度评价柬中双方执法合作取得的成果，并努力找到符合各自国家法律原则和规定的办法，解决行动中出现的任何挑战；通过柬中联合执法办公室联合参与打击犯罪合作，在深化合作、及时交换信息和尊重彼此主权的原则下，提高这项工作的有效性，并且双方研究了建立联合标准作业程序（SOP）的可能性；支持举办培训课程或讲习班，以提高执法人员的执法能力。同时，中方重申将根据实际情况，努力解决柬方的要求并提供支持，包括提供维护安全秩序的

---

① 《中柬"和平天使-2023"卫勤联演圆满结束》，国防部发布，2023 年 9 月 22 日，https://mp.weixin.qq.com/s/Mh4i7k3fkQiciWq5eqPbgg.

② 《中柬"和平天使-2023"卫勤联演圆满结束》，国防部发布，2023 年 9 月 22 日，https://mp.weixin.qq.com/s/Mh4i7k3fkQiciWq5eqPbgg.

③ 《中柬警方通力合作抓获 9 名诈骗集团幕后组织者》，中国公安部刑侦局，2023 年 1 月 11 日，https://mp.weixin.qq.com/s/KvfUW51uwzfiC6QNWU6ZPg.

装备、技术和服务；支持双方技术团队经常会面，讨论国家警察总部建设项目，加快建设进度。9 月 15 日，中国国家主席习近平在会见柬埔寨首相洪玛奈时表示，中方愿同柬方常态化开展执法安全合作，持续打击网络赌博、电信诈骗等跨境犯罪。习近平指出，不论国际和地区形势如何变化，中国始终是柬埔寨最可信赖的朋友、最为坚定的依靠。

（二）柬美关系

尽管在第七届大选结果公布后，美国表示对选举结果提出不公正的质疑，并对柬埔寨提出了相应的制裁。但如前所述，由于洪玛奈及大多数新一任柬埔寨政府内阁成员都接受过西方教育，诸多美西方媒体与学者都对柬埔寨政府将着力改善其与美西方国家关系的未来前景充满期待。

政府高层往来方面。2023 年 8 月 28 日，美国参议院拨款委员会代表团礼节性会见洪玛奈首相。对洪玛奈当选新任首相表示祝贺，并认为改善柬美关系将开启新篇章。洪玛奈提出，感谢美国政府与人民通过多党民主进程、人力资源培训、排雷以及为柬埔寨公共卫生和经济复苏等领域所提供广泛的支持和援助，为柬埔寨的建设和发展作出了贡献。柬埔寨持开放态度，始终欢迎所有改善柬美关系的倡议和合作。柬埔寨希望在相互尊重和互利共赢的基础上，与美国建立良好关系，期待的不仅仅是政治利益。美国驻柬埔寨大使墨菲大使和美国参议院拨款委员会代表团还敦促柬埔寨新政府重新开放独立媒体空间，确保所有柬埔寨人都能自由参与政治进程，并在民主和尊重人权方面取得更多进展，希望柬埔寨政府释放政治人物和活动人士，包括金速卡和美柬双重国籍的兴帖丽。但对部分领域的交谈，未能与洪玛奈达成共识。9 月 18—26 日，洪玛奈首相出席美国纽约第 78 届联合国大会期间，会见了美国副国务卿维多利亚·纽兰。纽兰提出，美国已决定恢复已被暂停 10 年的 1800 万美元援助项目。美方希望通过与柬埔寨的密切合作，进一步推动两国在各领域的友好关系及合作。双方还讨论接受遭遣返柬裔工作，纽兰希望柬方加快接收程序。洪玛奈表示，柬埔寨主管部门将检讨和加快相关程序，同时也要求美方重视待遣返柬裔的健康问题。22日，洪玛奈首相主持美国商会和柬埔寨商会主办的美国—柬埔寨商业论坛的开幕式时表示，美柬商业论坛体现了在相互尊重、互利共赢的基础上加强柬埔寨和美国双边关系的重要性，并表示希望美国投资者看到投资机会，更多地了解柬埔寨的经济潜力和投资机会。

经贸合作方面。根据柬埔寨海关总署的数据显示，2023年前9个月，柬埔寨和美国双边贸易额达70.78亿美元，其中柬埔寨对美国出口额68.97亿美元，美国约占柬埔寨出口总额的40%，较去年同期的70.46亿美元相比下降2.1%；进口额1.81亿美元，同比下降27.8%。① 柬埔寨对美国出口的增加表明两国贸易有所改善，美国仍然是柬埔寨最重要的出口市场。柬埔寨对美国的主要产品，包括服装、箱包、自行车等其他产品。柬埔寨从美国进口汽车、机械、化妆品、电器等商品。2023年11月，由柬埔寨商业部国务秘书、柬埔寨商会副主席、旅游部官员、西港旅游局官员和100多家企业代表组成的柬埔寨代表团抵达美国加州，拓展与美国企业在贸易与投资方面的合作。2023年11月25日，美国驻柬埔寨大使帕特里克墨菲向柬埔寨政府承诺，将继续向柬埔寨提供援助，支持柬埔寨就业、社会保障和职业培训领域。新任劳工部长兴索表示感谢美国通过相关机构过去对柬埔寨的援助，尤其是在就业、社会保障和职业培训领域等各方面。

执法合作方面。根据美国大使馆官网发布的消息，美国驻柬埔寨大使墨菲希望柬埔寨领导人采取更大的行动打击人口贩卖和网络诈骗活动。美国国务院监测和打击人口贩卖办公室高级代表辛迪戴尔访问柬埔寨时会见了柬埔寨打击人口贩卖委员会副主席朱文英等高级官员，双方就加强合作、打击人口贩卖等问题达成一致。朱文英表示，辛迪戴尔的到访显示美国与柬埔寨在打击人口贩卖方面的合作更进一步。柬埔寨设立了打击人口贩卖委员会，对人口贩卖问题非常重视，并对相关各方的合作持开放态度。美

---

① 《今年前9个月，柬埔寨对美国出口额近70亿美元！》，新鲜新闻网，2023年11月19日，https://cn.freshnewsasia.com/index.php/en/21029-2023-10-10-14-09-26.html.

柬双方表示将进一步加强合作，美方将为柬埔寨提供培训，以进一步有效打击犯罪和救助受害者。[①] 未来，柬美双方还将在打击人口贩运、消除对儿童性剥削以及严厉惩罚其他罪犯等方面开展合作。

（三）柬日关系

2023 年是柬埔寨与日本正式建交 70 周年，长期以来柬埔寨和日本之间形成了互惠互利的关系。70 周年之际，柬日双方关系将提升为全面战略伙伴关系，进一步加强和拓展两国的合作关系，涵盖政治、国防、贸易、投资、法律等领域。

政府高层往来方面。2023 年期间，洪森首相与日本首相岸田文雄已有 2 次互访、4 次会晤。两国领导人就双边关系达成共识，重申了全面战略伙伴关系。同年 9 月 7 日，新任首相洪玛奈在印度尼西亚共和国雅加达出席东盟峰会及相关会议期间会见了日本首相岸田文雄，双方同意进一步加强和扩大两国之间的合作，通过伙伴关系更加紧密地支持应对地区和全球形势。在 70 年的外交关系中，日本通过提供官方发展援助（RDA）以及一些日本非政府组织的活动，支持柬埔寨的社会经济工作。同时，柬埔寨支持日本在政治格局上的立场，最近作为东盟成员国第一个表示支持《亚太开放协定》。日本福岛核电站释放核电废水后，柬埔寨商务部宣布不限制日本水产品进口柬埔寨，此举受到日本政府的强烈赞赏。12 月新任首相洪玛奈将出访日本，其间日本将主办东盟—日本会议、日本—东盟友好 15 周年和柬埔寨—日本建交 70 周年等活动。

经贸合作方面。根据柬埔寨海关和税务部（GDCE）数据显示，2022 年柬日双边商品贸易额达 19.48 亿美元，同比增长 12.33%，其中柬埔寨出口占比 60.22%，同比下降 2.85 个百分点。日本是 2022 年柬埔寨商品的第四

---

① 《美国与柬埔寨讨论加强合作打击人口买卖》，今日柬闻，2023 年 11 月 19 日，https://mp.weixin.qq.com/s/P583t0mLCNZsUPZXMAvSPw.

大买家，占全球采购总额 224.83 亿美元的 5.22%。[①] 柬埔寨海关总署表示，2023 年前 3 个月，柬埔寨和日本之间的贸易额超过 4.56 亿美元，比去年同期下降了近 5%。[②] 近期，多家日本大企业在柬埔寨开业，并在 2023 年启动了多个大型投资项目，包括推出永旺梦乐城、相互旅游交流、派遣学生赴日留学等。

援助合作方面。2023 年 10 月 26 日，柬埔寨与日本代表共同签署一项协议，日本政府将为柬埔寨提供 13.38 亿日元（约合 970 万美元）的援助，旨在挂动全国永久性卫星站网的建设工程。这一合作项目不仅将为柬埔寨的土地登记相关行政服务提供强大的支持，而且还将为基础设施项目带来显著的贡献。[③]

执法合作方面。2023 年 9 月，柬埔寨执法部门在首都金边捣毁一个日本诈骗团伙，逮捕了 25 名日本人，牵涉的诈骗案件金额高达数亿日元，约合人民币数百万元。2023 年 4 月，日本警方派出 50 多名警力前来柬埔寨，将在西港从事诈骗的 19 名日本人押解回国。[④]

（四）柬埔寨与东盟国家关系

1. 柬印尼关系

柬埔寨和印尼达成共识，柬埔寨将从 2024 年起，以四年为期，每年向印尼出口 25 万吨大米。同时，印尼将通过农业肥料供应支持柬埔寨的粮食安全。11 月 2 日，柬埔寨出口印尼的首批 3500 吨大米正式运抵印尼港口。

[①] 《柬日双边贸易额达 19.48 亿美元》，《财经时报》，2023 年 1 月 18 日，https://businesstimescn.com/articles/600758.html.

[②] 《柬埔寨商务部推动东盟—日本经济关系发展》，RCEP 中文网，2023 年 4 月 24 日，https://cn.rcepnews.com/2023/04/24/2514.html.

[③] 《日本向柬埔寨提供 900 万美元的赠款以支持土地领域》，《柬报》，2023 年 10 月 26 日，https://mp.weixin.qq.com/s/NhRRUXTcru5RtynMuURb5w.

[④] 《日本警方押送在金边被抓的 20 名涉嫌电信诈骗的嫌疑人回国》，今日金边，2023 年 11 月 9 日，https://mp.weixin.qq.com/s/hn9eTwr6Huvkbdfs4TERUg.

据柬埔寨稻米联盟主席詹速康表示，柬埔寨将继续向印尼运送 2 趟，共计 1 万吨大米。他说，柬埔寨与印尼此前签订的大米采购协议总额为 650 万美元，共计向印尼运送 3 趟，第一趟目前已顺利运抵。[①]

2. 柬泰关系

新任泰国总理赛塔与新任柬埔寨首相洪玛奈于 2023 年 8 月 22 日同一日出任国家领导人。9 月 28 日，泰国总理赛塔访问柬埔寨，这是赛塔出任总理以来访问的第一个东盟国家。柬泰双方宣布加强战略伙伴关系，认为两国之间有着强大的发展联盟，包括教育、人力资源开发和可持续发展等方面。柬泰将密切合作，帮助彼此关注可能在公众中造成误解的假新闻，必要时及时采取预防措施。泰国认同柬埔寨劳工为泰国经济发展作出的贡献，并承诺将保障柬籍劳工的劳动权益。

经贸合作方面。根据柬埔寨海关总署发布报告，2023 年前 9 个月，柬泰双边贸易额达 28 亿美元，同比下降近 18%。[②] 柬埔寨向泰国出口总额达 6.52 亿美元，同比下降 0.5%；从泰国进口总额达 21.7 亿美元，同比下降 22%。[③] 泰国是柬埔寨第四大贸易伙伴。柬埔寨向泰国出口的产品有玉米、大豆、木薯等，从泰国进口的产品有食品、饮料、啤酒、药品、汽车、电子产品、化肥、农业机械和化妆品等。[④] 赛塔总理访柬期间，柬泰两国领导人随后讨论了经济合作的各项重要问题。两国领导人同意进一步推动贸易、旅游、投资、边境地区发展、新经济部门等领域合作，特别是通过共同促进和增加贸易量，到 2025 年实现贸易额达 150 亿美元的目标。包括通过加

---

① 《首批 3500 吨柬大米运抵印尼》，《柬华日报》，2023 年 11 月 2 日，https://mp. weixin. qq. com/s/0S9rBHZ-OjzuuIPqp-tLyQ.

② 《前 9 月柬泰贸易额达 28 亿美元》，柬埔寨华人服务中心，2023 年 11 月 10 日，ht-tps://mp. weixin. qq. com/s/4TJD_T_BpKfBH4ZRdGtXLQ.

③ 《前 9 月柬泰贸易额达 28 亿美元》，柬埔寨华人服务中心，2023 年 11 月 10 日，ht-tps://mp. weixin. qq. com/s/4TJD_T_BpKfBH4ZRdGtXLQ.

④ 《前 9 月柬泰贸易额达 28 亿美元》，柬埔寨华人服务中心，2023 年 11 月 10 日，ht-tps://mp. weixin. qq. com/s/4TJD_T_BpKfBH4ZRdGtXLQ.

快 Ban Nong Ian－Stung Bot 友谊大桥的开通来推动跨境运输、商业网络，升级边境口岸，携手推进数字经济和绿色经济。[①]

旅游合作方面。2023 年上半年，柬埔寨共接待了 144284 名来自泰国的游客，比 2022 年同期的 65545 名游客增长了 121%。赛塔总理提出泰柬两国要促进旅游业，加强医疗健康旅游合作。赛塔总理向柬埔寨政府提出允许临时边境通行证的请求，希望推动边境旅游业的发展。此外，柬泰两国还将加强两国之间自驾车游客的推广，以增加游客数量。

安全合作方面。赛塔总理建议柬埔寨举办下一届联合边境委员会（JBC）会议，以推进边境口岸升级工作，扩大边境贸易额。此外两国为了人民群众的生命安全，应加快清除边境地区的地雷，为边境地区经济发展铺平道路。泰国提出支持柬泰各级尤其是边境地区的安全机构进行定期互访，强调密切配合，共同打击电信诈骗犯罪团伙。

3. 柬越关系

政府高层往来方面。2023 年 10 月 18 日，柬埔寨首相洪玛奈在北京会见了越南国家主席武文赏。双方表示，柬越两国在各领域的合作持续取得新进展，双边贸易额和游客人数稳步上升，防务和人力资源培训领域的合作也相当活跃。洪玛奈提出，希望越方能加快相关协议的签署，进一步推动柬越两国高速公路的连接，为柬埔寨的贸易和旅游业发展铺平道路。柬越两国将保持密切的关系与合作，以共同推动两国和两国人民的福祉。柬越两国领导人对双方各领域合作所取得的进展给予了高度评价，特别关注国防、安全、贸易、投资、教育、旅游和民间交流等领域的合作成果。越方还邀请柬埔寨国王、洪森亲王及洪玛奈首相本人访问越南。

经贸合作方面。近年来，柬泰两国之间贸易规模持续增长，其中 2010—2015 年平均年增 18.5%，2015—2020 年平均年增超 21%。2023 年前 5 月，越南成为柬埔寨在东盟 10 国中最大的贸易伙伴，两国双边贸易额占

[①] 《泰国总理赛塔正式访问柬埔寨 双方达成实现贸易额 150 亿美元目标》，《星暹日报》，2023 年 9 月 28 日，https://mp.weixin.qq.com/s/KKKnu_5SL9uoYHzPw7dicg.

柬埔寨与本地区其他国家贸易总额的近 50%。[①] 2023 年 10 月 26 日，柬越联合举行了"2023 年促进越南与柬埔寨贸易合作与对接"会议，为越南和柬埔寨企业会面和交流创造机会。双方还分享了柬埔寨市场投资和商业活动中遇到的困难和挑战，并提出了为越南和柬埔寨的贸易和投资，特别是两国边境地区的贸易活动创造有利条件的解决方案，以促进越南和柬埔寨的社会和经济发展。

四、社会秩序

2023 年，柬埔寨顺利完成大选，新一届政府在延续上届政府的民生政策的基础上，也提出了新的民生发展政策，将继续加强整个民族的团结，努力落实已经向人民承诺的政治目标，以回馈人民对柬埔寨人民党的信任。

（一）新任政府民生发展政策

柬埔寨新任首相洪玛奈正式上任后承诺，一定不负众望成功领导柬埔寨，确保国家和平稳定、人民福祉得到绝对保障。柬埔寨第七届政府将实施五项政策以保障民生发展：

一是确保和平稳定、人民福祉得到绝对保障；以及保护独立、主权和领土完整，使之不受任何人侵犯或破坏。

二是保障经济社会各方面发展公共服务得到加强；加强稳定的宏观经济环境，使其能够抵御危机，同时支持可持续、包容的高增长；继续优先考虑人力资本投资，特别是通过教育和卫生部门的改革；促进和增加公共和私营部门对必要的软硬件基础设施的投资，这将有助于吸引和支持更多的经济活动，同时满足人民的需求；注重发展非正规经济，形成有利于中小微企业、初创企业成长的环境；促进公私伙伴关系；深化和增强金融韧

---

① 《越南经贸信息拾零》（第 11 期），中国驻胡志明市总领事馆，2023 年 7 月 19 日，https://mp.weixin.qq.com/s/64eLjVqOEOuiEmxmRaZTWw.

性，扩大金融包容性，旨在通过完善融资框架和机制以及金融产品和服务多元化来促进经济活动和投资；推动社会经济发展等数字化转型。

三是通过为青年提供高质量的教育、职业培训和就业机会，确保改善民生；帮助农民扩大生产，寻找市场，以合理的价格出售农产品；继续提高最低工资和其他福利，更好地改善工作条件和职业保护；继续提高所有公务员、退休人员和退伍军人的最低工资和养老金，并制定更加高效和全面的公共部门工资和激励制度。

四是确保现在和未来的社会保障和民生稳定，发展和加强社会保障体系，包括有效和可持续的社会救助和社会保障体系，以保护所有人，特别是贫困家庭、弱势群体和高危人群家庭免受危机和紧急情况的影响，不让任何人"掉队"。

五是确保更加关注可持续社会经济发展，通过充分利用人口红利来增强应对气候变化的能力和加强柬埔寨的人口复原力；促进性别平等；可持续地管理自然资源；增加可持续性和促进绿色投资和经济的融资；促进气候适应能力。

（二）致力于在2025年实现零饥饿目标

副首相兼财经部长翁本莫尼洛出席"柬埔寨粮食储备系统"论坛时指出，王国政府推出一系列政策，包括大米出口和稻米生产推动政策、国家农业发展政策（2022—2030年）、国家粮食安全和营养战略等，旨在提高农业生产力和多样化，以及加强粮食安全保障，进而迅速减少贫困率。王国政府致力改革柬埔寨农业领域，以确保和改善全国的粮食安全，并促进农产品向国际市场出口。同时，翁本莫尼洛宣布正式使用《柬埔寨粮食储备系统的通用程序》，该程序是国家战略储备粮食委员会秘书处与国家次级部门，以及相关单位之间在实施、协作和协调工作的重要路线图。

（三）柬国内毒品问题日益严峻

2022年柬埔寨当局共打击6390宗毒品案件，比2021年增长了1.3%；

缴获毒品 14.92 吨，增长了 218.14%。2023 年前 5 个月，当局共打击 3143 宗毒品案件，缴获 838.78 公斤毒品，逮捕 7480 名嫌犯，其中 478 人为女性。苏庆副首相称，柬埔寨面临的毒品问题日益严峻，包括外国贩毒集团利用柬埔寨作为炼毒中心或中转站，以及国内毒品案件显著增加。外国贩毒集团以生产"化学肥料"名义，分批进口不同的化学原料，在柬埔寨进行大规模炼毒活动事件，这对柬埔寨和区域构成新的毒品威胁。苏庆副首相提出有关当局需加强易制毒化学品的管理工作，包括严格登记和检查所有化学品的进出数量和存放地点，以防被用来提炼毒品。

（四）为持有贫困卡的工人提供津贴

柬埔寨国家职业技能培训课程于 2023 年 11 月 14 日启动，培训领域包括 10 个领域，覆盖建筑、电力、电子、通用机械、旅游、服务、农业、工农业、商业和信息技术等 38 种技能课程，为全国约 150 万名贫困和弱势家庭青年提供免费的职业培训。洪玛奈首相在干拉省慰问近 2 万名工人时宣布，若是持有贫困卡的全日制学生每月将获得 28 万柬币的津贴。[①] 柬埔寨政府已准备好将数千万美元的国家预算投入到这项造福民生的项目中。与此同时，洪玛奈首相还敦促劳工部继续向各省市推广这项职业技能培训，并为想要报名的民众准备最佳的报名手续。

（五）继续上调工人最低工资

为制衣工人持续上调最低工资加薪，一直以来是人民党推出的社会福利政策。2023 年 9 月 28 日，洪玛奈首相宣布 2024 年柬埔寨制衣、制鞋和箱包业工人最低工资正式敲定，从 2023 年的 200 美元上涨到 204 美元。

---

① 《政府将推出职业培训，重点关注十大领域！》，《柬华日报》，2023 年 11 月 2 日，https://mp.weixin.qq.com/s/84kxvPiR_uSl0s9fevsffQ。

五、2024 年展望

政治方面，尽管新一届政府的国家发展战略将在原先"四角战略"的基础上升级为"五角战略"，由于行政权力的交替和伴随的内阁成员更迭，让年轻的政治精英将走上柬埔寨国家治理前台，但目前柬埔寨新一代领导集体的施政方针在短期内不会发生重大调整，将总体呈现延续性与创新性并存的特征。

经济方面，根据《柬埔寨政府编制财政预算战略计划（2024—2026年）》，政府将在 2024 年实行"紧缩性财政"政策。2024 年柬政府将加大对新经济成长要素的投资，提高生产力和公务员能力建设，包括为公务员加薪以鼓励提高行政效率。根据计划，2024 年政府总收入将占 GDP 的 23.07%，其中经常项收入占 GDP 的 22.33%，较 2023 年预算增长 13.3%。2024 年政府总支出将占 GDP 的 26.29%，比 2023 年预算总支出占 GDP 的 30.49%，下降了 4.2%。[1] 2024 年，柬埔寨经济增长率将达 6.6%；GDP 将达到 351.7 亿美元，人均 GDP 将从 2023 年的 1917 美元增至 2071 美元。[2]

对外关系方面，在当前俄乌冲突、巴以冲突，现有国际关系体系日益失衡的背景下，柬埔寨将继续坚持多边中立外交政策，在夯实共筑中柬共同体的同时，也与西方国家保持了积极外交关系。洪玛奈及其新内阁将着力于改善与西方国家关系，以符合一定的国际期待。同时，柬埔寨必然将继续坚持"中立政策"与实用主义政策，以保障国家利益最大化，最大程度保障国家安全。

社会秩序方面，2024 年是柬埔寨新任政府五年任期的开局之年，也是柬埔寨新政府宣布实施"五角战略"的第一阶段计划的首年。但受制于全

---

① 《柬埔寨政府降低预算赤字 明年实行财政紧缩》，《柬中时报》，2023 年 7 月 1 日，https://cc-times.com/posts/21890.

② 《柬埔寨经济复苏持续巩固》，《经济日报》，2023 年 11 月 3 日，http://www.ce.cn/xwzx/gnsz/gdxw/202311/03/t20231103_38776440.shtml.

球经济形势的影响，柬埔寨支柱性产业旅游业、建筑业、纺织业增长缓慢。同时，由于国内通货膨胀上升，外债规模继续扩大，将严峻考验柬埔寨新任政府的执政能力，如何将"五角战略"中的诸多规划落实，推动国家全面复苏，成为柬埔寨政府未来执政面临的重点与难点问题。

［宫珏，云南省社会科学院、中国（昆明）南亚东南亚研究院东南亚研究所副研究员］

新加坡：执政党连任受挑战
经济缓慢恢复　持续平衡外交

马腾飞

年内新加坡人民行动党在总统选举中保持优势，前副总理尚达曼当选为第九任总统。有惊无险的总统选举进一步暴露出新加坡民众求变的心态。这主要源于，近年来人民行动党的丑闻在增加。这让反对党也能吸引到更多人才。政府的社会政策有所调整，但仍未偏离精英管理模式。经济方面仍处于增长率为 0.5% 的低速恢复期，但投资的吸引力依然不减。对外关系方面，持续在中美之间寻求平衡，并推进与周边国家关系，保障国内稳定的发展环境。

一、政治与社会发展：稳中有变

新加坡有着丰富的历史，在 1965 年获得独立之前，它曾是英国的殖民地，长达 144 年。法律体系以英国普通法体系为基础，政府遵循威斯敏斯特体系，分为三个部门：立法部门（总统和议会），行政部门（内阁，执政党和首相）和司法部门。多年来，新加坡一直由人民行动党（PAP）执政，它为公民的生活水平带来了许多改善。然而，近年来，随着非华人（印度人和马来人）在人口中所占比例的增加，人民行动党的影响力有所下降，人们批评人民行动党家长式的管理方式及其对反对党发展的限制。此外，由于与政府有关联的公司涉及多个行业，因此也有人担心立法的中立性会受到影响。

（一）政府政策倾向不会偏离精英管理模式

新加坡的政治格局和政策演变将围绕几个重要领域展开。预计在未来五年内可能发生的领导层换届是一个主要焦点。与此同时，可以期待新总理推出"新加坡前进演习"，这一举措引起了相当大的兴趣。劳动、移民、民心等政策的变化也将起到重要作用。政府正调整在这些领域的立场，以适应国内外不断变化的形势。

在政策制定方面，新加坡政府集中精力提高公民的生活质量。在 2 月份的预算讨论中，新加坡政府宣布承诺拨出更多资金，以减轻生活成本负担，并加强新加坡中低收入居民的社会安全保障。新加坡将适度转向资源再分配，但新加坡不会偏离其精英管理的方式，成为一个全面的福利国家。这一变化可能会增加雇主和富裕个人的纳税义务和对中央公积金（一项强制性养老金储蓄计划）的强制性缴款，从而对雇主和富裕个人产生轻微影响。

此外，议会还讨论研究了稳定房地产市场和提高住房负担能力的策略。政府公布的措施包括提高买家印花税，以及在建屋发展局下为转售单位提供补贴，以减少房屋开支和轮候时间。同时，2023 年房地产价格和租金的迅速上涨可能会激起公众的不满情绪，并提高雇用外国人的成本，这反过来会对新加坡企业的增长战略产生负面影响。

公众越来越担心，大量外国劳动力可能会占据原本可以由新加坡人填补的工作岗位。为此，政府一再提高就业准证的最低月薪要求，从 2020 年初的 3600 新元（2650 美元），到 2022 年 9 月提高到 5000 新元。不过，新加坡政府还推出了一项灵活的工作签证，旨在吸引一流人才，尤其是科技领域的人才。该准证要求最低年薪为 3 万新元，或取得同等重大成就。此外，还引入了适应性强的外国人才政策，允许具有战略重要性或成长型企业雇用更多中级技能的 S-Pass 持有人，以在一定程度上缓解劳动力短缺。然而，这些努力并不意味着外籍劳工法规的大幅放松。与这些变化有关的高成本和不确定性可能使跨国公司不愿雇用外国雇员担任某些高技能职位。

（二）下届大选前的变化

在 2021 年的新加坡大选中，人民行动党（PAP）赢得了 93 个席位中的 83 个，保持了对权力的强大控制，并确保了绝对多数。工人党获得了剩下的 10 个席位，这是自 1968 年以来反对党议员获得的最多席位。人民行动党在普选中的得票率也从五年前的近 70% 降至 61.2%，接近该党 2011 年 60% 的历史低点。这次选举的投票率接近 96%。新加坡总理李显龙承认支持率下降，并将其归因于民众在新冠肺炎危机期间感受到的不确定性和痛苦。选举是在大流行期间举行的，选举日报告了 191 例新病例。

黄循财于 2022 年 6 月被任命为人民行动党第四代领导人和副总理。这巩固了他作为李显龙之后的下一任总理的地位。陈振声和戴斯蒙德·李被任命为助理秘书长，这表明副总理人选尚未确定。考虑到戴斯蒙德·李的年龄较小，而陈振声的支持率正在下降，预计他将被任命为副总理。

即将到来的大选原定于 2025 年 11 月举行，预计将在 2024 年"前进新加坡"演习完成后举行。这一倡议主要由黄志光牵头，旨在满足新加坡公民不断变化的需求。虽然预计李显龙将领导人民行动党参加选举，但投票的主要目的将是衡量黄循财的受欢迎程度和合法性。分析表明，人民行动党的胜利将是决定性的，足以促进黄循财在随后的议会任期早期顺利过渡到总理的角色。然而，一个潜在的陷阱是存在的：如果人民行动党在普选中的份额降到 60% 以下，这可能会破坏过渡时期的稳定，并使黄循财的候选人资格处于危险之中。

至于工人党（WP），它有望在下次选举中保住其在议会中的地位。其他反对党，如新加坡进步党和新加坡民主党，可能会有很小的机会通过较小的单一席位选区进入国会，在这些选区，人民行动党提名不太知名的候选人，或者被任命为非选区的国会议员。然而，在不久的将来，反对党不太可能威胁到人民行动党绝对多数的地位。

（三）总统选举反映出民众的求变之心

新加坡的总统在很大程度上是一个礼仪性的角色，但被认为是对政府的一种制衡，比如批准反腐败调查和否决某些决定的能力。执政 60 多年的执政党正因一连串不同寻常的政治丑闻而摇摇欲坠。投票之际，一名高级政府部长正在接受该国反贪机构的调查，两名高级议员因婚外情辞职。

新加坡这个城市国家的政府由现任总理李显龙管理，他是人民行动党（PAP）的成员，人民行动党自 1959 年以来一直统治着新加坡。前副总理尚达曼被认为是这次总统选举中人民行动党首选的候选人，他被认为是领先者。这将是十多年来首次有争议的总统选举。

然而，谢里丹高等学院政治与传播学教授特伦斯·李表示，他认为许多选民也会利用这次选举向执政党传达不满的信息。他说，"人们对政治环境有了更多的认识，需要给人民行动党一些平衡。"他补充说，在 2023 的选举之前，有人讨论过把破坏选票作为抗议的一种形式，他说，这种情况在以前的选举中没有如此公开地发生过。目前还不清楚到底有多少人会真正作废选票。在新加坡，投票是强制性的。

选举过程包括一个严格的审查阶段，批评人士说，这意味着候选人不能代表公众。对于来自私营部门的候选人，有各种要求，包括必须曾担任一家平均至少拥有 5 亿新元（合 3.7 亿美元）股东权益的公司的首席执行官。例如，那些来自公共部门的人必须担任过高级公务员职位。南洋理工大学副讲师、政治分析师 Felix Tan 表示："有很多人认为，这次总统选举基本上只偏袒体制内人士，不欢迎不属于体制内的人。"

尚达曼的竞争对手是主权财富基金新加坡政府投资公司（GIC）前首席投资官、75 岁的黄国松和保险公司全国职工大会收入（NTUC Income）前首席执行官、75 岁的陈建联。陈建联被许多人视为最独立的候选人，并得到了几位反对派领导人的支持。但他过去在社交媒体上的评论也受到了批评，包括经常发一些被他形容为"漂亮女孩"的帖子。2021 年的一篇帖子中，有一张女性穿短裤的特写照片。此后，他向那些看到他的评论或女性照片后"觉得不舒服"的女性道歉。新加坡国立大学讲师丽贝卡·格蕾丝·谭表示，有很多因素会影响人们如何使用他们的选票，包括他们对总统职位本身的不同理解。一些人认为这个角色可以更积极，而另一些人则认为它主要是仪式性的。她说，尚达曼被认为有能力，而且支持率很高。"在一个重视经验的国家，人们很难不投票给这位候选人，我们重视对能力的看法，对优雅和表达能力的看法，特别是因为总统是作为国家的代表出现的。"

8 月底，副总理尚达曼当选为新加坡第九任总统。但其中波折已尽显民间对政府心态的变化。

（四）人民行动党的合法性受到挑战

自 1965 年新加坡独立以来，人民行动党（PAP）一直主导着新加坡的政治。由已故的李光耀（新加坡国父和资深政治家）共同创立，目前由他的儿子李显龙总理领导，人民行动党赢得了该国举行的每一次选举，尽管处在一个被自由之家（Freedom House）称为"部分自由"的政治环境中。尽管政治评论者们认为新加坡的选举环境受到限制，但人民行动党长期以来一直享有真正和重要的民众合法性，因为人民行动党在将新加坡发展成为全球金融中心方面取得了巨大成就，并在地区事务中发出了受尊重的声音。当然，人民行动党因创建了一种强调精英管理、具有前瞻性的官僚机构和法治的全国性社会契约而赢得赞誉，这种契约以社会公平感为基础。公平地说，尽管华人、马来人和印度人之间一直存在着明显的收入不平等。这种公平和任人唯贤的感觉还是渗透到了这个岛国。

此外，人民行动党还实现了新加坡经济的持续高速增长，带领新加坡度过了不同的发展阶段，并使这个城市国家在增值链上不断攀升。与此同时，人民行动党吸引了岛上一些最聪明、最有能力的人，并给了他们在官僚机构和政府内部独立思考的空间。然后，在选举来临之际，该党利用自己的才能控制了少数几个弱小的反对党。

但现在，新加坡的社会契约似乎日益瓦解。人民行动党正在与腐败丑闻作斗争，并努力寻找同等水平的人才来填补其队伍空缺。与此同时，李氏家族内部正处于战争之中，据报道，官僚机构正在失去提出突破性想法的能力。最重要的是，人民行动党现在在投票箱上面临着有优势的挑战者。

人民行动党的麻烦始于 2023 年 7 月初，当时专门打击腐败的特别警察部队在一次贪污调查中逮捕了交通部长易华仁。与此同时，它逮捕了马来西亚亿万富翁王明成，对他与易华仁的交易进行了讯问。在他们被捕前不久，法律和内政部部长尚穆根和外交部部长维文因购买名贵房产的价格受到了公众的严格审查，但一项审查证明他们没有不当行为。7 月下旬，国会议长谭传晋被曝与另一名国会议员、人民行动党成员程李辉有染，迫使两人双双从国会和党中辞职。

这些丑闻可能无法与其他一些国家的丑闻相提并论。就这一点而言，反对党劳动党（Workers Party）的两名高层成员最近也在承认有不正当关系后辞职。但那次事件受到的关注较少，因为工人党并没有把正直作为其身份的核心。人民行动党已经这样做了，这放大了最近曝光的事件对该党造成的损害。基本上由国家控制的国家广播机构《海峡时报》的亚洲新闻频道称，这些丑闻的后果是"近年来最严重的公众信心危机"。《海峡时报》刊登了一篇专栏文章，标题是《人民行动党品牌陷入困境了吗?》。这种对执政党的报道在过去几乎从未在这些媒体上出现过，这表明这些丑闻对新加坡公众来说是多么令人震惊。在 8 月初的一次演讲中，李显龙总理自己也承认，人民行动党"受到了打击"，因为人民行动党一直把廉洁作为其政治形象的核心。

与此同时，一直是这个城市国家的黏合剂的李氏家族卷入了一场旷日持久、日益激烈的争吵，可能会对其声誉造成持久的损害。争议的焦点是如何处理家族元老李光耀的房子。据说李光耀希望在他死后将其拆除，这样它就不会成为一个永恒的标志，但政府希望将其作为新加坡国父的纪念碑保留下来。这场纠纷导致警方对李显龙的弟弟和弟媳展开调查，他们涉嫌在李光耀的遗嘱问题上撒谎，想要摧毁这座房子。这对夫妇随后逃亡，声称他们无法在这个城邦得到公平的审判。

（五）民众对人民行动党的不满在累积

在许多新加坡人看来，新加坡的公平感和标准感日益恶化的不仅仅是政治领域。收入不平等也成为人们关注的焦点。2023年早些时候，在一起备受瞩目的网络事件中，一位中产阶级女性在社交媒体上发布了一条帖子，称赞她购买的一个价格适中的手袋是一件"奢侈品"，结果却遭到了更富裕的新加坡人的嘲笑，他们显然买得起更昂贵的时尚配饰。通货膨胀也使新加坡人的工资下降，而穷人和中产阶级受到的影响更大。而这一切都发生在一个被评为世界上生活成本最高的城市之一的城市。

更重要的是，正如法拉·斯托克曼在《纽约时报》上指出的那样，以公正著称的新加坡司法机构，至少在非政治性案件中是这样，最近似乎对富人和工人阶级持有不同的标准。斯托克曼指出，在一个案例中，一个集装箱堆场的叉车操作员被判入狱两个月，原因是在两年的时间里，他每人收受贿赂1美元，每天收受贿赂约7—10美元，在这个计划中，卡车司机可以跳到队伍的最前面装卸货物。与此同时，据该国司法部称，新加坡吉宝集团（keppel）的高管们支付了数百万美元的贿赂，但受到了"严厉警告"。新加坡司法官员表示，他们没有足够有力的证据起诉吉宝高管，无法将其送上法庭。

这些问题可能会导致新加坡人，尤其是那些对政府持怀疑态度的年轻人，对现在领导和服务人民行动党和官僚机构的人的素质产生怀疑——这与过去相去甚远。在过去，人民行动党和官僚机构都被认为具有令人印象深刻的效率和廉洁的治理。更重要的是，这些担忧出现在新加坡面临挑战的时刻：人口老龄化、在东南亚平衡美中竞争加剧的挑战、产业政策的兴起和全球自由贸易的衰落，这些都危及新加坡的长期经济健康。

失去廉洁治理和高效的声誉可能会严重损害新加坡在国内和全球的形

象，加剧日益严峻的经济挑战。正如斯托克曼所指出的那样，过去鼓励参与内部辩论的新加坡官僚机构，在新加坡迫切需要新想法来提振经济，并像过去那样再次重塑自我的时候，已经变得更加专制和古板。

随着 2025 年大选的到来，李显龙总理重申了他辞职的意图，他的继任者将是现任财政部部长兼副总理黄循财。但是李显龙一直没有明确他辞职的确切时间。有人可能会认为，李显龙会在选举前下台，让黄循财有时间在投票前树立自己的声誉。但李显龙仍然是总理，他甚至暗示他可能在下次竞选中领导人民行动党。尽管他最初在 2017 年宣布，他将任命一位继任者，并在几年内卸任。

李显龙的犹豫并不是对黄循财的信任出现问题。新加坡问题专家迈克尔·巴尔认为，黄循财得到总理一职的部分原因是他对总理的极度忠诚。巴尔进一步指出，黄循财虽然是一位非常能干的行政人员，但还没有表现出作为政治领袖的能力。而且，他是在李显龙最初提名的副总理王瑞杰两年前退出竞选后才被选为接班人的。

20 年前，对人民行动党不满的新加坡人对此无能为力，因为当时执政党没有反对派。但是现在这个国家有了一个真正的政治反对派，即工人党和其他几个反对党，选民们也朝着他们的方向前进。在 2020 年的最近一次选举中，人民行动党赢得了大约 60% 的选票，虽然很高，但比以前的选举要低很多，反对派也变得更加有组织和团结。

（六）投资与经营成本的上升影响新加坡的吸引力

新加坡作为一个领先的商业中心继续闪耀着光芒，确保了其作为最佳商业场所之一的地位。其强大的政治稳定性和效率使其在亚太地区领先于最接近的竞争对手香港。在一系列自由贸易、投资和数字经济协议的刺激下，该国的高人均 GDP 和预期的强劲贸易增长将推动东南亚及其他地区的市场机会。

新加坡以其对外国投资和贸易的欢迎政策以及最先进的技术基础设施

而闻名。政府积极培育科技初创企业的发展，并率先将高科技解决方案融入公共服务，进一步巩固了香港在全球领先的营商环境中的地位。新加坡的财政政策也着眼于促进商业发展。虽然税收框架预计将保持稳定，但预计将出现重大变化。在未来几年，通过增加间接税和提高高收入个人和奢侈品消费者所面临的税收，预计收入基础将扩大。这一时期的后半段将见证碳税的大幅增加。

然而，新加坡在一些领域面临挑战。随着写字楼租金的上涨，在该国投资和经营的成本预计将增加，这将略微削弱其基础设施的吸引力。此外，劳动力市场已经是新加坡为数不多的薄弱环节之一，可能面临进一步的压力。尽管强调提高工人的技能，但增加对外国劳工的限制可能会加剧许多主要部门现有的劳动力短缺。

二、经济复苏缓慢

新加坡 GDP 增长在前三个季度停滞后，在 2023 年第三季度有所回升。尽管面向国内的部门增长放缓，但面向外部的部门，如制造业，出现了一些复苏。整个 2023 年，新加坡的 GDP 增长预计将处于 1%。尽管 2023 年底前后外部最终需求的强弱仍存在不确定性，但预计 GDP 增长将在 2024 年下半年逐步改善，并接近全年的潜在增长率。

（一）区域经济发展前景受到外部环境制约

2023 年的区域经济增长受到外部需求疲软的阻碍，工业制成品出口出现衰减。这反映了全球消费支出的转向，引发服务业和企业库存的缩减。最新的制造业 PMI 调查表明，制造业和出口在未来几个月可能会保持疲软，该地区和全球大多数经济体的新出口订单仍低于 50 点的门槛，如图 1。展望未来，亚洲的制造业活动和出口预计将从当前 2022 年增长周期性低点中有所改善。值得注意的是，与东盟经济体相比，韩国和中国台湾地区的电

子产品出口预计将有更大的改善，因为前者将更直接地受益于全球半导体
周期的试探性触底。

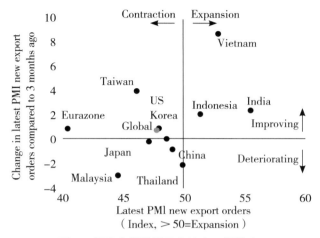

图1：制造业指数显示出的出口新秩序

图示来源：Monetary Authority of Singapore，Macro Economic Review，October 2023，p13.

尽管如此，鉴于预计未来几个季度21国集团（G21）制造业和商业投
资将出现下滑，商品贸易的广泛复苏可能仍将受到限制（图2）。

图2：技术主导的出口开始探底

图示来源：Monetary Authority of Singapore，Macro Economic Review，October 2023，p12.

中国经济复苏对该地区的影响将主要通过大宗商品市场和贸易渠道产生。值得注意的是，该地区的净大宗商品出口国，如澳大利亚、印度尼西亚和马来西亚将受到影响，如图3所示。即使外部需求仍然疲软，国内需求，特别是私人消费将继续推动区域经济的增长。坚实的劳动力市场状况和稳固的实际收入，以及随着中国游客的回归而持续复苏的旅游业，预计将促进服务业活动。随着中国旅游限制的放松和定期航班的增加，未来几个季度的客流量应该会从目前的低水平明显回升。

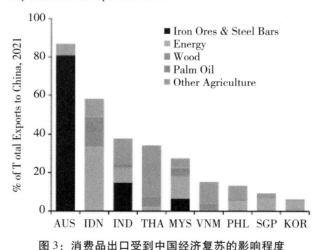

图3：消费品出口受到中国经济复苏的影响程度

图示来源：Monetary Authority of Singapore, Macro Economic Review, October 2023, p14.

（二）新加坡经济的缓慢复苏

从2022年第四季度到2023年第二季度，新加坡经济停滞不前，季度环比增长率平均为-0.1%。按年率计算，2023年上半年GDP增速从第四季度的2.1%放缓至0.5%。新加坡经济面向外部的产业——主要是制造业和金融业——处于低迷状态。然而，这种疲软并没有通过生产和消费渠道蔓延到面向国内的行业，在新冠疫情宣布结束后，新加坡的所有经济活动都实现了高于趋势的增长。

与此同时，与旅游相关的行业从外部经济体重新开放边境中受益匪浅，实现了强劲的两位数增长。2023 年第三季度可能标志着经济放缓的转折点。基于先期预估显示，第三季度整体 GDP 环比增长 1%，较前一季度的 0.1% 有所改善。

这是自 2022 年第一季度以来最强劲的增长速度。国内生产总值（GDP）同比增速也从上一季度的 0.5% 回升至 0.7%。这些调整预计将在未来几个季度继续，除非外部经济受到重大冲击。新加坡制造业应该会出现谨慎复苏，同时全球电子行业也出现企稳迹象和试探性回升，不过增长可能会在较长一段时间内停滞不前。同样，在利率趋于稳定的情况下，金融服务业的增长似乎已经触底。相反，与旅游相关的服务行业的两位数增长率将逐渐下降，而国内导向型行业预计将回归常态，走向更低、更稳定的增长道路。

如图 4 所示，在部门经济增长率中，国内需求和服务业的增长率有一些趋同，贸易部门的增长率上浮。经济中最细化的部分是根据其同比增长率进行分类的：（1）完全收缩；（2）增长率为 0 至 5%；（3）增长率超过 5%。值得注意的是，第三季度经济萎缩的比例从上一季度的 50% 大幅下降

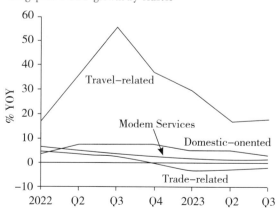

图 4：新加坡部门经济增长率（2022 年 1 季度—2023 年 3 季度）

图示来源：Monetary Authority of Singapore，Macro Economic Review，October 2023，p22.

至 35%。增长率超过 5% 的比例也从 30% 降至 20%。近一半（45%）的经济在第三季度录得 0.5% 的增长率，是第二季度的两倍多。因此，经济增长率在频谱两端的变化较小，并且可能会达到一个更稳定的增长速度，尽管是适度的增长。

（三）各个部门经济增速差异较大

第三季度，工业生产指数环比增长 1.2%，扭转了前两个季度的急剧收缩。第三季度的表现在很大程度上反映了持续的运输工程活动，造船厂活动和商用飞机维护、修理和大修工作出现了强劲增长。精密工程在经历了三个季度的萎缩后，也出现了连续回升。与去年同期相比，整体产出的下降有所放缓，从上半年的平均 -6.4% 降至第三季度的 -4.6%。电子行业的恶化从第二季度的急剧下降（-11.8%）开始趋于平稳（-0.7%），在大多数终端市场需求持续疲软的情况下，关键的半导体行业的下滑速度有所放缓。

与此同时，新加坡的出口表现继续恶化。继第二季度下降 13.4% 之后，第三季度非石油类国内出口同比下降 18.8%，这是所有产品类别的普遍现象。然而，由于电子产品的收缩较小，第三季度非石油类转口产品的下降速度较慢。

现代服务业第三季度同比增长 1.5%，延续了二季度 1.2% 的增速。情况得到改进的是信息和通讯行业，在线市场对商品和旅游服务，以及数据托管活动的需求依然强劲。同样，在建筑工程和会计部门的支持下，专业服务部门也在扩张。然而，金融部门在第三季度仍然疲软，尽管与 2023 年上半年 1.4% 的收缩相比有所改善。在高利率环境下，银行信贷中介业务继续萎缩，而保险业务则受到保险储蓄产品销售低迷的拖累。

与此同时，与旅游相关的集群在第三季度继续保持强劲增长，延续了第二季度的增长。第三季度国际游客人数进一步上升至每月平均 130 万人次，达到疫情前（2019 年第四季度）水平的 81%，而第二季度为 70%。特别是，随着更多航班恢复，第三季度来自中国的月平均入境人数比第二季度翻了一番，达到 19.38 万人，达到疫情前水平的 75%。因此，中国恢复了新冠疫情前的游客占比，成为新加坡最大的游客来源国，占第三季度入境游客总数的 15%，与疫情前 16% 的比例基本一致。与此同时，第三季度来自东亚方向，尤其是韩国和中国台湾地区的入境人数超过了疫情前的水平，来自澳大利亚和欧洲等其他主要市场的入境人数也至少达到了疫情前水平的 85%。与此同时，酒店入住率从第二季度的 79% 上升至 7—8 月的 88%，与 2019 年的平均每月入住率 87% 相似。7—8 月的平均酒店房价也比 2019 年的水平高出约 30%。

（四）中等收入工人的情况

中产阶级是一个国家经济增长和繁荣的重要引擎。新加坡中等收入工人在过去 10 年中在生活水平和就业方面都取得了一定的进步。

2021 年，一半的中等收入工人年龄在 25—49 岁之间。其中 60% 的人已婚，54% 的人至少有一个孩子。三分之二的中等收入人群住在组屋 4 或 5 室的公寓里。在教育方面，三分之一的人获得了学位及以上资格。在就业方面，20% 的中产阶级在其他服务行业工作，如公共管理、医疗保健和教育，而大约 10% 的中产阶级分别在制造业、批发业和行政及支持服务业工作。在过去的 10 年里，新加坡中等收入人群表现良好。

（五）经济发展趋势

继 2020 年新冠肺炎引发的急性收缩和随后的 2021 年反弹之后，新加坡经济自 2022 年底以来又经历了一轮疲软。最新一轮下行周期表现为制造业主导的经济放缓和金融服务业的萎靡不振。虽然经济避免了彻底的衰退，但仍然面临着增长的实际停滞。从更长远的角度来看，多元化的新加坡经济能否依靠其不同的增长引擎来抵御不同类型的经济冲击也成为问题。在全球制造业和科技行业引发的经济放缓期间，其他行业的支持，如 2015 年的国内服务业和 2019 年的现代服务业的发展，帮助缓和了总体 GDP 下滑。最近一段时间，全球利率上升对金融业的拖累加剧了制造业的低迷，但这被国内导向型和旅游相关行业高于趋势的增长所抵消。在这些恢复时期的大部分时间里，全球 GDP 也保持了正增长。新加坡经济作为一个整体通常不会经历急剧的回落，除非外部经济出现广泛和/或同步的衰退，如图 5 所示。

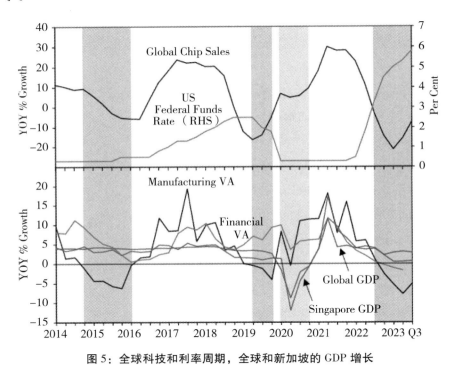

图 5：全球科技和利率周期，全球和新加坡的 GDP 增长

图示来源：Monetary Authority of Singapore，Macro Economic Review，October 2023，p27.

新加坡经济复苏的力度和可持续性取决于外部最终需求，而外部最终需求可能受到诸多不确定性因素的影响，包括巴以冲突的持续与范围的扩大。然而，在全球经济没有新的冲击或挫折的情况下，随着全球科技行业逐渐从低谷中复苏，以及全球利率在 2024 年趋于平稳，新加坡经济应该会从中受益。预计未来几个季度，各行业的增长率将继续能恢复到新冠疫情前的情况。总体而言，新加坡 2023 年的 GDP 增长能保持在 0.5%—1.5%预测区间的下半部分。预计 2024 年经济增长将在下半年逐步改善，并接近全年的潜在增长率。

三、对外关系：持续推进平衡外交

新加坡密切关注中美之间的竞争，因为这可能会对新加坡自身的地缘政治地位和经济前景产生重大影响。此外，东盟内部的紧张局势也构成了挑战，需要谨慎应对。此外，如 IPEF、CPTPP 和 RCEP 等关键协议的实施，将是重中之重。这些协议有望重新定义经济和战略关系，并对新加坡在全球经济舞台上的地位产生深远影响。近年来，新加坡的对外政策发展经历了一个复杂而充满活力的阶段。

（一）新加坡与美国关系

年内新加坡保持与美国的密切往来。尽管双方在政治、安全和经济合作方面合作都在推进，但在安全方面的合作更加引人注目。

处于中美竞争加剧的新阶段，作为美国在亚洲最重要的非条约盟友之一，新加坡与其长期合作伙伴之间的关系已达到了一定程度。这个城市国家小心地平衡了与中国的经济关系和对美国的安全依赖。但过去几年来，新加坡在深化与美国的防务关系方面变得更加积极。2023 年 3 月，美国空军运营的 RQ-4 "全球鹰"隐形飞机被披露已在新加坡樟宜机场短期部署。当月，新加坡宣布将行使从美国再购买 8 架 F-35 战斗机的选择权，将其订单增加到 12 架。

新加坡国防部常务秘书长陈恒基和美国国防部负责政策的代理副部长萨沙·贝克 9 月 18 日在国防部共同主持了第 13 届新加坡—美国战略安全政策对话（Singapore-US Strategic Security Policy Dialogue，以下简称 SSPD）。SSPD 是在 2005 年美国和新加坡之间的战略框架协议和国防合作协议的范围内建立的，作为两国国防机构为新加坡和美国双边防务关系设定战略方向的制度化平台。在对话中，陈恒基和贝克重申了新加坡和美国之间良好和长期的双边防务关系。他们讨论了加强两国互利伙伴关系的方法，通过新加坡支持美国在1990年关于美国使用设施的谅解备忘录（"1990谅解备忘录"）的范围内的地区存在，以及美国支持新加坡武装部队（SAF）的海外培训和技术获取，包括新加坡共和国空军（RSAF）的F-35采购。陈恒基与贝克还讨论了新的合作范畴，例如网络安全、关键技术及新兴科技。双方还就地区发展交换了意见，并重申美国继续参与地区事务的重要性，包括通过东盟防长会议（ADMM-Plus）框架。作为访问的一部分，贝克在9月18日当天还拜访了国防部部长黄永宏博士和常任秘书长（国防发展）王梅文先生。除了SSPD这样的高层对话外，新加坡和美国还定期通过双边和多边训练演习进行互动，如"老虎"演习、"太平洋格里芬"演习、"突击队"演习、"红旗"演习和"超级鹰鹫之盾"演习，并开展专业知识的交流和国防技术合作。美国还长期支持新加坡武装部队在美国的海外训练，如在美国爱达荷州芒廷霍姆空军基地进行的"锻剑"演习。

（二）新加坡与周边国家关系

1. 新加坡与印尼关系

自2014年以来，新加坡一直是印尼最大的外国投资者，2023年有望延续这一趋势。从2023年1—6月，新加坡对印尼投资了77亿美元。这显示了对印尼发展前景和潜力的强烈信心。新加坡与印尼，除了在许多现有合作领域外，两国期待在新议题上拓展合作空间。

印尼认为其是新加坡最亲密的邻国和战略伙伴，近年来两国关系不断得到加强和发展。新加坡和印尼的亲密关系可从两国领导人和高级官员的频繁访问中看出。佐科·维多多总统2023年3月赴新加坡出席领导人会晤，6月初在"生态繁荣周"上发表演讲。3月的印尼和新加坡两国领导人会晤期间，双方签署了七项双边协议和谅解备忘录。2018年两国启动了旨在提高地区领导人能力的 RISING 奖学金计划、国家发展规划（Bappenas）、淡马锡基金会和南洋理工大学合作的高级政府官员和高管发展计划等。上述人才培养计划 2023 年也在持续推进。此外，两国在数字和医疗保健领域的其他合作也在增加，已签署了 9 项企业对企业合作协议，未来还将签署更多协议。

这种强有力的合作不仅有利于双边关系，使两国共同受益，而且也在为地区和全球发展作出贡献。印尼在努力维护国家稳定和繁荣的同时，通过积极发展双边关系以各种方式为区域和全球作出贡献，是印尼一直以来的追求。

2. 新加坡与马来西亚关系

新加坡重视与马来西亚的关系，两国保持着紧密的经济合作关系。2023 年 1 月，马来西亚总理安瓦尔·易卜拉欣对新加坡进行了首次正式访问。访问期间，安瓦尔与新加坡总理李显龙签署了有关数字和绿色经济的协议，以及关于个人数据保护、网络安全和数字经济等领域合作的谅解备忘录。

访问结束后，马来西亚和新加坡的交通部长进行了双边讨论，引发了人们对吉隆坡—新加坡高速铁路（HSR）项目可能重启的猜测。另一方面，新山—新加坡快速交通系统（RTS）连接项目继续取得进展，预计将于 2026 年底完工。这一跨境地铁系统由一家合资企业创建，将无缝连接两岸的公共交通网络，并为每小时往返于两个方向的 1 万名乘客提供便利。口岸运输系统为过境提供了另一种选择，缓解了过境高峰时段的拥堵，并为工厂安排班次提供了更大的灵活性。

一个处于发展初期的相关合作倡议是柔佛—新加坡经济区（JSER）。虽然在 2023 年 5 月非正式宣布，但该项目仍处于构思阶段。该项目旨在利用马来西亚与新加坡相邻的地理位置，打造一条走廊，不仅促进人力资源和商品的流动，还促进双方在半导体、可再生能源和电信等共同感兴趣的专业领域的实质性合作。

虽然两国都渴望扩大合作，但悬而未决的问题可能会阻碍协议的推进。

佩德拉布兰卡岛（Pedra Branca Island）争端、新加坡向马来西亚支付的水价正在进行的谈判，以及连接吉隆坡和新加坡的高铁项目被取消等问题，都给两国加强双边关系的努力蒙上了阴影。

新加坡和马来西亚的双边关系已经从动荡的历史发展成为一个充满活力和互利的伙伴关系。两国通过贸易、投资和跨越各个部门的合作项目联系在一起。虽然存在领土争端和竞争等挑战，但在新兴产业、技术和基础设施发展方面仍有进一步增长和合作的巨大潜力。解决突出问题、抓住机遇，不仅符合新马两国的利益，也对东盟整体经济稳定和繁荣至关重要。通过共同努力解决争端、促进创新、促进区域合作，这两个邻国可以在经济上取得更大的成功，成为在不断变化的全球经济中通过合作取得成果的光辉典范。

（二）新加坡与中国关系

年内新加坡与中国关系持续向好。3 月新加坡总理李显龙在北京同习近平主席会面。双方共同宣布将中新关系提升为"全方位高质量的前瞻性伙伴关系"。新方重申支持中方推动高质量发展，欢迎中方继续深化改革开放。中方肯定新方长期参与中国现代化建设进程，为双边合作奠定坚实基础，表示支持新加坡的持续发展与繁荣。[①]

副总理兼财政部部长黄循财在 5 月对中国进行正式访问。访问期间，黄循财表示，新加坡必须继续以一致、可信、有原则，并符合自身国家利益的方式行事。若新加坡持续这样做，新加坡的朋友和世界其他国家逐渐会明白新加坡的立场，并把新加坡视为可靠和可信赖的伙伴。这是新加坡

---

① 《中华人民共和国和新加坡共和国关于建立全方位高质量的前瞻性伙伴关系的联合声明》，中国外交部，2023 年 4 月 1 日。

应对这个大国竞争新时代的最佳方式。① 黄循财举新中在苏州、天津和重庆的政府间合作项目为例说，两国建立个人层面的信任非常重要，这让新加坡得以和中国发展多元的合作项目。新中两国领导层互信的良性循环，推动了两国互惠和适用的合作项目不断取得进展。

9 月，新加坡教育部部长陈振声访问中共中央党校（国家行政学院）。陈部长表示："我和我这一代人受益于前人播下的种子，我们的目标是继续播下种子，让下一代能深化这种相互理解和信任。""随着冠病疫情结束，我们希望能恢复新中各层级的交流，甚至超越疫情前的水平。从年轻学生、大学生、工作人士，到两国的官员都需要继续建立关系，播下我们未来需要增加的、互信的种子，以应对更具挑战性的问题。"②

（三）新加坡与俄罗斯关系

在俄乌冲突爆发后，新加坡于 2022 年 3 月加入西方国家对俄罗斯实施制裁（控制对俄罗斯的军事和技术产品出口，并对俄罗斯金融实体采取措施）。此外，西方对俄罗斯实施的制裁导致俄罗斯公司在新加坡的商业往来因银行交易问题而被冻结。到 2023 年底，新加坡才开始不那么严格地遵守对俄罗斯的制裁制度。然而，不同的地缘政治观点仍然阻碍着莫斯科与新加坡之间更紧密的经济联系。后者仍然更倾向于美国和整个西方，部分原因是更紧密的贸易和投资关系，部分原因是基于对安全威胁的认知。

2021 年，俄罗斯与新加坡之间的贸易额为 22.3 亿美元，比 2020 年增长 35.16%。2022 年，新加坡从俄罗斯的进口额达 22.9 亿美元。俄罗斯对新加坡的主要出口产品包括矿物燃料、石油、蒸馏产品、珍珠、宝石、镍、

---

① 《黄循财与李强举行会谈 重申新中伙伴关系讨论推进合作》，新加坡《联合早报》，2023 年 5 月 17 日。

② 《陈振声：希望新中两国各层级交流能超越疫情前水平》，新加坡《联合早报》，2023 年 9 月 11 日。

铜和食品。在欧盟决定从 2023 年初开始禁止俄罗斯石油产品之后，新加坡
大幅增加了石脑油进口。2023 年 4 月，俄罗斯海上出口增长至 2022 年初以
来的最高水平。主要原因是俄罗斯对亚洲的出口增加，从不同的地点——
包括作为东盟中心的新加坡——再出口到其他地方。俄罗斯的石油和煤炭
也遵循同样的路线，大部分最终都进入了印度。俄罗斯公司还计划扩大出
口范围：因此，2022 年底，俄罗斯化妆品巨头 Natura Siberica 宣布进军包括
新加坡在内的印度—太平洋地区市场。新加坡是俄罗斯在东盟国家中最大
的贸易伙伴。这个东南亚国家对俄罗斯的出口主要包括电子产品、化学产
品和药品等，但数量相当有限。2022 年，新加坡对俄罗斯的出口额仅为
1.8268 亿美元，其中电气和电子设备占最大份额（4000 万美元）。第二个
最重要的类别包括价值 3321 万美元的机械、核反应堆和锅炉。

投资领域，俄罗斯和新加坡之间的投资都有双方的重大项目。总的来
说，俄罗斯公司可参与新加坡政府为吸引和支持外国投资者而制定的各种
计划和倡议。这包括税收优惠、研发补助以及促进贸易和物流的特别自由
贸易区。新加坡主权财富基金新加坡政府投资公司（GIC）也曾对俄罗斯外
贸银行（VTB Bank）和西布尔控股（Sibur Holding）等俄罗斯实体进行了
大量投资。另一方面，俄罗斯企业集团 Rostec 与新加坡公司在物流和工业
自动化等各个领域建立了合作伙伴关系。新加坡樟宜国际机场作为航空港
口运营商与俄罗斯直接投资基金共同管理符拉迪沃斯托克国际机场。作为
更广泛的经济联系的一部分，双方合作领域还包括货物贸易以及加强数字
经济和创新领域的互联互通与合作。与此相关，双方于 2019 年签署了探索
数字经济合作的谅解备忘录，并于 2020 年签署了建立联合技术与创新商业
委员会的谅解备忘录。俄罗斯公司在新加坡的主要业务领域之一是人、物
和动物的识别系统建设，俄罗斯公司在门禁系统、RFID 技术和信息安全领
域提供了广泛的创新解决方案。

四、前景展望

展望未来，新加坡的政治格局和政策演变将围绕许多重要领域展开。预计未来五年内可能发生的领导层过渡是一个主要焦点。除此之外，预计新任总理将推出"Forward Singapore Exercise"，这一举措可能引发社会公众相当大的兴趣。劳工、移民和公众情绪政策的变化也将发挥至关重要的作用。预计政府将调整其在这些领域的立场，以适应国内和全球不断变化的动态。

在政策制定方面，新加坡政府将集中精力提高公民的生活质量。在2023年二月份的预算讨论中，当局宣布承诺分配更多资金，以减轻新加坡中低收入居民的生活成本负担并加强社会安全网建设。资源重新分配将会适度转变，但新加坡不会偏离其精英管理方针，成为一个全面的福利国家。这一变化可能会通过增加雇主和富裕个人的纳税义务和对中央公积金的强制性缴款（一项养老金支付的强制性储蓄计划）而产生轻微影响。议会讨论还研究了稳定房地产市场和提高住房负担能力的战略。宣布的措施包括增加购房者印花税和住房发展局转售公寓的补贴，旨在减少住房费用和等待时间。然而，预计2023年房地产价格和租金将迅速上涨，这可能会引起公众的不满，并导致雇用外国人的成本上升，进而可能对新加坡企业的增长战略产生负面影响。

公众越来越担心大量外国劳动力可能会占据原本可以由新加坡人填补的工作岗位。为此，政府多次提高就业准证的最低月薪要求，2020年初为3600新元（2650美元），从2022年9月起升至5000新币。尽管如此，政府还推出了灵活的工作准入证，旨在吸引顶尖人才，特别是科技领域的人才。此外，还出台了适应性强的外国人才政策，允许具有战略意义或成长性的企业雇用更多中等技能的S准证持有者，在一定程度上缓解了劳动力短缺问题。然而，这些努力并不意味着外国劳工法规的大幅放松。与这些变化相关的高成本和不确定性可能会阻止跨国公司雇用外国员工担任某些高技能职位。

在国际舞台上，新加坡正在密切关注中美之间的竞争，因为这场权力博弈的结果可能会严重影响其自身的地缘政治地位和经济前景。此外，东盟共同体内部的紧张局势也带来了自身的挑战，需要谨慎应对。此外，IPEF、CPTPP、RCEP 等关键协议的落实也将成为重要焦点。这些协议有望重新定义经济和战略关系，并对新加坡在全球经济舞台上的地位产生深远影响。总而言之，未来几年新加坡的政治和政策发展将进入一个复杂而充满活力的阶段。

[马腾飞，云南省社会科学院、中国（昆明）南亚东南亚研究院东南亚研究所助理研究员]

马来西亚：政局稳定　积极发展数字经济

徐志亮

2023 年马来西亚的发展呈现向好的趋势。在政治方面，马来西亚继续保持政治稳定和独立性。在经济方面，2023 年上半年，马来西亚的批准投资额达 1326 亿马币（约合 283 亿美元），已达成年度目标的 60.3%。其中国内直接投资（DDI）占 52.2%，外国直接投资（FDI）占 47.8%；核准项目 2651 个，同比增长 34.8%；新增就业岗位 51853 个。按领域比较，服务业的批准投资占比 62.1%，制造业占比 33.9%，其余占比 4%。按国家比较，来自新加坡的外国直接投资最多，达 137 亿马币（约合 29 亿美元），其后依次为日本 91 亿马币（约合 19 亿美元）、荷兰 90 亿马币（约合 19 亿美元）、中国 84 亿马币（约合 18 亿美元）和英属维尔京群岛 71 亿马币（约合 15 亿美元）。[①] 受美国持续加息和全球经济复苏乏力等因素影响，去年马来西亚面临本币走弱、通货膨胀抬头等多重挑战。[②] 在安全方面，马来西亚加强了与国际社会的合作，积极参与国际反恐合作，加强打击跨国犯罪等领域的合作。马来西亚数字化进程明显加快，陆续推出《全国电子商务策略路线图 2.0》《十年数字经济蓝图——数字马来西亚》《数字倡议》，不断改善电子商务市场发展环境，稳步推进 5G、大数据等数字基础设施建

[①] 《马来西亚 2023 年上半年批准投资额达 283 亿美元》，中国驻马来西亚大使馆经济商务处，2023 年 9 月 26 日，http://http://yzs.mofcom.gov.cn/article/ztxx/202310/20231003445541.shtml.

[②] 刘慧：《马来西亚经济逐步复苏》，《人民日报》（海外版）2023 年 4 月 6 日，第 6 版。

设，促进数字经济发展。

一、2023 年马来西亚总体发展情况及形势研判

从国家发展的总体趋势来看，2023 年，马来西亚国家的整体发展呈稳中向好的趋势。在政治方面，马来西亚政局稳定，新政府积极推进政策改革，提高政府行政效率。在经济方面，尽管在全球经济下行的影响下，马来西亚经济出现货币贬值和通货膨胀的现象，为有效应对国家经济增长缓慢，提升本国经济竞争力。马来西亚政府通过增加与东盟及中国的经济合作，重点发展能源经济、数字经济及跨境电商，以提振本国经济发展信心。在外交层面，通过实施自主多元的外交政策，构建与东盟各国的紧密政治关系，同时增进与中国的政治往来，构筑紧密的马中命运共同体。

《马来西亚 2023 年经济展望》显示，马来西亚 2022 年的经济增长率会高于最初的预期，达到 6.5%—7%。① 马来西亚统计局数据显示，第三季度国内生产总值（GDP）增长 3.3%，主要受到服务业的推动，服务业增长5.1%，高于第二季度的 4.7%。农业部门从上一季度的下滑中复苏，而采矿和采石业以及制造业则出现萎缩。第三季度 GDP 的增长与第二季度 2.9%的同比增长形成了对比。该季度业绩高于马来西亚投资银行凯南加经济学家的预期。经济学家此前预计，第三季度马来西亚经济将增长 1.7%，原因是近期出口等高频指标持续疲软，而且大宗商品价格相对较低。预计马来西亚经济增长将受到国内需求弹性、游客人数增加和消费的支持。数据显示，2023 年前 9 个月的经济增速同比大幅下滑。考虑到第三季度的数据，商务部预计 9 个月的增幅为 3.9%，而去年同期的增幅为 9.2%。由于全球需求放缓和大宗商品价格的不确定性拖累了电器、石油和棕榈油等产品的

---

① 《截至 2023 年 6 月，投资实施率接近 80%》，马新社，2023 年 11 月 1 日，https：//
www. bernama. com/en/business/news_budget. php？id＝2240379.

出口，东南亚经济体 9 月份出口大幅下滑。①

　　展望全年经济前景，尽管马来西亚目前国家经济仍处于全球挑战的环境中，但在政府综合施策提振经济、预期内需增加的情况下，将继续推动经济增长。在外部需求继续放缓的情况下，马来西亚政府未来仍将以扩大内需作为经济增长的主要驱动力。政府将持续提供援助金和津贴以改善劳动力市场条件，帮助私人消费领域成长，减缓高昂的生活成本和高利率对消费支出的不利影响。另外，政府将在外贸交易方面争取使用更多的本地货币进行结算，以稳定经济增长。②

二、政治局势

　　在马来西亚安瓦尔·易卜拉欣就任总理一周年之际，面临着一系列的施政难题，包括马来西亚林吉特贬值、普遍的通货膨胀和人民生活水平下降。安瓦尔出任总理后积极推进政策革新，以提振民众对政府的信心。政府在选举后的初始公众支持率在 2022 年 12 月达到 61%，但到 2023 年 10 月，新政府新政策效果水平已降至 41%。③ 由于该国劳动力市场面临封锁，零售业和服务业陷入瘫痪，2020 年和 2021 年家庭收入下降。由于经济复苏步伐缓慢，导致人们对前国民联盟总理穆希丁·亚辛的持续好评，特别是他主持制定了一项针对家庭和企业的大规模财政援助计划，帮助提升了该联盟的吸引力。

---

① 《马来西亚第三季度经济增长 3.3%》，每日经济，2023 年 10 月 21 日，https://cn.dailyeconomic. com/2023/08/08/65505. html.

② 蔡本田：《国内生产总值同比增长 5.6%——马来西亚首季经济好于预期》，《经济日报》2023 年 5 月 25 日，第 4 版。

③ Meredith Weiss and Ibrahim Suffian，"Assessing Anwar Ibrahim's administration's first year"，December 9，2023，https://eastasiaforum. org/2023/12/09/assessing-anwar-ibrahims-administrations-first-year/.

1. 安瓦尔政府 2023 年执政总体情况

2023 年，安瓦尔·易卜拉欣，对马来西亚政治、经济、社会及外交进行了政策调整。首先，安瓦尔在 2022 年底和 2023 年初采取了一系列措施来巩固其任期。在议会提出信任动议、与联盟伙伴达成谅解备忘录以及战略性地分配内阁职位。最初，这些施政措施几乎没有任何实质性的政策成果。安瓦尔并没有明显利用他在反对党的时间来制定具体的行动计划，第一届希望联盟政府的许多内阁成员也没有获得连任。安瓦尔政府 2023 年下半年推出了一系列政策框架，如马丹尼经济框架、2030 年新工业总体规划和第十二大马计划。虽然这些政策受到一定程度的欢迎，但这些计划的大部分内容都是由公务员在直属机构的意见下制定的，这些政策并不符合马来西亚民众对政府的期望和诉求。长期以来政府承诺的治理改革也进展有限。2023 年虽然政府通过了《财政责任法》，然而，长期以来将总理和财政部部长职责分开的承诺却遭到了蔑视，向反对党议员提供同等数额选区发展资金的任何安排也遭到了蔑视。与此同时，该国公民在经济上陷入困境。2023 年 11 月份的一项民意调查显示，近五分之四的选民将经济问题列为首要任务。受高昂生活成本的冲击，退休金账户所剩无几。然而，团结政府的财政回旋余地有限。2023 年 10 月份的一项民意调查显示，安瓦尔的支持率 2023 年全年都在下降，目前徘徊在 50%以上。①

2. 马来西亚政治竞争更加激烈

马来西亚族群之间的分裂与对立造成了当今马来西亚三大政治势力角逐的格局。② 马来西亚自 1957 年独立以来一直由国民阵线（BN）执政，直至 2018 年。国民阵线通过操纵选区、煽动民族主义、通过限制言论和对反

---

① Francis Hutchinson, "Malaysian Unity Government's Power Was Retained But Constrained In2023-Analysis", January 29, 2024, https://www.eurasiareview.com/29012024malaysian-unity-governments-power-was-retained-but-constrained-in-2023-analysis/.

② 傅聪聪：《马来西亚：2021 年回顾与 2022 年展望》，载《东南亚纵横》2022 年第 2 期，第 44 页。

对派领导人的政治化起诉来压制批评，从而维持权力。国民阵线在 2018 年大选中败给了反对派联盟。马来西亚民族主义政党的权力角逐使得马来西亚政坛多个联盟之间竞争与合作的模式更加复杂。马来西亚的政党体系多元化且竞争激烈，但反对派面临着媒体使用权不平等、竞选和集会自由受到限制以及政治化起诉的问题。社团注册局（ROS）由内政部长监督，负责管理政党的注册，并在国阵、希望联盟和国民联盟政府的领导下发布党派决定。然而，近年来政局相对不稳定，没有一个集团牢牢掌控大局，导致新政党不断涌现，总体上加剧了竞争。2022 年大选的候选人数量创下了历史新高，许多选区都有多名候选人参选，而不是一对一的竞争。2020 年，联盟重组导致国民联盟成立，而希望联盟则重回反对党地位。2021 年 8 月，国民联盟首相慕尤丁在失去议会多数席位后辞职。

3. 马来西亚族群政治影响正在减弱

自马来西亚独立以来，所谓的身份政治即在马国政坛上扮演着极为重要的角色。这主要是因为人数最多的马来人普遍认为，绝大多数州属皆为传统马来土邦的马国是民族国家，即理所当然应以他们为主体或主导民族。然而，现实是马国有为数不少的其他族群，从华人、印度人以至东马的土著不等，他们普遍认为马国应该是一个崇尚多元族群、多元文化，而非独尊一族的国度。多年来马国的政治运作，在很大程度上就消耗在这些族群之间尊卑身份认知的拉锯上。[①] 在马国 2022 年的全国大选里，伊斯兰党虽然未能继续成为执政的一员，却跃升为国会最大党，成为马来西亚政坛的政治新动向。从一定程度上讲，目前马来西亚政党政治的本质就是族群政治。这种政治分裂使得土著和非土著、马来人和非马来人、穆斯林和非穆斯林之间出现了明显的权利不平等，土著、马来人和穆斯林群体得到了大量的制度性政治、经济和文化特殊权利和待遇。在多重因素相互作用下，这种固化的族群政治导致社会明显对立，并引发了历史上多次严重的社会

---

① 胡逸山：《身份政治仍在马国大行其道》，《联合早报》2024 年 5 月 18 日，https:// www.zaobao.com.sg/forum/views/story20240518-3681533.

冲突。[1]

4. 马来西亚新兴政治力量的崛起

当前，年轻的马来西亚人已成为马来政坛一股强大的政治力量。长期以来，马来西亚政治一直被种族政治、赞助、政治交易和年迈的保守派所主导。2019 年马来西亚立法将投票年龄从 21 岁降低到 18 岁，并自动登记了这些新选民。总共有超过 500 万马来西亚人成为本次选举的首次选民，他们可能会颠覆选举政治，这并不是因为他们人数众多，而是因为他们不响应种族和宗教的传统政治杠杆。1997 年金融危机后，这一批青年人不断成长，他们见证了巫统（UMNO）的转型。马来西亚的年轻人正在迎接成为决定性选举力量的挑战。他们纷纷报名参加政治活动，渴望发出自己的声音并影响政治。[2] 目前尚不清楚年轻人会选择哪些政党，但所有政党都知道，任何强有力的结果都取决于吸引年轻选民。年轻的活动家现在专注于争取选票，以应对公民教育稀缺的问题，尤其是在投票率更高的农村地区。

三、经济形势

总的来说，马来西亚在 2023 年的经济发展情况呈现出一种波动态势。虽然整体经济环境面临挑战，但一些行业如制造业和服务业仍然表现出较强的增长势头。政府采取措施以刺激经济发展，并促进各行业的平衡和可持续发展。

（一）马来西亚经济发展整体态势

马来西亚的贸易总额显示两位数下降，9 月份萎缩 12.6% 或 322 亿林吉

---

[1] 张是卓：《马来西亚期待安瓦尔医治族群政治顽疾》，《中国青年报》2022 年 12 月 8 日，https://zqb.cyol.com/html/2022-12/08/nw. D110000zgqnb_20221208_2-03. htm.

[2] Alberto Fernandez Gibaja, "How young voters are revamping democracy in Malaysia", November 17, 2022, https://www. idea. int/blog/how-young-voters-are-revamping-democracy-malaysia.

特。2023 年的价值为 2244 亿林吉特，而 2567 亿林吉特 2022 年同月。与此同时，进出口价值也经历了两位数的下降，同比分别下降了 13.7% 和 11.1% 分别。与此同时，贸易顺差下降了 23 个百分点或 73 亿林吉特至 245 亿林吉特。与去年 8 月相比，2023 年 8 月，出口、进口、贸易总额和贸易顺差分别正增长 8.2%、2.1%、5.4% 和 42.7%。第三季度（Q3）2023 年，贸易总额、进出口和贸易顺差也录得与 2022 年第三季度相比收缩。2023 年 9 月与上年同期相比，出口萎缩 8.4% 至 1.1 万亿林吉特，进口减少至 8822 亿林吉特（−8.9%）。同时，贸易总额下降了 8.6% 达到 1.9 万亿林吉特，而贸易顺差为 1773 亿林吉特，下降 5.7%。随着国内出口和转口的下降，马来西亚的出口与 2022 年同月相比减少 13.7%。国内出口占出口总额的 77.7%，同比下降 12.4%，从 1104 亿林吉特到 967 亿林吉特。①

（二）2023 年马来西亚经济发展具体情况

直接境外投资成效显著。荷兰成为 2022 年马来西亚直接境外投资最大的国家，特别是在与金融和保险、伊斯兰教保险相关的投资活动方面。截至 2022 年底，马来西亚直接境外投资增加到 6075 亿林吉特，直接境外投资收入为 493 亿林吉特。服务业取代制造业成为直接境外投资的重要部门，占总投资的 72.2%，主要从事金融和保险活动。荷兰、印度尼西亚、新加坡是 2022 年直接境外投资流动的主要目的地。总体而言，2022 年马来西亚直接境外投资累计投资海外收入飙升至 6075 亿林吉特，主要集中在服务业，其次是采矿业、采石业和制造业。新加坡、印度尼西亚和荷兰在 2022 年被评为马来西亚直接境外投资的首选目的地。在收入方面，直接境外投资价值为 493 亿林吉特，主要由服务、采矿和采石业组成。境外投资联合

---

① 《马来西亚对外贸易 9 月统计》，马来西亚统计局，2023 年 10 月 19 日，https://www.dosm.gov.my/portal-main/release-content/monthly-external-trade-statistics-sep-2023.

收入占总收入的 80.8%。①

旅游业增长势头较好。2023 年第四季度，马来西亚国内旅游经历了第二次创纪录的 5450 万游客的大幅激增，与同季度相比增长了 20.0%。同时，对于季度比较，国内游客与 2023 年第一季度相比增长了 12.2%。马来西亚国内旅游 2022 年业绩继续正增长。2022 年国内入境人数为 1.716 亿人次，而 2021 年入境人数为 6600 万人次，相对前一年增长了 160.1%。今年国内旅游收入增长 248.1%，达到创纪录的 641 亿林吉特（2021 年：184 亿林吉特），是 COVID 大流行传播以来的正增长。②

制造业增长趋势明显。2023 年第三季度，制造业产能利用率为 79.4%，与一年前记录的较高水平 81.3%（2022 年第三季度）相比下降了 1.9 个百分点。除食品、饮料和烟草制品制造业（+1.9 个百分点）和非金属矿产品、基础金属和金属制品制造业（+1.6 个百分点）外，几乎所有子行业都出现下降。与上一季度相比，制造业的产能利用率比 78.2%（2023 年第二季度）高出 1.2 个百分点。③ 按月计算，制造业的产能利用率在 2023 年 9 月回升，达到 80.0%，此前两个月分别为 78.6%（2023 年 7 月）和 79.6%（2023 年 8 月）。2023 年第三季度的产能利用率较低，与制造业的产量一致，工业生产指数小幅下降 0.1%（2023 年第二季度：0.1%）。导致生产能力下降的主要因素是需求低迷、材料供应不足以及机械设备的维修和保养。与上一季度相比，除纺织品、服装、皮革和鞋类产品制造业下降 0.4 个百

---

① 《2023 年马来西亚直接境外投资统计数据》，马来西亚统计局，2023 年 6 月 16 日，https://www.dosm.gov.my/portal-main/release-content/597de688-8b81-11ed-96a6-1866daa77ef9.

② 《2023 年第二季度国内旅游表现》，马来西亚统计局，2023 年 9 月 15 日，https://www.dosm.gov.my/portal-main/release-content/6b2e0ae4-8b83-11ed-96a6-1866daa77ef9.

③ 《2023 年第三季度制造业产能利用率统计》，马来西亚统计局，2023 年 11 月 30 日，https://www.dosm.gov.my/portal-main/release-content/statistics-of-international-trade-in-services.

分点至 79.6% 外，所有子行业均呈上升趋势。①

　　服务业表现呈良好态势。马来西亚在 2022 年的服务出口录得 1403 亿林吉特，而上一年为 881 亿林吉特。出口的有利增长是由旅游业的弹性表现带动的，旅游业从 COVID19 大流行中显著复苏。同样，服务进口增长了 27.9%，达到 1967 亿林吉特，而 2021 年为 1537 亿林吉特。由于服务出口增长快于进口，国际服务贸易逆差收窄至 564 亿林吉特（2021 年：逆差 657 亿林吉特）。马来西亚的服务贸易总额从前一年的 2418 亿林吉特增长 39.4% 至 3369 亿林吉特。2022 年，服务贸易总额占国内生产总值（按现价计算的 GDP）的 18.8%。马来西亚服务出口的主要对象以亚洲国家为主，占服务总值 773 亿林吉特的 55.1%。美国服务出口 367 亿林吉特、新加坡服务出口 346 亿令吉、香港服务出口 81 亿令吉。马来西亚服务进口的主要地区也以亚洲国家为主，占总出口比重 52.0%，1023 亿林吉特。② 服务进口最多的经济体是美国、新加坡和中国，分别为 566 亿林吉特、269 亿林吉特和 166 亿林吉特。

　　营商环境持续得到改善。营商环境是实现经济发展的重要基础。为创造更加自由、便利、更具竞争力的投资环境，马来西亚政府通过政策改革和资金投入不断提升经济营商环境。这体现在投资政策上，例如提供一系列加强的税收激励措施，以刺激对一些关键行业的投资，包括电动汽车、可再生能源以及电气和电子行业。市场准入开放。马来西亚实行开放的市场经济，大部分经济领域对外国资本参与全面开放。外国投资者可以持有 100% 股权，但某些行业领域严格禁止外资进入，此外还有部分行业通过

---

　　① 《2023 年第三季度制造业产能利用率统计》，马来西亚统计局，2023 年 11 月 30 日，https://www.dosm.gov.my/portal－main/release－content/statistics－of－international－trade－in－services.

　　② 《2023 年马来西亚国际服务贸易统计》，马来西亚统计局，2023 年 6 月 22 日，https://www.dosm.gov.my/portal－main/release－content/statistics－of－international－trade－in－services.

"股权结构"的方式对外资参与设置限制。

（三）马来西亚经济发展面临挑战

尽管面临各种国内和全球挑战，但预计马来西亚经济将在 2024 年呈现积极趋势。在国内外投资的支持下，服务业将引领潮流。在现有积极基本面的支撑下，整体房地产行业将在 2024 年继续改善。投资者对可持续发展的期望和认识不断提高，环境、社会和治理标准的重要性日益凸显。电动汽车的增长将产生溢出效应，进一步促进配套基础设施的长期发展。从长期来看，马来西亚经济增长面临的风险主要取决于全球经济能否成功实现"软着陆"并避免地缘政治冲突进一步升级。全球食品和大宗商品价格飙升可能会给马来西亚需求带来一定压力。2024 年下半年，补贴调整执行不力也会产生意想不到的价格连锁反应。在财政方面，政府财政赤字将有所上升，在未来经济增长与财政收支之间取得平衡仍然是当务之急。

四、对外关系

2022 年 11 月，安瓦尔·易卜拉欣当选为马来西亚第十任总理，当时国内和国际局势都动荡不安。2020 年的"喜来登行动"推翻了成立 22 个月的希望联盟政府，马来西亚政局陷入动荡。从安瓦尔的外交政策实施情况来看，安瓦尔政府外交的重点是加强大国间的友好关系，构建更加紧密的东盟关系，提升与中东国家的合作伙伴关系。在大国关系方面，2023 年，马来西亚与中国的关系升温。安瓦尔在 2023 年 3 月和 9 月两次访华。他访华期间签署了多份谅解备忘录，总投资额达数十亿美元。2023 年，马美关系总体稳定。但是，美国领导人出访东南亚时忽视了马来西亚，而优先考虑越南等其他国家。马美双方似乎都缺乏外交热情。安瓦尔上任后，将与东盟成员国领导人建立密切关系作为首要任务。上任第一年，他访问了除缅甸以外的所有东盟国家。① 2023 年 9 月，安瓦尔还在雅加达东盟峰会期间与东帝汶总理沙纳纳·古斯芒举行会晤。综合来看，安瓦尔的外交政策在新的时期更加符合马来西亚外交的平衡取向。

（一）马中关系

2023 年是中马建立全面战略伙伴关系 10 周年，在过去的一年中，中马高层交往频繁，政治互信不断增强。2023 年 3 月，安瓦尔总理访问中国，与习近平主席就共建中马命运共同体达成重要共识，为中马关系未来发展擘画了蓝图。2023 年 9 月，安瓦尔总理二度赴华参加第 20 届中国—东盟博览会，进一步促进两国贸易合作，携手构建更加稳定、畅通的区域产业链供应链。习近平主席强调，中国坚定不移推进高水平对外开放和中国式现代化，将为包括马来西亚在内的世界各国发展带来新机遇。双方要不断提升高质量共建"一带一路"水平，推进重点项目，培育数字经济、绿色发展、新能源等领域合作增长点，探讨开展民生合作，使中马关系更多惠及两国人民。② 安瓦尔表示，"马方愿同中方全力合作，推动有关倡议落地生效，推进共建'一带一路'合作。马方愿同中方加强双边经贸合作和"两国双园"建设，借鉴中方减贫经验，加强农业现代化等领域合作"。③ 2023 年 9 月 17 日上午，国务院总理李强在广西南宁会见来华出席第二十届中国—东盟博览会的马来西亚总理安瓦尔，安瓦尔表示，马方高度赞赏习近平主席提出的全球发展倡议、全球安全倡议、全球文明倡议，愿同中方进一步密切各层级交往，加强基础设施、数字经济、绿色发展等各领域合作，

① Angeline Tan, "Recapping the First Year of Malaysia's Foreign Policy Under Anwar Ibrahim", December 18, 2023, https://thediplomat.com/2023/12/recapping-the-first-year-of-malaysias-foreign-policy-under-anwar-ibrahim/.

② 《习近平会见马来西亚总理安瓦尔》，中华人民共和国中央人民政府网，2023 年 3 月 31 日，https://www.gov.cn/yaowen/2023-03/31/content_5749513.htm.

③ 《习近平会见马来西亚总理安瓦尔》，中华人民共和国中央人民政府网，2023 年 3 月 31 日，https://www.gov.cn/yaowen/2023-03/31/content_5749513.htm.

深化文明交流互鉴，加强在国际和地区事务中的协调配合，打造更加强劲的马中关系，马方支持中国加入《全面与进步跨太平洋伙伴关系协定》。[①] 2023 年，中马两国签署《关于扩大和深化经济贸易合作的协定第一修订议定书》，为下步合作奠定政策基础。中国已连续 14 年成为马来西亚最大贸易伙伴，马来西亚是中国在东盟的第二大贸易伙伴。据中方统计，2023 年前 10 个月，中马双边贸易总值为 1557.3 亿美元，占同期中国与东盟贸易总值的 20.8%。2022 年，中国对马来西亚各类投资达 125 亿美元。随着马来西亚推出工业 4.0、新工业大蓝图 2030、数字蓝图等政策，中国高新技术企业纷纷加大在马投资力度，在数字经济、绿色发展、新能源等领域合作全面推进。[②]

（二）马美关系

2023 年 11 月 14 日，安瓦尔在加州大学伯克利分校举行的题为"亚太地区超级大国竞争和紧张局势加剧"的座谈会上表示，我们将在今年年底制定马美两国切实可行的计划，以进一步加强这一伙伴关系。从美国在亚太的政治交往来看，尽管马来西亚与美国的关系不像与中国、日本或菲律宾的关系那样受到关注，但就马来西亚在东盟和亚太发挥的作用来看，马美双方都重视彼此间的关系。马来西亚认为与美国的战略关系对于其经济活力和国家安全利益至关重要。在对外经济合作方面，2022 年美国向马来西亚投资超过 1000 亿美元。[③] 在安全合作方面，马来西亚与美国每年举行

---

① 《李强会见马来西亚总理安瓦尔》，外交部官网，2023 年 10 月 17 日，http//ew. fm-prc. gov. cn/web/zyxw/202309/t20230917_11144245. shtml.

② 《驻马来西亚大使欧阳玉靖发表题为〈唱响中马友好主旋律共谱命运与共新篇章〉的署名文章》，中华人民共和国外交部网，2023 年 12 月 29 日，https://www. mfa. gov. cn/web/zwbd_673032/wjzs/202312/t20231230_11215510. shtml.

③ 《马来西亚和美国将制定计划进一步加强重要双边关系》，星光网，2023 年 11 月 15 日，https://www. thestar. com. my/news/nation/2023/11/15/pm-malaysia-us-to-formulate-plan-to-further-strengthen-vital-bilateral-ti.

11 次双边演习和 5 次多边演习。两国还开展海上安全、打击网络犯罪、恐怖主义、暴力极端主义和贩毒等跨国威胁合作。在工业合作方面，马来西亚供应了美国 25% 的半导体元件，有效支持了美国全球科技行业的发展。在新冠疫情期间，马来西亚工业生产的有序运营，为福特汽车的生产贡献了马来西亚力量。除安全合作以外，马来西亚已经成为美国在教育、气候变化、公共卫生等领域的重要合作伙伴。[①] 在区域经济合作领域，马来西亚积极参与美国主导的印太经济框架（IPEF），推进区域经济一体化。美国与马来西亚全面伙伴关系将于 2024 年迎来第十个年头，两国将在 2023 年年底前制定切实可行的计划，以进一步加强伙伴关系。

（三）马英关系

在过去十年中，英国对马来西亚的外国直接投资有所下降，英国最大的三家公司也都退出马来西亚投资市场。与之相反，马来西亚在过去十年中成为英国日益活跃的投资者。目前马来西亚投资者在英国有两个大型基础设施项目。为进一步推进马英两国关系的持续发展，2020 年，英国与马来西亚成立双边贸易和投资合作联合委员会。2022 年 11 月，英马双边贸易和投资合作联合委员会升级为部长级联合经济贸易委员会。马来西亚是英国在东南亚的第二大贸易伙伴，在 2022 年第三季度，马英之间的贸易总额达到 60 亿英镑，比去年同期增长近 18%。[②] 英国现已成为马来西亚第九大外国投资国。英国在马来西亚拥有强大的商业影响力。在高等教育合作领域，每年有超过 16000 名学生从马来西亚前往英国留学。五所英国大学在马来西亚建立校区，一所马来西亚大学在伦敦设有校区。值得注意的是，

---

① 《马来西亚和美国将制定计划进一步加强重要双边关系》，星光网，2023 年 11 月 15 日，https://www.thestar.com.my/news/nation/2023/11/15/pm-malaysia-us-to-formulate-plan-to-further-strengthen-vital-bilateral-ti.

② Chris Devonshire-Ellis and Henry Tillman，"UK-Malaysia 2023 Trade and Investment Trends Showcase a Lack of Interest into ASEAN"，January 16, 2023，https://www.aseanbriefing.com/news/uk-malaysia-2023-trade-and-investment-trends/.

两国在医疗保健领域的历史关系至今仍未改变。[①] 尽管医疗保健领域最近没有吸引到大量资本投资，但两国在新冠疫情中都发挥了不可或缺的作用。未来，马英双方将在绿色技术和金融、可持续城镇化和发展、水资源管理、环境保护、海洋治理、水文气象服务、卫生、创新等领域推进双边合作。尤其在数字经济、智慧城市、基础设施建设等方面双方具有较大合作潜力。

（四）马新关系

马来西亚和新加坡作为友好邻邦，自 2022 年 4 月边境重新开放以来，两国之间的访问和交流不断增加。马来西亚和新加坡双边关系牢固，双方在经济方面合作成效显著。2023 年 1 月 30 日，马来西亚总理安瓦尔对新加坡共和国进行正式访问。[②] 这是安瓦尔宣誓就任马来西亚第 10 任总理后首次访问新加坡，此次访问体现了马来西亚政府首脑对马新关系的高度重视。2022 年，新加坡和马来西亚成为彼此的第二大贸易伙伴，双边贸易额在2022 年达到 835.3 亿美元，比 2021 年同期增长 29.4%。同时，新加坡也是马来西亚 2022 年外国直接投资（FDI）的主要来源之一，占当年马来西亚总FDI 的 8.3%。2023 年 6 月 14 日，在新加坡举行的首次年度马新部长级对话（AMD）回顾了双方以往合作的进展。讨论议题包括新加坡和马来西亚于2023 年 3 月启动跨境二维码支付联动、新加坡金融管理局（MAS）和马来

① Chris Devonshire-Ellis and Henry Tillman, "UK-Malaysia 2023 Trade and Investment Trends Showcase a Lack of Interest into ASEAN", January 16, 2023, https://www.aseanbriefing.com/news/uk-malaysia-2023-trade-and-investment-trends/.

② 《李显龙总理与拿督斯里安瓦尔·易卜拉欣总理于 2023 年 10 月 30 日在新加坡举行的第十届新加坡—马来西亚领导人静修会上发表的联合声明》，马来西亚外交部，2023 年 10 月 30 日，https://www.kln.gov.my/web/guest/-/joint-statement-by-prime-minister-lee-hsien-loong-and-prime-minister-dato-seri-anwar-ibrahim-at-the-10th-singapore-malaysia-leaders-retreat-in-singa-1.

西亚国家银行（BNM）在实时支付系统联动方面取得的良好进展。[①] 2023年10月，新加坡李显龙总理与马来西亚总理安瓦尔在第10届新马领导人非正式峰会之后召开联合记者会，双方就柔新经济特区签署谅解备忘录达成意向。未来，马新两国将继续深化传统支柱领域合作、扩大新兴领域合作，加强区域合作和东盟的中心地位，在数码经济、绿色经济、跨境电力贸易等方面深入合作。

（五）马印关系

2023年1月8—9日，马来西亚总理安瓦尔对印度尼西亚共和国进行正式访问。此次访问是在安瓦尔被任命为总理后进行的首次正式出国访问。通过双边领导人的正式会晤，马印双方评估双边合作的进展，探索新的合作潜力，携手共同努力应对区域和全球挑战。马印双方决定加强在陆地边界划定、海上边界划定、印尼劳工等领域拓展双边合作。此次访问，马来西亚和印尼私营部门签署总计8份谅解备忘录，预计价值超过11.6亿林吉特。2021年，印尼是马来西亚全球第七大贸易伙伴，也是东盟第三大贸易伙伴，贸易额达953.1亿林吉特（229.8亿美元）。2022年1—11月期间，印尼是马来西亚全球第六大贸易伙伴，也是东盟第二大贸易伙伴，贸易总额增长41.7%，达1202.6亿林吉特（273.1亿美元）。[②] 2023年6月8日，印度尼西亚共和国总统佐科·维多多对马来西亚进行工作访问。两国领导

---

① 《李显龙总理与拿督斯里安瓦尔·易卜拉欣总理于2023年10月30日在新加坡举行的第十届新加坡—马来西亚领导人静修会上发表的联合声明》，马来西亚外交部，2023年10月30日，https://www.kln.gov.my/web/guest/-/joint-statement-by-prime-minister-lee-hsien-loong-and-prime-minister-dato-seri-anwar-ibrahim-at-the-10th-singapore-malaysia-leaders-retreat-in-singa-1.

② 《马来西亚总理亚布·拿督斯里·安瓦尔·易卜拉欣于2023年1月8—9日对印度尼西亚共和国进行正式访问》，马来西亚外交部，2023年1月8日，https://www.kln.gov.my/web/guest/-/official-visit-of-yab-dato-seri-anwar-ibrahim-prime-minister-of-malaysia-to-the-republic-of-indonesia-8-9-january-2023.

人希望借此机会深化两国在各领域的合作，探讨新的潜在合作机会，携手共同应对地区和全球挑战。①作为全球主要的棕榈油出口国，两国在欧盟有关该商品的新政策方面也拥有共同的利益。印尼和马来西亚既是战略邻国，又是东盟主要经济体。随着地区一体化进程的不断加快，两国之间在元首外交、政党外交和民间外交的引领下，将建立更紧密、更牢固的双边关系。

（六）马日关系

2023 年 12 月 16 日，马来西亚总理安瓦尔和日本首相岸田文雄在日本东京举行的东盟—日本纪念峰会期间举行了双边会晤，以进一步加强双边合作，此前他们于 2023 年 11 月 5 日在马来西亚行政首都布城举行了会晤。会上，两国首相发表联合声明，宣布马日双边关系升格为全面战略伙伴关系。②作为全面战略伙伴，两国同意进一步加强五个关键领域的合作，即和平与安全合作；继续在各层面开展合作以促进经济繁荣；科学、技术、创新和环境；社会、文化和民间交流；以及区域和全球合作。2022 年，马来西亚与日本的贸易额为 1815.1 亿林吉特（412.1 亿美元），占马来西亚贸易总额的 6.4%，自 2015 年以来连续八年成为马来西亚第四大贸易伙伴。自 1980 年以来，日本一直是马来西亚实施制造业项目的主要外国直接投资来源之一。截至 2023 年 6 月，共实施 2778 个制造业项目，总投资额为 918.9

---

① 《马来西亚总理和印度尼西亚共和国总统 2023 年 6 月 8 日发表的联合声明》，马来西亚外交部，2023 年 6 月 8 日，https://www.kln.gov.my/web/guest/-/joint-statement-by-the-honourable-prime-minister-of-malaysia-and-his-excellency-president-of-the-republic-of-indonesia-8-june-2023.

② 《马来西亚与日本双边关系升级为全面战略伙伴关系》，马来西亚外交部，2023 年 12 月 16 日，https://www.kln.gov.my/web/guest/-/elevation-of-bilateral-relations-between-malaysia-and-japan-to-comprehensive-strategic-partnership-16-december-2023.

亿林吉特（274.3 亿美元）。① 在地区安全挑战不断升级的背景下，日本希望与马来西亚进一步合作，维护和加强该地区的海上互联互通和稳定。② 日本和马来西亚于 2023 年 12 月中旬签署了一项海上安全援助协议，其中包括一笔 1986 万元（约合 280 万美元）的赠款，用于加强马来西亚的海上安全。随着马日关系提升为全面战略伙伴关系，未来两国在政治、经济、文化及安全领域的合作会不断加深。

五、社会秩序

2023 年马来西亚社会秩序总体良好。由于全球经济的下行，俄乌冲突进一步加剧了地缘政治的演变，马来西亚社会经济受到一定程度的影响。由于社会经济发展缺乏更多的新的增长点，马来西亚货币贬值引发通货膨胀，国内就业条件不足，加剧劳动力外流。政府效率低下和社会保障体系不健全加剧影响民生改善，收入水平的降低和生育文化理念的改变使生育率逐年降低。

（一）经济下行引发劳动力外流

马来西亚统计局调查显示，许多马国人选择到新加坡和文莱工作。由于林吉特持续贬值、就业条件未改善，马来西亚可能面临劳动力流失，影响经济持续发展。马国统计局发布的《2022 年在新加坡的马来西亚人社会安全保障》和《2023 年旅居文莱的马来西亚人》报告指出，前往新加坡的马国人当中，38% 是为了工作，62% 则因各种原因留在新加坡，包括做生

---

① 《马来西亚与日本双边关系升级为全面战略伙伴关系》，马来西亚外交部，2023 年 12 月 16 日，https://www.kln.gov.my/web/guest/-/elevation-of-bilateral-relations-between-malaysia-and-japan-to-comprehensive-strategic-partnership-16-december-2023.

② 《日本将加强与马来西亚在维护和平和地区稳定的合作》，马新社，2023 年 11 月 4 日，https://www.bernama.com/en/general/news.php? id=2241436.

意、参与培训及研究、接受教育或与新加坡人结婚。① 留在文莱的马国人则有半数是为了工作。根据报告，到新加坡和文莱工作的马国人当中，八成属于熟练和半熟练工人。其中，在新加坡工作的有 39% 是熟练工人，35% 是半熟练工人；在文莱则有 68% 是熟练工人，24% 是半熟练工人。统计局首席统计师莫哈末乌兹尔在 2024 年 2 月 19 日发文告指出，66.7% 在新加坡工作的马国人，月收入介于 1500—3599 新元，18.5% 月收入介于 3600—9999 新元。在文莱工作的马国人当中，41.3% 月收入介于 1000 文莱元至 3000 文莱元，43.5% 月收入介于 3001 文莱元至 1 万文莱元。② 马来西亚若无法改善就业条件，将导致工人和人才外流的问题恶化，最终影响经济发展。

（二）社会保障体系不健全、政府效率低下制约社会健康发展

从马来西亚社会保障制度来看，大多数民众虽然在社会保障政策层面是普遍照顾的对象，但在实践中覆盖范围往往有限。在马来西亚小企业和小工厂打零工的工人通常难以被社会保障政策所覆盖。2021 年 7 月的一项社会调查报告显示，许多被企业裁员的工人难以享受到社会保障政策带来的政策照顾和资金支持。一些偏远的农村地区，社会保障政策没有得到很好的执行，出现社保政策的"悬浮"。③ 从马来西亚社会治理参与情况来看，虽然社会政策总体上强调男女机会及比例的平衡，但在具体实践中，马来西亚女性在社会就业机会、受教育水平及参与社会政治实践等层面仍然在数量和比例上落后于男性。④ 随着近年来马来西亚政府入职人员的不断增多，马来西亚公务员队伍呈现庞大臃肿现象，部分公务员工作纪律意识不

---

① 萧郡瑜：《高薪及汇率吸引国人赴新加坡文莱就业》，《联合早报》2024 年 2 月 20 日，https://www.zaobao.com.sg/news/sea/story20240220-1469371.

② 萧郡瑜：《高薪及汇率吸引国人赴新加坡文莱就业》，《联合早报》2024 年 2 月 20 日，https://www.zaobao.com.sg/news/sea/story20240220-1469371.

③ World Bank，BTI 2024 Country Report：Malaysia，p. 27，https://www.bti-project.org.

④ World Bank，BTI 2024 Country Report：Malaysia，p. 28，https://www.bti-project.org.

强，导致政府行政效率低下。20 世纪 70 年代以来，马来西亚人口增长了 30%，与此同时，在岗的公务员的数量增长了 400%。目前马来西亚有超过 160 万名公务员，大约每 19 名公民就有 1 名公务员。[1] 为支付这些公务员的工资和养老金政府经常入不敷出。马来西亚公务员制度一直被批评为低效率、低价值。然而，考虑到公务员作为一个政治秩序的基本单元，马来政府一直不愿启动改革。[2]

（三）贫富差距拉大及生育率下降增加未来社会挑战

世界银行数据显示，虽然马来西亚的社会贫富差距高于大多数亚太国家，但在过去 10 年里，这一差距已大幅缩小。马来西亚最近的基尼系数为 41.2。这反映出从 20 世纪 90 年代末 49.1 的高点开始逐步下降。[3] 受民族文化差异影响，当前马来西亚面临生育率失衡的社会问题。马来人很大程度上受到伊斯兰教教义及其文化传统的影响。马来人的价值观里有养育后代照顾父母的传统理念。与此同时，华人群体倾向于优先追求财富，在生育方面有"重质多于重量"的心态。华人文化优先考虑的是孩子的教育，并强调财富和繁荣。许多华人家庭也倾向注重获得更高的生活品质和个人满意度。华社往往优先考虑孩子的优质教育，而这需要高昂的成本，导致他们想要更少的孩子。[4] 在华人群体中，孩子在教育中取得成绩后，就会被鼓励移民。马来西亚的总生育率（TFR）在 2024 年已降至每名女性生育 1.73 个孩子。同时，一项 2023 年发布的统计报告显示，马来人的总生育率最高，每名女性生育 2.1 名新生儿，而华人的总生育率为 0.8，印度人的总生育率为 1.6。由于经济下行导致生活成本增加，大量年轻女性也投入了工作

---

① World Bank，BTI 2024 Country Report：Malaysia，p. 33，https://www.bti-project.org.
② World Bank，BTI 2024 Country Report：Malaysia，p. 34，https://www.bti-project.org.
③ World Bank，BTI 2024 Country Report：Malaysia，p. 20，https://www.bti-project.org.
④ 王思琦：《文化差异使各族生育率失衡》，《东方日报》2024 年 5 月 16 日，https://www.orientaldaily.com.my/news/nation/2024/05/16/652149.

岗位。马来人的生育率从 2011 年的 2.8 下降到 2022 年的 2.1。[1] 从长远来看，出生人口下降将加速马来西亚走向老龄化国家。未来，政府需要采取多项措施，提供可负担的生育保健服务、实施教育计划以提高对生育问题的认识，以此扭转生育率持续下降的状况。

六、2024 年马来西亚展望

1. 外交政策走向

过去 50 年，马来西亚的外交政策在一些总体优先事项上保持了一定的连续性，包括处理与邻国的关系、扩大国家在关键地区和全球论坛中的作用，以及试图与包括美国和中国在内的主要大国保持平衡。[2] 安瓦尔首次出访东南亚国家，强调了马来西亚在泰国南部叛乱中发挥的调解作用，也强调了在中美竞争背景下区域内和机构间贸易和投资机会的重要性。[3] 随着日益复杂的外部环境，马来西亚的外交政策将面临巨大挑战。中美大国竞争将给马来西亚带来更大压力，美国要求其"选边站"为马来西亚未来外交带来更大难题。未来，马来西亚坚定地倾向于中立政策，加强与东盟国家、欧盟等的合作。

2. 经济增长趋势

2023 年，马来西亚经济表现出韧性，第三季度增长率为 3.3%，但由于乌克兰战争影响食品价格，进口费用高昂，通货膨胀持续存在。截至 2022

---

① 王思琦：《文化差异使各族生育率失衡》，《东方日报》2024 年 5 月 16 日，https://www. orientaldaily. com. my/news/nation/2024/05/16/652149.

② Ayman Falak Medina, "Insights into Malaysia's Standing in the 2024 Emerging Asia Manufacturing Index", May 17, 2024, https://www. aseanbriefing. com/news/insights-into-malaysias-standing-in-the-2024-emerging-asia-manufacturing-index/.

③ Prashanth Parameswaran, "How Will Malaysia's Foreign Policy Under Anwar Ibrahim Play Out?", May 11, 2023, https://www. wilsoncenter. org/blog-post/how-will-malaysias-foreign-policy-under-anwar-ibrahim-play-out.

年底，联邦政府的总债务和负债约为 1.45 万亿林吉特，占 GDP 的 80.9%。政府支出一直呈螺旋式上升、税收不足和补贴负担成为影响经济健康可持续发展的主要障碍。尽管全球经济下行放缓经济增长步伐，相对于许多其他中高收入国家来说，马来西亚的经济基本面仍然稳固，通货膨胀率保持在较温和的水平。[①]

3. 投资环境趋势

2024 年，安瓦尔将继续推动实质性的政治和体制改革，以提升投资者信心。在经济领域，安瓦尔政府将推进一系列经济政策，吸引关键矿产、可再生能源、半导体等重点增长领域的外国投资。为确保执政稳定，安瓦尔会继续采取措施以维护与联盟成员巫统（UMNO）之间的微妙平衡。[②] 马来西亚与澳大利亚、智利、印度、日本、新西兰、巴基斯坦和土耳其批准了七项双边自由贸易协定（FTA）。马来西亚，尤其是大吉隆坡地区，培养了该地区受教育程度最高、技能水平最高的劳动力，在推动创新、促进经济增长和吸引全球投资方面发挥了关键作用，其多语种人才将为跨国公司在多元化市场中提供竞争优势。

4. 科技和创新趋势

马来西亚政府推出了数字倡议，重点关注数字旅游、数字贸易、数字农业、数字金融等 9 个领域，旨在通过促进数字技术普及、支持本地科技公司发展、吸引高价值数字投资等三大举措，提高马来西亚在全球数字革命和数字经济领域的竞争力，促进数字经济发展。马来西亚推出了人才计划和数字贸易计划，以落实数字倡议。马来西亚通讯及多媒体部专门设立了"马来西亚数字协调委员会"，负责数字倡议的实施与管理协调工作。[③]

---

① World Bank，BTI 2024 Country Report：Malaysia，p. 5，https://www.bti-project.org.

② Ayman Falak Medina，"Insights into Malaysia's Standing in the 2024 Emerging Asia Manufacturing Index"，May 17，2024，https://www.aseanbriefing.com/news/insights-into-malaysias-standing-in-the-2024-emerging-asia-manufacturing-index/.

③ 刘慧：《马来西亚力促数字经济发展》，《人民日报》2022 年 8 月 9 日，第 17 版。

为进一步加大与马来西亚政府的数字合作，将马来西亚打造为东南亚的技术创新和数字中心，谷歌向马来西亚数据中心和云计算市场投资 20 亿美元。凭借这项国际投资，马来西亚有望成为全球数字经济的重要参与者，推动该地区的技术进步和经济发展。

［徐志亮，云南省社会科学院、中国（昆明）南亚东南亚研究院老挝研究所助理研究员］

印度尼西亚：政治总体稳定
经济逐渐复苏　外交积极活跃

张党琼

2023 年，印度尼西亚政局总体稳定，民众对佐科政府执政业绩的满意度较高，希望他连任总统的呼声不断。围绕 2024 年大选，各大政党竞相结盟，纷纷推出总统和副总统候选人，积极营造舆论声势。迁都计划稳步推进，加速建设巴布亚特别自治区。经济方面，逐渐摆脱了疫情的影响，在 2022 年经济复苏的基础上保持较快增长。外交方面，奉行合作、团结与和平的理念，积极在地区和国际事务中发挥积极作用。担任东盟轮值主席，致力于加强东盟在塑造印太地区秩序方面的中心地位，积极推行"东盟印太展望"，以"印太"构想撬动地区和全球国际政治经济格局。

一、政治

2023 年，印度尼西亚政局总体稳定，佐科的支持率仍然保持较高水平，强势推动了迁都计划实施、改组内阁、加强巴布亚特别自治区建设等。佐科的民众支持率持续上升，根据印尼民调研究机构（LSI）公布的结果，在 7 月份其支持率达到了 82%，中间有所下降，12 月的支持率又上升到 76%。[①] 围绕 2024 年全国大选，各政党之间竞相结盟，推出总统和副总统候

[①] 《人民对佐科表现满意度增至 76%》，印尼《国际日报》2023 年 12 月 11 日。

选人，展开了激烈的角逐。

（一）大选前形势分析

1. 大选前形势扑朔迷离

自2022年开始，关于佐科欲修改宪法延长总统任期、延期举行总统选举的传闻不断，出现了两种不同的声音。一方面，佐科支持者努力为他继续在政坛发挥影响力造势，认为只有他连任，才能保持政治稳定，迁都计划才不会落空，经济复苏和发展才有希望。多名部长以及政党领袖等政治精英发表关于推迟大选的言论，遭到了佐科总统的批评。佐科总统回应，这些都是谣言，他既不会寻求连任总统，更不会延期举行总统选举。佐科在接受采访时阐述，印尼未来的总统必须具有强大的领导能力，并且始终维护人民利益，他还建议在即将到来的2024年大选中不应再出现身份政治和宗教政治化的情况。副总统马鲁夫也强调，在竞选期间不可利用身份政治干扰选举。

2. 难产的总统副总统候选人组合

自选举委员会公布大选日期开始，关于总统、副总统候选人的猜测就没有停止过，民调机构也开展了多轮调查。直到10月21日，三组总统和副总统候选人才全部推出。各政党竞相结盟。民主斗争党联合团结建设党（PPP），推举前中爪哇省省长甘贾尔·普拉诺沃为2024年总统候选人，其竞选搭档是政治、法律和安全事务协调部长穆罕默德·马福德。国民民主党（Nasdem）联合民族觉醒党（PKB）与繁荣正义党（PKS）合组"团结与变革联盟"，推举前雅加达首都特区省长阿尼斯·巴斯威丹为总统候选人，其竞选搭档是民族觉醒党总主席穆哈明·伊斯坎德尔。大印尼运动党联合专业集团党、国家使命党、建设统一党、民主党等组成"印尼前进联盟"，提名普拉博沃为总统候选人，竞选搭档是现任总统佐科的长子吉布兰。总统候选人与前期民调推出的三大热门人选一致，显示了民意在印尼大选中的重要性。

3. 民主斗争党分裂

首先是在推选总统候选人上产生分歧。民主斗争党党主席梅加瓦蒂一开始力推女儿普安为该党的总统候选人，而且态度非常强硬，与佐科总统产生了裂痕。梅加瓦蒂在民主斗争党 50 周年党庆演讲中强调政党在总统竞选中的重要性，指出佐科如果没有民主斗争党提名，就没有机会当选。梅加瓦蒂一再强调，她有权提名总统候选人，任何人都不得挑战她的权威，否则将被开除党籍，这当然也包括佐科。正因为在总统候选人问题上梅加瓦蒂和佐科无法达成统一意见，所以民主斗争党迟迟没有公布该党提名的总统和副总统人选。但由于普安的民调支持率太低，梅加瓦蒂最后作出了妥协，改由呼声较高的甘贾尔作为总统候选人。其次，在吉布兰退出民主斗争党，加入大印尼运动党阵营并参选副总统问题上，梅加瓦蒂与佐科关系再次剑拔弩张，她指责佐科："有人试图开印尼民主进程的倒车"，但为保存民主斗争党的实力，梅加瓦蒂不得不再次做出妥协。最后，佐科总统女婿波比因支持普拉博沃竞选总统而遭到民主斗争党开除党籍，佐科幼子卡桑选择加入与民主斗争党对立的印尼团结党，也是佐科家族中首个非民主斗争党成员。2024 年 1 月 10 日，佐科缺席民主斗争党 51 周年党庆而选择出访菲律宾，公开与该党拉开距离。

4. 吉布兰参选引争议

佐科长子、梭罗市市长吉布兰参选是柄双刃剑。支持者认为，佐科的做法是可以接受的，他在任期 10 年里所创造的经济成就以及迁都计划都需要后继人，保持其施政纲领的延续性。普拉博沃公开支持佐科的决定，称佐科是为了"国家和人民服务"的需要。同时支持者认为，吉布兰参选将把支持佐科的选票收入囊中。反对者认为，吉布兰参选涉及政治道德问题。原因是在现有总统选举条例中，明文规定参加正副总统选举的人选必须在 40 岁或以上，而吉布兰只有 36 岁，不符合参选条件。在首席大法官安瓦尔（佐科总统妹夫）主导下，对总统选举条文进行了修改，为"40 岁"这个硬杠杠列出了一个例外条款，即如果有通过民选方式担任过议员、市长、省长等职务的不受最低年龄限制。民间社会包括一些亲佐科的人士认为这很明显是为吉布兰参选"开绿灯"，纷纷指控佐科违反了公平和民主原则，走向家族王朝、寡头政治之路。围绕吉布兰获得参选资格方式而出现的争议，一度影响普拉博沃的民意支持。支持和反对吉布兰参选的声音此起彼伏，使本就复杂的选情更加扑朔迷离。

5. 普拉博沃赢得大选

2024 年 2 月 14 日，印尼举行大选。3 月 20 日，计票结果显示，第三次角逐总统宝座的普拉博沃在第一轮投票中就赢得大选。他之所以获胜主要有几个原因：一是得到佐科的支持。佐科的态度在很大程度上影响选民的决定。从民调机构公布的数据看，佐科的支持率基本维持在 74% 左右，这让他足以成为影响选情的造王者。尽管佐科一再宣称自己对总统选举保持中立，但允许长子吉布兰加入普拉博沃阵营已经表明了他的态度。二是得益于他在军队和商界的影响力。普拉博沃出生于 1951 年，现年 73 岁，是苏哈托的前女婿，一位精明的政治家，具有强大的军队背景，在军队中的权力和声望很高。1975 年，他指挥印尼在东帝汶展开的大规模军事活动；1992 年，他参与了与自由巴布亚对抗的军事行动；1993 年，他进入印尼特种部队司令部，曾任印尼特种部队司令；1996 年担任印尼陆军战略指挥官。在苏哈托下台后，他因涉嫌绑架和拷打反苏哈托分子而被革除军职，政治生涯暂告一个段落。同时他在商界的影响力也很大，在印尼和海外拥有 27 家公司，涉足石油、天然气、煤炭、木材、棕榈油、造纸业、渔业等领域，资本雄厚，这也是他能多次参与总统竞选的资本。三是普拉博沃具有丰富的竞选经验，在国际舞台和国家事务决策上的经验也较其他 2 名对手丰富。普拉博沃之前曾 3 次参与总统选举，2014、2019 年两次与佐科竞争总统之位，也取得了不俗的成绩。2019 年竞选失败后作为国防部部长加入佐科内阁，在国际及国内重要场合盛赞佐科，称其为印尼最好的总统。自决定参选以来，他竭力打造和蔼可亲、平易近人的人设，并通过各种方式迎合各类选民，为自己争取更多的选票。四是普拉博沃满足民众尤其是年轻人对

"强国梦"的期待。普拉博沃积极通过社交媒体回应年轻选民关切的现实问题，对经济增长、促进就业等民生议题作出政策承诺，给了这些选民足够的可靠感和可信度。特别是出生在1995—2009年之间的"Z世代"年轻人普遍支持普拉博沃及其领导的大印尼运动党，占比20%以上的他们是大选中的重要力量。

（二）迁都计划稳步推进

2022年1月18日，国会通过了新首都法案，随后佐科总统正式签署迁都法令。该法令确定将首都从雅加达迁往婆罗洲东加里曼丹省的努桑塔拉。在国会表决时，绝大多数国会议员都支持迁都法案，唯有伊斯兰教保守派公正福利党（PKS）的代表反对迁都法案。一些反佐科人士抨击迁都法案，联名向宪法法院提出违宪审查，要求废除该法令。反对者认为在新冠疫情肆虐的特殊时期，政府应把精力集中于应对疫情，发展经济，改善民生，而不是大搞迁都，劳民伤财。根据规划，迁都项目将耗费325亿美元，印尼政府计划动用国家预算为项目实施提供19%的资金，其余部分将通过公私合作和私人投资提供。这一巨额款项对本就资金短缺的印尼财政来说无疑是雪上加霜，外部资金的引入也没有那么容易。另外，反对者还担心迁都会破坏当地生态环境，影响土著居民传统的生活方式。新首都拥有茂密的热带雨林和丰富多样的野生动物，是世界第三大生物多样性热点地区。按照新首都规划，除了建设政府大楼外，还要建设大约150万名公务员的居民住房以及各种相关的基础设施，无疑会对当地的热带雨林造成一定程度的破坏。三位总统和副总统候选人对迁都的态度也不尽相同。阿尼斯认为，迁都不能解决雅加达现有的问题，只会造成新的不平等，不应该以迁都的方式回避问题。其竞选搭档穆海明则更加激进，他明确表示不愿意迁都，努桑塔拉不适合作为首都，甚至把迁都说成是佐科个人的选择，不能代表印尼广大人民的意愿。普拉博沃组合则明确表示支持新首都建设，因为这是所有联盟政党和全国政治精英共同的政治决心。甘贾尔组合也表达了对新首都建设的支持态度，承诺如果当选，将继续推动新首都建设项目。

佐科在发表国情咨文时再次强调迁都计划的重要性，印尼政府将新首都建设列为超级优先项目，表明政府推进迁都工作的决心。2023 年 6 月 7 日，佐科在参加由新加坡淡马锡主办的生态繁荣周活动上发表演讲时强调，无论未来谁领导印尼，新首都项目都会继续，以此增加投资者的信心。11 月，佐科总统为医院、公寓大楼、酒店、购物中心、机场、高速公路等多个基建项目主持奠基仪式，正式启动建设。为确保首都建设项目的顺利实施，印尼政府已在 2024 年度的预算中拨款 40.6 万亿印尼盾用于重要基础设施建设，其中很大一部分用于新首都建设。来自中国、日本、韩国、德国，以及阿联酋的投资者都表现出了极大的兴趣。

根据计划，印尼将在 2024 年 8 月 17 日庆祝国家独立 79 周年之际启用新首都。新首都建设项目已经写入国家发展战略中，未来无论谁当选总统，都将执行该战略计划。

（三）巴布亚地区问题

佐科政府为加速建设巴布亚特别自治区，组建了由马鲁夫副总统担任主席、内政部长、国家建设委部长、财政部部长，以及分别来自巴布亚每个省区的 1 名代表组成的辅导委员会，统筹协调巴布亚特别自治区建设工作。继续加大巴布亚地区基础设施建设力度，在西巴布亚省和中巴布亚省建设机场并投入运营，提高该地区互联互通水平，破除要素流动障碍，促进经济发展。

2022 年，印尼国会通过一项法案，在巴布亚新增设 3 个省区，即南巴布亚、中巴布亚及巴布亚高地，目的是帮助促进巴布亚地区的发展、加强公共服务，以及为巴布亚民众创造更多成为公务员的机会。但许多巴布亚民众反对这项法案，认为该法案将削弱巴布亚省原住民的地位和自治权。人权组织也批评政府把巴布亚划分成多个单元，是为了削弱巴布亚人的身份认同和对印尼政府的反抗力度，这可能会推高暴力冲突的风险。[①] 果不其然，2022 年 6 月 3 日，巴布亚省查雅普拉市数个地点发生反对成立新自治省区（DOB）的示威活动，独立的巴布亚军事组织领导人向印度尼西亚总统及副总统喊话，要求停止通过关于巴布亚领土划分的法律，并宣称他们要求实施自决权。

印尼政府加强在巴布亚地区的建设取得了一些效果。近年来，发生骚乱事件的频率降低，但是该地区的民族分离主义势力没有被彻底瓦解，民族不满情绪仍然持续。2023 年 2 月 7 日，巴布亚武装组织"西巴布亚民族解放军"劫走印尼苏西航空公司的一名新西兰籍服务人员默滕斯作为人质，要挟印尼政府承认巴布亚独立并撤出驻军。军警在搜寻默滕斯下落中遭到叛军袭击，致多人死亡。

（四）加强对极端势力的打击

在印尼政府连续多年的强力打击下，极端组织相继被取缔，极端主义威胁已大大减少。继"伊斯兰祈祷团""印尼解放组织"（HTI）之后，2023 年，印尼警方宣称成功消灭"东印尼真主战士"组织。但巴以冲突爆发后，出现恐怖袭击升级的现象。由于政府加大对极端势力的打击力度，恐怖主义呈现网络化、隐蔽化特征，绝大多数恐怖分子转向通过网络、社交媒体宣誓效忠"伊斯兰国"，通过网络学习组装炸弹、发动袭击等，在网络上宣扬极端主义思想、筹集资金等，使印尼的反恐形势更加复杂。

在 2024 年大选前，印尼警方将加强防范恐怖袭击作为保障大选安全举行的重点任务，集中精力做好事前预防。警方反恐特遣队在 2023 年 10 月 2—28 日的执法行动中逮捕了 59 名极端组织嫌犯，其中 40 人是神权游击队成员，19 人是伊斯兰祈祷团成员，查获武器、宣传资料和制造炸药的化学

---

① 《印尼在巴布亚省增设三个新省区引发不满》，《联合早报》2022 年 7 月 1 日。

品。① 他们涉嫌袭击负责 2024 年选举保安工作的安全部队，破坏大选活动。

（五）改组内阁，巩固权力

佐科第二届任期内多次改组内阁，巩固执政党权力。2022 年 6 月，国家使命党（PAN）主席祖尔基弗里接替因处理国内食用油短缺问题而激起民怨的鲁特菲担任贸易部长，这一方面是为了改善政府形象，给民众一个交代，另一方面，也是对盟党、国家使命党的一个交代。国民军前总司令哈迪接替处理农地争议不称职的索菲安担任土地改革与空间规划部长，目的是拉拢军方，希望借重军人的魄力解决当地错综复杂的土地争端。② 2023年 7 月，佐科任期内第三次改组内阁。在通信与资讯部长普拉特涉嫌贪污被捕后，佐科任命自己的亲信、一个民间组织（Projo）的现任主席布迪担任该职位，这个组织在佐科两次总统大选中都发挥了关键作用。同时任命 5名副部长和 2 名总统顾问委员会委员。10 月，来自国民民主党的农业部长请辞后，佐科任命在其上一任期担任农业部长的安迪·阿姆兰·苏莱曼补缺。通过任期内几次改组内阁，反对党阵营遭到削弱，执政联盟阵营权力扩大。

（六）肃贪委权力遭到削弱，腐败问题愈演愈烈

根据国际透明组织公布的 2022 全球清廉指数显示，印尼从 2021 年的38 分降至 34 分，是自 1995 年来最大降幅，在 180 个参加排名的国家中排名第 110 位。③ 2023 年，有多名政要涉嫌贪污被捕，最具有讽刺意味的是肃贪委员会主席因涉嫌贪污被调查。年初，巴布亚省长因涉嫌收受承包商酬

---

① 《涉嫌计划破坏大选，印尼警方逮捕 59 名极端分子》，《联合早报》2023 年 10 月31 日。

② 《佐科改组内阁，撤换贸易及农业部长，学者：巩固权力交棒给属意接班人》，《联合早报》2022 年 6 月 16 日。

③ 《印尼肃贪委主席涉贪 被警方列为贪污案嫌犯》，《联合早报》2023 年 11 月 24 日。

金被捕；5 月，通信与资讯部长普拉特涉嫌在乡村互联网通讯塔安装项目中收受回扣被捕；10 月，前农业部长夏鲁尔因涉贪而辞职并被捕，他被指控挪用超过 80 万美元公款。他是佐科执政后第六名卷入贪污案的部长，肃贪委员会主席菲尔利也牵涉其中。菲尔利涉嫌在 2020—2023 年期间，敲诈勒索夏鲁尔以及收受礼物或酬金，目前被警方正式纳入调查，这是印尼肃贪委成立 20 年以来，首次有负责人被警方指控涉及贪腐案，大大影响了肃贪委的形象，给那些主张解散肃贪委的议员留下把柄。由于肃贪委主席由佐科总统直接任命，因此民间反贪组织"贪污观察"呼吁佐科为肃贪委在其任内表现不佳负责。

二、经济：强劲且富有弹性

2023 年，消费、制造业、投资及出口的增长推动了印尼整体经济增长，尤其是国内需求取代了大宗商品出口，成为印尼经济增长的主要动力。印尼官方确定 2023 年的经济增长目标为 5.3%，通货膨胀率预测介于 2%—4% 之间。印尼财政部预测，该国 2023 年的经济增长率将达到 5.1%。而印尼银行预测，2023 年的经济增长率将在 4.5%—5.3% 之间。世界银行预测，印尼 2023 年的经济增长率为 4.9%。亚洲开发银行在 10 月份将印尼的经济增长预期从 4.8% 上调为 5.0%，将其对印尼通胀率的预测从之前的 4.2% 下调到了 3.6%。[①] 亚洲开发银行之所以作出这样的调整，主要基于印尼家庭消费增加以及国际游客的增加。印尼国内以及国际经济组织对 2023 年的经济增长预测基本一致，保持在 5% 左右，总体来说，这样的经济增长速度在全球来说是一个相当不错的成绩。在全球经济动荡的情况下，印尼经济的基本面依然强劲且富有弹性。印度尼西亚中央统计局的数据，2023 年第一季度的经济增长率为 5.04%，第二季度的经济增长率达到 5.17%。第三季

---

①　《亚行将印尼 2023 年经济增长预测上调到了 5%》，每日经济，2023 年 10 月 5 日，https://cn. dailyeconomic. com/2023/10/05/74547. html.

度的经济同比增长 4.94%。[①] 贡献最大的商业领域是加工业、农业、贸易、采矿业和建筑业。第三季度经济增长低于第一和第二季度，主要是由于全球经济增长乏力和印尼煤炭、棕榈油等大宗商品出口下降所致。

世界银行公布数据显示，由于印尼的国民人均总收入上涨至 4580 美元（约 6193 新元），较之前的 4140 美元增加了 440 美元，使印尼得以在 2023 年重新挤入中上收入国家行列。[②]

（一）农业方面，继续实施土地改革，为农业发展扫除障碍

近年来印尼政府大力推进土地改革，为大量农民发放土地证，大大解放了农业生产力，实现大米自给自足。印尼自 2015 年起采取多项措施提高大米产量。2019—2021 年间，印尼大米产量每年平均达 3130 万吨，实现了大米的自给自足。在大米自给自足的基础上，佐科政府提出粮食多样化计划，解决粮食安全问题。2023 年，印尼的大米生产受到超长旱季的影响而减产，导致价格上涨。为稳定大米价格，印尼政府一方面允许国家食品采购机构进口 200 万吨大米，而上一年的进口量仅为 50 万吨；[③] 另一方面，向市场投放国家储备大米，向广大家庭发放大米援助。

棕榈油出口减少。欧盟在 2022 年 12 月制定限制性条款，要求棕榈油、大豆及可可等商品供应商必须证明产品的生产过程不涉及破坏森林，才能出口到欧洲。欧盟是全球第二大棕榈油进口地区，这项法案造成印尼棕榈油出口的大幅下滑。为此，印尼作为全球最大的棕榈油生产国和出口国，联合第二大出口国马来西亚应对该项法案。

---

① 《印尼 2023 年第三季度经济增长放缓至 4.94%》，《经济日报》2023 年 11 月 7 日。

② 《因经济增长回升 印尼重新位列中等收入偏上国家行列》，《联合早报》2023 年 7 月 3 日。

③ 《印尼干旱严重，稻农改种耗水较低的玉米》，《联合早报》2023 年 7 月 31 日。

（二）工业方面

1. 加快推进中小企业数字化转型

促进中小微企业发展，通过简化营业许可证申办程序，提供融资渠道，推动中小微企业数字化转型等措施，为中小微企业发展保驾护航。受到疫情冲击，不少中小微企业经营困难，越来越多中小微企业加速将业务转移到线上数字平台，促进企业数字化转型发展。印尼迄今已有 1900 万家中小微企业进入该国的数字生态系统。政府计划到 2024 年让 3000 万家中小微企业进入数字生态系统。[①] 预计到 2025 年数字经济产值增长至 1460 亿美元。[②] 数字经济转型促进了印尼经济增长的势头。政府采取加快信息通信基础设施建设，加速金融数字化转型，为中小微企业搭建电商平台等措施，加快各领域的数字化转型。数字化转型将助推印尼经济加快复苏，对经济可持续增长具有重要意义。

2. 禁止原材料出口，发展精深加工业

佐科连任总统后，强调要提高精深加工能力，发展"下游产业"，提高产品附加值，试图通过大力发展制造业和提高生产力来摆脱所谓的中等收入陷阱。矿产资源领域，政府陆续出台了禁止出口镍、铝、铜、锡等资源原矿的禁令，要求进行矿产资源的深加工和产业化，提高产品的附加值。以镍矿为例，镍铁经过深加工后附加值提高了 18 倍。[③] 印尼政府欲打造一个"巨大的电动汽车生态系统"，包括从电池到零部件全产业链本地化生产，而不是简单利用其自然资源制造电池，沦为全球电动汽车供应链中的一个原材料供应商或零部件制造商，这是印尼政府今后一段时期内的工业

---

① 《印尼总统佐科发表年度国情咨文，承诺继续推进"五大进程"》，人民网，2022 年 8 月 17 日，http://yn. people. com. cn/n2/2022/0817/c372459−40083915. html.

② 《印尼各界人士谈 2023 年经济：谨慎乐观》，中新网，2023 年 1 月 8 日，http://news. cyol. com/gb/articles/2023−01/08/content_VYYWYycv9Y. html.

③ 《印尼总统佐科发表年度国情咨文，承诺继续推进"五大进程"》，人民网，2022 年 8 月 17 日，http://yn. people. com. cn/n2/2022/0817/c372459−40083915. html.

发展新战略。"下游产业"从矿产加工扩大到食品和渔业加工等领域，值得一提的是，建造以合作社为基础的小型原棕榈油（CPO）和红棕榈食用油或红色食用油（RPO）工厂。

3. 发展清洁能源，壮大绿色低碳经济

太阳能、地热、风能和生物能源等是印尼具有竞争力的清洁能源。佐科总统在不同的场合鼓励发展绿色经济，并且设定了一系列目标，到2025年，新能源和可再生能源的利用率要达到23%。[①] 为了促进经济绿色和可持续发展，政府采取多种措施，其中之一便是支持银行推出绿色信贷投资组合，优先支持那些绿色可持续发展的企业和投资项目。除此之外，还积极吸引私营企业界以及非政府机构的资金来发展绿色经济。

（三）旅游方面

印尼政府陆续出台促进旅游业复苏的举措。2023年2月5日，一年一度的东盟旅游论坛在印尼举行，除了东盟十国外，中国、日本、韩国、印度和俄罗斯作为特邀国出席论坛，围绕疫情后旅游业复苏、促进东盟地区旅游业发展深入讨论、建言献策、签署合作协议。在论坛上，印尼发布了两项促进旅游复苏的战略，包括简化签证政策及旅游促销计划。

提升旅游业服务水平和国际竞争力。印尼旅游和创意经济部推出了"印尼关怀"计划，通过改善基础配套措施、提升服务水平等方式提高游客的安全感、健康感、舒适感，赢得国际游客信任。

举办国际旅游活动，包括体育、音乐和其他创意活动等，吸引全世界游客的目光。9月，印尼向在该国投资35万美元以上的外国人发放"黄金签证"，允许其在印尼居留5年至10年，以促进该国经济发展。

截至2023年10月，到印尼旅游的外国游客已达到950万人次，比2022年同期增长124.3%，超过850万人次的预期目标。旅游和创意经济部长桑

---

① www.indonesia.go.id，Financial Support for the Green Economy，September 9 2022.

迪亚加·乌诺预计，全年到访印尼的外国游客将达 1100 万人次。预计 2024 年将达到 1400 万，恢复到疫情前的水平。[①]

（四）民生方面

随着疫情防控措施全面放开，印尼政府推出多项经济刺激措施，促进经济复苏，积极改善民生。

积极开展民生领域援助。中央政府的福利援助开支高达 366.2 万亿印尼盾，[②] 向民众和微小企业发放社会福利，包括发放燃油补贴、提供健康卫生保险资金、教育援助资金等，向农民发放种子、有机肥料、拖拉机等农业机械援助。为抑制大米价格上涨影响民众生活，政府通过国家物流管理局在所有省份的市场投放国家储备大米，每个家庭每月可领取 10 公斤补助大米，向 2130 万家庭发放为期 3 个月的粮食补助。[③] 印尼政府通过发放粮食补助稳定粮食价格，控制通货膨胀，保障人民基本生活。

2023 年，印尼通过一项紧急就业法令，取代了 2020 年被裁定部分违宪的创造就业综合法，修订 70 多部法律，简化法律程序，改善营商环境，吸引投资，增加就业。该法令规定雇主不能单方面终止雇佣合同，员工被解雇后将获得各项赔偿和保险，有效保护劳动者的合法权益。

三、外交

2023 年，印尼在区域及国际舞台上较为活跃。印尼继 2022 年担任二十国集团（G20）轮值主席国后，2023 年担任东盟轮值主席国。佐科总统在

---

① 《又有一国考虑对中国免签！》，上观新闻，https：//www.jfdaily.com/wx/detail.do？id＝690243，2023 年 12 月 8 日.

② 《政府已发放 366.2 万盾援助金》，印尼《国际日报》2023 年 7 月 1 日。

③ 《印尼政府计划向受益家庭发放为期 3 个月的粮食补助》，广东外语外贸大学印度尼西亚研究中心，2023 年 9 月 1 日，https：//cis.gdufs.edu.cn/info/1014/2108.htm.

发表国情咨文时指出：印尼处于"全球领导地位的巅峰"。① 在俄乌冲突爆发后，为了确保 G20 峰会不受俄乌冲突挑起的敌对情绪影响其顺利举行，佐科总统积极在有关方之间采取了一系列外交斡旋的努力，频繁出访，会见各国领袖，寻求各方支持。同时，佐科总统也先后访问乌克兰和俄罗斯，居间牵线搭桥，为争取和平而努力。在巴以冲突中，印尼积极斡旋，佐科总统在伊斯兰合作组织峰会上呼吁伊斯兰国家团结一致共同解决问题，包括向巴勒斯坦提供人道主义援助、敦促立即停战进行和谈等。同时，印尼还通过中等强国合作体会议、伊斯兰国家合作组织等表达对巴勒斯坦的支持。

印尼语被联合国教科文组织确定为该组织大会论坛的官方语言之一，这是印尼扩大全球影响力的又一重大事件。正如印尼外长蕾特诺所说的那样，"在充满不确定性和多边主义价值不断遭遇挑战的世界形势中，印度尼西亚将更加积极地奉行合作、团结与和平的理念。"② 在联合国教科文组织第 42 届大会上，印尼当选联合国教科文组织 2023—2027 年执行委员会成员，反映了印度尼西亚在全球层面推动文化、教育、科学以及通讯和信息等问题上作出的显著贡献，得到了国际社会的信任。

（一）与东盟的关系

印度尼西亚致力于将东盟打造为该地区和平、稳定和繁荣的火车头，加强东盟在塑造印太地区秩序方面的中心地位，确保东盟对区域和世界都很重要。印尼作为东盟轮值主席国，围绕将东盟打造为增长中心这一主题，提出了复苏和重建、数字经济和可持续发展三大议题。除此之外，还面临处理东盟事务、东盟"印太展望"主流化两大任务。在第 56 届东盟外交部长会议上，佐科总统和雷特诺外长都强调，"东南亚不是竞技场，东盟不是

---

① 张佳莹：《佐科：印尼处于全球领导地位的巅峰》，《联合早报》2022 年 8 月 16 日。
② 《黄金机会：维多多的中国之行聚焦贸易》，2022 年 7 月 25 日，https://chinese.aljazeera.net.

代理人"。印尼将东盟视为外交政策的基石，积极推动建设东盟共同体，以东盟撬动全球国际政治经济秩序。

印尼与马来西亚的关系非同一般。马来西亚新任首相安瓦尔上任后首次出国访问的第一站选择印尼，显示了对印尼的重视。安瓦尔形容两国"不是一般的外交关系"。6月7日，佐科访问马来西亚，两国政府签署六项涉及边境、贸易、投资和清真产品认证的协议与备忘录，其中包括苏拉威西海域的边界划分条约。特别是在反对欧盟出台的棕榈油进口限制新规上，印尼和马来西亚团结合作，共同应对欧美国家对棕榈油的进口限制。安瓦尔也与佐科讨论了长期困扰两国的边界划分及劳工问题，为两国关系扫清障碍。马来西亚积极支持印尼新首都建设，包括酒店、医院和配套设施等，期待印尼新首都建设为邻近的沙巴和砂拉越经济发展带来更多的机遇。

2023年，印尼与新加坡展开全方位的合作，包括在金融、贸易、国防等领域都有新的突破。2022年1月，两国领导人举行非正式峰会，针对调整新加坡和雅加达之间的飞航情报区范围边界、引渡逃犯、国防合作等课题签署协议。2023年3月，两国领导人再次举行非正式峰会，探讨在经济、社会文化和安保方面的前瞻领域加强双边伙伴关系。李显龙总理形容两国的关系像橡树一样，根基深厚、结实牢固。佐科表示，新加坡是印尼最重要的伙伴，新印关系密切、长久。2022年6月，新加坡正式批准进口印尼冰鲜、冷冻，以及经加热处理的鸡肉，印尼成为新加坡最新的鸡肉来源国。6月7日，佐科及数名内阁成员访问新加坡，出席淡马锡主办的生态繁荣周活动，重点是吸引企业投资印尼新首都建设。

11月15日，印尼国防部部长普拉博沃主持召开第17届东盟国防部部长会议，呼吁向巴以冲突中遭受战争影响的加沙难民提供人道主义援助。

（二）与中国的关系

2023年是中印尼两国建立全面战略伙伴关系10周年，全面战略伙伴关系走深走实，命运共同体建设不断迈上新台阶。中国和印尼加强治国理政经验交流，高层领导频繁互访，启动两国外长、防长"2+2"对话机制，打造高水平战略互信。2022 年 7 月，佐科来华访问，与中国达成了一项重要政治成果，明确了共建中印尼命运共同体的大方向，显示了两个发展中大国和重要新兴经济体团结合作，积极践行多边主义，积极维护广大发展中国家和国际社会的共同利益，助力构建更加公正合理的全球治理体系和制度环境，为促进全球公平正义作出更多新贡献。2023 年，佐科总统在 3 个月内两次来华访问，一次是出席 7 月下旬在成都举行的大运会，一次是出席 10 月 18 日在北京举办的第三届"一带一路"国际合作高峰论坛。佐科在"一带一路"国际合作高峰论坛开幕式致辞中表示，刚刚开通运营的雅万高铁是"一带一路"倡议下中印尼合作的重要成果，希望在"一带一路"框架下，进一步推动印尼新首都建设，推动印尼能源转型以及产业结构升级。

10 月 2 日，佐科总统宣布雅万高铁正式启用。雅万高铁经过 7 年的奋战成功建成通车，是中印尼共建"一带一路"和印尼"全球海洋支点"战略构想对接、中印尼两国务实合作的标志性项目，对于双方继续推进"区域综合经济走廊"和"两国双园"建设起到重要的示范作用。雅万高铁连接印尼首都雅加达和历史文化名城万隆，是印尼乃至整个东南亚地区的第一条高速铁路。雅万高铁的开通对于加速沿线人员流动、货物流通、促进就业起到了不可估量的作用。据统计，雅万高铁建成运营后，客运服务、设备检修及相关配套产业延伸服务将创造 3 万个就业岗位。[1]

（三）与美国的关系

2023 年，印尼与美国关系升级为全面战略伙伴关系，宣布在防务、重要矿产、半导体供应链和气候等多个领域开展合作，这是印美双边关系中的一个重大事件。美国总统拜登表示："这标志着美国和印尼之间的关系开

---

[1] 《中印尼共建"一带一路"合作的"金字招牌"》，《人民日报》2023 年 10 月 18 日第 05 版。

启了新时代，这将影响到美印关系的方方面面。"而佐科表示，最重要的是"必须让全面战略伙伴关系有实质内涵，因为对印尼而言，包括供应链课题在内的经济合作是优先事项。"①

美国积极在印太地区建立合作网络，印尼是该区域的重要国家，而且拥有丰富的资源，是美国"印太战略"布局中的重要一环。11月13日，佐科总统赴美国旧金山参加亚太经合组织领导人非正式会议前，应邀在华盛顿特区与美国总统拜登会面，双方达成了六项共识。其中最重要的一项是将印美关系提升为全面战略伙伴关系，其次是加强矿产资源领域、能源转型、半导体供应链、旅游等领域合作。"在会晤之中，双方已经达成了价值258.5亿美元的商业合作，其中包括碳捕获存储发展和石化提炼厂的投资、电动汽车电池镍矿加工、模块和太阳能电池板的发展等。"②

佐科总统在参加亚太经合组织首席执行官峰会论坛时，邀请美国企业家投资北加里曼丹省正在建设的绿色工业项目。佐科希望利用印尼镍资源储量丰富的天然禀赋，提升该国在全球电动汽车产业链中的地位。印尼向特斯拉公司提供了一系列的优惠条件，包括税收减免和开采的特许权，吸引其到印尼投资建厂。

（四）与日本的关系

2023年是印尼与日本建交65周年，两国在基础设施、能源转型、数字转型等领域的合作进一步加强。6月17—23日，日本德仁天皇与皇后访问印尼，这是日本天皇登基以来的首次出国访问，显示了日本对印尼的重视。日本计划与印尼合作发展清洁能源，利用棕榈油废水发酵形成的甲烷气体净化和提炼后成为生物甲烷，既可以降低碳排放，又可以满足印尼对天然气的需求。该项目目前还在深入研究阶段，预计2025年启动生产。12月16日，佐科总统赴日本东京出席东盟—日本友好合作50周年纪念峰会前与日

---

① 《美国与印尼升格为全面战略伙伴关系》，《联合早报》2023年11月14日。
② 《佐科维与拜登会谈达成共识》，印尼《国际日报》2023年11月16日。

本首相岸田文雄会面，双方就印尼和日本经济伙伴关系协议修订问题进行会谈，提出了包括扩大经贸往来、加强金融业、制造业合作等修订意见并签署谅解备忘录，包括在苏西省的地热发电站、西爪哇省的垃圾发电项目以及在中加省的泥炭地开发项目、雅加达西线地铁项目等。佐科总统在峰会上发表演讲，希望东盟与日本共同落实全面战略伙伴关系，为区域和平、繁荣和稳定注入活力。

（五）与韩国的关系

2023 年是印尼和韩国建交 50 周年，两国建立特殊战略伙伴关系。印尼是韩国第一个外国直接投资国家、第一个将生产工厂出口到海外的国家、第一个在海外开发油田的国家、韩国国际协力机构在海外设立第一个办事处的国家、第一个联合开发先进武器的合作伙伴，也是唯一与韩国建立"特殊战略伙伴关系"的东南亚国家。两国在《区域全面经济伙伴关系协定》的基础上继续扩大贸易和投资。5 月 2 日，两国央行签署合作谅解备忘录，推动使用各自本币作为交易工具，这将大大促进两国之间的贸易合作。韩国是印尼的第六大投资国，是印尼在东亚的一个特别重要的贸易伙伴。两国在各自具有优势的关键行业领域携手合作，比如电动汽车及电池，镍加工、基础设施。韩国现代汽车集团与印尼最大的电动汽车电池企业合作，将在印尼建立电池工厂。韩国钢铁巨头浦项制铁（Posco Holdings）在印尼建立镍精炼厂。韩国电信（KT）和信息技术（IT）服务企业 LG CNS 与印度尼西亚签订了合作协议，将把新首都建设成为"智慧城市"。此外，两国还在海洋安全与反恐合作等非传统领域保持密切合作。

（六）与澳大利亚的关系

印尼驻澳大利亚大使西斯沃·普拉莫诺认为，2023 年是印尼和澳大利亚关系最好的一年。在《印尼—澳大利亚全面经济伙伴关系协定》下，双方的贸易和投资额激增，双方还在能源、气候变化和基础设施、教育、防务等方面展开合作。佐科总统将澳大利亚视为推动印尼向经济价值链向上游移动并成为电动汽车制造中心的合作伙伴，希望在电池制造、绿色制造和安全伙伴关系等领域展开更加实质性和战略性的经济合作。在 7 月访问澳大利亚时，佐科详细介绍了投资印尼的优势和优先领域等，邀请澳大利亚企业家投资印尼。其间，印尼工商业联合会与西澳大利亚签署了一项关于在关键矿物方面展开合作（至 2025 年）的谅解备忘录。11 月 23 日，印尼和澳大利亚签署协议，在电池制造和关键矿产加工方面进行互利合作。

（七）与阿联酋的关系

2023 年 9 月 1 日，印尼与阿联酋全面经济伙伴关系协定（CEPA）正式实施，双边贸易迅速增长，旅游数量激增，双边关系全面发展。印尼每年向阿联酋出口约 3 亿美元的黄金珠宝，在协定生效前，阿联酋对这些黄金首饰征收高进口关税。协定生效后，将有更多的黄金首饰出口到阿联酋。除了黄金首饰外，其他印尼产品，如纸制品、棕榈油、肥皂、汽车、黄油、钢铁产品、电气设备和电子产品、木浆、汽车轮胎、鞋类、电池、织物产品、煤炭和丁香等都享受零进口关税，鼓励印尼向阿联酋出口更多产品。

四、2024 年展望

2024 年是印尼新一届政府执政的第一年，对于未来 5 年的发展将定下基调。

政治方面，大选已经尘埃落定。从快速计票结果来看，普拉博沃与吉布兰组合赢得 50% 以上的选票，且在印尼过半省区的得票率不低于 20%，满足一轮胜选的条件。民主斗争党的得票率位居第一，专业集团党（Golkar）得票率保持第二，普拉博沃领衔的大印尼运动党（Gerindra）估计仍是第三大党。2024 年 10 月，新当选的正副总统将正式就任，尽管普拉博沃声称将延续佐科的内外政策，但这是否只是他的竞选策略还不得而知。

经济方面，世界银行预测 2024 年印尼经济增长率将保持在 5% 左右。佐科政府将 2024 年的经济增长目标设为 5.2%，将通胀率控制在 2.29%。[①] 2024 财年预算增至 3304 万亿印尼盾，比 2023 年的预算高出 6%。其中，基础建设的拨款预计为 422.7 万亿印尼盾。重点将推动发展工业、农业等领域的下游产业，把目标从矿产扩大至非矿产领域，包括发展农业和渔业加工，提高产品附加值。佐科强调，"印尼必须转型成为一个能管理资源、创造附加价值，并为人民带来繁荣的国家。"新当选的总统普拉博沃在竞选中表示他将延续佐科的经济政策，比如产业"下游化"，甚至扩大出口禁令范围，将铜、锡、农产品、海洋产品纳入"下游化"行列，继续采取发展下游产业而不是单纯依赖出口原材料的经济策略。

外交方面，普拉博沃将继承佐科治下的全方位务实外交模式，强调"独立自主且积极"的外交政策，立足东盟，多渠道拓展区域多边外交舞台，全面参与国际和地区事务，维护和践行多边主义，提升国际地位和影响力。

[张党琼，云南省社会科学院、中国（昆明）南亚东南亚研究院老挝研究所副所长、副研究员]

---

① 《印尼新财政预算增 6%，佐科：接班人须保政策延续》，《联合早报》2023 年 8 月 17 日。

菲律宾：政治社会总体稳定
经济基本面向好　外交政策显投机

邓云斐

2023 年菲律宾政局总体稳定，帮助小马科斯总统赢得选举的政党联盟开始分化，小马科斯家族和杜特尔特家族的矛盾走向公开，小马科斯一方在众议院的权力博弈中逐渐占据优势。年内政府主要聚焦保经济稳物价，严重通胀造成的民生压力拉低了小马科斯的民众支持率。菲律宾 2023 年度经济表现良好，上半年国内生产总值（GDP）增长 5.3%，仍是亚洲增长最快的经济体之一。各部门经济均有不同程度的恢复反弹，其中服务业增长最快。在社会层面，由于粮食生产不足以及严重的通胀，贫困和食物匮乏的情况变得更普遍。年内菲在外交领域十分活跃，在大国外交方面明显偏向美国，并在美国主导的"小多边"联盟框架下重点发展与日本、澳大利亚等国的双边关系，其大国外交出现失衡，外交政策中的机会主义正给国家和地区安全带来巨大风险。

一、政治：政局总体稳定　政治联盟出现分化

2022 年 6 月，小马科斯与莎拉组成正副总统候选人搭档，依靠"团结

联盟"（UniTeam）①及其背后主要政治家族的支持，以压倒性优势赢下大选，新旧政权实现平稳过渡。小马科斯和杜特尔特两大家族之间的强大联盟确保了他们在国会的多数席位，年内政局总体稳定。随着各方政治势力围绕 2025 年中期选举开始重新洗牌，各政治家族及其背后的政党斗争暗流涌动，有关小马科斯家族和杜特尔特家族斗争的传闻也甚嚣尘上，前总统杜特尔特甚至需要出面澄清联合军方发动政变的不实传闻。

（一）政局总体稳定

政局总体稳定，但各方势力掣肘不小。小马科斯总统是在立法部门完全站在他一边的情况下就任国家最高职位的，无论众议院还是参议院，迎接他的都是超级多数联盟压倒微弱反对派的局面。但在第 19 届国会运行满一年之际，总统的盟友只批准了立法行政发展咨询委员会（LEDAC）列为优先事项的 42 项措施中的 6 项。在 42 项政府优先措施中，当时有 10 项尚未在参众两院各自的委员会获得通过，有 9 项法案至少在国会的一个议院受阻，有 17 项法案获得众议院通过，但在参议院的委员会层面上却举步维艰。② 评论认为，在通过选举获得政府权力后，政治家族联盟内部的斗争逐渐取代合作，所谓压倒性胜利恐怕不能保证小马科斯总统的政策能顺畅实施。家族势力仍旧在菲律宾政坛起着主导作用，各个政治家族也在不同的领域影响着马尼拉方面的最终决策。

---

① 指 2021 年 11 月 29 日，由阿罗约、杜特尔特、埃斯特拉达和马科斯家族联合成立的联盟，由阿罗约的基督徒穆斯林民主力量党（LAKAS-CND），马科斯领导的菲律宾联邦党（PFP），埃斯特拉达的菲律宾人民力量党（PMP）和杜特尔特—卡尔皮奥的变革联盟（HNP）组成"UniTeam"联盟，并宣布支持总统候选人小马科斯和副总统候选人萨拉·杜特尔特—卡尔皮奥。

② 众议院通过了马科斯总统认为优先考虑的 42 项措施中的 31 项。但相比之下，参议院的记录相形见绌，只批准了七项。How Congress performed during Marcos' 1st year: 6 out of 42 pet bills passed https://www.rappler.com/newsbreak/data-documents/tracker-status-congress-priority-bills-marcos-jr-administration-first-year-office-2023/.

施政重点和成效评估。小马科斯政府年内的施政重点是应对外部经济下行和乌克兰战争等带来的经济社会影响，保经济稳物价，解决民生问题。由于疫情蔓延和生活成本上升，创造就业机会仍然是一项关键的政策挑战。基础设施升级也是工作重点之一，"建设，建设，建设"计划改名为"建设得更好，更多"计划后继续成为小马科斯政府的优先事项。小马科斯政府也基本维持了前任政府的亲市场政策，致力于改善商业环境、提高竞争力和放宽投资法规的举措。保守派和自由派政客都支持一个对商业友好的议程，预计到 2029 年将公司税从 30% 逐步降低到 20%。尽管作出了这些努力，但腐败和效率低下仍然阻碍着菲律宾实施重大改革，糟糕的基础设施状况也是菲律宾商业发展的一个重大障碍。此外，严重的通货膨胀，特别是大米等关键粮食价格难以稳定引发民众不满，成为年内菲政府面临的最棘手问题。

小马科斯政府支持率下滑。最近一次的亚洲脉动调查显示，越来越少的菲律宾人认可马科斯政府在关键治理问题上的表现，大多数人不赞成（只有 16% 认可）其在控制通货膨胀方面的表现。马科斯政府在其他五个问题上的支持率也多有下滑。这些目标包括减少贫困（从 43% 降至 29%）、提高工人工资（从 52% 降至 41%）、创造更多就业机会（从 53% 降至 43%）和打击贪污腐败（从 44% 微升至 45%）。[①]

（二）家族联盟出现裂痕

在 2022 年大选中，以马科斯—杜特尔特两家为核心的联盟将小马科斯和莎拉推上了正副总统的宝座并掌控了菲众议院。前总统阿罗约（Gloria Macapagal Arroyo）作为小马科斯和萨拉·杜特尔特结盟的中间人曾一度有意出任众议院议长，但小马科斯的表弟罗穆亚尔德斯（Ferdinand Martin Ro-

---

[①] Marcos admin gets lower approval on key issues – Pulse | Philstar. com https://www. philstar. com/headlines/2023/10/04/2301000/marcos – admin – gets – lower – approval – key – issues – pulse.

mualdez）被其政党提名为众议院议长，阿罗约出任众议院高级副议长。随着2023年阿罗约被从高级副议长"降为"副议长，执政联盟内部的矛盾浮出了水面。传闻作为拉卡斯党名誉主席的阿罗约，有意按照第一大党领袖出任议长的规定，与该党联合主席、菲众议院议长罗穆亚德斯争夺党内权力。针对这次"被降级"阿罗约选择了释放友善信号，表示无意取代罗穆亚尔德斯。随后几天，现任副总统萨拉突然宣布辞去拉卡斯党内的联合主席职务。[①] 虽然看上去这是拉卡斯党内部斗争，但评论将此视为众议院议长罗穆亚尔德斯（及背后的小马科斯家族）在议会不断行动，持续打压昔日的盟友杜特尔特和阿罗约家族。9月众议院的预算审议进入高潮，审计翻出莎拉办公室一笔"机密资金"的使用问题死咬不放，在27日休会前的最后一次全体会议上，这笔本属于下一年度副总统办公室（OVP）和莎拉领导的教育部（DepEd）的机密资金，被重新分配给了海岸警卫队和其他与西菲律宾海有关的机构，而主持本次会议的正是罗穆亚尔德斯。[②] 受相关事件影响，10月份副总统莎拉的民众满意度下降了两位数。[③] 因为此事，前总统杜特尔特接受媒体采访时称众议院是菲"最腐败机构"，引发了几乎整个菲众议院的不满。在议长罗穆亚尔德斯的带领下，菲律宾众议院内部掀起了对杜特尔特的声讨行动，并发展为一项支持议长罗穆亚尔德斯领导权的关键决议，没有参与签署这份决议案的众议院副议长阿罗约和达沃市副议长昂加布被就地免职，当时阿罗约甚至不在国内，菲律宾舆论一时为之哗然。

---

① 莎拉在2021年加入拉卡斯党并担任了联合主席，该党名誉主席阿罗约算是莎拉的政治导师，二人一般被认为是党内的亲密伙伴。但莎拉在加入拉卡斯党的同时，仍旧担任着其自己创建的党派变革联盟（HNP）的领导人。

② Romualdez rebrands as West PH Sea advocate, in contrast to VP Duterte https://www. rappler. com/newsbreak/in-depth/speaker-romualdez-rebrands-advocate-west-philippine-sea-contrast-sara-duterte/.

③ Sara Duterte's satisfaction rating dips by double digits in October-OCTA https://www. rappler. com/philippines/sara-duterte-satisfaction-rating-drops-octa-research-survey-october-2023/.

（三）政党重组拉开序幕

菲下一次全国性选举将于 2025 年举行，也就是小马科斯任期内的中期选举，届时将选举一半的参议院议员和所有的众议院议员。中期选举不仅是对总统政绩的一次考核评价，也牵动着各政治势力为准备大选而制定的战略。众议院里小马科斯与莎拉"团结联盟"分裂的传闻闹得沸沸扬扬，围绕中期选举，党派重组已经拉开序幕。众议院高级副议长冈萨雷斯第一个宣布辞去菲民主人民力量党（PDP-Laban）成员和财务主管的职务，同时公开批评前总统杜特尔特诽谤众议院。随后民主人民力量党秘书长兼律师马蒂白格也脱离了该党。截至 11 月初至少有 7 名来自前总统杜特尔特领导的民主人民力量党的议员已经跳槽到由议长罗穆亚尔德斯领导的执政党拉卡斯阵营。[①] 此外，还有一批议员和官员，加入了小马科斯本人领导的联邦党。

据信小马科斯带领的联邦党已经与其表兄弟罗穆亚尔德斯为首的执政党拉卡斯形成了统一阵线了，联邦党和执政党联合将会成为国会里的主要政党，标志着菲律宾政治格局的重大调整。菲律宾的政党只是充当各方势力合纵连横的一种工具，政界人士纷纷跳槽到手握总统、众议长两大关键职务的小马科斯一方，与其说是因为对杜特尔特的不满，不如说是一项战略举措。纷纷扰扰的政党竞争和联盟背后，仍然是家族政治斗争的戏码。

尽管在现阶段的众议院权力博弈中，杜特尔特家族似乎处于劣势，但新一届政府班子上任以来，副总统莎拉的民众支持率和满意度一直保持领先。前总统杜特尔特以极高的支持率完成六年任期后，目前在菲舆论场保有较高威望，民众仍在谈论他可能会在 2025 年的中期选举中再次竞选参议员或议员。鉴于菲律宾选举中党派只是工具，民众投票只看候选人不看党

---

① 7 lawmakers from Duterte-chaired PDP-Laban defect to Romualdez-led Lakas CMD ｜ GMA News Online，https://www.gmanetwork.com/news/topstories/nation/888304/7-lawmakers-from-duterte-chaired-pfp-laban-defect-to-romualdez-led-lakas-cmd/story/.

派，且政客频繁改换门庭，中期选举前的政党重组还只是开了个头。

（四）基层选举充斥暴力

2023 年 10 月 30 日，菲律宾举行五年来首次举行的 BSKE（描笼涯 Sangguniang Barangay 和描笼涯青年委员会 Sangguniang Kabataan/SK）[①] 选举，这是选举委员会（Comelec）牵头的第一次大规模民意调查，也是小马科斯担任总统以来的第一次全国选举。这次选举的行为及其后果可能会对两年后的中期选举产生影响。

从 8 月 28 日到 10 月 30 日，选举委员会统计了 19 起与选举有关的已确认的杀戮事件。不出所料，与描笼涯有关的武装袭击在选举委员会清点完选票后仍持续了很长时间。[②] 选举委员会敦促菲律宾国家警察保护描笼涯的赢家和输家。然而，由于有数千名候选人参加村委会和青年委员会的竞选，预防和追究暴力行为成为难题。在枪支法律宽松、政治暴力事件频发的菲律宾，选举历来是一个动荡的时期。中期选举和下一届描笼涯定于 2025 年举行，如果当局想要降低选举中的暴力程度，为候选人和选民改善整体的和平与秩序，就必须抓住和惩罚与 2023 年描笼涯有关的杀人事件的幕后黑

---

① 描笼涯是菲律宾最小的地方政府单位。该术语是由他加禄语"sangunyan"（字面意思是"推荐"）和"barangay"创造的。每个委员会均由一名描笼涯队长领导，并由七名成员组成，所有成员均拥有描笼涯卡加瓦德（描笼涯议员）头衔。所有这些官员都是选举产生的。与菲律宾其他选举地方官员一样，Sanguan 描笼涯立法者必须是菲律宾公民和打算在描笼涯选举前任职至少一年的描笼涯居民。此外，候选人必须能够用菲律宾语或菲律宾的其他语言或方言写作。市议会主要是一个合议机构，负责通过有效管理描笼涯的法令和决议。年龄在 18—30 岁之间的选民也在他们之间选出 Sangguniang Kabataan（译为青年委员会；SK）主席，他是 Sangguniang Barangay 的第八名成员。

② 较受关注的个案包括：帕赛市的一名女议员在村委会大厅内被枪杀；北达沃帕纳博市的一名村长和哥打巴托省安提帕斯的一名卡加瓦德被枪杀，这三个人都是新当选的村官；随后 11 月 1 日，哥打巴托省米德萨亚普的一名村长遭到袭击，据报道，他在村长大厅附近被他的堂兄开枪打死。参见：EDITORIAL-Post-election murders | Philstar. com https://www.philstar. com/opinion/2023/11/09/2309971/editorial-post-election-murders.

手，否则致命暴力将持续成为所有选举活动的常态。

二、经济：宏观经济基本面强劲 部门经济表现各异

菲律宾 2023 年度国内增长强劲，仍然是东南亚增长最快的经济体之一。小马科斯政府较高的国内支持率确保了相对稳定的政治环境，在经济政策方面延续了上届政府的政策基调，聚焦基础设施发展和结构改革，大力推动其 8 点社会经济议程和菲律宾 2023—2028 年发展计划。

（一）宏观经济基本面强劲

菲律宾 2023 年度经济表现良好，国内消费需求持续释放、劳动力市场复苏、汇款稳定和旅游业反弹支撑了国内经济活动。2023 年第一季度国内生产总值（GDP）增长 6.4%；第二季度增长 4.3%，主要供给侧部门，农业、工业和服务业分别增长 0.2% 和 2.1% 和 6.0%；[1] 第三季度增长 5.9%，农业、工业、服务业等主要经济领域的经济增长率分别为 0.9%、5.5%、6.8%，均为正增长。在需求方面，2023 年第三季度家庭最终消费支出（HFCE）增长了 5.0%。同样，政府最终消费支出（GFCE）和货物和服务出口分别增长 6.7% 和 2.6%。与此同时，资本形成总额和商品及服务进口分别收缩 1.6% 和 1.3%。2023 年第三季度国民总收入（GNI）增长了 12.1%。在皮期间，来自世界其他地区的净初级收入（NPI）增长了 112.5%。[2] 总体而言，得益于历史性的高就业水平、旅游业的加速发展和投资拉动，2023年上半年国内生产总值（GDP）增长 5.3%。社会经济规划部长阿塞尼奥·

---

① The Philippines Economic Update（PEU），https://openknowledge. worldbank. org/server/api/core/bitstreams/5ca5013d-3dfc-4046-80ab-ac8f309beb3d/content.

② GDP Expands by 5.9 Percent in the Third Quarter of 2023 | Philippine Statistics Authority | Republic of the Philippines，https://psa. gov. ph/content/gdp-expands-59-percent-third-quarter-2023.

巴利萨坎表示，政府必须在 2023 年最后一个季度实现 7.2% 的经济增长，才能实现 2023 年 6%—7% 的年度目标。[①]

进出口额同比有所降低。2023 年 1—9 月，年度出口总收入为 545.4 亿美元。这与 2022 年 1—9 月的年度出口总额 583.7 亿美元相比减少 6.6%。电子产品在 2023 年 9 月继续成为该国最大的出口产品，总收入为 40.9 亿美元，占该国同期出口总额的 60.8%。其次是其他矿产品，出口额为 28501 万美元（4.2%），其他制成品出口额为 27283 万美元（4.1%）。2023 年 1—9 月，全年进口总额为 943.6 亿美元。这比 2022 年 1—9 月的 1050.6 亿美元的进口总额每年减少 10.2%。在各类商品中，进口额最高的是电子产品，如 2023 年 9 月进口额最高的商品类别是电子产品，总额为 22 亿美元，占该国进口总额的 21.5%。其次是矿物燃料、润滑油和相关材料，为 14.9 亿美元（14.5%）；运输设备为 11.5 亿美元（11.3%）。[②]

尽管财政收入下降，但由于支出减少，财政赤字有所收窄。公共收入在 2023 年第一季度下降至 GDP 的 14.6%（2022 年第一季度为 15.9%），原因是 GDP 增长相对于去年放缓，税收减少，以及企业申报增值税的周期性造成的暂时影响。由于经常支出减少和对地方政府的国家税收分配，公共支出占 2023 年第一季度 GDP 的比例降至 19.5%（2022 年第一季度为22.3%）。因此财政赤字占 GDP 的比例从 2022 年第一季度的 6.4% 降至 2023 年第一季度的 4.8%。财政赤字可能会改善到符合政府目标的水平。[③]

外国投资恢复增长，制造业投资增长加快。2023 年第三季度批准的外

[①] Philippine economy rebounds with 5.9% growth in Q3 2023 | Philstar. com，https://www. philstar. com/business/2023/11/09/2310123/philippine-economy-rebounds-59-growth-q3-2023.

[②] Highlights of the Philippine Export and Import Statistics September 2023（Preliminary）| Philippine Statistics Authority | Republic of the Philippines，https://psa. gov. ph/content/high-lights-philippine-export-and-import-statistics-september-2023-preliminary.

[③] Investor Relations Group，Bangko Sentral ng Pilipinas，Investor Relations Group（IRG），https://www. bsp. gov. ph/Pages/IRO. aspx.

国投资总额为 2730 亿菲律宾比索，比 2022 年同期的 130.5 亿菲律宾比索增长了 109.3%。其中，制造业获得的批准投资最多，为 164.3 亿比索，占批准投资总额的 60.2%。其次是行政和支持服务活动，占 42.8 亿比索，占15.7%，以及占 15.5% 的房地产活动，为 42.2 亿比索。[①]

总体通胀率有所下降，但仍在高位。菲律宾的总体通胀率从 2023 年 9月的 6.1% 降至 2023 年 10 月的 4.9%，这使得 2023 年 1—10 月的全国平均通货膨胀率为 6.4%。全国食品通胀从上月的 10.0% 放缓至 7.1%，低于去年同期的 9.8%。剔除部分食品和能源项目的核心通胀率从上月的 5.9%进一步降至 2023 年 10 月的 5.3%，2023 年 1—10 月的平均核心通胀率为 7.0%。[②]

在需求方面，政府最终消费支出在 2023 年第三季度录得最快的环比增长 8.1%。以下支出项目也录得增长：家庭最终消费支出（HFCE）增长4.8%，对增长贡献最大的是交通、餐馆和酒店，以及杂项商品和服务。货物和服务出口增长 4.6%，商品和服务进口增长 4.4%。与此同时，资本形成总额在 2023 年第三季度收缩了 1.6%。[③]

（二）主要部门经济表现各异

2023 年第三季度 GDP 增长（经季节性调整后）的主要贡献者是：运输业和仓储业占 30.0%；建筑业占 6.4%；批发零售业和机动车、摩托车修理占 3.0%。在三大产业中，服务业增长最快，达到 3.8%。其次是工业（2.9%）、农林渔业（1.4%）。

---

① Approved Investment ｜ Philippine Statistics Authority ｜ Republic of the Philippines https://psa.gov.ph/statistics/foreign-investments.

② Consumer Price Index and Inflation Rate ｜ Philippine Statistics Authority ｜ Republic of the Philippines https://psa.gov.ph/price-indices/cpi-ir.

③ Q3 2023 SANA Publication_ 0.pdf https://psa.gov.ph/system/files/nap/Q3%202023%20SANA%20Publication_0.pdf.

1. 农业生产仍是短板，粮食产量增长困难

农业占菲国内生产总值（GDP）的 10% 左右，容纳了约四分之一的菲律宾劳动人口。鉴于农业在经济中发挥着重要作用，小马科斯上任后亲自担任农业部长，希望带动农业部门为经济增长作出贡献，但农业部门增长并不乐观，随着供应瓶颈不断加剧和通胀压力，围绕主要农产品价格的担忧更是挥之不去。

数据显示，占农业产出 57.8% 的粮食产量，在第一季度比去年同期增长 1.7%，去壳大米和玉米的产量分别小幅增长 5.2% 和 3.2%。渔业部门在前三个月勉强维持增长，年增长率为 0.3%。鱿鱼、罗非鱼和蓝蟹的产量增长了两位数，牲畜产量同比增长 4.1%，生猪产量增幅最大，为 5.1%。[①]

第二季度粮食产量为 17，879.44 万吨，与去年同期 18，050.56 万吨相比下降了 0.9%，主要是由于玉米（−0.8%）、甘蔗（−11.3%）、橡胶、仙人掌（−8.5%）和甘薯（−7.5%）产量的年度下降；牲畜产量估计为540.46 万吨，与去年同期相比增长 0.6%。家禽产量为 680.50 万吨，与去年同期的 670.59 万吨相比增长了 1.5%。鸡肉产量增长了 3.2%，占家禽总产量的 70.2%；渔业产量为 1082.22 万吨，与 2022 年同期的 1219.94 万吨产量相比，减少了 11.3%，主要是由于鲣鱼（−49.2%）、遮目鱼（−19.1%）、海藻（−4.9%）、带毛沙丁鱼（−42.2%）和黄鳍金枪鱼（−23.2%）的年度产量下降所致。[②]

2023 第三季度，农业、林业、渔业的增长率为 1.4%。这主要是由于渔业和水产养殖、甘蔗（包括农场的甘蔗）以及家禽和蛋类生产的增长。第三季度粮食产量为 1657 万吨，与去年同期的 1711 万吨相比下降 3.1%，主

[①] Farm output surprises with Q1 growth ｜ Philstar. com，https：//www. philstar. com/business/agriculture/2023/05/10/2265293/farm-output-surprises-q1-growth.

[②] Volume of Production of Agriculture and Fisheries，April to June 2023 ｜ Philippine Statistics Authority ｜ Republic of the Philippines，https：//psa. gov. ph/content/volume-production-agriculture-and-fisheries-april-june-2023.

要是由于甘蔗（－26.4%）、椰子（－1.9%）、橡胶、仙人掌（－12.7%）和木薯（－3.0%）产量的下降。牲畜产量为55815万吨，与去年同期相比增长2.3%，主要得益于生猪生产增加；家禽产量估计为670.48万吨，与去年同期的65165万吨相比年增长率为2.9%，主要得益于鸡肉产量增长2.3%，占家禽总产量的69.3%；渔业产量为1017.5万吨，与2022年同期的99631万吨产量相比，增长了2.1%。在此期间，渔业产量的年增长主要是由于海藻（14.0%）、大眼鲷（32.8%）、圆鳍鲷（17.2%）、黄鳍金枪鱼（28.5%）和印度鲭鱼（60.6%）的年增长。[①]

自从小马科斯政府开始执政以来，最大的问题之一就是食品安全和其他与农业有关的问题。从糖到大型肉鸡，从洋葱到大米，基本商品都出现了供应短缺和价格飙升的情况。评论认为新一届政府不仅没能促进农业部门的国内生产，反而越来越依赖大米、糖和肉类等基本农产品的进口，而农业的灾难性状况是菲律宾保持高贫困率的主要因素之一。

2. 多行业拉动工业持续增长

工业在2023年第三季度的环比增长率为2.9%，各行业贡献如下：建筑业（6.4%），制造业（1.6%），电力、蒸汽、水和废物管理占2.51%，采矿业占2.49%。[②]

建筑业发展迅猛。建筑业是菲律宾经济的主要贡献者，到2022年建筑业约占菲律宾国内生产总值的7%。尽管2019冠状病毒病大流行的影响带来了逆风，但随着该国经济的复苏，预计建筑业将在未来几年实现增长。菲律宾政府的旗舰基础设施项目被现政府更名为"建设得更好，更多"计划（Build Better More），预计将为促进就业提供动力，并帮助当地钢铁、水

---

① Volume of Production of Agriculture and Fisheries, July to September 2023 ｜ Philippine Statistics Authority ｜ Republic of the Philippines, https://psa.gov.ph/content/volume-production-agriculture-and-fisheries-july-september-2023.

② Q3 2023 SANA Publication_0.pdf, https://psa.gov.ph/system/files/nap/Q3%202023%20SANA%20Publication_0.pdf.

泥、玻璃等行业的企业从疫情中恢复过来。截至 2023 年 3 月，194 个项目中有 35%正在进行中，9 个项目仍在等待政府批准。大多数项目都是由交通运输部负责的，估计总价值约为 9 万亿菲律宾比索。其中包括马尼拉地铁项目和新马尼拉国际机场等大项目。[①]

制造业继续增长。制造业生产指数（VaPI）在 2023 年 9 月继续以 8.9%的年增长率增长，其中对 2023 年 9 月制造业 VaPI 整体同比增长贡献最大的三个行业部门是焦炭和精炼石油产品的制造、饮料的制造和运输设备制造，其他还有计算机、电子和光学产品制造业。与此同时，12 个行业部门在 2023 年 9 月出现了年度下降，其中服装制造业的年度降幅最大，为 36.4%。2023 年 9 月食品制造业生产指数同比增长下滑 6.4%，主要原因是乳制品工业集团的制造业生产指数同比下降 26.5%。平均产能利用率。以应答企业为标准，9 月份制造业部门的平均产能利用率为 74.3%，高于上月的 74.0%。所有行业部门当月的产能利用率均超过 50.0%。按产能利用率排名前三的行业分别是机械及非电气设备制造业（81.0%）、橡胶及塑料制品制造业（80.1%）和计算机、电子及光学产品制造业（79.4%）。满负荷运营的企业所占比例（90%—100%）占应答企业总数的 25.0%。与此同时，40.0%的企业以 70%—89%的运力运营，35.0%的企业以低于 70%的运力运营。[②]

3. 服务业各部门恢复增长势头

截至 2023 年 6 月，初步估计表明，服务业就业人口占菲律宾就业人口总数的一半以上。[③] 服务业第三季度（7—9 月）的增长率为 3.8%，是三大产业中增长最快的。对季度环比增长贡献最大的行业是运输和仓储

① Construction sector in the Philippines - statistics & facts | Statista, https://www.statista.com/topics/6011/construction-sector-in-the-philippines/#topicOverview.

② Monthly Integrated Survey of Selected Industries | Philippine Statistics Authority | Republic of the Philippines, https://psa.gov.ph/statistics/manufacturing/missi.

③ Philippines: employment rate by sector 2023 | Statista, https://www.statista.com/statistics/1268346/philippines-employment-rate-by-sector/.

（30.0%）、批发零售业和汽车、摩托车修理（3.0%），金融和保险活动（3.3%），其他服务（7.6%），房地产和住宅所有权（2.5%）。①

在蓬勃发展的电子商务业务的推动下，运输和仓储行业的需求仍然很高。从1998—2023年，菲律宾交通运输业每季度创造的GDP总额平均为603.897亿比索，在2022年第四季度达到历史最高水平1968.7668亿比索。进入2023年，第三季度该数字从第二季度的1656.5092亿比索增加到1899.9227亿比索。根据Trading Economics的全球宏观模型和分析师的预期，到第四季度末，菲律宾运输业的GDP预计将达到2065.24亿比索。②

逐渐恢复的旅游业。在疫情前旅游业对该国国内生产总值（GDP）的贡献约为12%，由于疫情下国际边境的关闭和全国范围内的封锁，旅游部门的直接总增加值在过去三年中暴跌了近一半。入境旅游在2022年开始取得了显著改善，因此各方都期盼着2023年菲旅游业能够获得"强劲恢复"。菲律宾旅游部长克里斯蒂娜·弗拉斯科在宿务举行的2023年菲律宾旅游交易所（PHITEX）开幕式上表示，菲律宾已经接待了大约年度目标80%的外国游客。据菲律宾新闻社报道，截至9月18日，2023年有超过387万外国游客进入菲律宾，约占旅游部（DOT）年底达到480万外国游客目标的80.77%。同期，菲律宾从主要来自韩国、美国和日本的游客那里获得了3169亿菲律宾比索（合55亿美元）的收入。③

---

① Q3 2023 SANA Publication_0. pdf, https：//psa. gov. ph/system/files/nap/Q3%202023%20SANA%20Publication_0. pdf.

② Philippines GDP From Transport, https：//tradingeconomics. com/philippines/gdp-from-transport.

③ Philippines reached 80 percent of 2023 foreign tourist target ｜ AGB，https：//agbrief. com/news/philippines/21/09/2023/philippines-reached-80-percent-of-2023-foreign-tourist-target/.

三、社会民生：通胀加重贫困问题

疫情后菲律宾的经济复苏面临一系列挑战，商品价格上涨、生活成本上升以及比索贬值给许多菲律宾人的生活造成负担。年内通货膨胀加剧和食物匮乏情况变得更普遍，菲普通民众正承受各种经济挑战的不利影响。

（一）粮食短缺凸显贫困和饥饿问题

菲农业部门易受天气和其他干扰的影响，粮食生产不稳定，包括粮食和其他食品在内的基本用品较多依赖进口，在新冠疫情和俄乌冲突背景下，供应链中断导致价格飙升，使许多菲律宾人的生存更加困难。菲律宾是世界上最大的大米进口国，目前正遭受严重的粮食短缺问题困扰。由于食品价格高企，每五个菲律宾人中就有一个赤贫。独立民意调查机构"社会气象站"（Social Weather Station，简称 SWS）在 2023 年 6 月 28 日至 7 月 1 日期间进行的最新调查显示，34%的家庭认为自己缺粮，38%的家庭认为自己介于缺粮和不缺粮之间，而只有 29%的家庭表示他们不缺食物。食物匮乏与饥饿密切相关。SWS 还报告说，在第二季度，大约 10.4%的菲律宾家庭在调查前的三个月里至少有一次感到非自愿饥饿的真实经历。把这个数字细分一下，8.3%的人说他们感到中度饥饿，2.1%的人感到严重饥饿。[①]

（二）严重通胀进一步拖累民生

根据菲国家统计局的数据，2023 年 9 月，食品对总体通胀的贡献率为58.3%。食品通胀率也从上月的 8.2%上升至 10.0%。这种加速主要是由于大米价格上涨所致。新冠疫情以来，作为遏制病毒传播的一种手段，限制

---

① Back to basics：Turning to agro-industrial solutions to address food insecurity, hunger ｜ Philstar. com，https：//www. philstar. com/news-commentary/2023/10/14/2303685/back-basics-turning-agro-industrial-solutions-address-food-insecurity-hunger.

人员流动对经济造成了影响。尽管到 10 月份总体通货膨胀率有所下降，但 1—10 月总体通货膨胀率仍保持在 6.6% 的高位。食品通胀一直在推高总通胀率，大米供应在菲律宾一直是一个政治敏感问题，对总统小马科斯来说更是如此，他在竞选国家最高职位时承诺提供每公斤 20 比索的大米。①但截至 7 月 21 日，马尼拉都会区精加工的当地商业大米的价格在每公斤 40—49 比索之间，米价仍远未达到总统承诺的水平。②

一项由另一独立民意调查机构"亚洲脉搏"（Pulse Asia）于 2023 年 9 月进行的调查显示，控制通胀是近四分之三（74%）菲律宾人（无论其地理位置和社会经济阶层如何）最关心的问题。这一数字比上一季度增长了 11 个百分点，反映出民众在通货膨胀下愈加艰难的生活。③ 为了对抗高通胀，政府降低了主要农产品的关税，并批准了一项有针对性的现金转移支付计划，以减轻通胀对穷人的影响。

（三）其他社会安全风险仍较高

小马科斯总统上任以来，菲总体治安状况有所恶化，在杜特尔特时期强力打击下有所收敛的涉枪和绑架等恶性犯罪有抬头趋势。年内屡发枪击和绑架案件，其中多名菲政要中枪伤亡，另有多位外国游客、投资人或工作人员被绑架。10 月份在首都大马尼拉地区发生的 6 名中国公民被绑架事件广受舆论关注，已证实其中 4 人遇害。为回应对绑架案件报道不足问题，菲国家警察局（PNP）称 2023 年发生 20 起绑架案，受害者主要是中国公民。

菲律宾常受台风、地震和火山喷发等自然灾害影响，根据联合国防灾

---

① EDITORIAL — Finally, a DA chief | Philstar. com, https：//www. philstar. com/opinion/ 2023/11/04/2308752/editorial-finally-da-chief.

② Progress on 'P20/kilo' rice promise missing from Marcos' second SONA | Philstar. com, https：//www. philstar. com/business/agriculture/2023/07/24/2283477/progress - p20kilo - rice - promise-missing-marcos-second-sona.

③ Food | Philstar. com, https：//www. philstar. com/opinion/2023/11/07/2309502/food.

减灾署发布的《2022 年度全球风险指数》报告，在受评估的 193 个国家和地区中，菲律宾是全球灾害风险最高的国家。6 月初马荣火山喷发导致 2 万多人被迫疏散。年内台风"杜苏芮"和"卡农"造成 30 人死亡，超过 500 万当地人受到影响。此外，台风等引发的强降雨也造成超过 87 万人受灾。

菲律宾的公共卫生安全风险也很突出。2023 年菲律宾的人类免疫缺陷病毒（HIV）病例数几乎增加了一倍，艾滋病毒感染病例从去年的日均 22 例增至每天约 50 例。[①] 根据世卫组织报告，2023 年 1 月 1 日至 12 月 7 日，菲律宾共计报告 167355 例登革热病例，575 例死亡病例，是本年度西太平洋地区受登革热影响最严重的国家。[②]

四、外交：在投机中走向失衡

虽然小马科斯政府强调奉行独立自主的外交政策，宣传"与所有人做朋友，不与任何人为敌"的外交思想，但其大国外交政策的"反复横跳"体现出较强的政治投机性，其大国外交已经走向失衡。一方面，小马科斯将中国作为东盟之外正式访问的首个国家，表达了继续加强与中国合作，特别是在经济领域加强合作的意愿；另一方面，小马科斯上台后迅速启动美菲安全合作，与美方配合大谈南海甚至台海问题，给中菲关系带来严重冲击。

（一）菲美关系全面加强

小马科斯上台以来，菲律宾在国家安全、军事和外交层面与美国迅速拉近关系，引发国际舆论有关菲律宾"转向美国"，马尼拉受到华盛顿的支

[①] HIV daily average cases on the rise in 2023—DOH, https://newsinfo.inquirer.net/1859709/hiv-daily-average-cases-on-the-rise-in-2023-doh-2.

[②] 《世卫组织：菲律宾是 2023 年西太平洋地区受登革热影响最严重的国家》，中国网新闻中心，http://news.china.com.cn/2023-12/23/content_116898492.shtml.

配的评论。

安全、军事层面，一度松散的美菲军事同盟重新加强。2023 年 2 月，美国国防部长奥斯汀访问菲律宾，菲律宾同意向美国开放 4 个军事基地。4 月，菲律宾公布了这些军事基地的地点，声称根据美菲《加强防务合作协议》，菲律宾向美国再开放 4 处军事基地。新批准的军事基地接近中国台湾，且以海空军基地为主，性质上与 2014 年批准的位于南部且以陆军基地为主的 5 处军事基地有本质区别。4 月中旬，美菲又联合开展"肩并肩"军事演习，多场演习内容在靠近南海、台湾地区以南等海域进行，且规模为历年来最大。这些举动都严重加速了南海军事化进程。5 月初小马科斯访美期间，菲美公布了新版双边防卫准则，还宣布将分别与日本和澳大利亚建立三方合作框架，实质上就是准备让菲加入美在亚太地区组建的遏制中国的"小多边"机制。

经贸合作方面。在 2023 年 1 月 19—20 日举行的第十届菲美双边战略对话（BSD）中，菲美承诺优先努力为民用核能合作奠定基础，包括在 123 协议谈判过程中密切协调，扩大清洁能源转型方面的对话与合作，并通过印太经济框架和亚太经合组织深化合作。双方承诺就私营部门主导的高质量基础设施投资进行合作，作为支持菲律宾经济增长和加强互联互通的手段，之后还宣布了一项美国贸易发展署（USTDA）/诺基亚/NOW 电信补助金计划，该补助金将用于推进菲律宾的 5G 连接。11 月美国和菲律宾签署了这项被称为"123 条款协议"的核能合作协议，根据该协议，美国的投资和技术将帮助这个东南亚国家向更清洁的能源过渡，并增强其电力供应。菲律宾也加入了美国领导的"印度—太平洋经济框架"（Indo-Pacific Economic Framework for Prosperity，IPEF）谈判。不过由于国内的经济保护主义，美国在亚洲的贸易和投资政策的未来仍然不确定。迄今为止，拜登政府的"印度太平洋经济框架"与其说是具体的政策，不如说还只是展示了美国扩大在该地区经济影响的意图。

外交层面。在俄乌冲突和巴以冲突等国际热点问题上，菲律宾态度与美国保持一致。在巴以冲突问题上，东盟内部分歧较大，特别是印尼和马来西亚等穆斯林群体较多的国家公开声援巴勒斯坦，但菲律宾发表了一份"强硬"声明，同美国一起对以色列表示"强烈支持"。另外，菲律宾一直反对并谴责俄罗斯入侵乌克兰，并在联合国就乌克兰冲突的决议中投了赞成票。小马科斯总统在去年底出席亚太经合组织峰会时就俄乌冲突发表了强硬的言论，称俄罗斯和乌克兰之间的战争是"不可接受的"，并再次呼吁两国通过外交途径解决争端。

（二）中菲关系高开低走

菲律宾是 2023 年第一个访华的国家，访问期间双方发表了联合声明，还签署了大量投资协议，小马科斯总统本人在访华期间还表态将在其父老马科斯奠定的基础上"推动中菲关系提升至更高水平"。3 月份举行的第 23 次中菲外交磋商，也确认双方要落实好元首共识，携手推进两国现代化进程，重申通过友好协商妥善管控分歧，维护中菲友好的主基调和大方向。然后，随后小马科斯总统及其政府的一系列操作，无论是外交辞令还是实际行动，都背离了中菲友好的基调，特别是在南海问题上不断挑衅中国，使年内中菲关系高开低走。

安全方面，南海问题再起风波。年内菲律宾不顾中方劝阻和警告，多次强闯仁爱礁、黄岩岛邻近海域，通过拍摄冲突现场画面并进行大肆炒作，把菲律宾主动挑衅、中国被迫回应的基本事实，歪曲成"以大欺小"的叙事，试图在菲律宾国内激发民族悲情，并在国际上寻求同情。自 8 月份中菲在南海对峙以来，美国一再宣称根据《美菲共同防御条约》捍卫菲律宾，也助长了马尼拉对北京的挑衅，而美媒持续的偏向性报道和炒作又对菲挑起冲突起到推波助澜的作用。

经济领域，合作发展仍是共识。菲律宾虽然参加了美国主导建立的印太经济框架，但小马科斯政府对与中国在经贸领域加强合作持积极态度，2 月份菲律宾参议院批准核准书并正式成为 RCEP 的一员，为中国与菲律宾的经贸往来开启了崭新的篇章。目前中国已连续 7 年成为菲第一大贸易伙伴。据菲方统计，2022 年，中菲进出口贸易额就高达 407.6 亿美元；2023 年上半年双边贸易额为 204.4 亿美元，同比增长 3%。中国是菲前五大贸易伙伴中唯一保持双边贸易额正增长的国家。2023 年 1 月 4 日，菲律宾总统马科斯应邀访华，双方签署了 14 项政府间合作协议，涉及数字和信息通信技术、农渔业、电子商务、旅游、经济技术等多个领域。1 月 11 日，国务院批复同意在漳州市设立中国—菲律宾经贸创新发展示范园区，很快菲律宾国内亚泰产业园和巴丹自由港区菲中经济合作产业园就与漳州园区开展了合作。当然，年内政治外交冲突对经贸合作造成一定影响，一些对菲投资项目因此停滞或被撤销，2023 年以来仁爱礁问题持续激化后，菲律宾政府已暂停我国中交建参与的马尼拉湾所有 22 个填海项目。

外交层面，与杜特尔特执政时强调共同利益，以建设性、共谋发展的态度处理双方关系不同，小马科斯总统上任后重提中菲之间的南海争端，甚至有利用外交议题服务国内权力斗争的做法，不断在菲律宾煽动民族主义，给中菲关系带来较大波动。8 月，小马科斯政府发布《国家安全政策报告 2023—2028》（即国家安全政策文件）[①]，将南海视为"主要利益"，称台海问题"影响菲律宾"，同时声称为应对外部安全挑战菲律宾将加强与美国的《共同防御条约》。小马科斯总统及其政府这种在外交政策上的蓄意挑衅，导致中菲关系年内高开低走。

（三）菲日关系继续巩固

菲日关系。小马科斯总统于 1 月初访问中国，随后就访问了日本。在

---

①　菲律宾历任总统都会在上任之后的第二年发布一份为期 5 年的国家安全政策文件，这一文件反映了菲律宾在任政府对其所面临的安全威胁的综合及动态认知，概述了其未来安全优先事项，同时为未来几年菲律宾应对国家安全挑战提供指导，并规定了政府为实现这些安全利益目标将采取的行动方针。在很大程度上，菲律宾对国家安全利益的界定，也会影响其对外政策的走向。

小马科斯访日期间，双方重申了"自由开放的印度—太平洋"（FOIP）的重要性，这是日本外交政策的支柱概念，并同意扩大在农业、数字经济、制造业、医疗保健、可再生能源、5G 和人工智能等领域的合作。日本还扩大了对菲律宾基础设施发展的官方发展援助和贷款，包括投资在内日本提供的资金总额达 130 亿美元。

11 月 3 日日本首相岸田文雄访问菲律宾，双方举行首脑会议。在安全与防务合作方面，两国签署关于提供海岸监视雷达系统的交换照会，日本表示将继续加强在国防装备和技术方面对菲合作，包括转让预警和控制雷达，以及海上安全能力建设，包括提供巡逻船。双方同意启动《准入互惠协定》谈判，继续协调开展双边安全与防务磋商，包括举行外长和防长会晤（2+2）。考虑到《防卫合作协定》旨在简化向签约国派遣防卫人员和武器弹药的程序，日本与菲律宾的安全关系正在走向"准同盟"。日本向菲律宾交付了一套 J/FPS-3ME 预警雷达系统，这是自 2014 年日本取消战后武器出口禁令以来，第一次重大军事装备出口的一部分。在当前东亚安全形势复杂多变的背景下，日菲安全合作绝不是单纯的双边问题，而应被视为地区安全隐患。此外，双方同意通过促进日美合作，进一步加强在网络安全和经济安全等领域的合作。

经济合作方面，岸田文雄表示日本公共和私营部门将继续支持马科斯总统的"更好，更多"政策，包括发展道尔顿通东线替代道路和马尼拉地铁等基础设施。两国领导人确认，将通过日菲基础设施发展与经济合作高级别联合委员会，寻求在基础设施发展领域建立公私合作伙伴关系并提供官方发展援助的可能性，并通过工业合作对话等方式促进企业之间的合作创新，以加强双边经济联系。

菲律宾非常重视日本，日本是菲律宾除了越南之外仅有的两个战略伙伴之一。菲律宾的国家安全政策（NSP）承认日本是一个主要的经济大国，菲律宾的国防战略（NDS）将日本归类为教育能力建设、国防装备和技术、人道主义援助和救灾（HA/DR）以及海上安全的"安全伙伴"。鉴于菲律宾人对日本的非常积极的看法和几十年来发展建设性关系的势头，马尼拉、东京和华盛顿之间的三边政策协调不断深化，菲律宾—美国—日本三边防务政策对话（TDPD）、日本—菲律宾—美国陆军参谋长会议以及菲律宾、美国和日本海岸警卫队参加的联合海上执法训练等活动不断扩大。

（四）重视与东盟和欧盟的关系

小马科斯总统重视东盟，但其有关政策却对东盟的政策方针和区域合作造成危害。老费迪南德·马科斯带领下的菲律宾是东盟的创始成员国之一，小马科斯总统很乐意将其视为父亲的政治遗产，上任后小马科斯选择将印尼和新加坡作为他的第一个出访目的地，而这两个国家是近几十年来东盟一体化的两大支柱。在雅加达和新加坡，小马科斯签署了加强国防和战略合作的多项协议。菲律宾虽然作为东盟的一分子，但其在推动南海地区的局势动荡方面的行为违反了东盟"不站队"的主要方针，也危害了其他东盟国家的安全利益。在一年一度的东盟防长会议上，东盟发布了一份公开的联合声明，其中强调有必要维护南海和平，呼吁各方保持克制，避免区域内争端扩大化和复杂化，影响和平稳定。

恢复与欧盟的关系。小马科斯总统上任后加强了对欧盟的外交接触。此前，在杜特尔特执政时期，欧盟对菲政府的扫毒风暴横加指责并威胁把菲律宾赶出联合国人权理事会，双方关系几乎停滞。受小马科斯邀请，欧盟委员会主席冯德莱恩于 7 月 31 日至 8 月 1 日对菲律宾进行正式访问，成为双方建交近 60 年来首位到访该国的欧盟委员会主席。双方大谈加强在海上安全方面的合作，并讨论了重新启动自 2017 年以来陷入停滞的自由贸易协定谈判。菲律宾在 2021—2024 年期间担任东盟与欧盟对话的"国家协调员"，预计与欧盟的接触与合作还将增多。

（五）拓展其他双边关系

菲澳关系方面，9 月 8 日，菲律宾和澳大利亚将两国关系从全面伙伴关系提升为战略伙伴关系。菲律宾与澳大利亚在一系列双边协议的推动下，有着长期的防务合作。其中最重要的是 2007 年菲律宾—澳大利亚部队地位协议（SOFA），该协议提供了一个全面的法律框架，以支持在两国从事防务合作活动的部队。澳大利亚是除美国外唯一与马尼拉有正式安全安排的国家，鉴于菲澳安全关系在一定程度上也是在美国主导的亚洲轮辐双边联盟体系的背景下运作的，因此所谓"安全问题"长期以来一直是菲澳关系的核心，此次菲澳双方也原则上同意在"南中国海"进行联合巡逻。尽管澳菲两国在防务上一直有合作，但两国在彼此的贸易组合中排名都很低。在此次战略伙伴关系宣言中提到的具体协议中，还有几项旨在加强菲律宾和澳大利亚之间的实际联系，例如促进双向旅游的工作和度假签证安排、技术交流，以及将菲律宾人在澳大利亚奖教育奖学金计划中的名额增加一倍。这些安排可能提示双方有意增加在地缘经济领域的合作。

菲印关系方面，菲律宾和印度已经成立了联合防御协调委员会，该委员会第四次会议于 2023 年 3 月在新德里举行。双方讨论了加强海上安全合作的途径，重申了维护《联合国海洋法公约》的承诺。菲印两军还有自己的双边机制，即两军之间的会晤，目前为止只举行了两次会议。来自菲律宾武装部队和印度武装部队的代表团召开了第二次军种对军种会议（STS），双方武装部队讨论了将列入 2023—2025 年菲律宾—印度防务接触计划（DEP）的活动清单。上一年度两国安全关系发生了最重大的发展，菲律宾从印度购买了岸基反舰导弹系统，这种超音速巡航导弹由布拉莫斯航空航天公司制造，将用于菲律宾的领土防御，第一批预计在 2023 年底交付。总之，小马科斯有意与印度发展海上和平安全关系，在多边合作框架下，菲律宾和印度重申支持东盟中心地位和东盟印太展望。

五、前景展望

小马科斯政府执政一年多来，国内政局总体稳定，小马科斯总统及其盟友对国会两院控制力增强，如果与包括杜特尔特家族在内的主要政治家族不出现大的分裂，小马科斯政府应该能够保持政局平稳，在中期选举中获得优势，按照既定施政纲领推进国内各项建设。基于近年来邦萨摩罗和平进程取得的进展，邦萨摩罗地区将在 2025 年获得完全自治的过渡工作基本上仍在轨道上，国内安全前景的改善也使得菲律宾的政治风险将有所缓解。目前小马科斯总统希望推进军队待遇改革遭到较强烈抵制，未来小马科斯总统对该改革事项的推进力度将影响与军方关系，这或是一个风险点。

在经济发展方面，强劲的内需将推动菲经济在未来几年保持较高的增长。管理通货膨胀、推行增收政策和提高公共支出效率、促进投资和实现清洁能源转型是保障增长和实现长期发展目标的关键驱动因素。目前菲经济面临的主要挑战是：失业率居高不下和持续走高的通胀率；政策利率上升；进出口瓶颈；以及菲律宾比索对美元的贬值。此外，腐败、官僚主义繁文缛节、走私、高通货膨胀、不断变化的政府法规、电力和能源以及劳动力成本问题，也导致菲商业成本无法降低，影响了整体营商环境的改善。尽管菲律宾在人口结构、劳动力教育水平高、语言能力强、庞大的消费者基础和战略位置等方面具有优势，但数据显示更多外国直接投资流向了新加坡、印度尼西亚和菲律宾周边的其他经济体。菲律宾要转向投资拉动型增长，仍需巩固和改善竞争优势，对制造业和基础设施发展的投资可能是优先考虑的关键领域。菲政府的努力不仅将提高生产力，而且还将为数百万菲律宾人创造急需的就业机会和谋生机会，提供收入保障，帮助减少贫困，并促进消费支出，使经济保持强劲增长。

在社会层面，全球经济增长放缓的影响，以及自然灾害、通货膨胀和供应链中断导致的商品短缺所带来的预期生活成本危机迫在眉睫，这是未来两年内威胁菲律宾社会民生的最严重危机。为了减少对进口商品的需求，切实可行的措施是推动国内市场所需商品的本地生产，但由于几十年来菲政府的兴趣一直集中在发展出口导向性行业，以创造更多的外汇，这种转变必然需要一个较长的过程。

外交方面，小马科斯政府上台后菲外交政策最明显的变化，是大大加强了与美国、日本和澳大利亚的联盟，并在其他方向的外交中积极配合美国。在小马科斯从金边到布鲁塞尔再到华盛顿的一系列海外访问中，一直强调"遵守国际法和联合国海洋法公约"。在第一次东盟—欧盟峰会期间，他还要求欧洲国家帮助菲律宾和其他东南亚国家执行《联合国海洋法公约》。在急速与美国绑定的情景下，小马科斯总统在外交方面的冒进行为大大增多，最近甚至声称鉴于东盟与中国之间的《南海各方行为准则》谈判"进展缓慢"，菲律宾已经接洽越南和马来西亚，探讨另起炉灶出台一份行为准则。菲此举旨在将中国排除在"准则"谈判之外，并为美国的参与铺平道路。这打破了本地区的基本共识，即任何声索方都不应被排除在谈判之外，任何外部当事方都不应参与谈判。小马科斯政府的外交冒进策略，尽管短期可能是菲律宾追求利益最大化的一种手段，长期看已经使菲律宾在地区安全事务中的立场更加复杂化，甚至可能会将其置于大国竞争的前线，给菲律宾自身发展乃至地区安全和发展带来巨大风险。

总的来说，小马科斯政府似乎正在利用菲律宾在东南亚的重要战略地位，即对"南中国海"的邻近和领土主张，以及与美国的联盟和东南亚国家联盟（东盟）的成员资格来进一步推进自己的外交政策议程。对菲律宾来说，利用中美在东南亚的竞争来为自己谋取利益并不容易。就当前来看，菲律宾的内外矛盾正在不断加剧，外交政策和内部势力博弈互相影响，正在对菲律宾政府的政治决策造成全方位干扰，这无疑给菲方的外交政策增加了不确定性。

[邓云斐，云南省社会科学院、中国（昆明）南亚东南亚研究院东南亚研究所副研究员]

文莱：政局稳固　经济缓慢复苏　外交活跃

陈　茜

2023 年，文莱政局稳固，全国在苏丹的带领下积极推进"2035 宏愿"发展战略，取得了一系列进展。根据美国传统基金会发布的全球经济自由度指数，2023 年文莱在亚太地区 39 个国家中排名第 9，全球排名第 48，综合得分高于区域和世界平均水平；文莱还名列世界上污染排名第二少国家，文莱护照在全球护照排行榜上升了两位，排名第 20。文莱大学在世界上的排名上升到第 68 位，在东南亚排名第一。另一方面文莱经济复苏乏力，国内经济仍受国际石油市场波动影响，经济发展对油气产业的依赖依旧较高。加之 3 月起文莱日均新冠感染病例延续小幅上涨，5 月迅速反弹，卫生事业重新紧张。2023 年，文莱苏丹积极出访，同时支持运动健儿赴多地参加体育赛事，外交事业蓬勃发展。

一、政治：政局稳固

国家政治制度和国家政治权力主体的稳定性是国家政局稳固的根基，国家战略的实施也表明国家发展的方向及突破，通过国际平台发声有效提升本国影响力，青年人才的培养又是国家发展的不竭动力。2023 年，文莱"2035 宏愿"进展顺利，成果丰硕，苏丹高度重视"2035 宏愿"的进展与成就，发表致辞，国民人心振奋，蓄势待发。一年一度的苏丹华诞庆典也如期举行，一批社会杰出人士获得苏丹授勋，民间万人空巷，张灯结彩，为苏丹庆生。苏丹带领王室成员积极参加"与民同乐"活动，与百姓近距离接触，接受祝福，也传递厚爱。文莱苏丹非常重视大学生毕业典礼，亲自参加了 UNISSA 第 13 届毕业典礼。此外，文莱首相府多位领导还出席了众多国际论坛。

（一）以苏丹为首的政治权力主体深受民众拥戴

国家政治权力主体的稳定性极大程度上决定着国家的稳定性，文莱苏丹一直以来都深受国民爱戴，每一年苏丹华诞，举国欢庆，万人空巷。7 月 1 日，Yayasan 商业区举行升国旗仪式。一面巨大的国旗升起，标志着苏丹 77 岁生日庆典开始。内政部长艾哈迈丁向四个行政区的区级官员分发了旗帜和海报。政府建议被授予头衔的个人悬挂国旗，文莱公众需要在建筑物和商业场所悬挂国旗直到 7 月 31 日。7 月 15 日，苏丹哈桑纳尔 77 岁生日庆祝活动在斯里巴加湾市奥马尔·阿里·赛福鼎广场举行。苏丹检阅皇家仪仗队，现场鸣发 21 响礼炮，文青年代表夹道欢迎，皇家空军直升机飞越仪式上空。活动后，苏丹在努洛伊曼王宫举行授勋仪式，向 26 人颁发文莱国家勋章。此外，文全国还举行了向当天出生的 13 位新生儿赠送礼物，马来奕传统服饰比赛，摩托车队骑行穿越全国，商店向民众免费发放食物等庆祝活动。2023 年，文莱苏丹的生日庆典充满了浓厚的马来奕风情。[①] 当天，文莱苏丹在努鲁伊曼王宫发表了生日致辞。苏丹表示文莱面临全球地缘政治、气候变化和高通胀率等不确定性问题。经过各方努力，文莱目前的通胀率在所有东盟国家中最低，失业率目前处于近十年较低水平。苏丹宣布，为增进民众福祉，7 月 15 日起实施国民退休计划（SPK）并出台最低工资制度。苏丹表示，政府已与有关国家签署推动经贸和投资的谅解备忘录和协议，督促有关部门及时通报《全面与进步跨太平洋伙伴关系协定》

---

① THE BRUNEIAN, Belait full of colours for Sultan's 77th birthday celebration, July 16, 2023, https://thebruneian.news/2023/07/22/belait-full-of-colours-for-sultans-77th-birthday-celebration/.

（CPTPP）、《区域全面经济伙伴关系协定》（RCEP）和《东盟自由贸易协定》等最新进展以提供商业合作机会。苏丹强调，文莱将在《巴黎协定》框架内履行其承诺，在 2050 年前实现零碳排放。

7 月 25 日以来，苏丹分别在都东地区、淡布隆地区和首都斯里巴加湾市举办的生日庆祝"与民同乐"活动。王储兼首相府高级部长比拉、马利克王子、马丁王子和苏弗里亲王等陪同，内政部长阿赫玛丁、各地政府官员、青年学生、当地居民及非政府组织和企业代表等欢迎。每地都举办了特色主题的文艺演出，介绍了苏丹作为英明君主维护马来伊斯兰君主制，带领百姓和国家走向繁荣与和平，表达民众对苏丹的感激和落实国家发展计划的决心，描绘了君主与百姓之间的牢固关系及文莱多元种族、文化和社区的团结与和谐。27 日淡布隆区为文莱苏丹举行了生日庆典仪式。[①] 数千名居民聚集在社区的会堂欢迎文莱苏丹的到来，200 多名学生在现场奏起国歌，并表演了文艺节目。庆典活动突出了仁政与人民之间的关系，歌颂了指引国家发展的仁爱君主，表达了人民对实施国家发展计划的积极意愿与感激之情。在场的有马来人、马来科达扬人、穆鲁人、伊班人、华人欢聚一堂，跳起民族舞蹈，为苏丹祝福。

7 月 26 日，苏丹 77 岁生日庆祝授勋仪式在努洛伊曼王宫举行。苏丹为政府官员和私营企业代表颁发了荣誉勋章。[②] 仪式上，苏丹向 110 名为国家忠诚服务和奉献的政府官员和私营企业个人颁发荣誉勋章，其中 14 人获三级皇冠勋章，来自公共部门和私人企业的 93 人包括 1 名体育运动员获四级荣誉勋章，3 名政府官员获五级伊斯兰杰出勋章。

---

① The Star, Temburong communities fete Brunei Sultan on his 77th birthday, July 23, 2023, https://www.thestar.com.my/aseanplus/aseanplus-news/2023/07/28/temburong-communities-fete-brunei-sultan-on-his-77th-birthday.

② 文莱一周资讯（7 月 24—31 日），中华人民共和国驻文莱达鲁萨兰国大使馆，2023年 7 月 31 日。http://bn.china-embassy.gov.cn/zts/wlyzzx/.

（二）国家"2035 宏愿"战略取得成就

国家的政策稳定性也影响着国家的稳定性。在 1986—2005 年间实施的前四个五年计划中，文莱的发展重点主要集中在：改善人民生活、国家资源的最大经济利用、发展非油气产业、加快人力资源开发、保证就业、控制通货膨胀、构建和谐自力社会、鼓励培育马来民族成为工商领袖、廉政建设等方面。经过 20 年努力，文在改善人民生活、控制通货膨胀和廉政建设上已经取得重要成绩，但在资源利用、人力资源开发、充分就业、提高生产力等方面，成绩不大。为了抓住第四次工业革命带来的机遇，文莱紧抓经济发展新路径。

3 月 30 日，文莱首相府网站发布《文莱"2035 宏愿"报告（2015—2022）》。该报告主要概述了文莱"2035 宏愿"实施进展及成果，并对文莱在当前瞬息万变、竞争激烈的全球格局中面临的挑战和机遇进行了分析，表示文当前正致力于加强工业革命 4.0、气候变化、数字经济、物联网等领域的技术应用。2023 年 5 月 1 日，文莱苏丹发表主题为"齐心协力实现国家愿景"的致辞，呼吁政府、私营部门、非政府组织和该国人民共同努力，实现国家愿景。苏丹肯定了国有企业和私营单位通过企业社会责任倡议积极参与社区活动，是文莱发展的"催化剂"，期待文莱成为一个以高学历、高技能和成功国民为傲的国家，拥有充满活力的和可持续发展的经济。

5 月 30 日，文莱举行了"2035 宏愿"研讨会。相关负责人表示，文莱"2035 宏愿"致力于培养接受良好教育、掌握职业技能的国民，发展富有活力及可持续的经济为国民创造高质量生活。为此，文莱"2035 宏愿"发布 12 项国家发展成果并进行评估。2015 年以来，文莱在清洁能源、工业、创新和基础设施这两个目标方面取得了实质性进展。在电力获取、对清洁能源的依赖和能源强度方面也有进展。制造业增加值、制造业就业、单位制造业增加值二氧化碳排放量等指标均表现良好。其他目标也取得了良好的进展。例如，失业率有所下降。然而，需要进一步努力减少不参加教育、就业或培训的青年比例。优质教育目标的实现也取得了良好进展，文莱教师的质量不断提高，教育和学习基础设施不断完善。该负责人并表示，国民是实现"2035 宏愿"的主要力量，全国民众要团结一心、共同努力，推动文莱向着"2035 宏愿"目标迈进。

（三）通过国际会议平台发出文莱声音

2023 年，文莱多位内阁成员出席了国际和区域重要会议。5 月 25—26日，文莱首相府部长兼财经主管部长刘光明出席在美国举行的亚太经合组织贸易部长会议。刘光明在会上表示，亚太经济合作为地区国家创造更多贸易机会，推动经济增长，增进人民福祉。文莱致力于与其他国家拓展贸易合作、深化经济联系，同时提高国内民众教育水平、职业素养与创新能力，推动国家社会取得积极发展。

6 月 2—4 日，文莱首相府部长兼国防主管部长哈尔比出席在新加坡举行的第 20 届香格里拉对话会，与新加坡国防部部长黄永宏举行双边会谈，并参加东南亚与美国国防部长对话会。哈尔比在会上表示，文莱高度重视东盟作用，愿与其他国家拓展防务合作，共同促进地区和平、安全与稳定。7 月 10—11 日，首相府能源部与东盟能源中心、东盟和东亚经济研究所联合举办能源论坛，此次论坛以"东南亚能源公正转型，迈向绿色可持续发展"为主题。文莱首相府部长兼国防主管部长哈尔比在论坛开幕式发表主旨讲话，强调文莱迈向能源转型的重要举措，表示能源转型不仅需要全国共同努力，还需要加强区域合作。

8 月 5 日，初级资源与旅游部长马纳夫在线出席第八届亚太经合组织粮食安全部长级会议，表示文方欢迎建立可持续农业粮食系统，促进亚太经合组织在支持粮食安全方面达成共识，支持打造区域合作平台，加强合作和知识共享，实行支持农业粮食系统政策和法规，实现可持续经济发展。

9 月 18 日，首相府部长兼财经主管部长刘光明出席第二届联合国可持续发展目标峰会相关会议，表示文莱正根据本国"2035 宏愿"推进联合国

2030 年可持续发展议程，并通过第二次国家自愿审查（VNR）认清定位、直面挑战、采取行动；文莱愿与国际社会共同努力实现可持续发展目标，并提出四项承诺。9 月 22 日，首相府部长兼国防主管部长哈尔比在越南出席第 16 届东盟信息部长（AMRI）会议，表示信息的事实核查非常重要，尤其是处于数字化和信息化的情况下，用于通信和传播信息的通信技术正在快速发展，利用和操纵虚假性信息可能会破坏东盟的基础。会议期间，哈尔比与越南信息通信部长阮孟雄举行双边会谈。

（四）青年人才是接续国家发展的动力

2023 年 8 月，文莱高校进入毕业季，文莱苏丹出席了文莱多所大学的毕业典礼。8 月 21 日上午，文莱苏丹出席文莱大学第 35 届毕业典礼，为 835 名学生颁发毕业证书。文莱王储兼首相府高级部长比拉于 21 日下午主持文大毕业典礼并为 314 名学生颁发毕业证书；22 日主持 2023 年苏丹沙里夫阿里伊斯兰大学（UNISSA）毕业嘉年华开幕仪式；26 日主持第八届文莱工艺大学 2023 年毕业典礼。文莱教育部部长罗麦扎于 8 月 23 日出席文莱大学举行的优秀学生颁奖典礼；24 日为 2023/2024 年在杰鲁东国际学校和文莱国际学校攻读本科课程的苏丹政府海外奖学金计划和攻读中学及大学预科课程的特别奖学金计划获奖者颁奖。

8 月 30 日，苏丹出席 UNISSA 第 13 届毕业典礼，并为毕业生颁发学位证书，王储比拉陪同出席。苏丹赞扬 UNISSA 成为唯一一所被列入 2023 年泰晤士高等教育世界大学影响力排名的文莱大学。该奖项凸显了 UNISSA 对联合国可持续发展目标议程的实践及其对发展需求的适应能力。苏丹还强调可持续发展目标作为一项全球使命的重要性，需要每个国家的践行。

9 月 14 日，苏丹哈桑纳尔作为文莱理工大学（UTB）校长出席第 11 届 UTB 毕业典礼。苏丹在致辞中指出，UTB 成立 15 年来在发表论文等方面取得新的成绩，希望继续加大努力，优化课程设置、用好现有资源，培养本土人才、服务国家发展。苏丹授予王储兼首相府高级部长比拉荣誉博士学位，并向 397 名毕业生颁发证书。

二、社会：力保民生

文莱政府历来都重视人民福祉，为民服务。目前文莱正在执行第十一个国家发展规划（RKN11，2018—2023），其六个战略重点为：提高教学和培训质量，提升全社会人力资本；发展符合行业需求的人才；建立有远见的和谐社区；增进可持续的民生福祉；增加非油气部门产出对国内生产总值的贡献；加强政府治理，营造良好营商环境。该国家发展规划执行期间将拨款 35 亿文元，资助 186 个项目。2023 年 4 月起将启动第十二个国家发展规划。①

（一）文莱苏丹出席"国民服务计划"结业仪式

3 月 17 日，文莱苏丹出席在淡布隆县国民服务训练营举行的"国民服务计划"结业仪式并发表御词。苏丹表示，国民服务计划着眼于提升国家自我防卫能力，新增的为期一周的基本灾害准备协调课程将向学员传授知识技能。本届国民服务计划有 539 名学员参加，是计划开始以来人数最多的一届，反映出国民服务计划的效率与崇高价值。苏丹很高兴看到自 2022 年 8 月 20 日起，文莱国民服务局与人力规划就业局以及文莱技术教育学院共同开发为期 90 天的项目，以提高文莱技术教育学院学员的纪律性与韧性。

（二）3 月起文莱疫情反扑但可控

3 月中旬起，文莱日均新冠肺炎感染病例较前增多。13—19 日，文莱

① Department of Economical Planning and Statistics，"Rancangan Kemajuan Negara" January 1ˢᵗ，2008，https://deps. mofe. gov. bn/SitePages/National%20Development%20Plan. aspx. Accessed 31 Aug. 2023.

日均新冠肺炎感染病例为 168 例，较前一周增加 8 例。快速抗原检测（ART）阳性结果占比约 5.6%。3 月 20 日，文莱新增死亡病例 1 名。到 3 月 27 日，卫生部公布前一周新冠新增感染病例为日均 201 例，较之前的 168 例有所上升。截至 3 月 26 日，文莱三剂疫苗接种率为 79.1%，四剂疫苗接种率为 12.1%。5 月后，文莱新冠疫情出现了迅速反弹。文莱卫生部在每周公告中表示，过去一周，全国报告的新冠肺炎病例数量大幅增加，达到平均每天 668 例，而上一周则是每天 175 例。仅 5 月 1 日当天就报告了 1042 例新增病例。卫生部呼吁民众在开斋节期间保持警惕，如出现感染迹象，不要走亲访友，鼓励大家进行 ART 筛查。5 月 8 日，文莱当日新增新冠肺炎确诊病例 6861 人。① 但文莱政府向来都重视民生福祉，采取了一系列措施继续抗疫，使得国内的疫情处于完全可控的状态。2023 年 10 月 6 日，文莱政府发布报告称国内的疫苗接种率较高，因此可取消 COVID－19 入境限制，重新开放边境。

（三）启动 5G 走向新时代

文莱推出了 5G 网络，希望推动数字化转型。文交通和信息通信部部长沙姆哈利在世界电信和信息社会日发表演讲称，截至 2023 年第一季度，文莱光纤入户网络已覆盖总人口的 88%。文莱互联网普及率达 95%，是亚太地区互联网普及率最高的国家之一。6 月 10 日，文莱推出可持续发展目标网站（SDGs），民众可以在网站上获取可持续发展项目落实的最新进展，实现信息共享和数据可视化。文莱将于 7 月在联合国可持续发展高级别政治论坛上就可持续发展目标进展提交第二次自愿国别评估报告。6 月 22 日，文莱信息通信技术产业局与 UNN、DST 等文莱通讯运营商联合宣布文莱提供 5G 服务，这是文莱技术领域发展的一个里程碑，这将使文莱电信基础设施更快、更可靠。

---

① World meter, Brunei, 2023 年 10 月 24 日，https://www. worldometers. info/coronavirus/country/brunei-darussalam/#graph-cases-daily.

行业利益相关者表示，5G 的引入可能会对商业和消费技术产生广泛影响，带来更多物联网和人工智能相关应用程序，并通过增强现实或虚拟现实促进远程医疗和在线教育的使用。5G 具有扩展带宽、增强网络容量、超低时延、更好的可用性和更高的可靠性等显著优势。目前，文莱 90% 的人口密集区已被 5G 网络覆盖，并正在扩大全国覆盖范围，以便公平地获得基本服务、增加经济发展机会。①

（四）最低工资法律生效

8 月 16 日，文莱财经部发布《2022 年劳动力调查报告》。《婆罗洲公报》报道，根据财政和经济部经济规划统计局开展的《2022 年劳动力调查报告》（LFS）显示，文莱私营部门就业人数占比从 2021 年的 68.5% 增至2022 年的 69.2%，增幅为 0.7%。其中半数以上是本地员工，大部分为服务销售人员，其次是专业技术人员和准专业人员。按经济活动类型划分，大多数当地人从事石化行业、住宿餐饮服务业以及科技、行政和支柱型服务业。平均月薪从 2021 年每月 1536 文元（以下简称"文元"）增至 2022 年1789 文元，增长主要来自私营部门。劳动力参与率下降 1.1%，从 2021 年的 63.8% 降至 2022 年的 62.7%，主要因非劳动力人口的增加，特别是 55 岁及以上人口。平均工作时间从 2021 年的每周 47.5 小时降至 2022 年的 46.4小时，减少 2.3%，主要原因是外籍工人平均工作时间减少。失业率上升0.3%，从 2021 年的 4.9% 上升到 2022 年的 5.2%，其中大部分人年龄在25—29 岁之间，受过高等教育。非劳动力人口数量比上一年增加 3.9%，其中 94.6% 的人没有积极寻找工作并做好工作准备，主要原因是这些人在继续学习、接受培训或承担家庭家务责任。按年龄组划分，青年约占非劳动力人口的 32.1%。

---

① THE SCOOP, Brunei launches 5G network, hopes to spur digital transformation, June 23, 2023, https://thescoop. co/2023/06/23/brunei－launches－5g－network－hopes－to－spur－digital－transformation/.

文莱内政部劳工局宣布，经苏丹批准，文莱新的 2023 年就业（最低工资）法令于 7 月 12 日生效。最低工资政策将分阶段实施。第一阶段涉及银行金融、信息和通信技术（ICT）行业。全职员工的最低工资为 500 文元，兼职员工最低工资为每小时 2.62 文元。

三、经济：缓慢复苏

2023 年，恒逸石化厂的扩建工程和文莱摩拉港的产能提升工程将在预测期内继续进行。这些项目预计分别于 2028 年和 2025 年竣工。下游石化产品和化肥的出口将支持 GDP 增长，但被老化油气田的持续维护工程所抵消。在疫情后反弹中私人消费支出激增的推动下，2023 年实际 GDP 将增长 1.5%，2024 年将增长 3.1%。消费者价格通胀将从 2022 年的 3.7% 放缓至 2023 年的 0.6%，经常项目将继续出现巨额盈余。[①]

（一）宏观经济形势

8 月 22 日，《婆罗洲公报》报道称，文莱经济规划与统计局数据显示 2023 年文莱第一季度 GDP 为 46.6 亿文元，同比增长 0.8%。按油气与非油气产业统计，油气行业产值为 21.7 亿文元，同比下降 5.0%；非油气行业产值为 25.8 亿文元，同比增长 6.2%。油气行业与非油气行业分别占总增加值（GVA）的 45.7% 和 54.3%。按三大产业统计，一季度农林渔业产值为 0.4 亿文元，同比下降 7.8%，主要原因是渔业和果蔬农产品产值下降，其中渔业产值下降 16.2%；工业产值为 26.5 亿文元，同比下降 5.2%，其中，建筑业和液化气制造业降幅最大，建筑业产值下降 7.8%；服务业产值为 20.5 亿文元，同比增长 10%，其中，空运行业增幅最大，同比增长 285.1%；其次是金融业，同比增长 71.7%。按需求统计，内需同比增长

---

① EUI, Brunei Country Report, October 23, 2023, https://country.eiu.com/brunei#.

4.9%；外需同比下降4.1%。

1. GDP 或小幅增长

随着旅游业重新开放，交通服务等显著改善，经济重新开放后国内油气供应向下游产业的分流使得非石油和天然气行业受益。4月9日，东盟与中日韩宏观经济研究办公室在年度旗舰报告《2023年东盟+3区域经济展望》中，预测文莱2023年国内生产总值（GDP）增长率为2.8%，明年为2.6%，主要由国内消费和投资支出复苏推动。4月15日，国际货币基金组织（IMF）也对文莱2023年的经济增长率作出了预测。IMF发布《世界经济展望》，预计文莱2023年经济将增长3.3%，明年将增长3.5%，高于此前东盟+3区域经济展望2.8%的预测。《展望》并预计世界经济整体增长将从2022年的3.4%下降到2023年的2.8%，2024年将稳定在3%左右；发达经济体的增长放缓明显，从2022年的2.7%降至2023年的1.3%。由于大宗商品价格下跌，全球总体通胀率将从2022年的8.7%降至2023年的7%。

据文莱政府工作报告，2023年第一季度，文莱国内生产总值（GDP）按不变价格（以2010年基准年价格衡量）同比增长0.8%。[①]虽然经济形势不容乐观，但文莱经济各项指标都将上涨。10月7日，东盟与中日韩10+3宏观经济研究室（AMRO）发布最新区域经济季度展望报告，将文莱2023年经济增长率从7月预测的1%调高到1.1%，预测文莱2024年实现2%经济增长。AMRO也调整了2023年对文莱通胀率的预测数据，从原来的0.9%上调到1%，2024年通胀率预计为1.1%。报告指出，尽管明年全球经济形势不太乐观，但得益于中国制造业出口和经济保持增长势头，本地区经济增长将保持向好。报告预测2023年10+3地区经济将增长4.3%。AMRO首席经济学家表示，应保持长远眼光，中国虽受房地产行业影响，但其制造业投资保持稳定，消费复苏重回正轨，对地区其他国家带来溢出效应。

10月1日，世界知识产权组织发布2023全球创新指数，文莱排名从之

---

① GROSS DOMESTIC PRODUCT 1ˢᵗ QUARTER 2023, p. 26, https：//deps. mofe. gov. bn/DEPD%20Documents%20Library/DOS/GDP/2023/RPT_Q12023. pdf.

前的 92 位上升到 87 位，在 50 个高收入经济体中排名第 49 位，在东南亚、东亚和大洋洲的 16 个经济体中排名第 14 位。创新投入排名第 53 位，与 2022 年保持一致。创新产出排名 125 位，高于 2022 年排名。文莱在创新机构（第 20 位）、基础设施（第 54 位）、人力资本和研究（第 57 位），商业先进性（第 80 位）等排名较高，在创意产出（第 127 位）、知识与技术产出（第 126 位），市场先进性（第 105 位）等排名靠后。

2. 贸易额显著收缩

1—2 月，文莱贸易额小幅增长。文莱经济计划和数据局报告显示，2023 年 1—2 月文莱贸易总额为 46.3 亿文元，同比增长 2.2%。[1] 其中，出口额为 28.5 亿文元，同比增长 3.5%，进口额为 17.7 亿文元，同比增长 0.3%。前三大贸易伙伴是日本、澳大利亚和马来西亚，贸易额占比分别为 17.3%、13.5% 和 13.4%。前三大出口市场是日本、澳大利亚和新加坡，出口额占比分别为 27.4%、17.9% 和 14.2%；出口产品中，矿物燃料出口总额 21.7 亿文元，同比增长 0.5%，占出口额 76.2%；化学品出口总额 5.9 亿文元，同比增长 10.3%，占出口额 20.6%；机械运输设备出口总额 0.3 亿文元，同比增长 275.1%，占出口额 1.2%。前三大进口市场是阿联酋、马来西亚和中国，进口额占比分别为 31%、20.8% 和 12%。进口产品中，矿物燃料进口总额 12.1 亿文元，同比下降 1.4%，占进口额 68.2%；机械和运输设备进口总额 2 亿文元，同比增长 7.2%，占进口额 11.3%；食品进口总额 1.4 亿文元，同比增长 17.4%，占进口额 7.7%。

3—4 月，文莱贸易总额大幅下降。[2] 3 月，文莱贸易总额同比下降 39.9%，从 2022 年的 24.648 亿文元降至 14.822 亿文元。其中出口额下降 39.7%，进口额下降 40.3%，主要原因是矿物原料进出口额的下降，其中液

---

① 文莱一周资讯（8 月 14—21 日），中华人民共和国驻文莱达鲁萨兰国大使馆，2023 年 8 月 21 日。http://bn.china-embassy.gov.cn/zts/wlyzzx/.

② 文莱一周资讯（6 月 26 日至 7 月 2 日），中华人民共和国驻文莱达鲁萨兰国大使馆，2023 年 7 月 3 日。http://bn.china-embassy.gov.cn/zts/wlyzzx/.

化天然气出口量下降 13.0%。4 月贸易总额自去年的 30.373 亿文元降至 14.015 亿文元，同比下降 53.9%，出口额自 17.405 亿文元降至 7.617 亿文元，下降 56.2%，进口额自 12.968 亿文元降至 6.398 亿文元，下降 50.7%。出口额下降的主要原因是液化天然气（LNG）和其他石油产品（尤其是车用柴油）的出口额下降。液化天然气出口量下降 11.7%，出口价格下降 18.4%。矿物燃料是文主要出口商品，占 77%，其次是化学品（19.2%）以及机械和运输设备（1.7%）。2023 年 4 月的五大主要进口商品是矿物燃料（51.4%），机械和运输设备（17.0%）、食品（10.3%）、化学品（7.1%）和制成品（6.9%）。2023 年 4 月的主要出口市场是日本（21.9%），新加坡（19.7%）和澳大利亚（14.2%）。最主要的出口商品是原油、液化天然气和下游石化产品。最大的进口来源国是阿联酋（18.7%），其次是沙特阿拉伯（18.6%）和马来西亚（17.4%），原油是最大的进口商品。约 57.3% 的进口商品是用于加工的中间产品，其次是用于商业运营的资本货物（37.1%）和用于家庭使用的消费品（5.6%）。按价值计算，93.5% 的贸易是通过海运交付，4.7% 通过空运，1.8% 通过陆运。从月度环比变化来看，与 2023 年 3 月相比，4 月贸易总额下降 5.4%，主要原因是出口额下降了 24.1%。

整体来看，2023 年 1—5 月，文莱贸易总额为 92.9 亿文元，同比下降了 28.5%。出口额为 57.3 亿文元，同比下降 28.6%，进口额为 35.6 亿文元，同比下降 28.3%。前三大贸易伙伴是日本、中国和澳大利亚，贸易额占比分别为 14.4%、12.5% 和 12%。前三大出口市场是日本、澳大利亚和新加坡，出口额占比分别为 22.6%、17.4% 和 15.8%。前三大进口市场是阿联酋、马来西亚和中国，进口额占比分别为 22.8%、19% 和 12%。

3. 消费者价格指数小幅上涨

文莱财经部经济规划与统计局数据显示，2023 年 1 月消费者价格指数（CPI）与去年同期相比上涨 1.4%，主要系食品与非酒精饮料、非食品类商品价格分别上涨 4.8% 和 0.6%。与上月环比下降 0.7%，主要系非食品类商品价格下降 0.9%。3 月，文莱消费者价格指数为 106.9，同比增长 0.4%。该月 CPI 上涨的主要原因是酒店餐饮业、食品和非酒精饮料的价格上涨，值得一提的是，文莱的文旅业价格也在小幅上涨，食品和非酒精饮料价格上涨 3.9%，而非食品价格下降 0.5%。

5 月，文莱消费者价格指数环比上涨了 0.3%。食品和非酒精饮料价格上涨 0.3%，其中蔬菜价格上涨 1.1%，鱼类和海鲜 0.5%，肉类 0.4%。[①] 用于辣椒生长的化肥成本上涨导致蔬菜价格上涨。非食品价格上涨 0.3%，其中服装鞋类价格上涨 9.0%，杂项商品和服务 0.7%，娱乐文化 0.5%。与 2022 年 5 月相比，文莱 CPI 同比上涨 0.8%。食品和非酒精饮料价格上涨 2.8%，其中大米和谷物价格上涨 5.6%，鱼类和海鲜 3.2%，肉类 3.0%，由原材料价格上涨和供应不足导致。非食品价格上涨 0.3%，其中服装鞋类价格上涨 6.7%，餐馆酒店 4.2%，娱乐文化 0.2%，衣料价格上涨导致服装鞋类价格上涨。餐饮合同服务价格上涨导致餐馆和酒店价格上涨，朝觐和副朝等假期支出上涨导致娱乐文化类价格上涨。

第二季度，文莱的食品和饮料销售额为 1.117 亿文元，同比增长了 12.8%。其中餐饮活动同比增长 8.8%，餐饮服务增长 79.6%，快餐店增长 15.5%，其他食品服务增长 13.8%，餐厅增长 8.7%，饮料增长 4.8%。同时，由于国内需求下降，零售业绩同比下降 4.9%，销售收入从 4.703 亿文元下降至 4.473 亿文元，其中钟表珠宝首饰销售额下降 18.5%，纺织品、服装和鞋类下降 16.5%，计算机和通信设备下降 13.7%，百货商店下降 7.2%。

4. 非油气产业在一季度推动文莱经济增长

文莱 2023 年第一季度的经济表现凸显了其韧性，其特点是在石油和天然气领域面临挑战的情况下，非石油和天然气行业实现了令人印象深刻的增长。这一转型之旅代表了文莱对经济多元化的承诺，为繁荣、可持续和

---

① 文莱一周资讯（6 月 26 日至 7 月 2 日），中华人民共和国驻文莱达鲁萨兰国大使馆，2023 年 7 月 3 日。http://bn.china-embassy.gov.cn/zts/wlyzzx/.

创新的未来奠定了基础。

2022 年 4 月以来，文莱的新冠肺炎疫苗接种率较高，因此国家取消海关封锁措施，恢复边境通行，经济有所复苏，为油气产业活动提供了动力。受益于石油和天然气收入的增加，文莱的财政状况有所改善，但多元化经济的发展依旧非常有必要。随着全球金融市场波动加剧，需要密切监控银行对外放贷活动的风险，并将盈余资金配置到境外进行投资。鼓励当局继续加强其监测和风险管理框架。继续向微型、小型和中型企业（MSME）提供信贷对于促进私营部门的增长和发展仍然很重要。尽管经济多元化进展值得称赞，但食品、信息和通信技术（ICT）以及旅游业等优先领域的外国直接投资项目仍有加快实施的空间。

2023 年 1—2 月，文莱的油气出口总额 12 亿文元，同比增长 7.5%，占出口额 41.9%。[①] 其中原油出口额 3.1 亿文元，同比下降 28.4%，主要出口市场为澳大利亚（33.4%）、日本（22.5%）和泰国（22.2%）；天然气出口额 8.8 亿文元，同比增长 35.5%，主要出口市场为日本（79.9%）、马来西亚（15.2%）和中国台湾（4.9%）非石油和天然气行业增长了 6.2%，这一增长背后的驱动力在于非油气领域内多元化子行业的崛起。航空运输增长了 285.1%，紧随其后的是金融行业，增长了 71.7%，其他运输服务增长了 33.1%。这种强劲增长象征着文莱的战略投资和前瞻性政策。

2023 年第一季度，石油和天然气行业（包括石油和天然气开采和液化天然气制造）按不变价格计算同比下降 5.0%。这是由于石油和天然气开采和液化天然气（LNG）生产活动减少所导致的。液化天然气产量从 2022 年第一季度的 7.581 亿英热单位/天（MMBtu/d）到 2023 年第一季度的 7.189 亿英热单位/天。与此同时，原油产量也呈现出类似的趋势，从 2022 年第一季度的 101.6 万桶/天增加到 2023 年第一季度的 91.1 万桶/天。天然气产量从 2022 年第一季度的 2980 万立方米/天下降到 2023 年第一季度的 2900

---

① International news, Brunei economy boost in Q1 2023 by Non-oil and gas sector. October 23, 2023. https://charteredjournal.com/brunei-economy-boost-q1-2023/.

万立方米／天。按当前价格计算，该行业 2023 年第一季度的 GVA 估计为
25.024 亿新西兰元，而 2022 年第一季度为 26.706 亿新西兰元。2023 年第
一季度，该行业对总增加值（GVA）的贡献约为 49.2%。2023 年第一季度
的平均油价从 2022 年第一季度的 104.17 美元／桶（美元／桶）下降到 2023
年第一季度的 85.84 美元／桶，下降了 17.60%。LNG 价格上涨 14.60%，从
2022 年第一季度的 11.93 美元／百万英热单位（USD/MMBtu）上涨到 2023
年第一季度的 13.68 美元／MMBtu。与此同时，非油气行业在 2023 年第一季
度增长了 6.2%。包括石油和化工产品的新生产在内的下游活动，按不变价
格计算，贡献了 3.142 亿文元国民生产增加值（GVA）。与此同时，其他非
石油和天然气活动的总 GVA 为 22.639 亿文元，导致了非石油和天然气部门
的扩张。①

非油气行业欣欣向荣的同时，油气行业却面临挑战，该行业的下滑是
由于原油、天然气和液化天然气（LNG）产量下降所致，这是 COVID-19 大
流行对勘探、开发、生产和复兴活动影响的直接结果。展望未来，文莱经
济的前进道路充满机遇，非石油和天然气部门的全面增长说明文莱的经济
多元化努力取得了突破，将引导文莱经济走向更具韧性和可持续发展的
轨道。

（二）部门经济

以 GDP 衡量，文莱的经济活动主要由工业部门支撑，占 59.9% 左右，
其次是服务业，占 38.9%。甚至农业、林业和渔业部门也作出了 1.2% 的
适度贡献，凸显了文莱的多方面经济基础。② 3 月 28 日，持续了近三周的第
19 届文莱立法会会议闭幕。各部门 2023/2024 财年获批预算（单位：亿文

---

① GROSS DOMESTIC PRODUCT 1st QUARTER 2023，p. 36，https://deps. mofe. gov. bn/
DEPD%20Documents%20Library/DOS/GDP/2023/RPT_Q12023. pdf.

② International news，Brunei economy boost in Q1 2023 by Non-oil and gas sector. October
23，2023，https://charteredjournal. com/brunei-economy-boost-q1-2023/.

元）依次为：财经部 10.14、教育部 7.75、国防部 6.20、首相府 5.74、卫生部 4.18、宗教事务部 2.70、发展部 2.25、内政部 1.32、外交部 1.13、交通与信息通讯部 1.12、文化、青年与体育部 0.84、初级资源与旅游部 0.64。此外，文莱第十一个国家发展计划框架下 211 个项目共获批预算 5 亿文元。

1. 一季度多部门产值下降

一是农林渔产业。2023 年 3 月，文莱农业、林业和渔业（AF）产值为 6020.5 亿文元。[①] 相较于 2022 年的 6125.4 亿文元有所下降。从 2013 年 3 月到 2023 年 3 月平均为 4744.1 亿文元。该数据的历史最高值出现于 2022 年 6 月，达 6507.3 亿文元，而历史最低值则出现于 2013 年 12 月，为 3636.3 亿文元。第一季度，文莱的渔业产值减少了 16.2%，蔬菜和水果产值减少 7.8%。

二是工业部门。工业部门在 2023 年第一季度下降了 5.2%。这主要是由于建筑业减少了 7.8%，其次是液化天然气和其他石油和化学产品制造减少了 6.5%，石油和天然气开采增加了 4.9%，电力和水增加了 4.7%。与此同时，服装和纺织品制造增长了 25.7%，食品和饮料产品制造增长了 12.6%，其他制造增长了 11.2%。

三是服务业。一季度服务部门增长 10.0%。航空运输取得 285.1% 正增长，其次是金融 71.7%，其他运输服务 33.1%，其他私人服务 25.2%，餐馆 14.3%，通信 5.6%，保健服务 3.9%，房地产和住房所有权 2.7%，国内服务 2.0%。教育服务为 0.8%，商业服务为 0.6%。与此同时，水路运输为 7.0%，陆路运输为 4.3%，政府服务/公共行政为 2.1%，酒店为 0.9%，批发及零售业为 0.7%。[②]

---

① Brunei GDP：Agriculture，Forestry & Fishery（AF），https://www.ceicdata.com/en/brunei/sna08-gdp-by-production-current-price/gdp-agriculture-forestry-fishery-af.

② GROSS DOMESTIC PRODUCT 1ˢᵗ QUARTER 2023, p. 17, https://deps.mofe.gov.bn/DEPD%20Documents%20Library/DOS/GDP/2023/RPT_Q12023.pdf. P3-6.

2. 政府大力发展多元化经济

一直以来，石油和天然气工业在文莱经济中占据主导地位，为文莱积累了可观的财富。为了确保未来经济的稳定和可持续性，文莱政府正在努力实现经济多元化。2015 年文莱达鲁萨兰国的石油产量预计小幅上升至 125000 桶/日，高于上一年的 124000 桶/日；增长缓慢，主要是由于对老化资产和基础设施的持续维护工作。尽管政府的 2014 年《能源白皮书》对文莱到 2035 年可实现的石油和天然气生产水平持乐观态度，但由于现有资产的有针对性的二次和三次回收、勘探的增加以及上游国际企业的增加，文莱已大幅加强对其他行业的关注。

近年来，非石油和天然气行业对文莱国家经济贡献日益增加。根据文莱经济规划与统计局 2024 年 3 月发布的数据，2023 年文莱非油气行业对 GDP 的贡献比例达 52.6%，高于 2014 年同期的约 33%。[①] 文莱实现经济多元化的核心途径是通过与各个行业的大型国际公司建立合资企业来吸引外国直接投资。在文莱经济发展局的努力下，该国成功引进了多项重大国际投资。著名的合资企业包括与中国浙江恒逸合作开发炼油厂和芳烃裂解厂、与韩国 DongYang GangChul 合作开发铝冶炼厂以及与加拿大 CAE 合作开发多功能国防和航空培训中心。此外，文莱还致力于通过投资研发以及扩大清真食品行业的范围来促进生物工业的增长。

此外，文莱政府还认为，只有通过数字化转型才能实现数字经济，最终实现经济进步和社会福祉的愿景。在数字经济的生态系统中，政府、产业、社会紧密相连，数字 ID、数字支付、People Hub 等旗舰项目是生态经济系统的支柱。2023 年 3 月 14 日，文莱 Progresif 公司举办 Progresif 企业体验中心启动仪式，Progresif 与阿里云签署合作备忘录和开门迎宾活动。[②] 启动仪式的主题是"为未来的网络作好准备了吗?"，现场举办了产品技术演

[①] Digital Brunei, Digital Economy, https://digitalbrunei.bn/about/. October 25th, 2023.

[②] 文莱一周资讯（3 月 13—20 日），中华人民共和国驻文莱达鲁萨兰国大使馆，2023 年 4 月 14 日。http://bn.china-embassy.gov.cn/zts/wlyzzx/.

示、专家讲座以及与公司团队交流等活动。体验中心展示了 Progresif 公司最新的创新技术成果和最先进的个人网络监测服务，可为有需要的客户提供额外的网络监控，确保网络安全稳定运行和集群管理。佰都里银行与全球支付品牌银联合作推出了 Qpay 服务，客户只需通过智能手机扫描商户银联二维码或出示待扫描的银联二维码即可进行支付。此项服务为消费者提供快速、方便和安全的非接触式支付方式，可在全球超过 4000 万个商户使用，包括新加坡、泰国、马来西亚等热门旅游目的地。

四、外交：保持稳定

随着国家力量逐渐发展，文莱在外交层面应对国际与地区的事务的能力也不断增强，在国际交往中获得主动；在外交层面广泛参与国际组织、区域组织，积极发展与各国的友好关系；在经济层面依托自身资源优势不断扩大与世界各国（地区）经济交往，推动经济多元化发展；在安全方面，文莱积极以培训、联合演习、互访、军事比赛等形式与各国开展军事合作，致力于维护地区和平；在人文交流方面，文莱以伊斯兰教为文化身份支柱，积极传播马来民族传统文化。总体看来，文莱在 2023 年与中国、东南亚区域、其他国家的外交关系保持稳定。

（一）与中国关系友好向前

2023 年，文莱与中国保持着友好亲密的关系。高层互动方面，文莱苏丹在 3 月 10 日致电习近平主席，祝贺他再次当选中华人民共和国主席。[①]苏丹表示，在习近平主席坚强有力领导下，中国在全面提高人民福祉方面取得巨大飞跃。坚信中国在全面建成社会主义现代化强国、实现第二个百

---

① 《文莱苏丹热烈祝贺习近平再次当选国家主席》，中文关系，中国驻文莱大使馆，2023 年 3 月 11 日。http://bn. china-embassy. gov. cn/chn/zwgxs/202303/t20230311_11039272. htm.

年奋斗目标指引下，一定会继续取得非凡发展。3 月 11 日，文莱苏丹致电李强总理，祝贺他当选中华人民共和国国务院总理。[①] 苏丹表示，在习近平主席的带领下，中国与文莱将致力于加强两国的战略合作伙伴关系，无论是在地区还是双边层面，都希望两国密切合作，为双方的国民创造福祉。文中两国从贸易投资，到人工智能、大数据等新兴领域的合作持续拓展，以此为基础，双方的友好关系将进一步推进。

此外，8 月底至 9 月初，中国—东盟协会会长顾秀莲率团访问文莱。9 月 1 日，顾秀莲会长拜会了文莱—中国友好协会办公室，文中友协会长陈家福和中国驻文莱大使肖建国参加会谈。顾会长表示，中国和文莱是好邻居，各领域合作成果丰硕，树立了大小国家平等相待的典范。她并感谢外交部无任所大使玛斯娜公主对中文友谊和此访的重视。9 月 2 日顾会长出席了文莱历史中心、中国驻文使馆和文中友协合作举办的文莱历史论坛，回顾两国友好交往历史。

司法合作项目方面，2023 年 6 月，文莱与中国香港深化司法合作项目落地。6 月 27 日，文莱最高法院首席大法官张惠安在由文莱最高法院与香港特别行政区司法部共同举办的在线研讨会上强调有必要"普及科技平台，以有效地服务公众并促进公平的司法救助"。文莱宣布将与香港区域仲裁中心和国际在线争端解决中心合作。这两家机构展示了其研发的在线争议解决平台，该平台用于促进中国、香港、亚洲和其他地区的国际贸易、数字商务和解决争议。

教育合作方面，亮点颇多。恒逸实业（文莱）有限公司近期为文莱技术教育学院 21 名学生举行奖学金签约仪式，有关学生将参加"文莱技术教育学院—兰州石化职业技术学院—恒逸"石化产业人才联合培养项目。自2018 年设立以来，共有 142 名学生获得相关奖学金。8 月 29 日，26 名文莱学生启程前往中国兰州石化职业技术大学参加恒逸和文莱理工学院（IBTE）

---

① 《文莱苏丹热烈祝贺李强当选国务院总理》，中文关系，中国驻文莱大使馆，2023年 3 月 12 日。http://bn.china-embassy.gov.cn/chn/zwgxs/202303/t20230312_11039403.htm.

联合奖学金计划的学习。恒逸和 IBTE 联合奖学金项目为学生提供为期三年的学习培训，一年在 IBTE 理论学习，一年在兰州专业学习，最后一年在文莱恒逸公司实习。毕业后，学生将入职恒逸石化工作。

文莱大学与中国两所大学合作。6 月 12 日，来文访问的厦门大学校长张宗益与文莱大学主管校长哈兹瑞在文大签署两校合作谅解备忘录。中国驻文莱大使肖建国见签。哈兹瑞表示，两校将组织更多联合研讨会，建立联合研究项目，以促进学生交流和教师培养。会后，双方参观了文大植物研究中心。9 月 20 日，文莱大学与清华大学签署学生交换协议，文莱大学计划派遣本科学生到清华大学学习一年，返回文莱大学完成学士学位最后一年；接收清华大学学生参加学期交换项目和全球探索短期项目，包括全球创业暑期学校和"发现文莱"课程；讨论文莱大学艺术与社会科学学院与清华大学新闻传播学院签署教师谅解备忘录事宜。文大副校长哈兹瑞表示，双方拥有共同的目标和愿望，可以通过合作加强亚洲大学间联系，塑造教育领域更光明未来。

基础设施合作方面，文莱与中国的关系更加紧密。7 月 1 日文莱皇家航空恢复之前由于新冠疫情中断的北京—斯里巴加湾直航。首批来自北京的逾百名游客抵达文莱，受到中国使馆、文莱初级资源与旅游部官员、当地手鼓队及民众的欢迎。7 月 8 日，文莱摩拉港—广西北部湾港集装箱航线首航仪式在摩拉港举行。正在文访问的广西壮族自治区人民政府常务副主席蔡丽新、中国驻文莱大使肖建国、文首相府部长兼财经部主管部长刘光明、经济发展部长朱安达、交通和信息通讯部长沙姆哈里等出席。航线于 2023 年 4 月底开通，每月一班，从摩拉港出发经香港后抵达广西钦州，返程将经过马来西亚民都鲁。随着运量和需求增加，航运次数今后将增加到每月两班。新航线的开通进一步推动"广西—文莱经济走廊"建设，不仅将运输虾片、甜瓜和加工海鲜等文莱特产以及恒逸石化的货物，更将吸引来自东盟东增区的货物经文莱转运前往中国。

（二）积极与东盟国家交流交往

2023 年是东盟成立 56 周年，文莱苏丹在贺词中表示构建东盟共同体具有重要意义，有助于地区人民应对挑战，分享机遇。苏丹强调，东盟以确保地区人民福祉为中心目标，致力于实现 2025 年共同体愿景，赞赏东盟在促进地区和平、安全稳定、经济增长和社会文化等方面取得的重大进展，积极评价在合作伙伴支持下，东盟在教育、卫生和科技等领域的长足进步。2023 年，文莱苏丹积极与东盟的其他成员国会晤交流，派出运动健儿积极参加国际、地区运动会。

1. 文莱苏丹重申重视与东盟关系

苏丹指出，东盟重申其区域架构中心地位和团结，将通过东亚峰会、东盟地区论坛等机制，将日益演变的地区架构塑造成为与伙伴开展合作和建设性对话协商的平台。应努力打造一个更具包容性、适应性、前瞻性且能够快速响应的东盟，这些也是后 2025 东盟共同体愿景的重要指导原则。苏丹肯定印度尼西亚 2023 年担任东盟主席国所作的贡献，表示文莱将继续与所有东盟成员国、对话伙伴、行业发展机构密切合作，达成共识，实现和平、稳定、繁荣的共同目标，建立一个以规则为基础、以人为本、以人民为中心的东盟共同体。

9 月 5—7 日，文莱苏丹出席在印尼雅加达举行的第 43 届东盟领导人峰会及相关系列会议。在 9 月 6 日举行的第 26 届中国—东盟领导人峰会上文莱苏丹发表演讲，期待进一步开展对华务实合作，重点发展具有抗灾能力和可持续发展的农业项目，加强粮食供应链安全，确保更好地应对未来危机。9 月 4 日，第 17 届东盟防长会军事医学专家工作组会议在文莱召开，国防部代理常秘阿迪出席开幕仪式。会议由文莱皇家武装部队首席医疗官 Hafizul 上校和澳大利亚国防军联合卫生司令部作战医疗局局长 Isaac 准将共同主持。

2. 与周边国家进行文体交流

2023 年，文莱的奥运健儿积极参加地区、国际运动会，成绩亮眼。4 月

11 日，文莱文化、青年与体育部召开新闻发布会，表示将派出 65 人组成的国家体育代表团参加 5 月在柬埔寨举行的第 32 届东南亚运动会，参赛 12 个体育项目，其中举重、障碍赛和羽毛球项目为首次参赛，文莱足球队因未能通过组委会国别评估而无缘参赛。文莱奥委会主席苏弗里亲王出席了发布会。

5 月 1 日，第 32 届东运会授旗仪式在文莱国家室内体育馆举行。文莱派出 100 人体育代表团赴柬埔寨参加第 32 届东南亚运动会，包括 65 名运动员和 35 名官员，由青年体育发展局代局长率队出征。截至 5 月 8 日，文莱已获得一块银牌和两块铜牌。5 月 19 日，第 32 届东南亚运动会在柬埔寨闭幕。文莱以 2 金 1 银 6 铜的成绩排名第十，超越上届比赛成绩。武术项目在本届运动会表现亮眼，共获两金两铜。

7 月 30 日，文莱国家武术队员巴斯玛在中国成都举行的世界大学生运动会武术比赛中获得女子太极剑项目银牌。文国家武术队教练李辉对此表示满意，指出在世界高水平比赛上摘牌并非易事，感谢文国家奥委会、文青体部和文武术总会的一贯大力支持。

9 月 23 日至 10 月 8 日，在第 19 届杭州亚运会上，文莱武术运动员巴斯玛获得女子太极拳和太极剑全能项目银牌，实现文莱参加亚运会历史性突破。在空手道女子团体型金牌赛上，文莱摘得铜牌。

3. 文莱苏丹多次出访东南亚国家

8 月 2—4 日，苏丹对马来西亚进行国事访问，会见马最高元首阿卜杜拉，与马总理安瓦尔举行文莱—马来西亚 24 届领导人年度磋商并发表联合声明。① 双方期待马沙捞越贸易和旅游办事处在斯里巴加湾开设运营，推动文莱与沙捞越旅游合作；欢迎文莱和沙巴、沙捞越签署关于肉类等加工食品出口协议，加强粮食安全和供应；加强文莱和沙捞越互联互通，提高两国经济社会利益；肯定两国陆地边界勘定和测量联合技术委员会取得重大积极进展，期待陆地边界工作于 2034 年完成；肯定两国武装部队合作，赞

---

① 文莱一周资讯（8 月 1—7 日），中华人民共和国驻文莱达鲁萨兰国大使馆，2023 年 8 月 7 日。http://bn.china-embassy.gov.cn/zts/wlyzzx/.

赏两军为维护国际和平稳定作出的努力，支持妇女参与和平与安全议程；肯定双方签署的航空服务协议，以提供更自由航空服务；肯定文莱投资局与马来西亚投资发展局签署谅解备忘录；肯定 2009 年文莱—马来西亚陆海换文协议落实进展；期待以 2024 年两国建交 40 周年为契机进一步密切两国关系。苏丹同时看望并勉励在马留学生加强学习、报效祖国。

9 月 10—17 日，文莱与马来西亚在沙巴进行军事演习。[①] 马来西亚第五步兵旅司令部（9 月 8 日）发表声明称，野战训练演习有马来西亚陆军和文莱陆军参与，旨在提高开展军事训练以保护国家主权的专业水平，演习期间将使用陆军资产。双方的防务合作得到加强。

10 月 3—4 日，苏丹对老挝进行国事访问，马丁王子陪同出访。文莱苏丹先后会见了老挝国家主席通伦，总理宋赛，国会主席赛宋蓬。苏丹积极评价双边关系和教育、军事、人文等领域互利合作，就双方开展农业、能源合作达成共识，表示文莱将从 2024 年起每年向老方学生提供 2 个政府奖学金名额。苏丹祝贺老挝担任 2024 年东盟轮值主席国，相信老方将进一步推动东盟共同体建设和深化与对话伙伴间关系。苏丹与通伦签署建立文老战略伙伴关系联合声明，内容涉及政治、安全、经济、社会文化合作及地区国际问题。其间，苏丹在通伦陪同下乘坐中老铁路赴万荣区访问，考察当地农业及大米生产情况。

在双方领导人的共同努力下，老挝和文莱同意将双边关系升级为战略伙伴关系。[②] 在老挝人民革命党中央总书记、国家主席通伦·西苏里与文莱

---

① New Straits Times，Malaysia-Brunei military exercises to take place in Sabah，September 9，2023September 9，2023. https://www. nst. com. my/news/nation/2023/09/952894/malaysia-brunei-military-exercises-take-place-sabah.

② 《老挝与文莱升级关系为战略伙伴关系》，中央军委与国防部机关 越南人民及武装力量之声，2023 年 10 月 13 日。https://cn. qdnd. vn/cid-6130/7187/%E8%80%81%E6%8C%9D%E4%B8%8E%E6%96%87%E8%8E%B1%E5%8D%87%E7%BA%A7%E5%85%B3%E7%B3%BB%E4%B8%BA%E6%88%98%E7%95%A5%E4%BC%99%E4%BC%B4%E5%85%B3%E7%B3%BB-606772.

苏丹举行会谈时，双方互相通报了两国经济社会发展情况，高度评价两国政治关系，一致同意在地区和国际舞台上相互支持和相互交换意见。双方一致同意继续促进贸易和投资合作，特别是在交通运输服务、清洁农业、出口产品、能源、旅游等双方都有潜力的领域。

4. 泰国将与文莱共同庆祝建交 40 年

2023 年 10 月 10 日，泰国总理赛塔访问文莱。[①] 在双方建交即将满 40 年之际，赛塔的正式访问凸显了泰国和文莱之间的密切关系。在努洛伊曼皇宫参加欢迎仪式后，赛塔总理与文莱苏丹举行了双边会谈。苏丹祝贺赛塔当选泰国第 30 任总理，感谢泰国为文莱粮食特别是大米方面需求提供保障，赞赏两国在东盟和国际社会上相互协商，紧密合作。此外，双方还探讨了在能源、粮食安全、农业、渔业、教育、旅游、卫生、人文等领域拓展合作。泰国和文莱对两国多年友好关系充满信心，尤其是在王室层面，这一关系成为两国友谊的重要支撑。文莱苏丹就中东地区持续冲突向泰国遇难者及家属社区表示哀悼和慰问，希望国际社会促成停火，避免造成更多无辜平民伤亡。

2024 年将是两国建交 40 周年，泰国总理强调了应充分利用现有的双边机制来进一步发展两国关系，特别是在经济领域，双方领导人都希望能够加强在经济领域的合作关系，赛塔还邀请文莱投资局（BIA）赴泰进行投资，尤其是服务业、旅游业和基建等潜力巨大的领域。两国领导人都高度重视粮食安全领域的合作，泰国愿意成为文莱在这一领域的长期合作伙伴，因为泰国在农业和粮食生产方面具备雄厚实力。赛塔还希望扩大泰国清真产品的出口量，尤其是向文莱出口大量鸡肉和泰国香米。赛塔积极评价两国王室友谊和双边友好关系及人民深厚情谊，对苏丹作为东盟国家英明卓越的领导人和世界上在位最长的君主表达敬意，希望双方进一步加强合作，共同庆祝明年两国建交 40 周年。同时，两国还准备加强在能源领域的合作

---

① 《泰国总理赛塔访问文莱》，泰国头条新闻，2023 年 10 月 11 日。https://www.thai-headlines.com/138954/.

关系，并期待加强东盟经济一体化的合作。

5. 文新共同培养下一代领导人

2023 年 7 月 15 日，新加坡卫生部的部长王乙康与夫人郭新玲出席了文莱苏丹 77 岁华诞庆典，并与文莱王储比拉赫再次见面，新加坡期待与文莱国王和王储共同努力，进一步加强两国关系，延续多年的合作。① 7 月 18 日，文莱最高法院与新加坡最高法院签署谅解备忘录。此系继 2004 年 9 月 21 日与中国最高人民法院、2023 年 5 月 4 日与中国香港特别行政区律政司签署备忘录之后，文莱最高法院第三个与其他司法管辖区签署备忘录。

同年 9 月 11 日，文莱王子阿都马丁以李光耀交流研究计划学者的身份赴新加坡进行为期四天的高层交流访问，阿都马丁王子出席了由新加坡相关政府部门和机构主持的介绍会和实地考察活动，了解了有关经济转型、城市规划、技术和职业教育、国防、可持续发展和创业精神等课题。② 9 月 13 日，新加坡副总理兼财政部部长黄循财与王子共进早餐，李显龙总理和阿都马丁王子共进午餐，并提出，文莱和新加坡的下一代领导人将继续推动双边关系向前发展。

（三）文莱与其他国家关系

文莱与欧洲国家地理距离较远，但文莱态度积极，精心与欧洲国家建立起了良好关系，在经济、外交、文化、教育、旅游等方面展开了多方位的合作。文莱是英联邦和不结盟运动等国际组织的成员国，重视与英国、美国等大国的关系，同时也是伊斯兰会议组织成员国，因此也积极发展同伊斯兰国家的关系。

1. 文莱声援巴勒斯坦

2023 年 10 月以来，新一轮巴以大规模冲突持续激化，为全球稳定性带

---

① 《王乙康赴文莱为苏丹庆生，讨论加强双边关系》，《联合早报》2023 年 7 月 16 日。https://www.zaobao.com.sg/news/singapore/story20230716-1414552.

② 《文莱王子阿都马丁访新四天》，《联合早报》2023 年 9 月 10 日。https://www.zaobao.com.sg/news/singapore/story20230910-1432193.

来新的不确定性。在巴勒斯坦发生暴力事件之后，文莱表明了立场。外交部在 10 月 9 日重申对巴勒斯坦人民的声援，敦促"各方立即停止一切形式的暴力，保持最大限度克制"，强调为和平谈判创造有利环境的紧迫性，并重申支持国际社会为实现根据于国际法和联合国决议的全面持久和平而作出的努力。

文莱坚定支持建立以东耶路撒冷为首都的独立巴勒斯坦国。[①] 国家提醒人民注意巴勒斯坦人因占领、被迫流离失所和非法定居点扩张而持续遭受的苦难。为了切实表达支持，文莱政府与加尼姆国际合作组织合作，向联合国近东巴勒斯坦难民救济和工程处（近东救济工程处）捐赠了 115860 个食品包。这项援助旨在为陷入困境的加沙地带的巴勒斯坦难民提供援助，并通过政府支持的筹款活动"2021 年巴勒斯坦人道主义基金"提供便利。发起这一举措是为了缓解加沙地带目前面临的严重社会经济困难。

文莱、马来西亚和印度尼西亚领导人发表联合声明，谴责以色列对巴勒斯坦被占领土平民的侵略行为。他们敦促最大限度地克制，停止针对平民的袭击，并遵守国际法和秩序。声明还对被占领的西岸和东耶路撒冷非法扩建定居点以及破坏和夺取巴勒斯坦人拥有的建筑表示关切。领导人敦促联合国大会召开紧急会议，并呼吁通过"团结谋和平决议"，以解决针对巴勒斯坦人民的暴行。他们重申声援巴勒斯坦人民，并致力于维护巴勒斯坦人民的自决权和建立独立主权的巴勒斯坦国。

2. 与英国关系依旧紧密

2023 年，文莱与英国的对话伙伴关系更加紧密。5 月 6 日，文莱苏丹和马丁王子应邀前往英国伦敦，出席英国国王查尔斯三世和王后卡米拉的加

---

① Bnn network，Brunei Darussalam Advocates for Peace in Palestine Amidst Escalating Violence，October 12，2023. https://bnn. network/world/brunei/brunei - darussalam - advocates - for - peace - in - palestine - amidst - escalating - violence/.

冕典礼，并致以最高的恭贺和祝福。① 英国国王查尔斯三世的加冕典礼对于英国来说意义重大，文莱王室成员出席仪式凸显了英国与文莱关系的重要性，证明了两国特殊的关系，与长久的友谊，强化了双方利益，此次访问也是文莱苏丹与英国加强外交关系、讨论双边关系的契机。访问期间，文莱苏丹与英国政府高级官员举行会晤。

文莱和英国有着悠久的合作历史，特别是在教育、国防和贸易、司法等领域。文莱和英国之间的教育联系非常密切，目前有很多在英国学习的文莱人。双方的司法关系可以追溯到文莱独立时期。1984 年文莱独立后，保留了英国法律与司法制度的元素。尽管文莱现在有自己的法院体系，但在某些复杂的法律案件中，文莱会参考英国法院的判例法和法律观点。英国也有意识地培育和加强英国和文莱司法部门之间的联系。

在贸易和投资方面，目前文莱与英国之间的直接贸易联系有限，但英国和欧盟公司在文莱的石油和天然气领域进行了一些长期投资，特别是通过壳牌公司进行投资。英国方面正与文莱合作，致力于旧石油钻井平台的退役和恢复以及环境保护，并致力于研究如何与文莱合作发展可再生能源。

3. 积极推动与法国合作

10 月 13—15 日，文莱苏丹继 2008 年后再次对法国进行国事访问。② 10 月 12 日，文莱苏丹在阿卜杜勒亲王的陪同下抵达法国。文莱苏丹与法国总统马克龙探讨了双方在能源、防务、安全、气候变化、经贸等领域进一步合作的途径，并就加强东盟与法国的发展伙伴关系进行交流。苏丹还参访了图卢兹空客总部、欧洲导弹集团并与道达尔能源集团 CEO 举行双边会晤。文莱和法国之间的防务关系也很紧密。国防安全方面，法国对文莱军队的

---

① 文莱一周资讯（5 月 2—7 日），中华人民共和国驻文莱达鲁萨兰国大使馆，2023 年 5 月 8 日。http://bn. china-embassy. gov. cn/zts/wlyzzx/202305/t20230508_11073487. htm.

② The Star, Sultan Hassanal Bolkiah on official visit to France. October 13, 2023. https://www. thestar. com. my/aseanplus/aseanplus-news/2023/10/13/sultan-hassanal-bolkiah-on-official-visit-to-france.

援助具有持续性，且法国还将考虑进一步加强双方国防安全合作。此外，在文化交流与合作方面，文莱和法国都拥有丰富的文化遗产，在旅游、艺术、教育等领域都具有较大的合作潜力。文莱苏丹的这次访问对促进两国关系具有推动作用，是促进文法双方互利共赢的重要一步。

4. 参与伊斯兰合作组织事务

文莱是伊斯兰合作组织的成员国之一，伊斯兰合作组织的主要目标之一是促进伊斯兰世界各国之间的政治、经济、社会和文化合作。它致力于协调立场，共同解决伊斯兰世界面临的重大问题，包括社会发展、贸易、投资、文化交流和危机解决等领域。伊斯兰合作组织还关注伊斯兰教的各种事务，包括保护伊斯兰教的圣地，维护伊斯兰教的声誉，以及在国际舞台上捍卫伊斯兰世界的权益。文莱与其他成员国一起参与了这些伊斯兰事务。

（1）与沙特保持友好

文莱和沙特阿拉伯都是伊斯兰国家，伊斯兰教在两国都占有重要地位。沙特阿拉伯是伊斯兰教的圣地之一，包括麦加和麦地那，每年吸引着大量的穆斯林朝圣者。文莱也是一个以伊斯兰法为基础的国家，伊斯兰教在其日常生活和法律体系中扮演着重要角色。文莱和沙特阿拉伯之间的双边关系主要是建立在伊斯兰教和外交联系的基础上。它们在国际舞台上也开展合作，例如在伊斯兰合作组织（Organization of Islamic Cooperation）等国际伊斯兰组织中合作。

4月9日，文莱苏丹抵达沙特，与沙特阿拉伯王储兼首相穆罕默德进行会晤。[①] 文莱和沙特自1987年建交以来一直保持着长期友好关系，在宗教事务、经济和能源及签证安排等领域合作较密切。在会晤期间，双方领导就双边关系、在各领域加强合作的方式、合作前景等方面作出了深入讨论。

---

① ALARABIYA news, Saudi Crown Prince, Sultan of Brunei discuss ties, joint cooperation in Jeddah, April 15, 2023, https://english. alarabiya. net/News/saudi-arabia/2023/04/15/Saudi-Crown-Prince-Sultan-of-Brunei-discuss-ties-joint-cooperation-in-Jeddah.

5 月 24 日，文莱苏丹还接见了要赴沙特的文穆斯林朝圣者。这次朝圣的人群约有 1035 名，包括 485 名男性和 550 名女性，是来自行政、医疗等部门的服务人员。他们于 6 月 4—7 日分乘 4 架航班前往沙特麦迪那、麦加朝圣。

（2）推动与巴林合作

文莱和巴林都是伊斯兰合作组织（Organization of Islamic Cooperation）的成员国，这个共同的身份为文莱与巴林提供了合作平台，可以在伊斯兰事务和国际问题上进行合作。2023 年是巴林与文莱建交 35 周年。6 月 9—11 日，文莱苏丹对巴林进行国事访问，会见巴林国王哈马德，并共同见证签署两国外交部政治磋商及媒体、文化、教育、妇女事务合作等五项谅解备忘录及数据主权倡议文件。[1] 双方还就进一步推动两国在投资、金融、国防等领域合作进行交流，签署了合作文件。此次国事访问进一步推动两国在投资、金融、防务等共同关心的各个领域的合作。

（3）为土耳其提供帮助

3 月 7—9 日，文莱苏丹对土耳其进行国事访问，与土耳其总统埃尔多安举行会谈。[2] 苏丹向土耳其前段时间遭受强震表示慰问，愿提供支持帮助。苏丹表示乐见两国关系取得的发展成就，欢迎双方在投资及其他新领域开展合作。访问期间，双方签署五项政府间新协议，涉及档案、教育、国防、文化、双边磋商等内容。两国重申决心改善包括能源和粮食生产在内的各个领域的合作，讨论了土耳其与东南亚国家在国防、工业、能源、旅游、医疗保健、伊斯兰金融和清真生产等领域的合作潜力。苏丹观看了土耳其航空展和静态航空航天展，还参观了圣索菲亚大教堂等地。

---

① THE BRUNEIAN, His Majesty the Sultan to hold a state visit to Bahrain, June 12, 2023. https://thebruneian. news/2023/06/07/his-majesty-the-sultan-to-hold-a-state-visit-to-bahrain/.

② The Star, Brunei's Sultan Hassanal Bolkiah leaves for state visit to Turkiye, March 7, 2023. https://www. thestar. com. my/aseanplus/aseanplus-news/2023/03/07/brunei039s-sultan-hassanal-bolkiah-leaves-for-state-visit-to-turkiye.

五、2024 年展望

2024 年，随着文莱疫情防控政策的放开，文莱预计将迎来全面恢复发展的一年。政治方面，在文莱苏丹的统治下，文莱政局将持续稳定；民生也将是文莱政府持续关注的问题；经济方面，文莱将持续推进经济多元化发展；外交方面，没有了疫情防控的困扰，文莱的外交事业将进一步蓬勃发展。

在文莱苏丹的统治下，文莱将保持长治久安，政通人和。文莱苏丹广受国民爱戴与敬仰，每逢苏丹生辰，百姓都会自发为苏丹庆生，表达对苏丹的祝福与尊重。2024 年将迎来文莱建国 40 周年，届时文莱全国都将一起庆祝这个重要节日。

为了增加经济的稳定性，文莱一直在努力实现经济多元化，减少对石油和天然气出口的依赖。以"2035 宏愿"为目标，文莱政府将继续大力支持旅游业、金融服务业、制造业和加工业、科技与创新、教育和培训、农业和渔业、区域合作等非油气行业的发展。新的一年中，文莱将鼓励发展进口替代和出口导向型工业；鼓励水稻种植、家禽饲养等农业的发展；大力发展水产养殖业；打造文莱清真品牌，推向世界；在启用 5G 后加快发展数字经济。

外交方面，文莱将更加重视与伊斯兰国家的关系，继续奉行友好外交政策。文莱的外交政策以中立和和平为主要特点，致力于通过外交手段解决争端，积极发展多元化的国际合作，特别关注经济外交和伊斯兰世界联系，同时在环保问题上也表现出支持可持续发展和气候变化减缓的立场。文莱的外交政策反映了国家的价值观和国际利益，同时在东南亚地区和国际舞台上发挥着建设性的角色。2024 年，文莱将继续把东盟视为外交的基石，继续重视与其余东盟成员国的关系，经营自身与世界其他大国的关系，在该框架下不断提升自身在域内乃至世界的影响力。

[陈茜，云南省社会科学院、中国（昆明）南亚东南亚研究院东南亚研究所助理研究员]

东帝汶：稳定向前　积极拓展多边外交

马梦婧

　　2023 年东帝汶顺利完成国民议会选举，大会党领袖夏纳纳正式成为政府总理。军事力量得到进一步发展，相关军事规划草案也顺利通过议会批准并提交总统签署。司法工作也在有条不紊地持续完善，上诉法院恢复了流动法庭的工作，通过了《工作安全、健康和卫生法》，并成功开展大赦工作。经济持续复苏，努力融入全球贸易体系，申请加入世界贸易组织。但通货膨胀依然严重，特别是食品价格出现了大幅上涨，经济依然依赖于石油天然气产业和咖啡产业。此外，财政赤字持续扩大，但私人消费需求依然缺乏活力，就业机会的不足导致东帝汶劳动参与率过低。外交工作以加入东盟为主要方向，积极与印度尼西亚、澳大利亚等周边国家发展友好关系，还依托于葡共体等区域组织加强与葡语国家（地区）的友好交往。中东关系在 2023 年则更进一步，双边关系顺利提升为全面战略伙伴关系。社会秩序方面，东帝汶不断加强社会治安工作，努力为儿童和青少年提供更好的教育机会和基础设施，并鼓励青年接受职业培训，在学校建设、消除童工现象方面取得了一定的成绩。

一、政治局势

（一）国民议会选举

　　2023 年是东帝汶的议会选举年，相关准备工作从 2023 年初就有序开展。1月18日开始启动选民登记，考虑到海外侨民和少数族裔的投票权利，一是允许海外侨民通过邮寄选票方式参与选举投票，鼓励侨民积极参与民主事务；二是鼓励穆斯林社区积极参与议会选举。最终2023年的议会选举人数创下历史新高，共有超过89万东帝汶人进行了选民登记，超过了2022年总统大选登记的选民人数。[①]

本次议会选举于4月19日正式开启，拥有着极强的动员能力的东帝汶独立革命阵线（简称革阵）与东帝汶全国重建大会党（简称大会党）分别在包考、马纳图托举行了大规模集会活动，现场参与人数众多；人民解放党（简称人解党）在包考的集会虽然规模较小，但仍有数百人参加；人解党主席鲁瓦克在集会上强调本届政府（第八届）的执政是成功的；民主党则选择祭拜国家公墓作为选举活动的开始；人民团结繁荣党直接在其最受欢迎的阿伊纳罗开始本次选举。

5月9—11日，东帝汶主要政党在全国各地继续开展选举活动。革阵总书记阿尔卡蒂里在阿伊莱乌活动时表示，未来应加大对教育的投入，提升教学质量，此外还要提升军队和警察专业化水平和福利待遇。大会党主席夏纳纳在选举活动中表示，将在埃尔梅拉等地成立省级议会，实现地方权力下放；未来继续提升退役老兵和弱势群体的福利保障。民主党主席萨比诺在阿伊莱乌、阿陶罗岛活动时表示，将推动建设军校、警校，培养高素质的军警队伍；打击贪腐，确保国家资源掌握在人民手中。繁荣党主席桑托斯在竞选活动中表示，将加大对军队、警察、海关、移民等部门的投入，同时还将重点打击毒品犯罪。

5月21日，东帝汶全国范围内举行议会选举投票。23日选举机构完成计票并公布初步结果，其中大会党得票率最高，获得41.62%的选票，对应31个议会席位；第二名是革阵，得到25.75%的选票，对应19个席位；第三名是民主党，得票率9.32%，对应6个席位；第四名是繁荣党，得票率

---

① 《东帝汶大会党在议会选举民意调查中领先》，中国驻东帝汶大使馆，2023年4月18日，http://tl.china-embassy.gov.cn/ddwrzzg/202304/t20230418_11061127.htm.

为 7.52%，对应 5 个席位；第五名是人解党，得票率为 5.88%，对应 4 个席位。其他 12 个小党未能获得选票总数 4% 无法获得议会席位。次日，国家选举委员会对议会选举计票结果进行审核。审核结果显示，2023 年东帝汶议会选举共登记 890，145 名注册选民，参与率为 79.28%。其中男性选民占 51.36%，女性选民占 48.64%，有效投票数为 692521 张。[1]

　　5 月 23 日选举结果公布后，革阵在议会中的席长蔓达蒂表示，他代表革阵祝贺大会党在此次选举中获得胜利。繁荣党在议会中的席长奥琳达表示选举结果是民众的决定，并祝贺大会党在议会选举中取胜。她还呼吁大会党主席夏纳纳就任下一任政府总理。6 月 5 日，东帝汶最高上诉法院院长德奥林多·多斯·桑托斯正式宣布了议会选举的结果。结果显示，大会党在国民议会中的席位从 21 个大幅增加到 31 个，因此也获得了在议会中组建联盟的机会。另一方面，革阵和人解党则各自失去了四个议会席位，革阵的席位从之前的 23 个减少到了 19 个，人解党则从之前的 8 个减少到 4 个，而繁荣党在国民议会中保持不变，依然占有 5 个席位。与此同时，表示有兴趣与大会党共同组成联合政府的民主党赢得了 9.3% 的选票，获得了 6 个席位，该结果好于其在 2017 年议会选举中获得的 5 个席位。5 月 30 日，大会党总书记黎发芳在新闻发布会上表示，大会党将和民主党共同组建第九届政府。6 月 22 日，本次议会选举出的第六届议会正式启动。大会党议员玛丽亚·费尔南达·黎就任议长。7 月 1 日，东帝汶第九届政府正式就职，夏纳纳任总理，内阁成员由大会党、民主党以及独立人士组成。

（二）军事

　　国防军方面，2023 年 2 月，600 名新兵正式加入东帝汶国防军，其中 300 名新兵将组建陆军第二营，240 名新兵将加入海军。[2] 4 月 27 日，东帝

---

　　① 《东帝汶大会党与民主党就组建新政府进行沟通》，中国驻东帝汶大使馆，2023 年 6 月 2 日，http://tl.china-embassy.gov.cn/chn/ddwrzzg/202306/t20230602_11088709.htm.

　　② 《600 名东帝汶国防军新兵正式入伍》，中国驻东帝汶大使馆，2023 年 2 月 10 日，http://tl.china-embassy.gov.cn/chn/ddwrzzg/202302/t20230210_11023748.htm.

汶部长理事会通过提案，计划于 5 月专门招募 87 名专业人才加入国防军。这些专业人才主要是拥有硕士学位或特殊工作许可的特殊人才，以推进国防和军队人才的现代化。[①]

海军方面，2023 年 1 月 13 日，奥尔塔总统出席海军成立 21 周年庆祝活动并发表讲话，强调海洋将为该国开启发展之门，特别是 90% 的国家预算来自海洋石油基金，因此促进海洋经济发展有利于创造就业，明智地管理海洋未来将造福子孙后代。为此要加强海洋资源保护，维护海上安全合作，为海军发展创造更好条件。东帝汶应与澳大利亚、印尼两大邻国共同应对非法捕捞、非法开采和海盗等海上威胁。[②] 5 月 15 日，奥尔塔总统出席海上作战中心落成典礼并为其揭幕，并表示新的海上作战中心将为东帝汶海上安全提供 100% 的保障，据报道该中心位于帝力以东的海拉海军基地。[③]

军事法律方面，2023 年 2 月 21 日，国民议会批准了军事规划法草案。国防部部长菲洛梅诺表示，该法案将有助于制定军事装备支出预算，从而加强军需保障能力建设。[④] 3 月 6 日国民议会以 45 票赞成票批准一项军事规划法案，并提交奥尔塔总统签署。该法案的主要内容为在未来 10 年拨款 3.5 亿美元，用于东帝汶三军的发展。根据预算，东帝汶前五年（2023—2027 年）将花费 1.55 亿美元用于军事建设，剩余款项则将在后五年（直至 2032 年）陆续发放。相关支出将包含在未来十年（2023—2032 年）每一年

---

① 《东帝汶大会党拒绝同革阵就海上边界和"哈克索洛克"号问题进行辩论》，中国驻东帝汶大使馆，2023 年 4 月 28 日，http://tl. china－embassy. gov. cn/ddwrzzg/202304/t20230430_11069154. htm.

② 《东帝汶总统奥尔塔要求为东海军发展创造更好条件》，中国驻东帝汶大使馆，2023 年 1 月 13 日，http://tl. china-embassy. gov. cn/chn/ddwrzzg/202301/t20230113_11007029. htm.

③ 《东帝汶国家电视台将直播议会选举竞选辩论》，中国驻东帝汶大使馆，2023 年 5 月 17 日，http://tl. china-embassy. gov. cn/ddwrzzg/202305/t20230517_11078956. htm.

④ 《世界卫生组织赞赏东帝汶加征健康税》，中国驻东帝汶大使馆，2023 年 2 月 24 日，http://tl. china-embassy. gov. cn/ddwrzzg/202302/t20230224_11031067. htm.

度的国家预算中列入。[①]

（三）法律

2023 年东帝汶主要以审核批准工作法案和特定法律为主，恢复了流动法庭，并向总统提交了大赦名单。

3 月 1 日，国民议会批准了《工作安全、健康和卫生法》。职业培训和就业国务秘书阿拉里科对此表示，虽然东帝汶此前已有正式的劳动法，但仍有必要制定一部专门针对工作安全、健康和卫生的法律，以确保用人单位提供安全、卫生、健康的工作环境，以保护劳工安全和身心健康，内容涵盖职业风险防范、当事人权利义务和保障、工作环境和场所保护、工作设备使用维护及禁止雇佣孕妇从事危险工作等。27 日，国民议会以在位议员 49 票全票通过《工作安全、健康和卫生法》草案，并将经由议会经济和发展委员会提交总统正式签署。4 月 5 日，东帝汶召开部长理事会会议，会议批准了以下草案：一是批准了关于国家海事局的机构、组织、运作和权限的法令草案，明确其继续在国家层面指导和协调海上行动；二是批准针对中小微企业提供信贷便利、鼓励创新、加强能力建设等一系列支持措施的法令草案；三是批准《国家情报局人员条例》法令草案，对该局人事招聘、管理、薪酬和纪律制度进行规范化；四是批准《2024 年重大计划选项法》草案，以确定国家财政预算战略和规划。

2 月 21 日，东帝汶上诉法院院长桑托斯表示，最高司法委员会将于 4 月恢复在帝力、包考、科瓦利马和欧库西等地区的流动法庭工作，以加快审理各地区的未决案件。此前因为技术原因，此类案件自 2022 年 10 月以来一直暂停法庭审理。

5 月 20 日，东帝汶司法部向奥尔塔总统提交一份涉及 56 名服刑人员的大赦候选名单。司法部部长蒂亚戈表示，司法部是在认真评估案件后，依

[①] 《东帝汶国民议会议长出席老兵节活动并致辞》，中国驻东帝汶大使馆，2023 年 3 月 7 日，http://tl.china-embassy.gov.cn/chn/ddwrzzg/202303/t20230307_11037021.htm.

据服刑人员的情况和其重新融入社会的可能性制定的名单。此次大赦旨在帮助服刑人员改邪归正并缓解监狱过度拥挤问题。

二、经济形势

2023 年全球经济持续从新冠疫情、俄乌冲突和通胀危机等冲击中复苏，但依然面临多重风险。2023 年东帝汶经济也处在复苏之中，全年经济预计增长 4.2%，与科摩罗、圣多美和普林西比、所罗门群岛等小岛屿发展中国家持平，经济复苏主要得益于公共投资和公共消费，分别增长了 44.2% 和 8.0%。① 但由于连续的经济冲击，非公共部门特别是私人消费的需求依然疲软。主要是因为 2017 年至 2020 年的政治僵局、2020—2022 年新冠疫情扩散、2021 年的自然灾害以及 2022 年物价上涨等因素都削弱了东帝汶消费者的信心，许多东帝汶家庭因此减少了消费，增加了预防性储蓄。东帝汶中央银行（BCTL）的数据显示，2022 年至今，东帝汶居民的活期存款和储蓄存款继续逐年增长。② 为此，2022 年至今，东帝汶政府实施了各种刺激消费的财政措施和支持计划，包括低收入家庭发放年终补贴、发放燃料券、实行菜篮子计划等以及增加对东帝汶电力公司（EdTL）的资助以稳定居民电价。此外，政府还将最低工资标准由 115 美元提高至 135 美元。2023 年东帝汶财长和外长更是在不同场合公开表示，由于新冠疫情、洪灾、全球经济衰退等客观条件，国家发展依然面临诸多困难与挑战，极有可能无法在 2025 年前脱离最不发达国家行列。③

---

① World Bank, Timor-Leste Economic Report: Ways to Harvest Prosperity, July 2023, https://elibrary. worldbank. org/doi/epdf/10. 1596/40269.

② World Bank, Timor-Leste Economic Report: Ways to Harvest Prosperity, July 2023, https://elibrary. worldbank. org/doi/epdf/10. 1596/40269.

③ Jesuína Xavier, "Timor-Leste quer manter-se na categoria de países menos desenvolvidos da ONU", March 6th 2023, https://pt. tatoli. tl/2023/03/06/timor-leste-quer-manter-se-na-categoria-de-paises-menos-desenvolvidos-da-onu/.

（一）宏观经济表现

1. 失业率较高，劳动参与率较低

国际劳工组织 2023 年公布的《2021 年东帝汶劳动力调查报告》中显示，2021 年东帝汶 15 岁及以上劳动年龄人口为 80.93 万人，其中女性 40.58 万人，男性 40.36 万人。东帝汶劳动力总计 24.7 万人，劳动力参与率为 30.5%，其中男性劳动力参与率为 36.9%，女性则只有 24.2%。按行业划分，服务业从业人口占 59.1%，农业占 26.9%，工业为 13.5%。2021 年东总体劳动力失业率为 5.1%，其中 15—24 岁年轻人失业率为 9.6%，30.5% 的 15—24 岁年轻人没有任何就业、教育或实习培训经历。年轻女性比年轻男性更有可能陷入不升学、不就业、不进修或参加就业辅导的状况（年轻女性和男性占比分别为 31.3% 和 29.8%）。[①]

2. 物价上涨，通胀依旧

2023 年东帝汶通货膨胀率预计约为 8.1%，居民消费价格指数（CPI）较去年上涨 9.8%，其中食品和非酒精饮料上涨 11%，交通运输上涨 11%，烟酒上涨 34%。CPI 上涨主要是受到油价上涨和生活必需品价格上涨影响，特别是 2023 年实施第 15/2022 号税收法令后，东帝汶政府对糖和含糖饮料提高征税。部分商家更是趁机涨价，碳酸饮料、白砂糖等涨幅超 100%。例如 5 公斤糖的价格从 5.24 美元上涨到 10.24 美元，25 公斤大米的价格从 13.55 美元上涨到 15 美元。还有多家进口商因糖类等部分商品税率上涨，向帝巴港管理部门提出在集装箱卸货前退货。

3. 加快经济对外开放，积极融入世界经济

因关系到东帝汶经济多元化以及融入区域和全球贸易体系，加入世界贸易组织（WTO）是 2023 年经济工作的重点方向。2023 年东帝汶政府为加

[①] Ministry of Finance Timor-Leste, Timor-Leste Labour Force Survey 2021 SUMMARY RE-PORT, p. 1, May 8th 2023, https://inetl-ip. gov. tl/2023/05/08/timor-leste-labourforce-survey-2021summary-report/.

入世界贸易组织，一是在 4 月 27 日成立东帝汶世界贸易组织国家秘书处，旨在提高该国加入世界贸易组织工作团队效率，确保加入世界贸易组织的可持续性和适应性，并符合相关加入标准；二是设立国家贸易便利化委员会（NTFC），并于同日批准委员会章程，扩大了委员会的职责范围。国家贸易便利化委员会由旅游贸工部长、财政部长和经济事务协调部长担任主席，相关政府机构和私营部门成员组成，旨在简化和协调贸易程序，以降低贸易成本、促进透明度和提高跨境贸易效率，主要职能包括支持实施国家单一窗口和跨境无纸贸易倡议，建立贸易信息门户，评估贸易便利化措施并确定优先次序，监测和评估贸易便利化改革进展。同时，建立国家贸易便利化委员会也是东帝汶履行加入世界贸易组织贸易便利化协议承诺的一部分，该协议旨在降低贸易成本，提高跨境贸易的透明度、可预测性和效率。

东帝汶在 2023 年还分别与欧盟和泰国完成双边协议的签署。3 月 27 日与欧盟签署关于东帝汶加入世界贸易组织的双边谈判协议书，欧盟代表指出，通过完成双边谈判，东帝汶在加入世界贸易组织后，可以获得较低的货物关税和开放服务市场的机会；11 月 7 日与泰国签署了关于市场准入优惠的双边协议。此次双边协议的签署标志着东帝汶与世贸组织的九个成员国以及欧盟进行的市场准入谈判告一段落，东帝汶有望在 2024 年 2 月成为世贸组织的正式成员。

4. 鼓励发展绿色经济与数字经济

2023 年 1 月 10 日，东帝汶国民议会以 36 票赞成、0 票反对、0 票弃权通过了《京都议定书》多哈修正案。环境国务秘书德梅特里奥表示，目前已有 148 个国家通过了该修正案，东帝汶将与这些国家一起致力于敦促发达国家减少温室气体的排放。批准多哈修正案将有助于减少温室气体排放，减缓和扭转全球变暖，加大对可再生能源的投资，启动东帝汶能源部门和交通领域的改革。

6 月 2 日，东帝汶政府发布了"数字帝汶 2032 计划"（Timor Digital

2032），"数字帝汶 2032 计划"是一项为期 10 年的发展数字技术和信息与通信技术的国家战略计划，该战略计划源于第八届政府的公共行政改革方案，该计划于 2022 年经部长理事会通过，旨在搭建数字化平台并改善互联网接入，为电子政务、电子商务、数字支付和数字教育等领域提供解决方案，真正将数字技术和信息与通信技术应用于人类和经济发展的优先领域。信息技术协会会长德索萨表示，该计划将在数字领域创造全新商业和就业岗位，但具体实施需要政府、私营部门、社会组织和国际伙伴等多方共同努力。

（二）产业经济

1. 第一产业

农业是东帝汶最重要的产业，但由于自身发展水平的限制，东帝汶粮食安全面临很大挑战，肉类也依赖于对外进口。根据农林部的数据，东帝汶有着超过 6 万公顷的稻田没有得到充分利用，每年都需从国外进口大量大米。2023 年东帝汶国家物流中心计划从越南和印度进口 4000 多吨大米，此外每月还需进口 10—25 吨肉类。为此农渔业部司长玛丽亚·多塞乌、国立大学教授布里吉达·科雷亚等呼吁政府在人力、财力和基础设施方面投入更多资源，以解决生产不足的问题，并且建议政府应优先发展畜牧业。再加之 2023 年东帝汶出现厄尔尼诺现象，至少有 22% 的人口（30 万人）面临严重的粮食短缺问题。目前，东帝汶进口大米的零售价已经从每公斤 0.58 美元上涨到了 0.75 美元，大米价格的持续攀升也致使东帝汶的贫困家庭逐渐无法负担大米消费。

在独立之前，东帝汶早已是全世界最大的有机咖啡产地。据统计，东帝汶自 2019 年就成为全球排名第三十九位的咖啡生产国。咖啡的出口额占到东帝汶出口总额的 25%。农渔业部森林、咖啡和工业植物总司长雷蒙多表示，政府计划在 2023 年内向咖农分发 70 万颗咖啡幼苗大面积种植咖啡，致力于将咖啡种植面积从 400 公顷扩大至 8000 公顷。5 月时在农业和渔业部的支持下，东帝汶咖啡合作社（CCT）恢复了该国 600 公顷的咖啡种植园。由于许多老咖啡树已不再具有生产力，该项恢复工作旨在增加咖啡的产量，其中具体方案由东帝汶咖啡协会实施，东帝汶政府通过农业部提供资金。

东帝汶自古以来就是著名的"檀香之岛"，檀香树既是贵重的药材和名贵的香料，檀香木也是东帝汶的国树。由于多年大规模砍伐，东帝汶的檀香树已所剩无几。为此农渔业部计划于 5 年内新增种植约 200 公顷、32 万棵檀香木，有望在 30 年后收获 1000 公顷木料。

2. 第二产业

东帝汶矿业以石油、天然气为主。东帝汶政府于 2005 年 7 月设立石油基金，2008 年 7 月成立国家石油管理局。石油基金是东帝汶公共支出的主要来源，截至 2023 年 3 月 31 日石油基金滚存至 178.32 亿美元。2023 年 5 月 15 日，东帝汶政府通过财政部从石油基金中提取了 1.9 亿美元的资金，用于资助国家发展。6 月美国美世咨询公司（Mercer）协同东帝汶财政部以及中央银行首次对石油基金进行评估，并于 8 月向东帝汶政府提交评估报告。

东帝汶政府于 2 月 23 日批准开放 7 个采矿活动区域和采矿权招标程序，并授权国家石油矿产管理局启动勘探和采矿权招标工作。上述 7 个采矿区域共包含 49 个特许经营区，涵盖金属矿石、宝石、岩石和矿物、放射性矿石、稀土矿石和煤炭等自然资源，将在 4 月底完成许可程序。3 月 21 日，东帝汶石油和矿产部与国家石油和矿产管理局将依据国家矿产法的要求，设立了东帝汶矿产基金，是东帝汶继 2005 年设立石油基金后的第二支国家基金。矿产基金的设立主要是为了确保矿产收入的透明度和长期管理。石油和矿产部表示，自 2018 年开始采矿活动以来，通过收取采矿特许权使用费和税收已为东帝汶创造了约 1100 万美元的收入。5 月 4 日，部长会议还批准了石油和矿产部长维克托·达康赛桑·苏亚雷斯提出的建立帝汶矿业公司的法令草案。帝汶矿业公司主要是以开展法律规定的采矿活动为主，包括矿物的勘探、研究、评价、开发、采矿、处理、运输和销售以及关闭矿山等，也可以从事采矿活动的补充或辅助活动，并提供相关的服务，特别是采矿相关的技术、商业和管理咨询服务。

3. 第三产业

旅游业是东帝汶服务业发展重点。2月部长理事会批准了2023—2030年东帝汶旅游业发展国家战略计划，旨在将该国发展成亚洲独特的旅游目的地，发展负责任、可持续和包容的旅游业，为国家经济发展作贡献。3月1日，旅游和贸工部长达席尔瓦向部长理事会介绍了制定旅游活动法的立法倡议，并建议成立旅游局，以专门负责旅游政策和战略计划的实施，促进和加强旅游业发展。据经济事务协调部长阿马拉尔介绍，旅游局属于公共机构，未来将受旅游贸工部监督指导，承担促进、培训、协调、监督和发展旅游相关私营和公共部门的具体工作，旨在促进旅游业的可持续发展。

东帝汶由于其独特的地理区位，有着得天独厚的观赏日食的自然条件。2023年，东帝汶的劳腾和维克克地区出现了日全食，首都帝力甚至出现了97.94%的日偏食，共有5000多名游客在该国观赏日食。奥尔塔总统呼吁游客在观看日食的同时，了解东帝汶独特的文化，并表示将在科姆、比科两市建立两座日食纪念碑。

三、对外关系

（一）多边外交

多边外交一向是东帝汶外交的主要方向，其中东南亚国家联盟（ASEAN，简称"东盟"）和葡萄牙语国家共同体（Comunidade dos Países de Língua Portuguesa，简称"葡共体"）是最重要的两大平台。

1. 东盟

2022年11月东盟领导人第40届和第41届峰会原则上同意东帝汶加入东盟后，东帝汶自此获得列席包括首脑会议在内的东盟所有会议资格，终于"一只脚"迈入了东盟大家庭。2023 年东帝汶总统把完全加入东盟作为外交的主要工作，积极与东盟主席国印尼、东盟理事会和东盟秘书处合作，持续推进东帝汶入盟进程，力争尽快获得正式成员国资格。

2023 年 2 月 4 日，东帝汶时任外交合作部长阿达尔吉萨·阿尔贝蒂娜·沙维尔·雷斯·马尼奥首次代表东帝汶以观察员国身份参加在雅加达举行的东盟协调理事会第 32 次会议和东盟外交部长会议，并发表讲话："首次参加由印度尼西亚担任主席的东盟协调理事会会议这一历史时刻，我深感荣幸"。她还表示，这是"我们在加入伟大的东盟共同体大家庭的漫长征程中迈出的关键一步"，并重申东帝汶支持"东盟作为维护本地区稳定和增长的中心，东帝汶和东盟在本地区有着共同的利益、挑战和责任"①。

5 月 9—11 日，时任东帝汶总理鲁瓦克出席在印尼拉布安巴焦举行的第 42 届东盟峰会，这是东帝汶首次以观察员国身份与会。会上，东盟各国表示支持东帝汶根据东盟制定路线图推进自身发展建设，以最终成为东盟正式成员。访问期间，鲁瓦克还与印尼总统佐科等东盟领导人举行了会晤。②

7 月 16 日，新任东帝汶外交合作部长贲迪拓在访问印度尼西亚期间，还参加了在雅加达举行的第 56 届东盟外长会议及其他相关会议，与部分东盟成员国代表举行了双边会议，并参加了沙特签署的加入《东南亚友好合作条约》协议书的签字仪式。③

2023 年 9 月，新任东帝汶总理夏纳纳·古斯芒应邀出席在雅加达举行的第 43 届东盟峰会及相关会议。关于东帝汶成为东盟正式成员的进程，印

---

① Government of Timor-Leste, "MNEC delivers a speech at the First Participation of Timor-Leste in the Meetings of the ASEAN Coordination Council", February 6ᵗʰ 2023, http://timor-leste. gov. tl/? p＝31982&ang＝en&lang＝en.

② Government of Timor-Leste," Prime Minister Taur Matan Ruak attends the 42nd ASEAN Summit in Labuan Bajo, Indonesia", May 9ᵗʰ 2023, http://timor-leste. gov. tl/? p＝32609&lang＝en&n＝1.

③ Government of Timor－Leste, "Timor－Leste participates in the 56th ASEAN Foreign Ministers' Meeting", July 17ᵗʰ 2023, http://timor-leste. gov. tl/? p＝32917&lang＝en&lang＝en.

度尼西亚作为东盟主席国表示支持，并表示相信东帝汶有能力达到既定标准。印尼总统佐科还表示"鼓励东盟成员国和外部伙伴通过提供人力资源发展援助和任何其他必要和相关的支持，全力支持东帝汶达到正式加入东盟路线图的标准"。① 夏纳纳总理在峰会中发表讲话，他保证"东帝汶作为潜在的正式成员，支持东盟的中心地位和团结"，并表示"深切感谢东盟所有成员国和东盟合作伙伴坚定不移地支持东帝汶成为正式成员"。同时重申，"东帝汶与所有在国际关系中尊重和捍卫民主和人权原则以及国际法的国家有着相同的价值观"。②

11 月15 日，第17 届东盟国防部部长会议在雅加达举行，会议批准了东帝汶的国防观察员地位。在东帝汶的观察员地位获得批准后，印度尼西亚国防部部长授权东帝汶国防部部长在会上发言。东盟国防部部长会议是东盟最高级别的国防磋商与合作机制。该机制旨在通过加强对国防和安全挑战的了解以及提高透明度和公开性，来增强各成员国之间的彼此信任。

2. 葡萄牙语国家共同体

东帝汶外长贲迪拓出席了2023 年8 月25 日在圣多美和普林西比举行的葡共体部长理事会第28 次会议。原东帝汶外长扎卡亚斯·阿尔巴诺·达科斯塔再次当选葡共体执行秘书，任期为2023—2025 年。本次理事会还批准了《圣多美和普林西比宣言》，将可持续性和青年作为未来两年的关键主题，该主题的选择反映了葡共体致力于关注成员国的青年问题，并为青年积极参与教育、商业、政治和社会经济发展等领域创造机会，从而为促进和平与经济发展作出贡献。会议还批准了巴拉圭成为葡语共同体咨询观察

---

① Government of Timor-Leste, "The 43rd ASEAN Summit kicks off with a commitment to strengthening the organisation and a call for support for Timor-Leste's full membership", September 6th 2023, http://timor-leste. gov. tl/？ p = 33903&lang = en&lang = en.

② Government of Timor-Leste, "The 43rd ASEAN Summit marks the end of Indonesia's rotating chairmanship and its transition to Laos", September 8th 2023, http://timor-leste. gov. tl/？ p = 33943&lang = en&lang = en.

员的申请。①

（二）与邻近国家关系

1. 印度尼西亚

2023 年印度尼西亚与东帝汶往来密切，双方不仅有高层往来，签署了经济、高等教育、工业和气候共五项谅解备忘录，而且在对方关切的外交议题上相互支持。

2023 年 2 月 13 日，时任东帝汶总理鲁瓦克访问印尼，并同印尼总统佐科会谈，鲁瓦克总理对印尼致力于扩大两国经济关系，特别是加强边境地区经济合作的承诺表示肯定，其间还讨论了两国陆地边界的界定问题。此外，鲁瓦克总理对印尼支持东帝汶成为东盟观察员国表示感谢，并希望佐科总统继续支持东帝汶完成全面加入东盟的夙愿。② 9 月 4 日，东帝汶新任总理夏纳纳·古斯芒与印尼佐科总统在雅加达举行会谈，双方讨论了印尼继续致力于支持东帝汶加入东盟以及加强东帝汶人力资源和国民经济的问题。佐科总统祝贺夏纳纳成为东帝汶总理，并表示"印度尼西亚和东帝汶是兄弟国家，两国的伙伴关系必须得到加强"。③

2023 年 2 月时任总理鲁瓦克访问印度尼西亚期间，时任外长阿达尔吉萨与印尼外长蕾特诺签署了关于在东印边境地区建立经济区的联合声明，未来双方还将建立跨境自由贸易区。东帝汶高等教育、科学与文化部部长

---

① Government of Timor-Leste, "MNEC attends the 28th Meeting of the Community of Portuguese-Speaking Countries (CPLP) Council of Ministers in São Tomé and Príncipe", August 28th 2023, http://timor-leste. gov. tl/？p=33767&lang=en&lang=en.

② Government of Timor-Leste, "Timor-Leste and Indonesia sign five memoranda of understanding on the economy, higher education, industry and climate", February 14th 2023, http://timor-leste. gov. tl/？p=32202&lang=en&lang=en.

③ Government of Timor-Leste, "Jokowi Endorses Timor-Leste's Accession to ASEAN during Meeting with Xanana Gusmão", September 6th 2023, http://timor-leste. gov. tl/？p=33891&lang=en&lang=en.

隆吉尼奥斯与印度尼西亚教育、文化、研究和技术部部长纳迪姆·安瓦尔·马卡里姆签署了高等教育合作备忘录。东帝汶交通和通讯部长若泽·奥古斯蒂纽·达席尔瓦与印度尼西亚气象、气候和地球物理局的德维科里塔·卡尔纳瓦蒂签署了气象、气候和地球物理合作谅解备忘录。最后，东帝汶全国选举委员会主席若泽·贝洛和印尼选举委员会主席哈西姆·阿西阿里签署了人力资源开发和机构能力建设合作谅解备忘录。

东印双方还在一些外交议题上给予相互的支持。2023 年 2 月 1 日，东帝汶政府通过了第 61／2021 号政府决议，该决定支持印度尼西亚竞选2024—2026 年度人权理事会成员国，同时放弃此次竞选。[①] 9 月 4 日，夏纳纳总理在访问印尼期间，印尼总统佐科表示印尼一贯支持东帝汶申请加入东盟，夏纳纳总理感谢佐科总统邀请他参加第 43 届东盟峰会，并认为东帝汶成为东盟正式成员对于增强信心和投资以促进经济增长和国家发展具有重要意义。[②]

2. 澳大利亚

2023 年东帝汶与澳大利亚关系平稳发展，双方高层相互访问，签署了各种合作协议。

2023 年 2 月 6—9 日，时任总理鲁瓦克对澳大利亚进行工作访问，此行主要目的是加强与邻国澳大利亚的双边关系与合作，并感谢澳大利亚政府和人民在其任期内给予的支持和慷慨援助，特别是在新冠疫情期间，向东帝汶提供的疫苗和专家。此外，在 2020 年和 2021 年东帝汶遭受自然灾害之后，澳大利亚也向东帝汶提供了援助和支持。[③] 2 月 7 日，时任外长阿达尔

---

① Government of Timor‐Leste, "Meeting of the Council of Ministers on February 1st, 2023", February 1st, 2023, http://timor‐leste. gov. tl/? p＝31908&lang＝en&lang＝en.

② Government of Timor‐Leste, "Jokowi Endorses Timor‐Leste's Accession to ASEAN during Meeting with Xanana Gusmão", September 6th 2023, http://timor‐leste. gov. tl/? p＝33891&lang＝en&lang＝en.

③ Government of Timor‐Leste, "Prime Minister pays a working visit to Australia", February 6th 2023, http://timor‐leste. gov. tl/? p＝31988&lang＝en&lang＝en.

吉萨代表东帝汶政府与澳大利亚北领地首席部长娜塔莎·菲尔斯签署战略合作伙伴协议，将之前于2019年签署的友好协议延续至2026年。阿达尔吉萨表示，该协议对于东帝汶和北领地政府在贸易、商业、农业、旅游、石油和矿产等战略领域的合作意义重大。两地人民和社区之间往来联系密切，而且北领地政府在旅游、农业、石油和矿产等各个领域支持东帝汶发展。此外，这份战略合作伙伴协议将延长东澳两国政府之前签署的棕榈计划①的期限。娜塔莎·菲尔斯则表示，该协议是加强北领地与东帝汶之间关系的重要一步。② 2月8日，鲁瓦克总理与澳大利亚总理安东尼·阿尔巴尼塞共同出席了工作午餐会，席间鲁瓦克总理对澳大利亚政府的热情款待表示感谢，并代表东帝汶政府和人民对澳大利亚政府在过去20年中给予的所有支持深表感谢，特别是澳大利亚政府在1999年、2006年、2020年及2021年等东帝汶危难时刻给予的援助和支持。双方还讨论了两国政府在经济、国防安全和区域合作等方面的合作，具体如下：一是经济方面，重点是基础设施支持、劳动力流动和大日升油气田项目（Greater Sunrise project）的发展；二是国防和安全合作方面，重点是恢复安全方面的战略伙伴关系，包括海上安全、能力建设和人力资源培训，以及恢复东帝汶国家警察发展计划（Timor-Leste National Police Development Programme）；三是区域合作方面，重点是澳大利亚在东帝汶加入东盟的条件和标准制定过程中提供财政和技术支持。2月9日，鲁瓦克总理会见了澳大利亚总检察长马克·德雷福斯。双方一致认可在安全领域取得合作进展，会见期间还讨论了海上安全问题、打击跨国犯罪（包括非法移民、货物和毒品走私、非法捕鱼等）以及恢复东帝汶国家警察发展计划等问题。因兼任内政部长，鲁瓦克总理还

---

① 棕榈计划是澳大利亚政府和东帝汶政府之间的一项协议，旨在派遣东帝汶工人到澳大利亚工作。

② Government of Timor-Leste, "The Government of Timor-Leste and the Government of Australia's Northern Territory sign a Strategic Partnership Agreement", February 7th 2023, http://timor-leste. gov. tl/？ p＝32138&lang＝en&lang＝en.

借此机会感谢澳大利亚过去二十年来在国防和安全部门给予东帝汶的支持，特别是在基础设施建设、人力资源培训和基本设备捐赠方面。澳方曾经为东帝汶国家警察提供了两艘巡逻艇。[①]

7月7日，夏纳纳总理接见了来访的澳大利亚外交部部长黄英贤。黄英贤表示此次正式访问旨在亲自祝贺夏纳纳被任命为第九任政府总理，并重申了澳大利亚支持东帝汶的承诺，包括经济发展、支持东帝汶加入东盟以及卫生、教育、国防和安全等其他可能的合作领域。[②] 7月10日，黄英贤表示，澳大利亚将于2024年年中向东帝汶国防军（F-FDTL）移交两艘"守护者"级护卫舰，用于东帝汶的海上行动。澳大利亚原本应在2023年7月交付这两艘军舰，但建造尚未完工，因此将推迟到明年。这两艘护卫舰是澳大利亚政府根据东帝汶前国防部部长菲洛梅诺·派索和前澳大利亚驻东帝汶大使彼得·罗伯特于2021年签署的协议捐赠的。同时，东帝汶派出60名国防军成员赴澳大利亚参加电气安装、船舶工程、机器操作、船舶通讯等技能培训。

8月2日上午，澳大利亚总理安东尼·阿尔巴尼塞在电话中对夏纳纳总理就任东帝汶第九届宪法政府领导人表示祝贺，并称赞"2023年的议会选举是在和平与民主的环境中举行的，人民信任本届政府的组建"。同时还表示"对澳大利亚政府与夏纳纳总理领导的第九届政府之间的合作寄予厚望"。两国政府领导人都认为此刻是"两国关系的新篇章"，并表示"愿意共同努力发展两国关系"。阿尔巴尼斯邀请夏纳纳总理明年访问澳大利亚，讨论并加强两国之间的双边合作。同样，夏纳纳总理也邀请阿尔巴尼斯总

---

① Government of Timor-Leste, "Prime Minister met with the Attorney-General of Australia", February 9th 2023, http://timor-leste. gov. tl/？ p=32073&lang=en&lang=en.

② Government of Timor-Leste, "Prime Minister receives a visit from Australian Minister Penny Wong", July 7th 2023, http://timor-leste. gov. tl/？ p=32740&lang=en&lang=en.

理访问东帝汶。[①]

3. 新加坡

2023 年东帝汶与新加坡关系更进一步，双方不仅高层往来更加密切，新加坡还首次在东帝汶开设大使馆，成为第六个在东帝汶开设大使馆的东盟国家。

7 月 23—27 日，新加坡外交部部长维文对东帝汶进行正式访问。在夏纳纳总理接见期间，维文重申了新加坡对东帝汶加入东盟的支持。夏纳纳总理首先欢迎维文外长来访，称此次访问是两国合作的积极步骤，并称赞新加坡是东帝汶的一个积极榜样。在此次访问期间，维文还会见了东帝汶总统奥尔塔、副总理兼经济事务和发展部长、旅游和环境部长黎发芳以及外交合作部长贡迪拓。此外，维文外长还将访问与新加坡有联系的企业和非政府组织，并出席东帝汶新加坡社群协会的成立仪式。[②]

2023 年 7 月 24 日，新加坡外交部部长维文在与东帝汶外长贡迪拓举行的联合新闻发布会上宣布，新加坡将在东帝汶帝力设立大使馆，并称这是一个"重要的里程碑"。维文说："随着东帝汶作为一个国家和民族的不断发展，特别是加入东盟（东南亚国家联盟），我们认为现在是建立常驻使馆的合适时机，使其成为我们合作、支持和共同探索未来机遇的协调中心"。根据新加坡外交部的声明，两国之间的合作将涵盖投资、旅游、国防和能源等领域。[③]

---

①　Government of Timor-Leste，"Prime Minister of Australia congratulates Xanana Gusmão and wishes success for the 9th Government's term of office"，August 3rd 2023，http://timor-leste. gov. tl/？p＝33215&lang＝en&lang＝en.

②　Government of Timor-Leste，"Singapore reiterates its commitment to support Timor-Leste's accession to ASEAN"，July 24th 2023，http://timor-leste. gov. tl/？p＝33005&lang＝en&lang＝en.

③　Government of Timor-Leste，"Singapore to open embassy in Timor-Leste"，July 26th 2023，http://timor-leste. gov. tl/？p＝33101&lang＝en&lang＝en.

（三）东中关系

2023 年中国与东帝汶的高层往来较多。2023 年 1 月 11 日，外交部亚洲司司长刘劲松会见东帝汶驻华大使桑托斯。刘劲松表示中方愿同东方加强高层交往，结合东帝汶实际发展需求，着眼农业、教育、人文、油气等重点领域，开展民生和能力建设项目，毫无保留地支持东帝汶现代化建设。未来将鼓励更多企业到东帝汶投资兴业，也欢迎更多东帝汶朋友来华经商、学习、参观、旅游。桑托斯说，中方优化调整疫情防控措施对地区乃至全球经济发展意义重大。东方期待同中方扩大人员往来，不会对中国游客采取任何限制措施。东方期待同中方继续密切高层往来，感谢中方助力东农业现代化进程，愿扩大双方合作领域，推动中东睦邻友好、互信互利的全面合作伙伴关系结出更多硕果。[①] 2023 年 3 月 24 日，外交部部长助理农融会见东帝汶驻华大使桑托斯。农融表示，中方愿同东方不断增进政治互信，深化务实合作，密切人文往来，为东帝汶实现国家发展振兴提供真诚支持和帮助，共同推动双边关系提升到更高水平。中方愿支持东帝汶早日成为东盟大家庭一员，共同为地区和平与发展贡献力量。桑托斯代表东帝汶政府向中国两会胜利召开，习近平主席再次当选中国国家主席以及中国新一届领导人表示热烈祝贺。东中建交 20 多年来，双边关系日久弥坚，在政治、经济、农业、基础设施、教育、医疗卫生等领域开展了广泛合作。特别是新冠疫情暴发后，中方为东帝汶政府和人民提供了无私援助，东方深表感谢。东帝汶坚定恪守一个中国原则，愿同中方进一步加强高层交往，扩大经贸、留学、旅游等政府和民间合作与往来，期待未来能在中国—东

[①] 《外交部亚洲司司长刘劲松会见东帝汶驻华大使桑托斯》，中国外交部，2023 年 1 月 11 日，https://www.mfa.gov.cn/web/gjhdq_676201/gj_676203/yz_676205/1206_676428/xgxw_676434/202301/t20230111_11005861.shtml.

盟合作框架下开展更多合作。① 2023 年 7 月 19—21 日，外交部部长助理农融访问东帝汶。访问期间，农融会见东总统奥尔塔、总理夏纳纳和外长贡迪拓，并同东外交部东盟事务副部长米莲娜共同主持首次中东外交磋商。农表示，东新一届政府刚刚成立，中方愿同东加强高层交往，高质量共建"一带一路"，在基础设施、农渔业、油气等领域拓展务实合作，在东开展更多"小而美""惠而实"的民生项目，为东提供更多培训机会，助力东新政府顺利施政，推动中东关系提质升级。中方愿为东加入东盟提供能力建设等方面支持和帮助，欢迎东继续积极参与中国葡语国家经贸合作论坛。中方愿同东在国际事务中加强沟通协作，共同维护发展中国家权益。东方表示，中国是东帝汶真正的朋友，东高度重视对华关系，感谢中国长期以来为东国家发展提供的宝贵帮助。东愿同中方加强高层交往，深化各领域务实合作，推动双边关系迈上新台阶。东坚定奉行一个中国原则，绝不会发生任何动摇和改变。感谢中方支持东加入东盟，东愿同中方加强多边协作。② 2023 年 8 月 9 日，外交部部长助理农融会见东帝汶驻华大使桑托斯。农融祝贺东帝汶新政府顺利推进施政规划，表示中方珍视中东传统友谊，愿同东方一道谋划筹备下步高层交往，积极推进各领域务实合作，提升中东关系水平。中方支持东帝汶加入东盟，愿同东加强在地区和多边领域的协调配合，共同维护发展中国家利益。桑托斯表示东帝汶高度重视对华关系，钦佩中国发展成就，期待同中方进一步深化基础设施、经贸、教育等领域合作，积极参与中国—东盟合作，加强国际地区事务协调，推动双边

① 《外交部部长助理农融会见东帝汶驻华大使桑托斯》，中国外交部，2023 年 3 月 24 日，https://www.mfa.gov.cn/web/gjhdq_676201/gj_676203/yz_676205/1206_676428/xgxw_676434/202303/t20230324_11048895.shtml.

② 《外交部部长助理农融访问东帝汶》，中国外交部，2023 年 7 月 21 日，https://www.mfa.gov.cn/web/gjhdq_676201/gj_676203/yz_676205/1206_676428/xgxw_676434/202307/t20230721_11116350.shtml.

关系不断迈上新台阶。①

2023 年东中双边关系顺利提升为全面战略伙伴关系。2023 年 9 月 23 日，国家主席习近平会见来华出席亚运会开幕式的东帝汶总理夏纳纳。两国领导人共同宣布将中国和东帝汶关系提升为全面战略伙伴关系。习近平指出，将两国关系提升为全面战略伙伴关系，是两国合作与时俱进的现实需要，也是两国人民的共同期待。中方愿继续本着亲诚惠容理念，在现代化征程上和东帝汶携手同行，更好造福两国人民。习近平强调，始终坚定支持彼此核心利益和重大关切是中国和东帝汶关系不断升华的重要政治基础。双方要继续发扬优良传统，加大相互支持，加强国际协作，维护好两国和发展中国家共同利益。双方要继续推进共建"一带一路"，深化产业振兴、基础设施建设、粮食自主、民生改善四大重点领域合作。中方支持东帝汶更好融入地区发展格局，愿同东帝汶在中国—葡语国家经贸合作论坛等平台加强交流合作，携手构建人类命运共同体。夏纳纳表示，在东帝汶争取民族独立的进程中，中国人民始终给予宝贵支持，在东帝汶抗击新冠疫情过程中，中国政府及时提供有力帮助，对此东帝汶人民铭记在心。感谢中方医疗船为东帝汶人民雪中送炭。习近平主席提出的共建"一带一路"倡议，回应了各国对于基础设施建设的需求，东帝汶坚定支持并将积极参与。东帝汶坚定奉行一个中国政策，支持习近平主席提出的全球发展倡议、全球安全倡议和全球文明倡议等重要理念倡议和政策主张，欢迎中国企业赴东帝汶投资，助力东帝汶国家建设，希望同中方加强基础设施、粮食安全、资源开发、医疗卫生等领域合作，推动双边关系迈上全面战略伙伴关系的新台阶。双方正式发表了《中华人民共和国和东帝汶民主共和国关于

---

① 《外交部部长助理农融会见东帝汶驻华大使桑托斯》，中国外交部，2023 年 8 月 10 日，https://www.mfa.gov.cn/web/gjhdq_676201/gj_676203/yz_676205/1206_676428/xgxw_676434/202308/t20230810_11124955.shtml.

建立全面战略伙伴关系的联合声明》。[①]

（四）与葡语国家关系

1. 葡萄牙

2023年葡萄牙与东帝汶两国高层交往密切。7月25—26日，葡萄牙总理安东尼奥·科斯塔对东帝汶进行正式访问。此次访问是自2022年7月东帝汶新一届政府成立以来，外国政府首脑首次正式访问东帝汶。双方根据两国未来的合作计划（2024—2028年），探讨寻找符合双方发展需求和目标的合作事项及路径。夏纳纳总理在欢迎晚宴上强调，东帝汶有兴趣学习"葡萄牙人的经验、知识和创新"，并以此"在东帝汶建设可持续的蓝色经济"，做到"不仅为人民创造财富，同时加强气候和海洋保护"。此外，东帝汶还希望学习葡萄牙在公共和市政管理领域的经验，以推动东帝汶自身建设。[②]

2. 巴西

8月18日，东帝汶外交合作部长贲迪拓参加了东帝汶与巴西关于在东帝汶国立大学设立教育硕士学位项目的合作与实施协议的签字仪式。贲迪拓还与巴西驻东大使毛里西奥·梅代罗斯·德阿西斯签署了技术合作协议。东帝汶国立大学校长若昂·苏亚雷斯·马丁斯和大使毛里西奥·梅德罗斯·德阿西斯签署了项目实施协议。该项目要求巴西圣卡塔琳娜联邦大学与东帝汶国立大学合作，共同合作实施教育硕士学位课程，圣卡塔琳娜联邦大学的讲师将到东帝汶任教两年，专门开展硕士研究生教学。该项目还

---

① 《习近平会见东帝汶总理夏纳纳》，中国外交部，2023年9月23日，https://www.mfa. gov. cn/web/gjhdq_676201/gj_676203/yz_676205/1206_676428/xgxw_676434/202309/t20230923_11148652. shtml.

② Government of Timor-Leste，"Prime Minister of Portugal Visits Timor-Leste to Identify Priorities for Cooperation Between the Two Countries"，26th July 2023，http://timor-leste. gov. tl/?p=33048&lang=en&lang=en.

包括东帝汶教师赴巴西接受培训。①

（五）与其他域外国家关系

1. 日本

2023 年东帝汶与日本关系平稳发展。2 月 8 日，财政部部长鲁伊·戈麦斯代表东帝汶国与日本国际协力机构（JICA）代表伊藤明平签署了一项金额为 3750 万美元的捐赠协议。该协议旨在为首都帝力国际机场的新客运航站楼的建设提供资金，包括供水系统、辅助设施和设备。加上此笔赠款，东帝汶就可以开始启动帝力国际机场施工招标的采购程序。②

7 月 6 日，夏纳纳总理接见了来访的日本外务副大臣武井俊辅。武井俊辅向夏纳纳总理赠送了日本首相岸田文雄的正式贺信，祝贺他被任命为第九届政府总理。武井俊辅表示，他为能代表日本首相访问东帝汶感到骄傲和荣幸，并强调日本将继续在国家发展的优先领域与东帝汶政府合作。武井俊辅还重申了日本支持东帝汶加入东盟的立场。夏纳纳总理在会谈中对武井的来访表示感谢，并与他分析了两国之间现有的合作，以及双方有待深化合作的领域。夏纳纳表示，日本是东帝汶自独立以来一直给予支持的重要合作伙伴，在发展道路、灌溉、桥梁、卫生和人力资源开发等基础设施方面给予了援助。③

---

① Government of Timor-Leste，"Timor-Leste and Brazil Sign Cooperation Agreement for New Master's Degree in Education at UNTL"，21st August 2023，http://timor-leste. gov. tl/? p = 33652&lang = en&lang = en.

② Government of Timor-Leste，"Timor-Leste e JICA assinam Acordo de Financiamento no valor de 37. 5 milhões de dólares americanos"，9th February 2023，http://timor-leste. gov. tl/? p = 32082&lang = en&lang = en.

③ Government of Timor-Leste，"Prime Minister receives a visit from the Minister of State for Foreign Affairs of Japan"，6th July 2023，http://timor-leste. gov. tl/? p = 32754&lang = en&lang = en.

2. 印度

2023 年印度开始在东帝汶正式设立大使馆。9 月 7 日，印度总理莫迪在第 43 届东盟峰会上宣布将在东帝汶首都帝力设立印度大使馆。该决定是此前莫迪总理提出的印度—东盟 12 点计划的一部分，旨在加强印度与东南亚地区的合作与外交关系。印度外交部认为"这一决定反映了印度对东盟及其与东帝汶关系的重视""东帝汶和东盟成员国热烈欢迎这一决定"。[①]

四、社会管理

（一）卫生管理

2023 年东帝汶继续完善医疗卫生基础设施的建设，开启了综合疫苗接种计划。

1 月 9 日，东帝汶卫生部计划于 2023 年在阿伊纳罗、阿陶罗岛、包考、博博纳罗及马纳图托 5 个地区分别建设居民健康站。卫生部项目执行主任门东萨表示，该项目总预算 250 万美元，目前预算执行率已达 75%。1 月 11 日，东帝汶社会事务和财政支持机构将与本地非政府组织合作，在欧库西地区新增建造 200 间公共厕所。该项目总预算 10 万美元。

1 月 12 日，东帝汶卫生部、世卫组织和联合国儿童基金会共同发起国家综合疫苗接种项目，计划为全国 95% 的 5 岁以下儿童接种脊髓灰质炎疫苗、肺炎链球菌疫苗及麻疹风疹二联疫苗，并提供驱虫药片和用以增强抵抗力及保护视力的维生素 A 片。

（二）教育管理

东帝汶自 2021 年启动教育基础设施建设与修复计划以来，教育、青年和体育部与国家商业银行签署了 202 个教育基础设施项目协议，预算金额

[①]　Government of Timor-Leste，"India Announces Decision to Establish an Embassy in Timor-Leste"，7th September 2023，http://timor-leste.gov.tl/？p=33920&lang=en&lang=en.

超 2000 万美元。2023 年稳步推进教育基础设施的建设与修复，东帝汶政府完成了 92 个教育基础设施的建设与修复，并在全国新建 250 所学校和 77 所幼儿园，还向 79 所无照经营学校颁发了许可证。

4 月 3 日，东帝汶教育、青年和体育部长马亚表示，第八届政府将教育列为优先事项，计划 2023 年使用 3000 万美元预算在全国新建 250 所学校超 700 间教室，以确保学生学习环境安全，提高教育质量。与其他学校建设相比，东帝汶幼儿园建设水平仅达 28%，预算仅占 0.5%，面临巨大缺口，因此教育部计划在 2023 年优先发展幼儿园基础设施建设，目前政府已拨款 730 万美元用于新建 77 所幼儿园，以实现每个村庄至少拥有一所幼儿园的目标。

5 月东帝汶教育部对 79 所无照经营学校的设施、教师资质和学习环境等进行了综合评估，判断这些学校符合标准并向各校颁发了经营许可证。教育部部长马亚表示，政府致力于扩大儿童受教育机会并提高教育质量，未来教育部将进一步跟踪上述学校的运营情况。

4 月 5 日，东帝汶政府批准将葡萄牙语作为东教育体系的教学语言，德顿语和其他民族语言作为辅助，进一步明确葡萄牙语在国家教育领域的重要性。同时，高等技术教育机构将被允许授予学士和硕士等学位文凭，学生在完成连续 12 个学期的高等教育后可被授予硕士学位。

（三）社会治理

1. 未成年人事务

东帝汶童工问题由来已久，2023 年年初，联合国儿童基金会驻东代表比拉尔公开呼吁东帝汶父母不要让儿童打工。根据儿基会驻东帝汶机构的调查，因为家庭贫困，该国大约有 6.7 万名 5—17 岁少年儿童从事经济活动，占该年龄段东帝汶儿童总人数的 16.1%。6 月 1 日，东帝汶国家反对童工委员会主席莱托在儿童节庆祝活动中表示，东帝汶全国范围内童工比例由 2006 年的 40% 降到了 12.3%，但在劳滕、维克克、马努法伊等地童工比例依然较高。为此，国民议会卫生、安全、社会和性别平等委员会秘书海伦娜呼吁父母与政府保护儿童受教育权利。

除童工问题外，东帝汶政府还在司法、医疗和教育方面关注未成年人保护问题。2 月 7 日，东帝汶国民议会通过了首部保护处于危险中的儿童和青少年相关法律，确定了对处于危险中的未成年的司法处理规则。3 月 10 日，东帝汶卫生部将通过"全国免疫计划"加强儿童免疫，包括对 5 岁以下儿童进行肺炎球菌、麻疹、风疹和小儿麻痹症等疫苗接种，以及为 12 岁以下儿童提供维生素 A 补充剂、蛔虫治疗和新冠疫苗接种。4 月 19 日，东帝汶国家职业培训和就业秘书处表示，政府 2023 年投资 63.4 万美元培训东帝汶年轻人进入就业市场。此外东帝汶还将对 400 名年轻人进行专业培训，并在全国范围内加强对 15 个职业培训中心的支持。

2. 社会治安

2023 年，东帝汶不仅在首都帝力安装了监控设备，还加强了巡逻。此外还在法律上通过了保护海外公民的相关法案。

1 月 13 日，东帝汶国民警察总司令阿劳霍表示，该部门将在暴力犯罪风险较高的地区增加安装监控摄像机，以降低犯罪事件发生率，维护社会治安。3 月 31 日，国民议会委员会主席索莫特索呼吁东帝汶国家警察和国防军向边境地区部署更多人员，加强边境管制行动，以确保议会选举期间的稳定。4 月 5 日，国家警察总司令恩里克表示，已部署 300 多名警察赴边境地区加强巡逻，以制止非法越境和非法贸易，同时保障议会选举的和平与稳定。

4 月 27 日，东帝汶部长理事会通过了由外长阿达尔吉萨提交的政府法案。该法案旨在为在海外遇到自然灾害或严重公共秩序混乱的东帝汶公民提供保护，包括帮助东帝汶公民回国、提供紧急援助等。

五、2024 年展望

2024 年奥尔塔总统将与夏纳纳总理继续合作主导第九届政府，主要政党党争也将逐渐平息。军事方面将进一步完善相关法律、硬件建设，并且将招募更多专业军事人才。司法工作方面继续完善各类立法，加强严格执法，提升司法工作的公正性。

未来东帝汶经济仍将聚焦多元化发展，并积极加入各类世界和区域性经济组织。2024年经济增长率预计在3%以上。东帝汶将在重点发展石油天然气产业的基础上，重点满足国民发展需求，特别是加强各类基础设施建设。通货膨胀率将在2024年回落至3.1%左右，但运输和加工成本依然会受到通胀压力。

外交方面，东帝汶在2024年将继续推进加入东盟进程，与周边国家——印度尼西亚、澳大利亚以及其他东南亚国家和睦相处，并继续向周边国家、友好国家寻求援助。与此同时，积极与中国、葡萄牙等传统友好和特定关系国家开展合作，并积极参与世界性和区域性合作。

2024年东帝汶政府将继续在医教文卫方面加强各类基础设施的建设与完善。在医疗卫生方面，在接受各种国际援助的同时，积极发展国内的医疗硬件设施建设，继续推进国家疫苗免疫与疾病预防计划；教育与青少年事务方面，将稳步推进教育基础设施的建设与修复，鼓励儿童接受教育以减少童工现象，不断完善相关保护法律，鼓励更多的年轻人接受教育和职业培训；社会治理方面，东帝汶将继续关注边境地区和首都等重点地区的治安，并且加强对海外公民的保护。

[马梦婧，云南省社会科学院、中国（昆明）南亚东南亚研究院东南亚研究所研究实习员]

专题报告

缅甸经济形势及临时政府经济政策评析

雷著宁

近年来，随着斯里兰卡国家破产问题持续发酵，西方国家有意将斯里兰卡经济危机说成是中国以所谓"债务外交"推进"一带一路"建设，使发展中国家陷入"债务陷阱"造成的，并宣传缅甸、老挝等国家也面临类似危机形势。就缅甸而言，自缅军2021年2月夺权以来，缅甸局势一直动荡，经济形势严峻，外汇短缺问题日益突出，外债偿付违约风险增大。我方应充分评估缅甸面临的经济风险，采取有效措施防范和规避相关风险，稳妥推进中缅合作。

自缅军2021年2月夺权以来，缅甸政局陷入动荡，武装冲突四起，经济形势也一度较为严峻。当前，缅甸经济虽已出现逐渐企稳迹象，但仍面临诸多深层次困难和挑战。

一、缅甸经济形势

（一）经济恢复快速健康发展的前景暗淡

经济短期内难以恢复。2021年2月缅军夺权后，成立"国家管理委员会"，其后又宣布成立"看守政府"。反对派随即发动大规模抗议行动，其后演变为武装对抗，缅甸政局陷入持续动荡。加之2021年年中第三波疫情暴发，缅甸经济受到巨大冲击。据亚洲开发银行估计，2021年缅甸经济（名义GDP）萎缩达18.4%，其他国际金融机构也作出了近似的估测。根据

《经济学家》信息小组 2021 年 10 月发布的报告，缅甸 2021 年名义 GDP 从上一年的 710 亿美元降至 637 亿美元。世界银行 2022 年 7 月发布的缅甸经济报告指出，2022 年缅甸有近 40% 人口生活在国家贫困线之下，与 2020 年 3 月的贫困数据相比，缅甸贫困发生率倒退了整整 10 年。也就是说，缅甸近 10 年的减贫发展成果在仅一年半左右的时间内就消失殆尽了。

缅军夺权前缅甸十多年开放发展的成果丧失，快速发展势头被打断，经济陷入停滞。看守政府 2021 年 9 月发布的 2021/2022 过渡财年（2021.10—2022.3）经济发展目标是按正常物价计算条件下 GDP 增长 3.8%。世界银行预计 2021/2022 财年缅甸经济将实现增长 3%。由于 2021 年经济巨幅萎缩，2022 年缅甸 GDP 总值较 2019 年仍低 13%。当前，亚太地区主要经济体已经基本恢复甚至超过 2019 年水平，或将在 2023 年左右恢复到疫情前水平，但是，缅甸经济不太可能在短期内恢复到疫情前水平。

未来经济增长缺乏内部动力。由于就业机会少，工资水平下降，工作时间减少，通货膨胀加剧，实际家庭收入减少，导致国内需求不振。2022 年 5 月，零售和批发销售额较去年同期下降四分之一。物价上涨问题尤其突出，尤其是食品和燃料涨价给生产生活带来严重影响。2020/2021 财年（2020.10—2021.9）CPI 为 3.6%，2022 年 3 月 CPI 同期上涨 17.3%，预计 2021/2022 财年 CPI 年平均值达 15%，并将在 2022 年下半年达到峰值。

政局混乱对企业经营和财政税收影响巨大。根据世界银行的报告，三分之一的缅甸企业认为政局混乱和武装冲突对生产经营活动造成了不利影响；农业企业中更有三分之二的企业认为影响巨大，说明政局形势对农业生产经营冲击巨大。因政局混乱，2021 年预算税收任务只完成约 70%，而在之前几年均是全额甚至超额完成任务。

国际环境短期难以改善。俄乌冲突推高了燃油价格，短期内难以缓解。西方持续对缅甸进行制裁，东盟也不断对看守政府施压，要求落实东盟五点共识，否则不邀请缅甸看守政府参加部长级以上会议，不给予其合法性认可，缅甸经济发展的外部环境难以改善。

（二）国际收支与贸易状况恶化

国际收支方面，外汇收入大幅减少。一是服务业收入和海外汇款减少。由于第三波疫情影响，旅游收入和其他服务收入减少，海外汇款减少30%，外币存款大量外流。二是国外直接投资（FDI）减少。2020/2021财年（2020.10—2021.9），外国在缅投资额约为38亿美元，为八年来最低，同比下降约10亿美元。2022年上半年，FDI承诺额仅为4.23亿美元。根据历史数据，一般而言仅有一半的承诺额会最终落实。因此FDI短期内难以为经济复苏和国际收支平衡提供有力支撑。三是大量国外贷款、援助款被搁置。缅军夺权后，数十亿美元的发展资金（包括贷款、无偿援助等）被日本、美国、欧盟、欧盟国家、韩国、英国、世界银行、亚洲开发银行等暂停或取消，国际金融流入项大幅减少。

贸易平衡政策成果有限。在国际收支其他项目无法改善的情况下，看守政府不得不采取强硬措施平衡外贸收支，争取经常项目实现平衡或盈余。2021/2022过渡财年（2021.10—2022.3）期间，看守政府"以出定进"，强行平衡贸易，进口收缩超过出口，减少了经常项目赤字，取得了一定成效。过渡财年前四个月期间（2021.10.1—2022.2.4）实现了2.36亿美元的贸易顺差。但是，2022年上半年进出口形势又出现逆转，进口增长超过出口，经常项目再次出现逆差，外汇收支状况再次出现恶化趋势。

缅币大幅贬值。由于政经形势受到政变和疫情严重冲击，2021年缅币大幅贬值，从政变时的1美元兑换1330缅币，至2021年9月缅币兑美元一度达2700：1左右。缅币贬值导致燃油、食用油、化肥、药品、日常用品等进口商品大幅涨价，黄金、美元价格飙升。2021年缅央行向市场陆续投放4.43亿美元，2022年以来又投放9500万美元，将官方汇率稳定在2000：1以内。自2022年3月初起，缅央行停止投放美元，只以官方固定汇率向特定的进口商提供有限美元用于进口燃油和食用油等商品。2022年4月，缅甸放弃有管理的浮动汇率制，发布汇率指导价（官方汇率），将缅币兑美元汇率确定在 1850：1。这显示缅央行已无力再向市场大规模投放美元来稳定汇率。由于官方汇率不能反映市场实际，市场汇率达 2250：1 以上，官价与市场价差距达 20% 以上。7 月底、8 月初以来，市场汇率迅速飙升突破 2500：1 关口，并不断上涨。据缅甸《金凤凰报》报道，8 月 26 日，缅币兑美元的市场汇率达 3040：1，突破了 3000：1 大关；8 月 31 日，缅币兑美元汇率达 4300：1，短短几天内又突破了 4000：1 大关。缅甸官方不得不将官方指导汇率提升到 2100：1。高昂的外汇兑换率使得交易停滞，黑市实际交易兑换率为 3700：1，这说明市场已为恐慌情绪左右。随即，缅甸央行宣布将再次向外汇市场投放 2 亿美元，主要是提供给进口商用于燃料进口。该消息的发布取得了明显效果，市场恐慌情绪得到安抚。9 月 1 日，缅币兑美元汇率降到 3500：1；9 月 2 日，缅币兑美元汇率进一步回落到 3300：1。截至 2023 年 10 月，在黑市上，缅币兑美元汇率维持在 3300：1 左右。无论如何，与 2021 年 2 月缅军夺权时相比，缅币已贬值两三倍，缅甸国家经济实力大幅衰退，多年发展成果付诸东流。

二、看守政府经济政策的影响

在对外贸易方面，受疫情和政局叠加影响，加之缅方的外汇管制、强制贸易平衡措施，缅甸陆路口岸贸易大幅下滑。根据缅甸投资与公司管理局发布的数据，2020/2021 财年（2020.10—2021.9）缅甸共完成对外贸易 295.85 亿美元，同比减少 71.46 亿美元。2020/2021 财年中缅边境贸易额为 38.04 亿美元，同比减少 10.86 亿美元。2022 年上半年，中缅陆路贸易额较上年同期下降 24%。缅泰陆路贸易则总体保持稳定，但 2022 年上半年泰缅贸易额也明显下降，主要是由于缅泰边境地区受到武装冲突的影响，导致口岸和运输通道暂时关闭。

在物价方面，外汇管制和强制贸易平衡政策也产生了不小的负面效应。首先，按官方汇率结汇，导致出口商损失，出口商观望，外贸停滞；其次，外贸强制平衡，减少进口，产生很大副作用。减少燃油、化肥等生产生活必需品的进口后，由于国内进口替代产能一时不可能跟上，导致燃油价格猛涨，燃油价格上涨近3倍。据缅甸《十一》新闻报道，缅甸政局变化前，92号汽油价格仅为620缅币/升，2022年7月25日已升至1665缅币/升。2022年上半年，燃油价格上涨了70%。燃油价格上涨导致运价上涨，推动物价水平普遍上升。燃料价格上涨还蕴含政治风险。缅甸2007年爆发的"袈裟革命"直接起因就是因为政府取消燃油补贴，燃料价格上涨，引发民众不满。

在农业生产方面，化肥进口减少对未来农业生产能力也造成影响。由于化肥紧缺，价格上升，农业投入减少，播种面积下降。据世界银行的调查，农业在2021财年萎缩了10%。与过去三年相比，2021—2022年缅甸稻谷种植面积减少了7%。2021年12月，有53%的农民表示在下一种植季节将面临困难。2022年4月，看守政府放弃有管理浮动汇率制，按官价强制进行出口结汇，同时实行进口许可证等管制措施。7月，商务部发布通告，从边境口岸出口豆类、玉米、芝麻和花生等产油作物需要事先取得出口许可证，同时，只能以美元结算，出口所得外汇需要按缅甸央行官方汇率牌价出售给银行。目前，出口商需将所得外汇收入的65%在一天内兑换成缅币，另外35%可以对外销售，但必须提交转售价详情。许可证制度和强制结汇导致出口商经营受限、成本增加，农产品出口受到影响。

在国际收支方面，当前外汇管制措施有利于减少对进口的依赖，有利于将银行体系内的美元强制结汇，以使看守政府能集中使用有限的外汇资源。但是，这些措施也产生了"吓跑"美元的效果。民营企业和个人会通过采取海外账户转账、调整发票金额等方式，以及依靠地下钱庄等非正规渠道进行汇款和结算，规避官方管制措施。在泰缅籍劳工收入也不再汇回缅甸国内，或是不进入缅甸官方控制的银行系统，以避免被以官方汇率强制结汇。因此，管制措施犹如"涸泽而渔"，长期内外汇短缺问题只会更加严峻。

在外向型产业发展方面，一方面，由于缅币贬值提升了缅甸出口商品的竞争力，纺织服装业得到迅速复苏。这显示缅甸的生产要素，尤其是劳动力成本低廉，竞争优势明显，劳动密集型和出口导向型经济部门具有一定应对国内外风险因素冲击的韧性。但是，另一方面，虚高的缅币价格加剧了外汇短缺，外汇管制和贸易限制措施使进口生产原料和中间产品受限，也伤害了出口导向型制造业和农业企业的生产能力，影响了创汇产业的长期发展能力，不利于贸易发展和长期贸易平衡。特别是受出口许可、外汇管制等措施限制，农产品出口没有充分享受到缅币贬值带来的利益，增长乏力。另外，外汇和外贸政策变化多端，不确定性增大，导致外经贸企业和国外合作伙伴无所适从，阻碍了经济开放，导致外贸萎缩和国外投资进一步减少。由于政经局势混乱，工作机会减少，大量缅甸精英和劳工竞相出国寻找工作和发展机会，以致办理护照成为缅甸移民管理局的热门生意。

在进口替代型产业发展方面，看守政府恢复到前军政府时代的进口替代产业政策和自给自足经济政策（采用进出口贸易许可证制度，禁止进口和进口配额管理，鼓励国内生产钢铁和食用油等措施），对经济资源的进行更多管制将导致有限资源的不良分配，导致整体经济效率低下。缅币贬值、供应链受阻，进口商品价格上涨，进一步侵蚀了企业利润。要在相对封闭条件下实现进口替代产业政策的成功，需要适宜的内外环境，在当前严峻复杂的政局和恶劣的国际环境下，缅甸的进口替代产业政策很难取得成功。前军政府时期（1988—2010 年）的进口替代经济政策已经被历史证明是失败的，再次退回到闭关自守的状态基本上是死路一条。

三、发生债务危机和经济危机可能性分析

（一）爆发外债危机可能性较高

缅甸长期面临国际偿付能力短缺问题。根据英国《经济学家》杂志信息小组（EIU）2021 年 10 月发布的缅甸国家报告数据，2020/2021 财年

（2020.10—2021.9）预计缅甸外债余额为 143 亿美元，外汇储备为 54.8 亿美元。从外债结构看，以长期债务为主，短期偿付压力不大。但是，由于缅甸目前缺乏获得外汇收入的渠道，特别是缺乏获得美元等硬通货的能力，无法增加外汇储备，偿付外债压力将逐渐增大，最终将会出现偿付危机。

爆发外债偿付危机是大概率事件。缅军接管政权后，到 2021 年 9 月，外汇储备额下降了 10 亿美元。据世界银行评估，如果这一趋势维持不变的话，在 2022 年中期就会出现外汇储备不足的问题。2022 年 7 月 13 日，缅甸中央银行发布通告，要求有外债余额的企业延缓偿还外债，并与国外贷款方协商重新安排还款期限，这证实了世界银行的估测。缅甸央行的这一举措不但会使缅甸金融和企业信誉受到影响，也会影响缅甸企业未来在国际市场筹措资金和进入国际市场的能力。缅甸央行采取这一非常措施说明缅甸外汇短缺情况已比较严重，缅甸已濒临爆发外债偿付危机。

（二）政局混乱加剧经济困难

缅甸看守政府应不缺乏国内偿付能力。从政府负债水平看，缅甸总体负债与 GDP 比值为 60% 左右，较前几年上升约 20%。但是，军方长期控制缅甸经济命脉，很多收入不计入国家财政预算，军方实际能获取的经济收入不能仅以财政收入计。例如，缅军和缅军控制的大量民团组织都广泛介入玉石、毒品、赌博、采矿等灰色经济活动，这些活动产生的收入很难计算。外界估计缅甸一年的玉石贸易产值达 300 亿美元，占缅甸 GDP 约一半，毒品贸易额更大。另外，看守政府控制着缅甸中央银行，如果财政缺钱，可以印钞应对，尽管这会带来更严重的通货膨胀。

农业仍是维持缅甸经济稳定的基础。农业是缅甸的支柱产业，涉及缅甸三分之一的 GDP 和三分之二的就业。缅甸一直是粮食出口国。相较于斯里兰卡，缅甸经济的对外依存度较低，粮食自给无问题。通常情况下，只要粮食生产能够稳住，能够分配到需要粮食的底层民众手中，基本民生问题能得到保障，就可以维持经济的基本稳定。

当前经济风险的根源是政治问题。缅甸目前的经济困难主要是由政治因素导致的。虽然因化肥、燃料等生产原料价格上升，农业投入减少，未来粮食产量将减少，但粮食产量满足国内需求应无问题。关键是看守政府要能及时平抑粮食价格，并向 20%—30% 的底层脆弱民众提供基本口粮保障。但是，由于政局持续混乱与武装冲突扩散，很多地区基层政权瘫痪，大量底层民众和避战避乱难民无法获得粮食。这不但加剧了经济困难，甚至会引发更大社会动荡。世界粮食计划署估计缅甸有 300 万人粮食短缺，尤其是有约 120 万躲避武装冲突的国内难民面临急迫的粮食短缺问题。

四、缅甸经济形势对中缅经贸合作的影响

缅甸市场增长乏力，风险因素增多，投资环境恶化，这与 2019 年以前缅甸保持经济相对高速增长的情况有很大不同，经济基本盘和未来预期已发生重大改变。针对缅甸形势的变化情况，应加强相关应对措施，积极稳妥推进中缅经贸合作。

一是应加强对缅甸经济和债务风险评估。密切跟踪缅甸经济运行状况，特别是外汇管制、外债偿付、通货膨胀、农业生产等重要经济情况，及时评估风险状况及对中缅经贸合作的影响。

二是扎实作好中缅合作项目经济可行性分析。应稳妥推进中缅合作项目前期工作，慎重推进投资额大、建设期和投资回收期长的项目，对合作项目的经济可行性方案、融资方案等应重新核算、重新评估，加强对相关风险的防范和规避。

三是积极探索易货贸易、"资源换项目"等贸易结算方式，以规避缅方外汇管制和中缅边贸结算中的各种障碍和风险，并帮助缅甸降低用汇需求，改善国际收支状况。资源换项目应以缅甸丰富的农业产品和可再生资源为主要考虑对象，应注意加强对缅甸不可再生资源的保护，防止别有用心势力以所谓"掠夺缅甸资源"为借口攻击中方。

四是坚持市场导向、支持企业先行。应在充分评估各类风险因素的前提下，加大对"走出去"民营企业的资金和政策支持力度，特别是加大对信用保险的支持力度。以纺织服装业为重点推进与缅方制造业合作；以钢铁、建材、化肥、食用油等为重点，推进中缅产能合作，帮助缅方推进工业化进程，缓解用汇需求。

［雷著宁，云南省社会科学院、中国（昆明）南亚东南亚研究院东南亚研究所所长、副研究员］

云南与广西对外开放发展情况对比分析

张文韬　李　琪

一、两地口岸建设情况对比

云南共有 28 个口岸，其中一类口岸有 22 个，包括 4 个空港口岸：昆明市昆明国际机场空运口岸、西双版纳傣族自治州西双版纳国际机场空运口岸、德宏傣族景颇族自治州芒市机场口岸、丽江市丽江机场口岸；3 个水港口岸：普洱市思茅港口岸、西双版纳傣族自治州景洪市景洪港口岸、西双版纳傣族自治州勐腊县关累港口岸；2 个铁路口岸：西双版纳傣族自治州勐腊县磨憨铁路口岸、红河哈尼族彝族自治州河口县河口铁路口岸；13 个公路口岸：西双版纳傣族自治州勐腊县磨憨公路口岸、西双版纳傣族自治州勐腊县勐满公路口岸、德宏傣族景颇族自治州瑞丽市瑞丽公路口岸、普洱市江城县勐康公路口岸、文山壮族苗族自治州富宁县田蓬公路口岸、红河哈尼族彝族自治州河口县河口公路口岸、腾冲市猴桥公路口岸、临沧市耿马县清水河公路口岸、德宏傣族景颇族自治州瑞丽市畹町公路口岸、红河哈尼族彝族自治州金平县金水河公路口岸、文山壮族苗族自治州麻栗坡县天保公路口岸、西双版纳傣族自治州勐海县打洛公路口岸、文山壮族苗族自治州马关县都龙公路口岸。二类口岸有 6 个，均为公路口岸，分别是：怒江傈僳族自治州泸水市片马口岸、德宏傣族景颇族自治州陇川县章凤口岸、临沧市镇康县南伞口岸、德宏傣族景颇族自治州盈江县那邦口岸、临沧市沧源佤族自治县永和口岸、普洱市孟连县勐阿口岸。

广西共有 25 个口岸，其中一类口岸 19 个，包括 3 个空港口岸：南宁市南宁航空口岸、桂林市桂林航空口岸、北海市北海航空口岸；6 个海港口岸：防城港、北海港、钦州港（含果子山港）、江山港、企沙港、石头埠港；1 个铁路陆路口岸：崇左市凭祥市区凭祥口岸；3 个内河口岸：梧州港、柳州港、贵港口岸；6 个公路陆路口岸：崇左市凭祥市区友谊关口岸、防城港市东兴市区东兴口岸、崇左市龙州县水口口岸、百色市靖西市龙邦口岸、百色市那坡县平孟口岸、崇左市宁明县爱店口岸。二类口岸 6 个，包括 1 个内河港口岸：南宁港；5 个公路陆路口岸：防城港市峒中口岸、崇左市大新县硕龙口岸、靖西市岳圩口岸、崇左市龙州县科甲口岸、凭祥市平而口岸。

总的来说，云南与广西的口岸各有其特色。云南主要与缅甸、老挝和越南接壤，具有得天独厚的地缘优势，加上拥有丰富的自然资源，如矿产、农业、旅游等，这些资源为云南口岸的贸易活动提供了有力的支撑。广西主要与越南接壤，友谊关口岸已成为我国通往越南及东盟最大、最便利的陆路大通道；东兴口岸是我国出入境人员最多的边境口岸之一；水口口岸已成为我国坚果进出口的主要贸易口岸，其中腰果进口量占我国腰果进口量的 70%以上；爱店口岸已成为我国面向越南乃至东盟地区规模最大、品种最多的中草药集散地。广西已经形成全方位、多层次、立体化口岸开放格局，是中国唯一与东盟国家既有陆地口岸又有海上通道相连的地区，这一优势使得广西口岸成为中国与东盟国家之间贸易往来的重要门户，在开展海上贸易和物流服务方面具有较高的效率和竞争力，同时也在与越南等国家的贸易往来中占有重要地位。

二、两地 GDP 及对外贸易情况对比

2010—2022 年，云南 GDP 总额分别为 7735.33 亿元、9523.13 亿元、11097.39 亿元、12825.46 亿元、14041.65 亿元、14960 亿元、16369 亿元、

18486 亿元、20880.63 亿元、23223.75 亿元、24521.90 亿元、27146.8 亿元、28954.2 亿元，平均增速为 12.18%，自 2012 年突破千亿元大关后，至 2022 年云南 GDP 总额已是 2010 年的 4 倍。

2010—2022 年，云南进出口贸易总额分别为 1069.44 亿元、1284.24 亿元、1680.4 亿元、2066.32 亿元、2369.76 亿元、1962.16 亿元、1599.92 亿元、1754.55 亿元、2242.125 亿元、2526.9 亿元、2920.95 亿元、3019.03 亿元、3209.64 亿元，平均增速为 16.13%，占 GDP 比重分别为 13.83%、13.49%、 15.14%、 16.11%、 16.88%、 13.12%、 9.77%、 9.49%、10.74%、10.88%、11.91%、11.12%、11.09%。

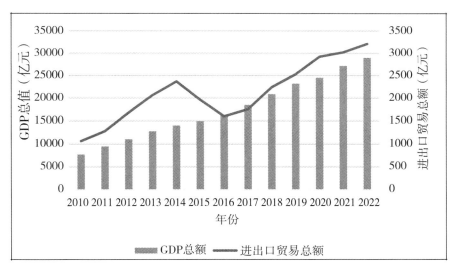

图 6 2010—2022 年云南 GDP 及进出口贸易总额

数据来源：《中华人民共和国统计年鉴 2011—2023》

从进出口主要商品情况来看，2022 年一般贸易占比超七成，加工贸易增速较快。一般贸易进出口 2371.3 亿元，增长 3.1%，占云南省进出口总值的 70.9%。同期，加工贸易进出口 413.2 亿元，增长 45.9%，占云南省进出口总值的 12.4%。单晶硅切片是云南省出口的最大单品，基出口额达 83 亿元，同比增长 168.6%，占全省出口总值的 5.1%。进口以能源产品、金属矿砂、农产品为主。其中，进口能源产品（煤、原油、天然气）606.5 亿元，增长 50.8%；进口金属矿砂 406.6 亿元，增长 7.3%；进口农产品 230 亿元，增长 31.2%。

从一类口岸交通通达情况来看，云南磨憨铁路口岸距离昆明市 660 公里，公路需 8 小时到达，铁路需 5 小时到达，距临近机场嘎洒机场 130 公里；河口铁路口岸距离昆明市 400 公里，公路需 4.5 小时到达，铁路需 5 小时到达；磨憨公路口岸距离昆明市 660 公里，公路需 8 小时到达，铁路需 5 小时到达，距临近机场嘎洒机场 130 公里；瑞丽公路口岸距离昆明市 740 公里，公路需 8.5 小时到达，距临近机场芒市机场 95 公里；勐康公路口岸距离昆明市 440 公里，公路需 7.5 小时到达，铁路需 3 小时到达，距临近机场思茅机场 140 公里；田蓬公路口岸距离昆明市 500 公里，公路需 8 小时到达，铁路需 2.5 小时到达，距临近机场砚山机场 230 公里；河口公路口岸距离昆明市 400 公里，公路需 4.5 小时到达，铁路需 5 小时到达；猴桥公路口岸距离昆明市 700 公里，公路需 8 小时到达，铁路需 4 小时到达，距临近机场驼峰机场 60 公里；清水河公路口岸距离昆明市 680 公里，公路需 8.5 小时到达，铁路需 4 小时到达，距临近机场临沧机场 125 公里；畹町公路口岸距离昆明市 730 公里，公路需 8.5 小时到达，距临近机场芒市机场 85 公里；金水河公路口岸距离昆明市 400 公里，公路需 5 小时到达，铁路需 3.5 小时到达；天保公路口岸距离昆明市 420 公里，公路需 5 小时到达，铁路需 2 小时到达，距临近机场砚山机场 130 公里；打洛公路口岸距离昆明市 630 公里，公路需 8 小时到达，铁路需 3.5 小时到达，距临近机场嘎洒机场 80 公里；都龙公路口岸距离昆明市 400 公里，公路需 5 小时到达，铁路需 2.5 小时到达，距临近机场砚山机场 110 公里；思茅港口岸距离昆明市 480 公里，公路需 6 小时到达，铁路需 3 小时到达，距临近机场思茅机场 85 公里；景洪港口岸距离昆明市 520 公里，公路需 6.5 小时到达，铁路需 3.5 小时到达，距临近机场嘎洒机场 5 公里；关累港口岸距离昆明市 630 公里，公路需 8 小时到达，铁路需 4 小时到达，距临近机场嘎洒机场 150 公里；昆明国际机场空运口岸位于昆明市；西双版纳国际机场空运口岸距离昆明市 520 公里，公路需 6.5 小时到达，铁路需 3.5 小时到达；芒市机场口岸距离昆明市 650 公里，公路需 7.5 小时到达，铁路需 4 小时到达；丽江机场口岸距离昆明市 480 公里，公路需 5.5 小时到达，铁路需 4 小时到达。

从进出口整体通关时间来看，云南 2017—2021 年进口通关时间分别为 84.33 小时、28.41 小时、18.92 小时、14.02 小时、7.93 小时，出口通关时间分别为 2.26 小时、1.17 小时、0.32 小时、0.12 小时、0.15 小时。

2010—2022 年，广西 GDP 总额分别为 8552.44 亿元、10299.94 亿元、11303.55 亿元、12448.36 亿元、13587.82 亿元、14797.8 亿元、16116.55 亿元、17790.68 亿元、19627.81 亿元、21237.14 亿元、22120.87 亿元、24740.86 亿元、26300.87 亿元，平均增速为 10.67%，自 2011 年突破千亿元大关后，至 2022 年广西 GDP 总额已是 2010 年的 3 倍。

2010—2022 年，广西进出口贸易总额分别为 1180.84 亿元、1481.84 亿元、1852.57 亿元、2002.03 亿元、2491.15 亿元、3190.31 亿元、3170.42 亿元、3866.34亿元、4104.35亿元、4867.97亿元、4867.97亿元、5930.63

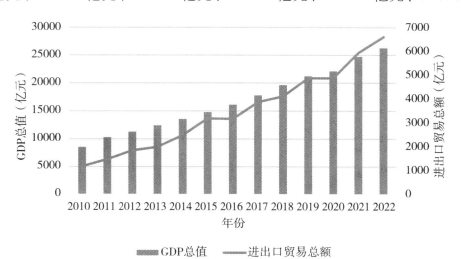

图 7　2010—2022 年广西 GDP 及进出口贸易总额

数据来源：《中华人民共和国统计年鉴 2011—2023》

亿元、6603.50 亿元，平均增速为 16.3%，占 GDP 比重分别为 13.81%、
14.39%、 16.39%、 16.08%、 18.33%、 21.56%、 19.67%、 21.73%、
20.91%、22.92%、22.01%、23.97%、25.11%。

从进出口主要商品情况来看，2022 年一般贸易进出口 2817 亿元，增长
52.9%，占同期广西外贸比重较 2021 年提升 11.6 个百分点至 42.7%。保税
物流、加工贸易分别进出口 1475.4 亿、1282.6 亿元，分别增长 3.4%、
12.5%。边境贸易进出口 992.9 亿元，下降 33.4%。机电产品、劳密产品、
农产品为出口增长主力。2022 年，广西出口机电产品 2129.7 亿元，增长
22.1%，其中电子元件、电工器材分别增长 48.4%、56.2%。出口劳动密集
型产品 672 亿元，增长 22.6%，其中服装及衣着附件增长 26.3%。同期，
出口农产品 148.8 亿元，增长 27%，其中出口干鲜瓜果及坚果 28.2 亿元，
增长 610.9%。此外，出口纸浆、纸及其制品 70.3 亿元，增长 112.2%。能
源产品、粮食进口保持增长。2022 年，广西能源产品、粮食分别进口 486.2
亿、277.7 亿元，分别增长 367.7%、11.4%。同期，金属矿及矿砂、机电
产品分别进口 731.1 亿元、710.6 亿元，分别下降 9.2%、30.5%。

从一类口岸交通通达情况来看，广西友谊关口岸距离南宁市 210 公里，
公路需 2.5 小时到达，铁路需 5 小时到达；东兴口岸距离南宁市 190 公里，
公路需 2.5 小时到达，铁路需 1 小时到达；龙邦口岸距离南宁市 300 公里，
公路需 3.5 小时到达，铁路需 3.5 小时到达；水口口岸距离南宁市 215 公
里，公路需 2.5 小时到达，铁路需 5 小时到达；爱店口岸距离南宁市 200 公
里，公路需 2 小时到达，铁路需 4 小时到达；凭祥口岸距离南宁市 200 公
里，公路需 2.5 小时到达，铁路需 5 小时到达；平孟口岸距离南宁市 345 公
里，公路需 4.5 小时到达，铁路需 3.5 小时到达；峒中口岸距离南宁市 250
公里，公路需 3.5 小时到达，铁路需 1 小时到达。

从进出口整体通关时间来看，广西 2017 年至 2021 年进口通关时间分别
为 56.59 小时、38.69 小时、13.08 小时、5.56 小时、5.36 小时，出口通关
时间分别为 14.06 小时、2.51 小时、1.51 小时、0.77 小时、0.5 小时。

总的来说，自 2010—2022 年，云南的 GDP 从一开始落后于广西到最终实现了对广西的超越。2022 年，云南 GDP 高出广西 GDP 的数额达 2654 亿元。云南在农业领域具有显著的优势，盛产茶、咖啡豆、鲜花和烟等高利润农产品。相比之下，广西的农业优势主要体现在甘蔗、柑橘和香蕉等产量大但利润较低的农产品上。在工业布局方面，云南的产业相对集中，围绕着昆明进行布局。广西的产业布局相对分散，尚未形成较大的规模。在第三产业方面，云南在旅游业和房地产配套设施建设方面表现出色。但值得注意的是，至 2022 年广西的对外贸易总额接近云南的 3 倍，并保持了强劲的增长态势。这种鲜明的对比在两地经济实力总体持平的背景下显得更加突出。

三、两地对外投资情况对比

2015—2021 年，云南对外直接投资额分别为 29.92 亿美元、8.67 亿美元、9.63 亿美元、10.56 亿美元、7.23 亿美元、7.59 亿美元、8.88 亿美元；广西对外直接投资额分别为 17.22 亿美元、8.88 亿美元、8.23 亿美元、5.06 亿美元、11.09 亿美元、4.75 亿美元、5.80 亿美元。

总的来说，云南与广西在对外直接投资方面均呈现下降趋势，这一现象与两地 GDP 增速的走势相吻合。然而云南的直接对外投资规模基本上高于广西，表明云南在全球经济环境中的活跃度和竞争力相对较强。相比之下，广西在对外直接投资方面的表现相对较弱，可能与该地区的企业国际化程度较低、缺乏具有国际竞争力的投资项目有关。

四、两地产业发展情况对比

《云南省产业强省三年行动（2022—2024）》提到的 12 个大重点产业分别为高原特色现代农业、绿色铝谷、光伏之都、先进制造业、绿色能源产业、烟草产业、新材料产业、生物医药产业、数字经济、文旅康养产业、现代物流业、出口导向型产业。烟草加工业是云南主要支柱产业之一，烟草种植区分布在金沙江、南盘江和元江等三大水系流域；生物资源开发创新产业包括以天然药物为主的现代医药产业、绿色食品及功能食品产业、花卉观赏园艺产业和生物化工产业；旅游业中旅游资源非常丰富，有雪山冰川、热带雨林珍稀动植物、三江并流奇观、喀斯特岩溶地貌、高原湖泊；矿产业主要矿物包括煤、铅、锌、硅藻土、铜等多种物质；水电产业方面云南的水电储备是全国最丰富的，各种大型水电站分布主要集中在金沙江、澜沧江、怒江三大流域。

2022年广西人民政府印发《广西重点产业链招商工作方案》提到的15个重点产业分别为机械装备制造业、高端金属新材料业、电子信息产业、汽车产业、生物医药产业、绿色化工新材料产业、数字经济产业、轻工纺织业、精品碳酸钙产业、绿色环保产业、林业和高端绿色家居产业、现代农业、食品加工业、现代商贸物流业、大健康和文旅体育产业。广西的主要支柱产业包括有色金属产业，其中以铝业为主的有色金属产业是广西的重要支柱产业；汽车产业以系列中型轿车为重点的汽车产业，包括新能源汽车配套产业；食品产业以制糖为主的食品产业是广西重点发展的产业之一；石化产业是以炼油为主的石化产业，是广西沿海城市的重要支柱产业之一；冶金产业以钢铁为主的冶金产业，主要集中在柳州等地。

总的来说，云南与广西的支柱产业都是以较为初级的产业形式存在，与东部发达地区的高新科技支柱产业区别很大，还是以本地资源为基础，然后进行加工形成支柱产业。在产业结构规划方面，云南和广西也有着很多相似之处。云南是我国的传统意义上的旅游大省，在工商业等方面还比较薄弱，广西的旅游业在我国也占有一定的地位。因此云南和广西在产业结构方面，都是在保障生态环境安全的前提下，发展工商业，结合自身的优势开拓出具有各自特色的产业发展之路。

综上所述，云南与广西两地在总体经济实力和发展水平较为接近的背景下，在对外开放发展方面却出现显著差异。云南需要采取有效措施进一步扩大对外开放，发展口岸经济，促进对外经贸加快发展。一是云南需要找准口岸定位。口岸作为对外开放的重要窗口，需要在国家战略和地方发展中找到合适的定位，通过明确口岸的功能和角色，制定科学的发展规划，实现口岸经济的快速发展；二是云南需要做强产业发展。产业是口岸经济发展的基础，需要加强产业链的完善和升级，通过引进龙头企业、培育本土企业等方式，推动口岸产业向高端化、智能化、绿色化方向发展，同时充分发挥沿边地区比较优势和综合优势，联动中老铁路沿线综合开发，以更高站位、更宽视野、更实举措推进沿边产业园区建设；三是云南需要大力发展服务经济。服务经济是口岸经济发展的重要组成部分，需要加强培育和引进优质的服务业企业，通过发展金融、商务、咨询等服务行业，推动口岸经济向更高层次、更广领域拓展；最后，云南需要大力改革创新。改革创新是推动口岸经济发展的重要动力，需要加强体制机制的改革和创新环境的建设，通过优化政策环境、提高政府服务水平、加强人才培养等方式，激发市场活力和社会创造力，推动口岸经济实现高质量发展。

［张文韬，云南省社会科学院、中国（昆明）南亚东南亚研究院东南亚研究所副研究员；李琪，云南中岑咨询公司项目经理］

新时期中国与东盟十国的国际产能合作

和瑞芳

2023 年，东盟和中国合作进入了新阶段，《区域全面经济伙伴关系协定》（RCEP）等各类正在开启或者运转的区域合作机制赋予了中国—东盟合作丰富的内容，中国—东盟全面战略伙伴关系和构建中国—东盟命运共同体进一步深入。

一、东盟经济发展现状

（一）基本概况

东盟（ASEAN），全称东南亚国家联盟（Association of Southeast Asian Nations），隶属东南亚（Southeast Asia），位于亚洲东南部，包括中南半岛和马来群岛两大部分，是亚洲与大洋洲、太平洋与印度洋的"十字路口"，传统构成包括了马来西亚、印度尼西亚、泰国、菲律宾、新加坡、文莱、越南、老挝、缅甸和柬埔寨十国构成。① 东盟陆地面积近 449 万平方公里。

按照世界银行的数据，2022 年的东盟十国的人口总数约为 6.75 亿，GDP 总量为 3.6 万亿美元，人均 GDP 约为5376 美元。如表 4 所示，印度尼西亚的国土面积、人口和经济总量均位居东盟首位。印度尼西亚、菲律宾、

①　由于东帝汶 2022 年 11 月 11 日才被东盟国家领导人在第 40 届和第 41 届东盟峰会上宣布接纳为东盟第 11 个成员国，还未正式加入，因此本文暂不提及东帝汶。

越南都是人口总量破亿或者接近亿值的国家。东盟十国中，2022 年只有印度尼西亚的 GDP 突破了 1 万亿美元，新加坡、马来西亚、菲律宾 GDP 总量基本相同。新加坡以人均 GDP8. 28 万美元的数值高居东盟榜首，是人均 GDP 最低的缅甸的 69 倍。缅甸、老挝、柬埔寨无论从 GDP 总量还是人均 GDP 数值看，依然是东盟十国中排名靠后的国家，属于世界银行认定的全球最不发达国家群体。

表 4　2022 年东盟 10 国国土面积和人口数量

国家	国土面积（万 km²）	人口（亿）	GDP（千亿美元）	人均 GDP（万美元）
新加坡	0.073	0.059	3.2	8.28
印度尼西亚	190.46	2.73	10.2	0.48
泰国	51.3	0.7	4.6	0.71
马来西亚	32.98	0.33	3.1	1.24
越南	33.17	0.99	2.2	0.41
菲律宾	29.97	1.1	3.1	0.36
缅甸	67.66	0.54	0.7	0.12
柬埔寨	18.1	0.17	0.22	0.18
老挝	23.69	0.073	0.17	0.26
文莱	0.577	0.0044	0.12	3.87

资料来源：世界银行。

东盟北部国家位于中南半岛，南部国家属海岛型国家，海岸线漫长，缅甸、泰国、马来西亚、新加坡是重要的环印度洋国家。除老挝以外都是海洋国家。其中，印尼拥有约 5.4 万公里的海岸线，菲律宾海岸线为 1.8 万公里，马来西亚的海岸线为 4192 公里，越南的海岸线为 3260 多公里，缅甸海岸线为 3200 公里，泰国海岸线为 2800 多公里，文莱海岸线为 162 公里，柬埔寨海岸线为 460 公里，新加坡海岸线为 193 公里。这些国家重视发展海

· 311 ·

洋经济和海洋产业，各国也相应地重视海洋发展战略与政策的制定与实施，以此推动海洋经济发展和促进海洋产业结构调整。如有"千岛之国"之称的印度尼西亚拥有1.7万多座岛屿，是世界上最大的群岛国家，其60%的人口生活在沿海地区。将发展海洋经济作为国家战略的重要构成。印度尼西亚按照蓝色经济模式，创新和创造性地制定了海洋城市、港口建设和渔业、海洋运输、海洋产业、旅游等业务和投资政策，并建设蓝色经济示范区，进一步整合国家海洋政策和涉海经济活动。[1] 但是，目前东盟还未形成以海洋为载体和纽带的"大港大城"环海经济圈，如参照《世界领先海事之都》航运、港口与物流、海洋科技、金融与法律、城市吸引力与竞争力五大指标体系，除新加坡以外，还没有出现突出东南亚航运中心地位的全球海洋中心城市，与全球范围内已形成的三大海洋经济圈即欧洲海洋经济圈、北美海洋经济圈、亚太海洋经济圈相比还有相当差距。[2]

除了新加坡，东盟国家的基础设施在全球长期处于较低水平，但随着"一带一路"倡议与《东盟互联互通总体规划2025》加快对接，提升了东盟各国的基础设施建设水平；中老铁路、雅万高铁运行开通，为东盟各国带来了实际好处。东盟国家水力资源丰富，但缅甸、柬埔寨、老挝的电力普及率还未超过50%。从通信信息的便利程度看，印度尼西亚、缅甸、老挝、柬埔寨等国家网络普及率还不高，从而影响了数字化进程。

（二）东盟发展水平

1. 东盟国家的区域发展情况

东盟地区是全球重要的新兴经济体集团，也是全球承接产业转移的主要地区，但工业起步晚、体量小，工业体系并不完善。结合2022年东盟十国的人均GDP数值，将东盟国家的经济发展水平划分为三个梯队（表5所

---

① 唐艺：《牵手东盟，共绘"蓝色大海"合作篇章》，中国—东盟博览，2023年5月。
② 胡振宇：《我国海洋城市进化三部曲：从对接世界、对标世界到面向现代化》，综合开发研究院，2023年6月20日。

示）：第一梯队为新加坡、文莱，马来西亚的人均 GDP 都在 1.2 万美元以上，其中新加坡、文莱的人均 GDP 高于中国 1.27 万美元。第二梯队为泰国、印度尼西亚、越南、菲律宾四国，第三梯队主要是老挝、柬埔寨和缅甸，均低于 0.3 万美元。这表明，东盟国家经济发展水平存在巨大差距，特别是老挝、柬埔寨和缅甸发展滞后情况突出，亟须加快发展，跟上东盟其他国家的发展步伐。

表 5　2022 年东盟主要国家按照发展水平划分的三个梯队类型

国家	人均 GDP （万美元）	范围	梯队
新加坡	8.28		
文莱	3.87	1.2 万美元以上	第一梯队
马来西亚	1.24		
泰国	0.71		
印度尼西亚	0.48	0.3 万—1.2 万美元	第二梯队
越南	0.41		
菲律宾	0.36		
老挝	0.26		
柬埔寨	0.18	0.3 万美元以下	第三梯队
缅甸	0.12		

数据来源：人均 GDP 数据来源于世界银行。

2. 东盟产业的转型发展趋势

目前一般认为东盟处于工业化初中期阶段，并积极向产业数字化领域发展。当前东盟国家承载了诸多的多边合作机制，以更丰富的内涵在积极推动和参与"一带一路"倡议、RCEP、CPTPP、DEPA 等协定，越南等积极推动与美西方国家、印度等签署了推进本国本地区的制度型开放的自贸协定。东盟国家不仅发展出口导向的加工制造业，还把高端制造业作为发

展重点，数字经济等领域的现代服务业进程也在加速。越南出台了
《2021—2025 年期间经济结构调整计划的决议》，新加坡出台了《新加坡产
业转型蓝图（ITM）》，柬埔寨政府发布了《2021—2035 年数字经济和数字
社会政策框架》，泰国政府修订《投资促进法案》，东盟也陆续发布了《东
盟数字总体规划 2025》（ADM）、《东盟电子商务协议》、《东盟数据管理框
架》（DMF）和《东盟跨境数据流示范合同条款》（MCCs）等，意在发展
电子产品、半导体、汽车工业、塑料等传统产业的同时，在数字化领域有
所作为。

二、中国和东盟产能合作的趋势

自 2013 年 3 月习近平主席提出"携手建设更为紧密的中国—东盟命运
共同体"倡议以来，与"一带一路"倡议一道，中国—东盟命运共同体建
设已历时 10 年。

（一）双边成为彼此最大的贸易合作伙伴

2009 年开始，中国连续 14 年都是东盟第一大贸易伙伴，2020 年以来，
中国与东盟成为彼此最大的贸易合作伙伴。目前，中国与东盟地区贸易额
占中国与"一带一路"共建国家贸易总额的一半以上，占中国贸易总额的
15. 5%。而据海关总署数据，至 2022 年，中国与东盟贸易总额已达 9753. 4
亿美元。其中，对东盟出口 5672. 9 亿美元，增长 17. 7%；自东盟进口
4080. 5 亿美元，增长 3. 3%。与之相对的是，2022 年，东盟与美国商品贸易
额达 4204 亿美元，增长 15%。美国是东盟第二大贸易伙伴。2022 年，东盟
与欧盟商品贸易额达 2952 亿美元，增长 9. 6%。欧盟是东盟第三大贸易伙
伴。2022 年，东盟与日本贸易额达 2680 亿美元，增长 11. 2%。日本是东盟
的第四大贸易伙伴。2022 年，东盟与韩国商品贸易额达 2228 亿美元，增长
17. 4%。2022 年，东盟与印度贸易额达 1130 亿美元，增长 23. 4%。2022

年，东盟与澳大利亚的贸易额达 1048 亿美元，增长 38.7%。2022 年，东盟与英国贸易额达 584 亿美元，增长 21.4%。2022 年，东盟与加拿大的商品贸易额为 312 亿美元，增长 23.8%。2022 年，根据新西兰的数据，东盟与新西兰贸易额达 168.1 亿美元，增长 37.34%。[①]

具体来看，拉动我国与东盟贸易快速增长的因素有 RCEP 生效带来的贸易创造效应，以及基础设施互联互通持续推进。2022 年，我国与东盟通过铁路运输的货物中，经过中老铁路运输的比重跃升到 44.7%，对中国与东盟之间以铁路运输方式进出口增长的贡献率超过 60%。[②]

从 2022 年中国与东盟地区贸易的产品类型看，进口集中在电机、机械、钢铁及钢铁制品、织物、塑料等类别，第一梯队新加坡、文莱、马来西亚从中国进口电机、机械、家具、塑料、钢铁制品、车辆及零附件、矿物燃料以及织物类等，对中国出口以工业制成品和燃料油、成品油等石油产品等能源资源为主；第二梯队为泰国、印度尼西亚、越南、菲律宾四国从中国进口电机、机械类等工业制成品，对中国出口能源、橡胶、纺织等具有比较优势的产品；第三梯队主要是老挝、柬埔寨和缅甸主要从中国进口锅炉机器及机械零件、车辆及其零件、钢铁及钢铁制品、工程机械、摩托车、塑料及塑料制品、家电、农机、服装、肥料等制成品和日常消费用品，中国从这些国家主要进口热带水果、橡胶、大米等农产品。中国与东盟地区的双边贸易特征，体现出各国不同的发展水平，也对应了各国各地区的比较优势，如越南和柬埔寨在针织品方面的优势体现出丰富的人口红利，泰国、马来西亚、越南等对中国出口水果也体现出其显著的农产品发展优势。

---

① 许宁宁：《中国与邻居东盟地区经贸关系如何？》，东盟商机网，2023 年 11 月 13 日。
② 赵艳艳：《海关总署：东盟继续保持我国第一大贸易伙伴地位》，光明网，2023 年 1 月 13 日，https://economy.gmw.cn/2023-01/13/content_36301640.htm。

表6　2020年以来东盟国家与中国的进出口产品类型

国家	中国出口的主要产品	向中国出口的主要产品
新加坡	矿物燃料、电机、电气设备、锅炉、机器、机械器具及零件、钢铁制品、家具、特殊交易品级未分类商品	机电产品、矿物燃料、有机化学品、塑料及其制品
文莱	矿物燃料、锅炉机械零部件、电机电汽车设备、钢铁制品、家具、塑料、针织服装、车辆及其零件、铝、玩具、游戏品和运动用品	燃料油、成品油等石油产品、矿物燃料
马来西亚	电机、电汽车设备、锅炉、机器、机械器具及零件、家具等家居产品、塑料及其制品、钢铁制品、车辆及其零部件、服装	电子电器、石油产品、液化天然气、机械设备、棕榈油
泰国	电动机械及配件、锅炉等机械设备、钢铁、车辆及设备、塑料制品、家用电器、电脑、化工品、日常用品	木薯、热带水果、橡胶、大米、化工品，木材、油料、大米、砂糖等
印尼	电机、电器设备及零件、锅炉机械设备、钢铁、塑料及其制品、车辆及其零件附件、塑料制品、家具、服装、陶瓷等	石油、天然气、煤炭和金属矿产
菲律宾	钢铁、电机电气设备及其零件、矿物燃料、陶瓷、塑料制品、钢铁、玩具、家具家居制品、纺织品	电子产品、矿物燃料、润滑油、运输设备、机械设备、化工品
越南	电机电气设备及零部件、锅炉机器及机械零件、非针织服装、有机化学、钢铁、针织服装、化学纤维	电子、棉花、矿物燃料、机械、纺织品
老挝	锅炉机器及机械零件、车辆及其零件、钢铁及钢铁制品、工程机械、摩托车、塑料及塑料制品、家电、农机、服装、肥料、建材、日用百货	矿产品、木制品、天然橡胶、谷物
柬埔寨	电机电气设备及其零件、针织、棉花、机电产品及运输车辆、金属与非金属矿物制品、钢铁及其制品、铝及其制品、烟草及制品、食品、纸品、医药品、陶瓷产品等	木材及木制品、针织服装、橡胶、谷物、电子产品

续 表

国家	中国出口的主要产品	向中国出口的主要产品
缅甸	电机电气设备及其零件、化学纤维长丝及类似品、针织服装、钢铁及其钢铁制品、肥料、陶瓷制品、塑料及其制品、车辆及其零件、电子	木制品、珍珠宝石、橡胶、矿物燃料、矿石类

资料来源：根据世界银行网站和其他公开统计数据整理。

同时，2019—2023 年中国对东盟出口额排名前六的为越南、马来西亚、新加坡、泰国、印度尼西亚、菲律宾，而这一规模随着中国—东盟自贸区建设的不断升级而上升。中国已连续多年是越南第一大贸易伙伴、第一大进口市场和第二大出口市场，越南是中国在东盟的最大贸易伙伴。中国连续 14 年成为马来西亚最大贸易伙伴。截至 2022 年，中国已成为新加坡第一大货物贸易伙伴、第一大出口市场和第一大进口来源地，同时也是第三大服务贸易国。自 2013 年以来，中国连续 9 年成为新加坡最大贸易伙伴。中国是泰国最大贸易伙伴和农产品最大出口市场，中国连续 10 年成为印尼最大的贸易伙伴。中国已连续七年成为菲律宾第一大贸易伙伴，随着 RCEP 和中国—东盟自贸区红利持续释放，双边将进一步推进区域经济一体化，实现合作共赢。[①]

（二）中国和东盟资金互联互通现状

1. 东盟对华直接投资

东盟，也是中国重要的外资来源地。据中国商务部统计，2021 年中国对东盟全行业直接投资达 197.3 亿美元，东盟对华实际投资金额为 105.8 亿美元，新加坡、泰国、马来西亚是东盟对中国投资的前三大来源国。

东盟对中国的投资始于改革开放，主要是来自新加坡、马来西亚、印

---

① 《2023 年我国出口东盟六强市场概况及优势品类盘点》（下），运去哪，2023 年 6 月 16 日。

度尼西亚、泰国、菲律宾华商企业。如1993年以来新加坡先后投资了"苏州工业园项目"，"新加坡工业城"等。随着我国西部陆海国际大通道、澜沧江—湄公河合作，以及中老铁路等的开通运营，加上云南、广西等省区的边境贸易和跨境合作传统基础，以及2019年，国务院批复的《西部陆海新通道总体规划》，"一带一路"和长江经济带将充分在西部地区交汇，加快"重庆铁路港—广西北部湾港—新加坡港"陆海联运的新路线的"通道+贸易+产业+文旅"融合发展，更多的东盟投资者也将目光投向西部省份。

2. 中国企业对东盟国家直接投资重点领域

近年来，随着RCEP有关投资政策落实，也促进了中国对东盟十国直接投资存量较快增长。2022年，中国保持着东盟第三大外国直接投资（FDI）来源国的地位。截至2023年7月，中国同东盟国家累计双向投资额超过3800亿美元。2022年，中国是越南、马来西亚、泰国、印尼、新加坡、菲律宾、柬埔寨、缅甸的第一大贸易伙伴，是老挝第二大贸易伙伴和文莱的前三大贸易伙伴。与之对应的是，2022年，中国是马来西亚、老挝、柬埔寨、泰国、文莱第一大投资来源国，是缅甸和印尼的第二大投资来源国，是菲律宾第三大协议外资来源国，是越南第六大投资来源国。[①]

与之对应的是据东盟统计，2022年，美国在东盟投资（FDI）365亿美元，增长3.1%。美国是东盟最大的外国直接投资来源国。2022年，加拿大在东盟投资307.3亿美元，增长13.4%。2022年，日本在东盟投资270亿美元，增长27.7%。2022年，欧盟在东盟投资240亿美元。2022年，据东盟统计，中国在东盟投资287亿美元。2022年，韩国在东盟投资127亿美元，增长25.5%。2022年，根据澳大利亚统计，澳大利亚在东盟投资197亿美元，增长4.86%。2022年，印度在东盟投资6.81亿美元。2022年，根据新西兰统计，新西兰在东盟投资5148万美元，增长1.84%。[②]

从中国和东盟的投资互联互通看，中国对东盟已经形成了稳定的规模，

---

① 许宁宁：《中国与邻居东盟地区经贸关系如何？》，东盟商机网，2023年11月13日。
② 许宁宁：《中国与邻居东盟地区经贸关系如何？》，东盟商机网，2023年11月13日。

通过产业转移、商贸作为载体扩大了与东盟的合作，但在金融、技术、物流、电商等领域还有拓展的空间，此外东盟对中国的投资也有待提升。

（三）中国和东盟产业合作的重点领域

1. 东盟与中国开展产能合作的重点领域

当前中国—东盟自由贸易区 3.0 版谈判正在迅速推进中，清洁能源领域的《东盟蓝色经济框架》《东盟能源合作行动计划》（APAEC 2016—2025），数字经济领域的《东盟领导人关于制定东盟数字经济框架协议宣言》《东盟数字经济框架协议》，基础设施领域的《东盟互联互通总体规划2025》《东盟交通战略规划 2016—2025》《中国—东盟关于深化农业合作联合声明》都将不断落实，驱动中国和东盟农业资源、水资源、矿产资源深度挖掘发展。

具体看，如表 7 所示，中国与东盟国家产能合作的重点领域包括交通基础设施和经济合作园区建设等。目前中国以合资或独资的方式与老挝建设运营了中老铁路和云南建投投资建设的万象赛色塔综合开发区，赛色塔开发区先后被写入《中老联合声明》《中老联合公报》《中老命运共同体行动计划》《关于进一步深化中老命运共同体建设的联合声明》等两党两国领导人签署的双边合作文件，中老双方签署《中国共产党和老挝人民革命党关于构建中老命运共同体行动计划（2024—2028 年）》。[①] 柬埔寨第一条高速公路柬埔寨金港高速公路由中国路桥工程有限责任公司投资运营，印度尼西亚和东南亚第一条高速铁路雅万高铁，作为中印尼共建"一带一路"的旗舰项目，实现了中国高铁首次全系统、全要素、全产业链在海外落地。

---

① 苏粲，梁羽雁：《万象赛色塔综合开发区：切实融入中老命运共同体 打造境外经贸合作区的旗舰园区》，云南建投集团，2023 年 11 月 6 日。

表 7　中国与东盟国家开展产能合作的产业

国家	主导产业
新加坡	石油、天然气、金融、钢铁、制造业、港口、铁路、农林渔业
文莱	渔业、石油
马来西亚	园区、基础设施、港口
泰国	纺织、能源、农业
印尼	高铁、农业、工业园区
菲律宾	农业、纺织
越南	园区、纺织、基础设施、农业、能源
老挝	农林业、工业、基础设施、经济合作区
柬埔寨	道路交通、电力、信息通信、港口、航空、工业园区、农林业
缅甸	基础设施、电力、农业

2. 境外合作园区合作

截至 2023 年，中国和东盟有了近 10 个境外经贸合作园区。中国—东盟在共建"一带一路"和推进国际产能合作的愿景下，在 2023 年 11 月 24 日发布的《坚定不移推进共建"一带一路"高质量发展走深走实的愿景与行动——共建"一带一路"未来十年发展展望》的指导下，协同澜沧江—湄公河合作各类合作框架，将加快传统互联互通和健康、绿色、数字、创新等新领域合作，其中境外经贸合作园区成为中国和东盟开展以上合作的重要载体。

当前中国—东盟共建的园区成为中国和东盟面向东盟其他国家乃至全球招商的重要品牌，为区域经贸合作增添动力。如以"走出去、引进来"合作项目中印尼"两国双园"项目为例，中印尼 2021 年 1 月签署"两国双园"项目合作备忘录，中方确定福州市福清元洪投资区为中方合作园区，印尼方采取一园多区模式，确定民丹工业园、阿维尔那工业园和巴塘工业园为印尼方合作园区。自备忘录签署以来，中印尼产能合作项目综合物流体系启动建设、远洋渔获上岸点实现常态化运营等。新加坡最早在中国苏州和天津设立了境外合作园区并成为海外投资经典案例，中国和马来西亚之间的中马钦州产业园区、马中关丹产业园已稳定运营并走向成熟。泰中罗永工业园区是中泰合作的标杆。柬埔寨西哈努克港经济特区是中柬建交65周年与携手开启建设高质量、高水平、高标准中柬命运共同体的新时代的标志工程。由福建发挥华人华侨优势建设的中菲"两国双园"项目是双边产业结构演进、经贸格局调整与本地经贸发展契合点所在，是2018年中国和菲律宾开展《中菲工业园区合作规划》的进一步落实。越南龙江工业园区和中国·越南（深圳—海防）经济贸易合作区是中越两国沿海省区合作的成功案例。老挝中老铁路和万象塞色塔综合开发区为云南走出去提供了重要渠道和平台，缅甸密支那经济开发区和缅甸曼德勒缪达经济贸易合作区也在稳步推进，将加快中缅之间的务实合作。

（四）产能合作机制不断完善

中国—东盟十国区域合作覆盖着诸多的合作机制。这些涉及多层次、覆盖多领域的区域、次区域合作机制，有效增加东盟多数国家参与全球化的机遇和能力。1990年开始，围绕湄公河流域陆续启动了大湄公河次区域经济合作、湄公河委员会、东盟—湄公河流域开发合作等机制框架，2014年11月在中国—东盟"10+1"框架下又构建澜沧江—湄公河合作机制，中国东盟产能合作机制日益丰富。目前1992年由亚洲开发银行启动的大湄公河次区域合作机制已经较为成熟，澜沧江—湄公河合作机制也陆续出台了《澜沧江—湄公河合作首次领导人会议三亚宣言》和《澜沧江—湄公河国家产能合作联合声明》《澜沧江—湄公河合作第三次领导人会议关于澜湄合作与"国际陆海贸易新通道"对接合作的共同主席声明》，发表了《关于在澜沧江—湄公河合作框架下深化海关贸易安全和通关便利化合作的联合声明》，不断推动中国—东盟自贸区建设进程。在2021年11月22日召开的中国—东盟建立对话关系 30 周年纪念峰会上，习近平主席指出以构建中国—东盟命运共同体为导向，共建和平家园、安宁家园、繁荣家园、美丽家园、友好家园的"五大家园"的表述，成为构建更为紧密的中国—东盟命运共同体的实践路径与建设内容，赋予构建"持久和平、普遍安全、共同繁荣、开放包容、清洁美丽"的人类共同"家园"的目标与内涵。[①] 2023 年 6 月 2日，《区域全面经济伙伴关系协定》（RCEP）对菲律宾正式生效，标志着RCEP 对包括东盟 10 国在内的 15 个签署国全面生效，表明构建中国—东盟命运共同体倡议在机制和实践层面取得了诸多进展。

另外，中国与东盟各个国家的合作机制也在不断发展。自《第三届"一带一路"国际合作高峰论坛主席声明》发布以来，《中华人民共和国政府和越南社会主义共和国联合新闻公报》《中泰关于构建更为稳定、更加繁荣、更可持续命运共同体的联合声明》《中华人民共和国和柬埔寨王国关于构建新时代中柬命运共同体的联合声明》加快落地，2023 年 10 月以来中老发布了《中国共产党和老挝人民革命党关于构建中老命运共同体行动计划（2024—2028 年）》，中泰发布了《中华人民共和国政府和泰王国政府联合新闻公报》，2023 年 11 月 24 日中国推进"一带一路"建设工作领导小组办公室发布了《坚定不移推进共建"一带一路"高质量发展走深走实的愿景与行动——共建"一带一路"未来十年发展展望》，都为中国—东盟国际产能合作增添了动力。同时，随着 2021 年 11 月 2 日 6 个东盟成员国和中国等4 个非东盟成员国参与的 RCEP 于 2022 年 1 月 1 日开始生效，与东盟最靠近的中国西南省区市，如云南省、广西以及四川、重庆、贵州等纷纷出台了支持 RCEP 的政策和行动，将加大制造业、农业、林业、渔业、采矿业的产能合作。

---

① 卢光盛：《中国—东盟命运共同体构建与区域秩序重塑》，载《当代世界》，2023 年第 6 期。

（五）产能合作的金融支撑不断完善

中国和东盟双边经贸的发展，在投资、货币金融和区域金融领域取得了显著成果。根据中华人民共和国商务部、国家统计局、国家外汇管理局联合发布的《2021年度中国对外直接投资统计公报》指出，2021年中国境内投资者在"一带一路"共建国家设立境外企业超过1.1万家，涉及18个行业大类，从国别看主要流向新加坡、越南、泰国、马来西亚、印度尼西亚、老挝，即中国大陆对东盟10国的投资达197.3亿美元，占对亚洲投资的15.4%，占对中国香港以外亚洲投资的73%；2021年末，新加坡、越南、泰国、马来西亚、印度尼西亚、老挝高居中国境外投资存量的亚洲区榜首。72家东盟金融机构获得合格境外投资者（QFII）资格。[①] 其中，租赁和商务服务的金融合作主要对象国为新加坡，批发零售业的金融合作主要对象国为马来西亚。

随着中国和东盟双边经贸关系深入发展，中国推进与东盟金融合作已经具备了较为充分的政策支持和资金储备。亚洲基础设施投资银行、金砖国家新开发银行、丝路基金等金融平台建立，深化了"10+3"（东盟+中日韩）框架下的区域金融合作。中国中央政府、华东和华南地区省区市等多个层面设立的"一带一路"相关专项资金正在发挥效应，滇桂沿边金融改革试验区建设稳步向前，跨境电商加持的跨境金融支付服务业务有所突破，东盟和西部省区银行也正积极推动城市商业银行、货币兑换互联互通。

随着中国和东盟双边经贸关系深入发展，金融合作具备了更深厚的基础，中国与东盟的金融合作是亚洲金融合作的重要组成部分。《区域全面经济伙伴关系协定》（RCEP）是目前中国金融业对外开放程度最高的自贸协

---

① 商务部、国家统计局、国家外汇管理局：《2021年度中国对外直接投资统计公报》，中华人民共和国商务部，2022年11月7日，http://www.mofcom.gov.cn/article/syxwfb/202211/20221103365310.shtml.

定，这为中国与东盟金融合作带来更大空间和新的机遇。[1] 根据《2022 年人民币在东盟国家使用报告》，2021 年中国—东盟跨境人民币结算量 4.8 万亿元，同比增长 16%。货币合作方面，中国与新加坡、马来西亚、印度尼西亚、泰国、老挝签署双边本币互换协议并进行续签，人民币离岸市场在马来西亚、泰国、印度尼西亚、菲律宾不断发展，中国与新加坡签署《关于加强数字经济合作的谅解备忘录》《关于促进绿色发展合作的谅解备忘录》将有力推动中新数字货币领域不断发展。[2]

（六）中国和东盟在数字经济领域的交流与合作

当前全球数字化、智能化经济加快发展，中国与东盟国家在积极推进数字经济国际合作、推动信息网络互通和信息资源共享等，以期推动数字时代的产能合作。东盟正处于数字经济高速发展的爆发期，中国作为全球数字经济世界第二大国，与东盟在数字经济多个领域有广阔的合作空间。中国在新型数字基础设施建设、数字技术创新和产业培育、数据要素培育和制度创新等方面持续发力，算力规模、万人 5G 基站数、工业互联网平台数、人工智能和区块链企业数等诸多方面建树颇丰，已建成北京国际大数据交易所、全球首个高级别自动驾驶示范区和智能网联汽车政策先行区，《北京市推进共建"一带一路"高质量发展行动计划（2021—2025 年）》的数字丝绸之路已发布。2013 年阿里巴巴就开始布局东盟电商，2020 年中国企业在东盟投资的项目数量和资本规模创出了新的纪录，投资的领域集中在金融科技、零售和业务自动化。[3]

---

① 杨盼盼，徐奇渊：《四大机遇与四项措施，挖掘中国—东盟金融合作新潜能》，《中国日报》中国观察智库，2023 年 5 月 12 日。
② 赵晶：《中国与东盟金融合作新路径》，中国外资 FIC，2023 年 11 月 24 日。
③ 蔡荣，刘世禹：《数字经济：中国—东盟经贸合作的新蓝海》，北大汇丰智库，2022 年 4 月 15 日。

三、中国与东盟产能合作的趋势和建议

中国和东盟在经贸、产能和合作机制等加持下，中国—东盟命运共同体建设和"一带一路"倡议将相互协同，加快中国和东盟互联互通。

（一）"一带一路"倡议和中国—东盟"10+1"框架协同发展

2023年是"一带一路"倡议提出十周年，也是中国—东盟命运共同体倡议提出十周年。共建"一带一路"成为深受东盟接纳和认可的国际公共产品和国际合作平台，"一带一路"倡议和共建中国—东盟命运共同体倡议有着共同的基础和特征。当前中国与东盟在政策沟通、设施联通、贸易畅通、资金融通、民心相通取得了相当成就，并在能源、生态、健康、绿色、数字等领域持续挖掘新增长点，协同推进基础设施"硬联通"、规则标准"软联通"、共建各国人民"心联通"。这也是表明过去已经成功落实2015年"一带一路"建设工作领导小组办公室发布的《标准联通"一带一路"行动计划（2015—2017）》中指出的全面深化与合作国家和地区在标准化方面的双多边务实合作和互联互通……更好地支撑服务我国"走出去"。[①]

随着2022年1月1日RCEP在各缔约国陆续生效并持续释放红利，叠加"一带一路"倡议和中国—东盟"10+1"框架合作效应，将进一步利好RCEP区域内的新兴经济体。中国在已有的18个国际自贸协定的基础上积极参与区域经济合作，将赋予中国—中南半岛经济走廊、孟中印缅经济走廊、中老经济走廊、中缅经济走廊、澜沧江—湄公河合作机制等"一带一路"倡议更加丰富的内涵。[②]

---

① "一带一路"建设工作领导小组办公室：《标准联通"一带一路"行动计划（2015—2017）》，http://www.ndrc.gov.cn/gzdt/201510/t20151022_755473.html，2015-10-22.

② 赵弘，游霭琼，杨维凤，王德利：《区域蓝皮书：中国区域经济发展报告（2022—2023）》，社会科学文献出版社2023年版。

（二）推动中国—东盟国际产能合作的建议

总体看，中国和东盟未来发展都充满活力，政策沟通、设施联通、贸易畅通、资金融通、民心相通以及新领域合作都将有很大的发展空间。

1. 加快构建中国—东盟命运共同体

一是聚焦多边深入推进合作。中国—东盟要始终坚持以构建中国—东盟命运共同体为目标，共建和平家园、安宁家园、繁荣家园、美丽家园、友好家园的"五大美好家园"，实现中国—东盟持久和平、普遍安全、共同繁荣、开放包容、清洁美丽。参照 2023 年 11 月 24 日中国推进"一带一路"建设工作领导小组办公室发布的《坚定不移推进共建"一带一路"高质量发展走深走实的愿景与行动——共建"一带一路"未来十年发展展望》，中国和东盟要一同借助联合国教科文组织合作平台，加大在世界遗产保护、民族文化多样性保护等领域持续与教科文组织合作举办地方特色的论坛，如云南可与老挝合作举办的"中老铁路"青年创意论坛，云南可走入东盟举办关于世界遗产保护经验推广的遗产论坛等。此外，发挥地缘优势，云南和广西可继续与教科文组织合作开展东盟丝绸之路青年学者和青年科学家资助计划，以双边、三方和多边合作机制等各类创新的合作平台为支撑，打造多样化、地方性强的复合型国际合作架构。

二是构建多层次、宽领域、区域性、可持续的政府间对接机制。加强与东盟在湄公河流域保护、海洋开发、气候变化、绿色增长、性别平等、打击恐怖主义等一系列全球性问题上达成可持续合作发展目标，巩固充实发展战略对接、规划对接、机制对接、市场对接、项目对接的整体合作框架。尽快推进实施"中国—中南半岛经济走廊"沿线以及中国与湄公河流域国家客货运输便利化，优化中国边境省份和东盟国家之间出入境管理制度和措施，在凭祥、东兴、瑞丽、磨憨等开展边境口岸往来取得突破性进展，持续增进合作共识。

三是深入推进规则标准对接。当前随着 RCEP 等的落地实施，做好高标准对接国际经贸规则的建设迫在眉睫。特别是中国的未来将持续加大全球化进程，要持续开展高标准对接国际规则的工作。当前国际资本更加注重产业链和供应链的安全性、完整性，部分跨国企业在疫情暴发后加快调整产业链布局，使其更加多元化、区域化、市场化。要积极对接、采用具有普遍共识的国际规则与标准，加强与国际标准化组织、国际电工委员会、国际电信联盟等权威性国际标准组织的战略对接合作，联合国际标准组织成员，稳步扩大规则、规制、管理、标准等制度型开放，使国际资本和跨国产业能够更具安全感，构建面向全球的高标准自由贸易区网络，也使我方能够深度参与全球产业分工和合作，维护多元稳定的国际经济格局和经贸关系。

2. 做优印度洋通道推动与全球南方国家共同发展

要加快设施联通，持续做优面向印度洋通道建设，为促进与全球南方国家的实质性合作提供条件。我国建设面向印度洋的开放通道，从发挥的功能看，南亚东南亚从来都是一个整体，因此新疆、西藏、云南、广西要协同扩大面向南亚东南亚的合作，为做优印度洋通道打好基础。在"孟中印缅经济走廊""中国—中南半岛经济走廊"、中越通道、中老铁路、中老泰通道建设的基础上，对接西部国际陆海大通道建设，贯通沿海、沿边地区与长三角地区、珠三角地区、粤港澳大湾区的往来，加大在中南半岛和缅甸方向建设大通道合作力度，发展由公路、铁路、航空、高铁、管道、网络等多式联运构建的"中国—东盟经济带""中国—东盟数字丝路经济带"或"中国—东盟丝路城市带"，努力找寻与上合组织、金砖国家组织、"一带一路"峰会等，以及中国—中亚峰会、中国—阿拉伯峰会、中国—非洲峰会等的合作交流切入点，为进一步扩大与非洲、中东等全球南方国家共同发展创造更好的条件。

3. 讲好中国故事，塑造良好国际环境

新时期实施"一带一路"倡议，要特别重视为讲好中国故事营造良好

国际环境。要作好面向东南亚的国际传播能力建设规划，设计增强国家文化软实力项目，扭转中国在东盟国家中陈旧的刻板印象，"讲好中国故事、传播好中国声音"，加强民心相通，营造良好的中国—东盟命运共同体建设的舆论环境。特别要设计一批面向东盟友邦展示积极健康的国家形象，讲述能代表中国精神、中国风格、中国形象、中国传统的好故事、新故事，通过传播新时期中国风貌和人类命运共同体理念来帮助东盟以及美西方世界认识中国、了解中国，向外部世界展示一个清晰、完整、客观、真实的中国形象。

要结合《共建"一带一路"：构建人类命运共同体的重大实践》，以及中国东盟几十年合作的宝贵经验，尤其要做好关于中国—东盟共同体建设在经贸、生态、扶贫等领域成就的传播工作，展示中国民主法治繁荣进步的现代国家形象和共建人类命运共同体的美好愿景。其次，在叙述角度方面，要用一种外部世界可以理解、可以明白的方式进行沟通。要有中国和东盟双边源于历史和文化的宏大叙事，更要有个体表达。要改变中国对东盟以及澜沧江—湄公河流域传播中的新闻报道主角多为国家领导人等"大人物"的局面，重视个体表达的主流话语以产生亲近感。同时，要根据东盟及澜沧江—湄公河流域受众感兴趣的中国题材，从一元话语的"大而全"，转向多元语态的"小而美"，体现接地气的小微展现，讲述双边合作的民族故事、国家土地、风土人情，提升故事性和趣味性。借助新媒体技术的发展，要多使用个性化语言，特别是传播携手构建人类命运共同体理念，多使用日常生活中常用的语言吸引受众。如讲好鲁班工坊、"光明行"、菌草技术、杂交水稻、青蒿素等一批"小而美""接地气"民生项目走入群众和社区的故事。

此外，要推动各类国内外媒体合作建设对外传播渠道和平台。如可借鉴云南德宏传媒集团建立的国内唯一一份有刊号并公开发行的《胞波（缅文）》报，填补国内对缅宣传长期以来没有专业缅文报的空白的经验，搭建面向东南亚国家的传播平台。除此之外，要利用好多种媒体渠道来讲好中国故事、开展对外传播，对社会敏感问题进行及时回应，避免负面影响扩散，维护好国家形象和各国人民间的友谊。

［和瑞芳，云南省社会科学院、中国（昆明）南亚东南亚研究院东南亚研究所副研究员］

美国"印太战略"对中越关系的影响

李　丹

自冷战结束、美国"不战而胜"之后，美国就开始了战略重心东移的进程。然而，美国对亚洲的关注总是被一些重大事件所中断，如亚洲金融危机、反恐战争等。尤其是过去 10 年，美国全力关注反恐，卷入伊拉克和阿富汗两场战争中，对亚洲是口头重视，实际上行动缓慢。2013 年 11 月，在谈及亚洲时，美国国务卿希拉里·克林顿声称"美国回来了！"明确表示美国将比过去更加重视亚太地区，尤其是军事方面的投入，美国今后的战略重点将向亚洲转移①。风云际会间，因美国政府换届、政策喜好和战略重点的变换，奥巴马政府上台后提出"亚太再平衡"战略，美国开始调整其全球战略重心。特朗普政府上台后则推出"印太战略"，既与"亚太再平衡"战略一脉相承，又在战略的设计、执行和影响方面存在微妙而重要的差别。美国将亚太或印太地区作为其全球战略重心的态势没有改变，但其地区战略始终具有一个深刻的内在矛盾，即美国区域战略与美国对华战略之间的矛盾，而中国与周边国家关系则是决定美国区域战略成效的主要变量。中国对此要保持战略自信，认清美国落实区域战略的有限性，妥善处理与周边国家的分歧，尽可能降低美国"印太战略"对中国造成的负面影响②。

---

① 《美国"重返亚太"战略的背后》，人民网（引用日期 2013-04-18）。

② 达巍、王鑫：《从"亚太"到"印太"：美国外交战略的延续与变异》，载《当代世界》2020 年第 9 期。

从最初奥巴马政府时期的"重返亚太"和"亚太再平衡"到特朗普和拜登政府时期的"印太战略",是美国亚洲轴心战略的一个重要调整。印太和亚太虽仅一字之别,但其指代的空间秩序大异其趣,在"亚太战略"中,中国是亚太的龙头,而在"印太战略"中,东盟是印太的中心;"亚太战略"包含的地域为:东亚+东南亚+大洋洲;"印太战略"包含的地域为:印度洋+太平洋+亚洲;较以往加强了印度洋在整个地区的重要性。近代以来,欧洲—大西洋秩序强加于太平洋的殖民秩序在 20 世纪的剧烈革命和战争中崩溃和瓦解,基于列强争霸需要而"设计"出来的印太空间或者太平洋秩序的观念和方案惯性依旧,是亚太秩序生成和演变的时空背景。亚太区域秩序是全球空间、区域互动、大国政治以及国家身份等要素的嵌套与叠加。在全球化之下,亚太秩序有可能超越和克服欧洲—大西洋秩序的零和博弈的逻辑,在互联互通的网络中生成新的基于合作导向的共同身份,构建容纳各方的包容性合作场域,为大国的战略竞合提供新"边疆"①。对于美国来说,这个政策主要的对象依旧是中国,是对现在亚太情况的"恰当的"应对。"亚太"是用日本、菲律宾等来牵制中国,"印太战略"将印度作为整个战略的重要支点,为此美国近来不断对其进行拉拢。首先,从价值观和安全利益方面提升美印关系。蒂勒森强调两国是拥有共同民主价值观的"天然盟友",声称印度的安全关切也是美国的安全关切,并建立与传统盟友级别相当的"2+2"对话机制。"印太"战略将美日澳印四国集团作为整个战略的主要架构。四国集团的构想最早由日本前首相安倍晋三提出,并且得到了美国和澳大利亚的某种积极回应。此外,印度邀请日本、澳大利亚以参与者、观察员身份重返美印"马拉巴尔"演习也被视为对此做出的试探。一旦四国集团打造成型,将形成以日本为东部支点、以印度为西部支点、以澳大利亚为南部支点、以美国为主导的菱形安全合作架构,推行以援助和军事为推力的经济、政治和安全等领域的大国竞争和博弈政

①　孙兴杰:《印太还是亚太?——空间演化、地缘重组与区域秩序未来》,载《亚太安全与海洋研究》2022 年第 5 期。

策。在美国不断加大、加深与中国战略竞争的历史时期，评估美国"印太战略"的效果和约束条件，有利于准确把握中美关系牵引的印太发展格局、中国经济和外交等的发展态势。

面对印太地区的复杂局势和威胁，各国都希望能在该地区发挥自己的影响力，并维护自己的利益。因此，印太地区的重要性日益凸显，各国都在积极调整自己的战略，以适应变化和发展的需要。在此背景下，中越关系也面临着更大的挑战和机遇。作为印太地区的重要国家，中越两国关系将对整个地区的格局产生重大影响。因此，分析美国"印太战略"对中越关系和中国周边外交关系的影响具有显见价值。

一、美国"印太战略"的缘起和演进

随着中国和印度等国的崛起以及亚太地区的经济发展，亚太地区逐渐成为全球格局中的关键地区。美国意识到，其在该地区的利益和地位受到挑战，因此需要采取相应的战略来保护和扩大其在该地区的利益。

（一）奥巴马政府的"亚太再平衡战略"

近年来，亚太地区成为国际关系中的热点地区。首先，亚太地区拥有丰富的资源和巨大的经济潜力，吸引了全球各国的关注。许多国家都将亚太地区作为推动自己经济发展的关键区域，并积极参与亚太地区的经济合作和贸易活动。其次，亚太地区存在许多重要的地缘政治和安全问题。朝鲜半岛核问题、南海争端等热点问题不断引发关注，该地区的稳定与和平成为国际社会共同关切的问题。此外，它还是世界上最大的军事力量集中地之一，拥有多个国家的军事基地和军力部署，地缘政治竞争激烈。在美国内经济发展面临低增长和产业结构转型的背景下，亚太地区成为美国拓展市场和寻求新的经济增长动力的重要战略选择。国内政治层面也存在推动美国"重返亚太"战略的需求，因为亚太地区的政策表态和行动亦将影响美国的内政和对外政策，从而符合美国政治家和政党的选举和政治利益。2011 年 11 月 17 日，美国前总统奥巴马在澳大利亚议会发表演讲，宣布美国将加大军事存在力度，将海军和海空军的部署从欧洲转移到亚太地区。这一重大战略调整被称为"重返亚太"战略，旨在重新调整美国的军事力量分布，提升对亚太地区的影响力。美国政治经济发展的需要成为推动这一战略实施的重要因素之一，它源于其对国家利益的追求。作为世界上最大的经济体和唯一的超级大国，美国希望通过加强对亚太地区的关系来巩固其全球主导地位。而亚太地区拥有潜力巨大的市场和丰富的资源，对美国的经济增长和能源安全具有重要意义。于是，美国政府需要制定战略以确保自身在亚太地区的利益得到最大程度地保护和提升。这种需要还体现在地区平衡和竞争力的维护上。随着中国崛起和亚太地区的经济一体化进程加快，美国面临来自中国和其他地区大国的竞争挑战。为了确保自身在地区中的地位不受动摇，并保持对相关地区安全和稳定的掌控力，美国需要通过加强与亚太国家的经济合作和政治交往，扩大自身的影响力和利益。

美国"重返亚太"战略是为了实现所谓的"亚太再平衡"。这一战略，涉及政治、经济、军事、外交、文化等多个方面。纵观其战略内容与布热津斯基欧亚地缘战略 内容大同小异，目标内容更具体化，具有一定的关联性，更像布热津斯基地缘战略 理论的现实探索。在政治外交方面，奥巴马执政期间致力于巩固深化与东亚同盟国日、韩、菲、澳、泰的军事同盟，同时也缓和了与敌对国越南、老挝的关系；经济上意图重新制定全球贸易规则，积极开展亚洲贸易业务，加入并试图主导"泛太平洋战略经济伙伴关系协议"谈判；军事方面巩固在亚太地区的军事实力，从中东和西欧调配军力部署到亚太地区，同时在太平洋部署航母舰队、驻军等，完成在亚太地区的军事调整。此外，奥巴马政府还介入东海和南海争端，大力支持争端中与中国的敌对国，频频进行军事活动演练，以达到展示威严和遏制中国的目的；文化上，舆论霸权主导价值观输出，加大对亚太地区的文化渗透。

（二）特朗普政府和拜登政府的"印太战略"

"印太战略"起初是由奥巴马政府提出的设想。特朗普政府时期则开始正式提出并实施"印太战略"。2017 年 11 月，时任美国总统特朗普在越南岘港出席亚太经合组织会议时正式宣布美国"自由、开放的'印太战略'"。

"印太战略"强调美国作为一个太平洋国家，要在印太地区发挥关键性主导作用；将俄罗斯、朝鲜、伊朗和跨国挑战列为次要威胁，把中国看作是主要威胁；强化同盟伙伴关系，巩固增强实施"印太战略"的基本力量，搭建以美国为主导，日澳为支点，联合韩、新、菲、泰等同盟国，把重心放在印度的力量体系；加大印太地区经贸合作，促进美国自身经济发展，确保美国经济利益；凸显军事前沿存在，共建防御网络，保持军事优势，增强与东南亚伙伴国家的军事合作，满足台湾和印度的防务需求。美国企图通过实施"印太战略"加强联盟伙伴关系，将印度培养为遏制中国发展的重要棋子，从东西两方共同钳制中国前进步伐，以确保美国的霸权地位不受威胁。

拜登总统上台后，尽管在执政理念和风格上与特朗普不同，但他在很大程度上延续了"印太战略"。2022 年 2 月，拜登政府颁布《印太战略报告》，其内容主要是美国主导，以联盟和伙伴关系、经济军事合作为基础，以日澳为支点，在印度等重点地区构建更大范围的地缘战略，以达到遏制中国发展的目的。《印太战略报告》进一步明确美国在印太地区的愿景、战略目标和政策举措，体现出美国两届政府对印太地区的重视。

"印太战略"继承与发展了"亚太再平衡战略"，其根本性质和内容与布热津斯基欧亚地缘战略思想一脉相承，其主要目标和核心内容都是面向亚欧大陆，实施离岸制衡，以遏制中国发展，达到防止中国威胁到美国的霸主地位的目的。

二、"印太战略"形成前后的中美越关系

（一）美国"印太战略"对中越双边关系的影响

进入 21 世纪以来，中越两国在经济、文化和人民交流等方面的合作不断加强。2008 年，两国建立了全面战略合作伙伴关系，进一步加深了双方的合作。

美国"印太战略"的出现，使中越关系面临新的挑战。美国的战略调整意味着美国在亚太地区的军事存在将进一步加强，这可能对中越关系产生一定的影响。一方面，美国的军事存在可能使越南感到安全，因为美国可以提供安全保障，并帮助越南应对与中国的领土争端。另一方面，越南也需要权衡与中国和美国的关系，避免陷入中美之间的对立之中。

美国自 20 世纪以来一直对越南保持着一种复杂而不稳定的关系。在越南战争期间，美国曾与越南保持着军事和政治合作关系，但在 1975 年越南统一后，两国关系迅速恶化。美国对越南实施了经济封锁和外交孤立政策，对越南持有敌对立场。然而在 20 世纪 90 年代，随着冷战结束和国际环境的变化，美国开始调整对越南的政策。1995 年，美国和越南建立了外交关系，1998 年更是签署了双边贸易协定。这标志着美国重返越南的开始。美国对越南进行了一系列的援助和合作项目，包括经济援助、人道援助和安全合作等。与此同时，美国对越南的政策调整还表现在战略层面。美国开始重视越南的战略地位，并尝试将越南纳入自己的亚太战略中。越南作为一个快速发展的经济体，在地区事务中发挥着越来越重要的作用。美国希望通过与越南的合作，扩大自己在亚太地区的利益和影响力。尽管美国和越南的关系逐渐改善，但仍存在着一些问题和挑战。首先，越南与美国在意识形态和人权问题上存在分歧，这限制了两国关系的发展。此外，越南也担心过多依赖美国可能会引起中国的不满和干预。"印太战略"实施前的美越关系经历了从敌对到合作的转变。美国对越南的政策调整和合作意愿为两

国关系的改善和发展提供了新的契机。但不容忽视，两国关系仍面临着一些挑战，需要双方共同努力解决。

总的来说，美国的"印太战略"对中越关系产生了重要影响。中越两国需要通过加强沟通与合作，以平衡与中美两大国的关系，并推动中越关系的友好发展，这对于维护地区的和平稳定、促进地区合作具有重要意义。

（二）"印太战略"背景下的中美越三方关系调整

美国"印太战略"的实施使得中美越三方关系变得更加复杂和敏感。作为美国"印太战略"中的重要一环，中美越三方之间的关系不仅与美越关系和中美关系密切相关，同时也受到亚太地区整体战略环境的影响，中美越三方关系的演变和特点值得关注。首先，中美越三方关系的复杂程度增加了。美国对越南的关注度上升，既是因为越南在地区战略上的重要地位，也是因为美国将越南视其为在亚洲地区的合作伙伴。这就使得中美越三方关系中的角色和利益之间的平衡变得更加复杂。其次，中美越三方关系的敏感性增强了。美国对越南政策的调整和东盟国家的积极参与使得中美越三方关系的地位和作用得到了凸显，而此时的中美关系又正处于相对紧张的背景下。这使得中美越三方关系的发展和变化受到了更多的关注和解读。

1. 美国与越南的相互借重

美国与越南在亚太地区的相互借重是美国亚太战略对中越关系产生影响的重要方面。首先，美国将越南作为其在亚太地区的重要合作伙伴，借助越南的地缘优势和经济潜力，加强了自身在该地区的影响力。美国通过与越南的合作，进一步巩固了其在亚太地区的地位，并借此来平衡中国在该地区的影响力。通过与越南的经济贸易合作和军事合作，美国加强了对越南的支持，为其发展提供了一定的政治和经济支持。

其次，越南也借助与美国的合作来提升自身的实力并平衡大国间的关系。越南意识到与中国周边国家的关系复杂而敏感，为了确保自身国家利

益的安全和稳定，越南选择与美国保持密切的合作与联系。越南积极响应
美国的亚太战略，并通过与美国的合作来提升自身的国际地位和话语权，
以便在东南亚地区发挥更重要的作用。此外，越南在与美国的合作中也获
取到了一定的经济和军事援助，为国家的发展提供了一定的资源和支持。

双方的相互尊重促进了美越关系的良好发展。美国与越南的合作推动
了双方在政治、经济和军事等领域的互利合作。双方通过加强政治文化外
交，扩大经济贸易合作，加强军事安全合作等方式，不断增进了彼此之间
的互信与合作。美国的亚太战略，尤其是对越南的支持和合作，提供了美
越关系发展的有力保障，为两国关系的友好发展创造了良好的外部环境。

然而，美国与越南的相互尊重也存在着一些制约因素。首先，由于历
史上的战争和意识形态分歧，美越关系仍存在一定的矛盾和隐忧。此外，
美国"印太战略"的性质决定了其对越南政策的制约因素。因此，在美越
关系发展的过程中，双方需要解决这些问题，以确保关系的稳定和发展。

2. 美国对越南加强政治文化外交

美国"印太战略"对美越关系影响的一个显著方面就是美国加强了对
越南的政治文化外交。在"印太战略"的框架下，美国将越南视为亚太地
区的重要伙伴，致力于发展双边政治和文化交流。美国通过加强与越南的
高层互动、外交对话和频繁的文化交流活动，旨在增进双方的互信和合作。

美国通过高层互动加强了与越南的政治交往。美国高级官员和越南领
导人在过去几年中进行了多次的高层访问和会晤，这有助于双方就共同关
心的问题进行深入交流和合作。例如，美国前总统奥巴马于 2016 年对越南
进行了历史性访问，这是美国自 1975 年战争结束以来首次访问越南的总
统，这一访问进一步凸显了美越关系的重要性以及美国对越南的重视程度。

美国通过外交对话加强了与越南的合作。美国与越南之间建立了双边
对话机制，包括政治、经济、安全和人权等领域的对话。这些对话机制为
双方提供了一个平台，可以就共同关切的问题进行深入讨论和协商。例如，
美越两国就南海争议、经济合作和安全合作等问题进行了多轮对话，共同

寻求解决途径和加强合作。

美国通过频繁的文化交流活动加强了与越南的民间交往。美国积极推动文化交流项目，派遣公民外交团访问越南，举办文化活动和展览，增进两国民众之间的了解和友谊。这些文化交流活动不仅有助于促进两国人民之间的相互了解和友好感情，也有助于加深双方在政治、经济和安全领域的合作。

需要注意的是，美国加强对越南的政治文化外交不仅体现了美国对越南的重视，也反映了美国"印太战略"的目标之一，即增进与亚太地区国家的合作与理解。通过加强政治和文化交流，美国试图与越南建立更加紧密的关系，并通过这种关系加强对亚太地区的影响力。尤其是 2023 年 9 月 10 日，现任美国总统拜登在结束二十国集团（G20）新德里峰会后飞抵越南，和越共中央总书记阮富仲会面，双方签订一项协议将两国外交关系提升至"全面战略伙伴关系"。这是越南最高的外交关系层级，和越南与中国、俄罗斯、印度及韩国的外交关系处于同一等级。全面战略伙伴关系不仅有助于促进双方关系的发展，也体现了美国在亚太地区的战略调整和影响力的扩大。

3. 美国对越经济贸易政策

美国对越经济贸易政策旨在加强与越南的经济合作，打造更加紧密的经济伙伴关系。首先，美国鼓励本国企业与越南展开双边贸易，扩大贸易规模。美国认识到越南具有丰富的劳动力资源和潜在的市场需求，因此积极推动双边贸易的发展。其次，美国鼓励美资企业在越南投资设厂，增加直接投资。美国企业在越南的投资具有多重意义，既可以享受越南廉价劳动力的优势，又可以通过设立生产基地进一步拓展市场。第三，美国加强与越南的经济合作，共同推动双边贸易的自由化和便利化。美国积极推动与越南签署贸易协定，为双边贸易提供更多便利条件。最后，美国在促进越南经济发展的过程中，也给予相应的援助和支持。美国通过经济援助和技术转让等方式，帮助越南提升产业能力和技术水平，促进经济结构的升级和转型。

4. 美国对越军事防务政策

美国对越军事防务政策是美国亚太战略中的重要组成部分。在"印太战略"下，美国对越南的军事防务政策发生了明显的调整和增强。首先，美国加大了对越南的军事援助和合作。为了提高越南的军事能力，美国在军事装备、训练和军事合作等方面向越南提供了更多的支持。例如，美国向越南提供了多批次的军事装备援助，包括军舰、飞机和军事技术支持。此外，美国还与越南进行了多次联合军事演习，以提高两国军事合作的水平。

另一方面，美国通过与越南的军事合作来加强在南海地区的存在和影响力。南海地区是一个重要的地缘政治区域，涉及各国的利益和安全，尤其是中国和越南之间的争议。在南海争端中，美国通过加强与越南的军事合作，支持越南在南海地区的主权主张，并试图通过加强与越南的军事合作来平衡中国的影响力。与此同时，美国还加强了与越南的军事交流与对话。通过定期的高级别军事交流和对话机制，美国和越南就共同关心的地区和国际安全问题进行了深入的交流和沟通。这种军事交流和对话有助于增进相互之间的互信和理解，加强两国在军事安全领域的合作与协调。

总体而言，美国对越军事防务政策的加强和调整使中越关系面临更多的不确定性和风险，同时也对中国的战略利益和地区格局产生了一定的影响。

5. 受美越关系影响的中越关系

美国"印太战略"的实施对中越关系产生了多方面的复杂影响。

在政治关系领域，一方面，美越关系的稳定发展为中越关系提供了更好的环境。美国通过与越南的政治交流与合作，帮助越南加强了自身的国际地位和影响力。在此过程中，越南受益于美国的支持和帮助，同时也积极寻求同中国保持良好关系。因此，美越关系的稳定发展为中越关系的友好发展打下了良好基础。另一方面，美越关系的紧密程度也对中越关系产生了一定的制约。美国在加强与越南的军事合作和安全领域中发挥了重要作用，这一举措引发了中国的关注。中国对美越军事合作感到不满，担心其可能威胁到中国的周边安全。因此，中国在与越南发展关系时也需要考虑与美国的关系，并在保持与越南友好的前提下避免与美国产生直接冲突。

在经济合作领域，美国对越经济贸易政策的实施对中越关系产生了一定的影响。首先，美国的经济援助和技术转让促进了越南经济的快速发展，提升了越南在地区内的影响力和话语权。其次，美国企业在越南的投资和设立生产基地，推动了中越经贸合作的深化和扩大。随着美国在越南市场的逐渐增加，中越两国的经济交往也日益密切，促进了贸易伙伴关系的进一步巩固。然而，美国对越经济贸易政策也存在一定的制约因素。首先，美国对越贸易存在一定的不平衡，美国对越南出口的产品多为高附加值和技术含量较高的产品，而越南对美国的出口则主要是劳动密集型产品。这导致了中越贸易的不平衡和不对称。其次，美国对越投资也存在一定的风险和挑战。在越南的投资环境中，存在政策不稳定、法律不完善、市场准入限制等问题，这给美国企业的投资带来了一定的不确定性。

总体而言，美国对越经济贸易政策对中越关系产生了积极影响，推动了双边经贸合作的深化和扩大。然而，也存在一些问题和挑战，需要中越双方共同努力克服。中越双方应加强合作，进一步优化贸易结构，增加双边贸易的平衡性。同时，中越两国还应加强经济合作的政策协调和沟通，在投资和贸易政策上达成共识，为双边经贸合作提供更加稳定和可靠的政策环境。只有通过共同努力，中越关系才能更加稳定和持久地发展。

在军事安全领域，美国对越军事防务政策的加强和调整对中越关系产生了影响。这使得中越关系面临更多的不确定性和风险。美国对越南加强军事援助和合作，可能会使越南对美国产生更多的安全依赖，从而加剧了中国的战略忧虑。其次，美国对越军事防务政策的调整也可能导致中国在南海地区的地缘政治、经济和军事利益受到影响。美国在南海地区的存在和加强与越南的军事合作，对中国的海洋权益构成了损害和严峻挑战。

总体来说,"印太战略"背景下的中美越三方关系在中美关系和美越关系的相互影响下呈现出复杂和敏感的特点。这不仅体现了中美越三方关系的复杂性和多维性,也反映了中美越三方关系的互动和相互制约。在美国重返亚太战略背景下,中美越三方关系的演变和特点将成为亚太地区局势中的重要因素,对中越关系和中美关系带来重要的影响和挑战。

三、美国"印太战略"的实施对中越关系的影响

在美国实施"印太战略"的背景下,其对中国构建周边外交关系产生了一定的影响。首先,美国的"印太战略"使中国感到被围堵的压力加大,迫使中国在与周边国家的外交关系中更加谨慎。中国面临着来自美国及其盟友的战略压力,需要更加注重与周边国家的友好合作,以防范来自美国的战略威胁。另一方面,美国的"印太战略"对中国构建周边外交关系的影响还表现在加强了周边国家与美国之间的合作,削弱了中国在周边地区的影响力。美国借助其全球影响力和经济实力,积极推动与周边国家的经济合作和安全合作,加强了与这些国家的联系和互动。这对中国来说,将使其在周边国家中的地位和影响受到挑战。与此同时,美国通过"印太战略"加强与周边国家的合作,在一些问题上与中国产生对立。美国借助"印太战略"推动与周边国家的关系,特别是在南海地区的争议上,与中国存在利益冲突。美国通过与周边国家的合作,制约了中国在南海问题上的行动,并对中国构建周边外交关系产生了一定的负面影响。通过加大战略压力、削弱中国在周边地区的影响力、在一些热点问题上制造矛盾和冲突等,美国的"印太战略"对中国与周边国家外交关系带来了一定的制约和挑战。因此,中国需谨慎应对,通过加强与周边国家的合作,突破来自美国的战略压力,推动构建和谐稳定的周边外交关系。

(一) 中美竞争,越南处于更加灵活的均势空间

在美国"印太战略"的背景下,中美竞争的格局也对越南产生了直接

的影响。越南处于中美之间的地缘位置和重要区域地位，使其成为中美竞争的关键节点。在这个竞争性的环境中，越南借助其更加灵活的均势空间，不断寻求自身利益的最大化。越南通过与中国和美国双方保持密切联系，既在一定程度上平衡了两个大国之间的关系，又为自身发展争取了更多的空间。越南积极寻求与中国的合作，并充分利用中国的市场和投资机会，加强了两国在经济、贸易和投资等领域的合作。越南也与美国合作，在军事和安全领域进行密切合作，以确保自身的安全和稳定。这种双向合作的策略使越南能够在中美之间保持平衡，并从两个大国中共同获益。越南在意识形态上更加靠近中国，这也是其寻求均势空间的重要策略之一。尽管越南也与美国在一些领域存在合作，但越南与中国在政治制度和社会模式上更加相似，更加认同中国的发展道路。在中美竞争的压力下，越南更倾向于与中国保持良好的政治关系，并加强经济领域的合作。这种对中国的倾向也间接影响了越南与美国的关系，使其在美国的战略中扮演了相对较次要的角色。

（二）越南借助东盟发挥更大的作用

东盟作为一个地区性的组织，旨在加强东南亚国家之间的合作和统一，为各国提供了重要的协商和合作机制。越南作为东盟成员国之一，通过积极参与和推动东盟事务，并发挥自身作为中坚力量的优势，使自身在地区事务中发挥更大的作用。这种主动参与和自身影响力的提升，使越南在中美竞争中能够更好地保护自身利益，并为自身的发展争取更多的机会。

越南作为东盟的成员国，在美国"印太战略"中通过加强与东盟的合作，借助东盟平台发挥更大的作用。首先，在政治层面，越南积极推动东盟一体化进程，加强与东盟的政治对话和合作，提升自身在东盟内部的影响力。越南参与东盟外交安全机制的构建，积极参与东盟地区论坛（ARF）和东亚峰会等对话平台，通过这些渠道倡导和推动地区稳定与合作。此外，越南还参与东盟共同体建设，通过加强与东盟成员国之间的合作与协商，提升越南在东盟决策机制中的话语权。

其次，在经济层面，越南积极响应区域经济合作倡议，致力于加强与国际社会的合作和互动。首先，在印太地区各个经济合作机制中，越南积极参与并争取更多利益以推动自身的经济发展。例如，越南积极参与东盟的经济合作，加入东盟自由贸易区和东盟经济共同体，推动区域内的经济体化和贸易自由化。通过与东盟成员国之间的贸易和投资合作，越南可以获得更多的经济利益，并增强自身的经济实力。此外，越南还积极参与区域性经济合作倡议，如《跨太平洋伙伴关系协定》（TPP）和《区域全面经济伙伴关系协定》（RCEP）等。越南通过开放投资环境，制定了一系列吸引外国投资的政策措施，包括通过与国际企业合作、引进先进技术和管理经验来提升国内产业水平等。不断改善自身的出口环境，通过降低关税和贸易壁垒，吸引更多外资和外国企业进入越南市场，并加强与其他国家的贸易往来，扩大出口规模和范围；并积极寻求国际援助和贷款，通过与世界银行、亚洲开发银行等机构的合作，获取资金支持和技术援助，促进经济建设和发展；与其他国家加强双边合作，通过签署经济合作协议和推进经济项目，实现互利共赢的目标。

最后，在安全层面，越南积极参与东盟地区安全合作，与东盟成员国共同应对地区安全挑战。越南作为东盟的一员，积极参与东盟对外事务，包括反恐怖主义、海上安全、非传统安全等领域的合作，借助与东盟成员国的合作共同维护地区的和平与稳定。

（三）美越关系发展走向及全面升级为战略伙伴关系后对中国的影响

美越关系在美国"印太战略"的背景下不断向前发展，并在 2023 年将双边关系提升为全面战略伙伴关系。这一发展趋势对中国形成了一定的影响。在美越关系发展走向方面，美国的支持使得越南在国际舞台上的地位得到提高。美国对越南的政治和经济援助，以及双边和多边军事合作的加强，都促进了两国关系的深入发展。越南在得到美国的支持后，开始在地区事务中发挥更大的作用。这一发展趋势对中国来说，意味着必须面对一个更加自主和有影响力的邻国。

1. 军事上策应美国

在美国"印太战略"背景下，越南采取了一系列军事举措，以应对中国的崛起并通过与美国的合作来增强自身实力。首先，越南加强了与美国的军事合作，包括军事交流、训练和联合军演。通过与美国的军事合作，越南得以借鉴美国军事技术和经验，提升自身军事实力。越南购买了大量的外国武器装备，特别是美国的武器系统。通过引进先进的武器装备，越南不仅提升了自己的军事能力，同时也具备了更强的军事实力来应对中国在南海地区的军事扩张。越南还加强了自身国防建设，提升了军事设施和基础设施的建设水平，增强了军事力量的部署和投射能力。

越南积极参与美国主导的地区军事合作机制，如亚太安全合作、东盟防长会议等。通过这些机制的参与，越南扩大了与其他亚太国家的军事交流和合作，形成了一种共同应对中国的合力。越南也与其他亚太国家加强了军事合作，通过联合军演等方式提高了地区军事态势稳定和战略认知的能力。

军事上策应美国，是越南在美国"印太战略"背景下的一项重要举措。越南通过加强与美国的军事合作，提升了自身的军事实力，增加了对中国的威慑力。与此同时，越南积极参与地区军事合作机制，通过与其他亚太国家的合作，形成了一股共同应对中国的战略合力。这些举措不仅在军事上增强了越南的实力，也为越南在地区事务中发挥更大的作用提供了支撑。越南需综合衡量自身利益和与中国的关系，以求在美国"印太战略"中保持均衡并推动中越关系的友好发展。

2. 美越之间的经济贸易关系得到加强

全面升级战略伙伴关系的建立进一步推动了美越合作的深入。除了政治和安全领域的合作外，美国逐渐成为越南最大的出口市场和投资来源国，进一步提升了美越关系在经济方面的互补性和紧密程度。而中国在对美越经济合作的加强时，则需要更加注重对越南市场的开拓和对越南经济的投资，以充分利用越南的成长潜力。

（三）影响中美越三角关系的其他因素及其前景

1. 制约中美越关系的因素

随着美国"印太战略"的推进，中美越三角关系也面临着许多其他因素的影响，这些因素将会对中美越三角关系带来深远的影响和重要的挑战。首先，地区安全形势的变化将对中美越三角关系产生重要影响。在当前地区复杂多变的安全环境下，中美越三角关系的稳定发展面临着严峻的挑战。例如，南海争端的激化和区域冲突的加剧可能会对中美越三角关系产生不利影响，使其陷入更加紧张的局势。其次，经济因素也在很大程度上决定着中美越三角关系的前景。随着中国经济的快速崛起和对越南经济的密切关注，中国在越南的经济影响力不断增强，与此同时，美国作为越南的重要经济伙伴，也在积极推动与越南的经济合作，这将在一定程度上影响中美越三角关系的走向。此外，政治因素和意识形态差异也在影响着中美越三角关系的发展。中国和越南之间存在着意识形态共鸣，而美国则代表着西方资本主义价值观，这种意识形态差异可能会导致越中美三角关系的紧张和矛盾。最后，地缘政治因素也在一定程度上决定着中美越三角关系的发展。中国是越南最重要的邻国和地缘政治因素，其在越南周边地区的存在和发展对中美越三角关系产生了重要影响。同时，美国作为一个远离亚洲的大国，其在越南和中国的地缘政治上也扮演着重要的角色。在未来，这些因素将继续对中美越三角关系产生重要影响，并对该地区的稳定和发展产生深远的影响。因此，各方应密切关注这些因素的发展和变化，并采取积极的政策措施，架构中美越三角关系的合作框架，共同推动地区的和平与发展。

2. 越南借力美国提升实力及平衡大国关系

借力美国提升实力及平衡大国是越南在美国"印太战略"下的一种应

对策略，越南试图通过与美国的合作来提升自身的实力，并寻求平衡中国的影响。通过与美国的合作，越南可以提升自身的实力，并平衡中国在地区内的影响。在借力美国的过程中，越南也需要谨慎应对各种挑战和制约因素，以确保自身利益的最大化。美国的"印太战略"为越南提供了一个借力的机会，越南可以通过与美国的战略合作来获取更多的资源和支持。首先，在军事方面，越南可以借助美国的军事技术和经验来提升自己的军事实力，以应对来自中国的潜在威胁。美国在军事上的支持使得越南能够加强自己的军事防御能力，增加对南海地区的控制力，并提高自己在南海地区的谈判地位。

在经济方面，美国的"印太战略"为越南提供了更多的经济机会。美国对印太地区经济的重视使得越南成了一个重要的经济合作伙伴。美国投资和技术援助的增加，促进了越南的经济发展，提高了越南的国际竞争力。美国也开放了市场，为越南提供了更多的出口机会和市场准入，使得越南的贸易额得以快速增长。经济的发展和增长为越南增加了实力，使其更具竞争力，并有能力平衡中国在经济上的影响。

在政治方面，有助于平衡中国在地区内的影响力。中国在亚洲地区的崛起已引起了许多国家的关注和担忧。作为一个亚洲邻国，越南特别关注中国的崛起对自身利益的影响。借力美国的"印太战略"，越南能够与美国及其盟友建立更紧密的合作关系，增加自己在地区内的影响力，以应对中国的影响。通过与美国的合作，越南能够平衡中国在政治、经济和安全领域的影响，确保自身的利益得到保护。

在借力美国提升实力及平衡大国的过程中，越南也面临一些挑战和制约因素。首先，越南需要保持与中国的友好关系，因为中国作为越南的邻国，对越南具有重要影响力。越南在借力美国的同时，也需要保持与中国的经济关系，以确保经济发展的稳定性。此外，越南还需要平衡美国对越南的影响，避免过度依赖美国，以免遭受美国政策变化的冲击。

由此可见，美越关系的全面升级对中国周边外交构成了一定的挑战。

美国支持的越南在地区事务中的影响力的提高，可能会对中国的外交政策和影响力产生一定的制约。中国需要通过与越南的良好合作，消除因美越关系发展而对中国产生的不利影响。此外，在美越关系继续升级的背景下，中国还需与越南加强沟通与对话，共同维护地区的和平稳定，实现互利共赢的发展。

四、积极有力应对美国实施"印太战略"对中越关系的冲击

中国对美国"印太战略"的应对策略在对中越关系的影响中发挥着重要作用。首先，中国可以采取均势战略来平衡美国的影响力。面对美国在亚太地区的重返和对越南的密切关系，中国可以通过加强自身在亚太地区的经济和军事实力，以及与其他周边国家的合作和联盟，来维持地区的均势。通过巩固自身地位和影响力，中国可以有效地抵制美国的影响，保护自身的利益。

（一）清醒认识中国在印太区域不可或缺的重要地位

中国的经济和军事实力对印太地区的和平和稳定起着至关重要的作用。中国的崛起使其成为美国"印太战略"的主要挑战者和竞争对手。在"印太战略"背景下，中国需要认识到自身的重要性，并在地区事务中发挥积极的作用。

其次，中国在印太地区的强大影响力也使其成为美国"印太战略"中不可忽视的因素。中国在区域经济合作、地区安全事务和军事合作等方面都发挥着重要作用。美国在实施"印太战略"时，必须与中国进行合作和对话，以确保地区稳定和安全。

此外，中国在印太地区的地理位置和海上权益也使其具有一定的影响力。中国拥有延伸至南海和东海的辽阔海域，其中存在与周边国家的海上争端。美国"印太战略"也涉及对南海和东海的关注和介入。因此，中国

在处理南海和东海争端时，必须与美国和其他国家进行良好的沟通和协调，以避免地区紧张局势的升级。

（二）美国"印太战略"对于越南的战略意义

美国的"印太战略"为越南提供了一个重要的外部机遇。美国的政策使得美国对印太地区的重视程度增加，这对于越南来说是利好消息。越南可以借助美国的力量来提升自身在地区事务中的话语权和影响力。通过与美国建立更加紧密的关系，越南可以获得更多的经济、军事和政治支持，从而增加自身的实力和稳定性。

"印太战略"对越南来说具有重要的战略意义。它为越南提供了机遇和平台来提升自身实力和影响力，参与地区事务并与美国紧密合作。它也为越南在应对中国的影响时提供了一定的支持和平衡手段。因此，美国的"印太战略"对于中越关系的发展和演变具有重要影响。

（三）美国对越政策的制约因素

美国对越政策的制约因素主要包括中国因素、国内政治因素、越南的内外因素和国际环境等多个方面。美国在制定对越政策时需要综合考虑这些因素，并寻找平衡点，以确保自身利益和地区稳定。美国对越政策的制约因素主要包括以下几个方面。

中国因素是制约美国对越南政策的重要因素之一。中国在越南周边地区具有较强的影响力和利益，与越南有较密切的经济、军事和外交联系。美国对越南的政策调整往往会引起中国的关注和反应，中国往往会通过各种手段来制约美国对越南的影响力扩张。因此，美国在制定对越政策时需要考虑中国因素，以避免与中国发生冲突和对抗。

美国国内政治因素也是制约美国对越政策的因素之一。美国政府在制定对越南政策时，需要考虑国内政治动态和利益相关者的关切。一方面，美国国内存在对越南的意识形态分歧和不同观点，其中一些人认为越南政权对外的所谓"人权"和"民主"记录不佳，不应过度支持越南。另一方面，美国军工和商业集团也有自己的利益诉求，可能会对美对越政策产生影响。因此，美国政府在对越政策的制定中需要权衡各种政治因素。

国际环境和其他国家的态度也会制约美国对越政策的发展。在当前国际格局下，东南亚地区的形势复杂多变，充满不确定性。美国在制定对越政策时需要考虑周边国家的态度和利益，以避免与其他国家发生冲突和对抗。此外，美国在对越南政策制定中还需要考虑其他大国对越南的支持和影响力，以避免在地区关系中陷入被动和失去主动权。因此，国际环境和其他国家的态度是制约美国对越政策的重要因素之一。

越南对美国政策的反应是中美关系中的重要因素。在美国"印太战略"的背景下，越南对美国的政策反应不仅体现了其对外政策的调整，也影响了中越关系的发展。越南的内外因素也对美国对越政策产生制约。越南作为一个主权国家，有自己对外政策的考量和利益追求。根据越南的国内政治和经济状况，越南政府可能会对美国的政策调整作出积极或消极的反应。越南和美国之间的历史和文化差异也可能导致双方在政策制定上存在分歧和摩擦。因此，美国在制定对越政策时需要充分考虑越南的内外因素，并与越南政府保持密切的沟通和协调。首先，越南对美国政策的反应表现出积极的态度。面对美国的"印太战略"，越南积极回应，并借力美国提升自身实力，以平衡大国的影响。越南意识到美国的重要性，并寻求通过与美国合作来推动自身的战略目标。其次，越南积极参与区域经济合作，特别是与美国的经济合作。越南将其与美国的经济合作视为"印太战略"的重要组成部分，通过加强与美国的经济联系来推动自身经济发展。此举不仅有助于提升越南的国际地位，还为越南获取经济利益提供了机会。此外，越南还通过积极支持美国在地区安全事务中的举措，特别是在南海问题上，加强对美国的合作。通过与美国的军事合作，越南希望能够借此来制衡中国，保护自身的利益。然而，越南对美国政策的反应也受到一定的制约因素。首先，越南与美国存在战争阴影，这使得越南对美国的合作存在一定的疑虑和顾虑。此外，越南与美国在意识形态上存在分歧，这也是制约双方合作的一个因素。

综上而言，中国可以通过均势战略、意识形态上的共同点和地区一体化的积极参与来应对美国"印太战略"对中越关系的影响。通过这些应对策略，可以维护中国自身的利益，保护地区的稳定。中国意识到自身在地区事务中的重要性后，可持续积极参与地区合作和对话，以促进印太地区的和平与稳定。同时，可通过加强与美国和其他国家的合作和沟通，处理好地区争端和矛盾，以维护自身利益和地区安全。中国和越南在意识形态上存在着共同点，中国可以通过加强政治上的互信，强化两国的共同利益，加深双方的合作。与此同时，中国还可以通过积极参与地区一体化进程来化解美国"印太战略"的挑战。中国积极参与东盟的合作机制，加深与东盟国家的经济、政治和安全合作，文化交流互鉴，提升自身在地区一体化进程中的地位和影响力。通过与东盟的合作，中国可以在地区内部形成强大的合作网络，有效对冲美国的影响。

［李　丹，云南省社会科学院、中国（昆明）南亚东南亚研究院越南研究所副所长、助理研究员］

参考文献

［1］孙洪刚．中国构建周边命运共同体进程中的美国因素研究［D］．辽宁大学，2019

［2］向进（导师：雷建锋）．美国重返亚太背景下的中越关系［D/OL］．北京：外交学院，2019-05-27．

［3］高程，王莎莎．特朗普政府战略部署调整及对中国周边形势的影响［J］．战略决策研究，2020．

［4］晋军．步入新阶段的美国亚太再平衡战略：新规划、新特点、新进展［J］．东南亚纵横，2015．

［5］屈光隆（导师：汪诗明）．建交后越美关系研究 KHUAT QUANG LONG［D/OL］．上海华东师范大学，2019-05-23．

［6］王梦. 2009 年后越南的大国平衡外交研究［D］. 南京大学，2018

［7］吴凡. 美国—东盟海上执法安全合作的动力与困境［J］. 现代国际关系，2022.

［8］庚润清. 危机管理视角下的美国南海政策研究［D］. 深圳大学，2018.

［9］王森. 越南与亚太主要大国的“伙伴关系”构建［J］. 南亚东南亚研究，2023.

［10］庞卫东. 美国智库的南海研究及政策影响评估——以战略与国际研究中心为例［J］. 亚太安全与海洋研究，2023.

［11］C Bo，W Pei，W Liu. Prospect Analysis of the United States' Crude Oil Exports to the Asia-Pacific Region［D］. China Oil & Gas，2018.

［12］张小庆. 美国亚太地区“离岸平衡”战略研究［D］. 外交学院，2019.

［13］王栋. 国际关系中的对冲行为研究——以亚太国家为例［J］. 世界经济与政治，2018.

［14］胡霄汉. 简析中越关系正常化后影响越南对华战略的因素［D］. 中国社会科学院研究生院，2018.

［15］王森. 美国南海政策与海上安全战略关系演变的历史研究［J］. 战略决策研究，2018.

［16］何丽君. 小国外交战略选择研究［D］. 华中师范大学政治与国际关系学院，2018.

［17］杨慧，刘昌明. 美国视域中的“印太”：从概念到战略——基于对美国主流智库观点的分析［J］. 外交评论（外交学院学报），2019.

［18］郭琰. “亚太再平衡”战略及 TPP 对中美经贸关系的影响［J］. 中州大学学报，2019.

［19］陈柏岑. 美国亚太战略中的小多边问题研究［J］. 边界与海洋研究，2021.

［20］高程，王莎莎. 特朗普政府战略部署调整及对中国周边形势的影响［J］. 战略决策研究，2020.

［21］凌胜利. 双重困境与动态平衡——中美亚太主导权竞争与美国亚太盟国的战略选择［J］. 世界经济与政治，2018.

越南工业化、现代化新动向分析

孙梦笛

20世纪，现代化大潮席卷全球，在发展的浪潮中，各国对于现代化发展的定义和选择路径不尽相同，越南选择了推进工业化、现代化的建设道路。经过70多年发展，越共十三大公开承认未达成2020年工业化、现代化目标，在总结经验教训后出台了首个专项决议，明确了工业化、现代化的内涵和发展目标，尽管存在若干挑战，越南工业化、现代化正朝着"突破"和"赶超"的目标迈进。

一、越南工业化、现代化现状

越共对工业化、现代化的理论认识从错误转向务实，更加重视本国的国情，认识到工业化、现代化对越南发展具有重大意义。

（一）发展历程

越南工业化、现代化理论发展经过不断的完善和丰富，工业化、现代化概念最先由工业化衍生而来。20世纪60年代初，越南共产党和越南人民面临推进北部地区社会主义建设、解放南部地区完成国家统一的两大关键任务。尽管当时越南北部属于自给自足的自然经济，农业经济落后，生产力水平低，但摆在越南面前的是一条必须通过同时建设社会主义和战胜美帝国主义侵略战争，避免发展资本主义，坚定朝社会主义进发的道路。在此背景下，越南工业化理论应运而生。

意识到越南向社会主义过渡道路的必然性，越南共产党决心推动国民经济的工业化。胡志明主席指出："我们最重要的任务是建设社会主义的物质和技术基础，使北方逐步走向社会主义，具备现代化工业和农业，有先进的文化和科学"[①]。胡志明主席要求："为了永远过上幸福的生活，必须进行社会主义工业化，必须发展重工业"[②]。1960 年越共三大明确了北部地区的社会主义路线："我国北部地区整个过渡时期的中心任务是社会主义工业化，关键是要优先发展重工业"[③]。其中也明确了北方社会主义建设的具体任务："推动工农结合、以重工业为基础、优先合理发展重工业的同时大力发展农业和轻工业的社会主义现代经济发展。把越南从落后的农业国变成工业和农业现代化国家"。之后每一届大会都将工业化确定为社会主义过渡时期的中心任务，每次大会，越南共产党对工业化的认识都在不断深化，但总体来看并未有太大突破。一直到 1994 年 1 月第七届全国代表大会中期会议上，工业化理论发生了根本性的变化。越共倡导"工业化必须与现代化并驾齐驱"，要以创造更多就业、加快经济增长、进一步改善人民物质和精神生活为既定目标，"推动国家工业化和现代化进程再上新台阶"。至此，越共开始提出工业化和现代化相结合的要求。相应地，对工业化与现代化相联系的目标、内容、范围、路线、主体等形成了新的认识，首次把"工业化、现代化"这个词正式写入文件，将其视为建设越南社会主义的重要内容并延续至今。越共十三大后，首次出台了有关工业化、现代化的专项决议，即"至 2030 年和远景展望至 2045 年继续推进国家工业化、现代化进

---

① 《胡志明全卷》（第 12 卷），河内，国家政治出版社，2011 年，第 673 页。

② 《胡志明全卷》（第 12 卷），河内，国家政治出版社，2011 年，第 604-605 页。

③ Nghị quyết của Đại hội đại biểu toàn quốc lần thứ III của Đảng Lao động Việt Nam về nhiệm vụ và đường lối của Đảng trong giai đoạn mới, 2018, https://tulieuvankien. dangcongsan. vn/ban-chap-hanh-trung-uong-dang/dai-hoi-dang/lan-thu-iii/nghi-quyet-cua-dai-hoi-dai-bieu-toan-quoc-lan-thu-iii-cua-dang-lao-dong-viet-nam-ve-nhiem-vu-va-duong-loi-cua-1458.

程”的第 29-NQ/TW 号决议。该决议对越南工业化、现代化的内涵、发展目标、发展路径等关键内容首次进行了明晰的界定，标志着越南工业化、现代化进入新阶段。

近年来，除了专项决议以外，越南先后出台了约 20 个决议，出台了一系列涉及工业化和现代化各个方面的重要政策和方针。例如 2008 年 8 月 6 日越共第十届中央委员会颁布《关于在推进国家工业化、现代化时期中建设知识分子队伍》的第 27 号决议，2023 年，越共中央总书记阮富仲在越共中央总部主持召开了政治局和书记处会议，对 27 号决议实施 15 年进行总结。[1] 会议肯定第 27 号决议实施 15 年来，越南知识分子队伍数量快速增加，质量不断提高，积极主动参与研究、应用和科学创新，是第四次工业革命和融入国际的先驱力量，对国家建设和捍卫事业作出重要的贡献。但也指出，建设越南知识队伍工作仍存在一些有关法律法规文件，培养、引进和表彰国内外知识分子的政策和机制等方面的不足。知识分子队伍的行业、地区、年龄段分布仍存在不合理之处，没有地区性和国际性的强大和权威科学集体，大型创新课题不多等问题。

（二）客观局限导致未达成目标

2021 年召开的越共十三大在对 2011 年补充发展版的国家建设《纲领》和《2011—2020 年 10 年经济社会发展战略》实施 10 周年、1991 年《纲领》实施 30 周年、革新事业 35 周年进行总体评价时，越南共产党公开承认尽管取得了许多成就，但经济社会发展尚未与国家的潜力和优势相符，仍然存在许多困难和挑战。《2011—2020 年战略》中的一些经济社会发展指标没有达成，同时尚未完成基本建设成为现代化方向的工业国家的目标。[2] 这是越共十三大基于国家实际发展数据和目标数据的差距作出的客观结论，

---

[1] 《越共中央总书记阮富仲主持召开中央政治局会议和书记处会议》，越通社，2023 年 4 月 7 日，https://link.gov.vn/KBlx5Dj6.

[2] 《第十三次全国代表大会文件汇编》，越南真理国家政治出版社，2021 年，第 42 页。

同时总结了上一阶段越南工业化、现代化失败的教训，为务实地制定新的发展目标，调整发展路径奠定了基础。

越南目前面临 6 大困难，制约了工业化、现代化的发展。一是越南经济韧性不强。越南经济属于资本密集型经济，以加工装配为主，经济的自主性受到外国投资和一些大型市场生产活动波动的强烈影响。越南工业生产的大部分机械、设备、零部件和主要原材料需要进口，70%以上机械设备服务于农业，80%的蔬菜和花卉品种以及 60%的玉米品种依赖进口。近年来，国内生产总值（GDP）与国民总收入（GNI）之间的差距日益拉大。2006—2010 年期间，平均 GNI 约为 GDP 的 96.6%、2011—2015 年期间为 95.46%、2016—2020 年期间为 94.13%。二是产业发展不可持续、附加值低、参与区域和全球价值链不深。基础产业、优势产业、先导产业、配套产业发展仍存在诸多局限性，智慧产业发展依然缓慢。重要的服务业比重较小，与制造业联系较弱。数字化转型、数字经济发展、数字社会建设仅取得阶段性成果，与其他国家和既定目标相比还存在较大差距。三是农村农业产业化、现代化成果仍然有限。生产经营组织仍以小农经济为主，不适应现代农业要求；科研、科技应用、创新、人才培养等仍然有限，尚未成为创造发展突破的主要动力；许多植物品种、牲畜和农业材料严重依赖进口。农村农业和服务业发展招商引资面临诸多困难。机械工业发展难以满足农业和农产品加工业的需求，农业机械化不同步，收获后损失率仍然较高。四是城镇化与工业化、现代化联系不紧密、同步性不强。城镇化率的实现低于 2011—2020 年经济社会发展战略目标，与地区和世界平均水平还有较大差距。城镇化质量不高，城市发展以粗放为主，造成土地浪费，经济集中度仍然较低。城市基础设施结构和质量尚未适应人口和经济发展的要求。大城市的环境污染趋于加剧且复杂化。城镇贫困人口和农民工享受公共服务和社会福利的水平仍然较低。五是现代化基础设施同步发展尚未适应工业化、现代化的要求，连接效率和质量不高。地区间工业化、现代化成果仍存在差距。工业化成果在不同人群和地区之间分配不均。实现工业化、现代化的区域联动仍不充分，产业集群模式特别是专业化产业集群尚未形成。六是文化、社会、人文、环境等发展问题还存在许多局限性和不足。特别是减贫成效并不统一，返贫率仍然较高。社会保障制度在覆盖范围上仍存在诸多局限性。文化没有得到经济和政治同等重视，没有真正成为国家可持续发展的内生资源和动力，与工业化、现代化进程脱节。环境污染持续加重，大城市空气质量持续恶化，影响社会经济发展、人民健康和人民生活。[①]

另外，越共《至2030年和远景展望至2045年继续推进国家工业化、现代化进程》的第29-NQ/TW号决议分析了工业化、现代化发展未达到目标的原因主要是越南对工业化、现代化的内涵、理论、模式、目标、标准等还存在许多地方不明确、不贴合实际、主观的现象，党没有关于国家工业化和现代化建设的专题决议，基础产业、优势产业、先导产业发展重点不明确，布局分散，效率低下，导致未能实现既定目标。

（三）工业化、现代化助推越南发展

1. 工业化、现代化取得了亮眼的成绩，为越南发展起到了积极的推动作用

中央经济部部长陈俊英对10年来工业化、现代化进程执行情况进行评估时，将取得的成效概括为9项非常重要的成果。一是工业化和现代化推动经济高速增长，近10年来年均增长6.17%，增长质量得到提高，经济规模快逐增长，使越南成为中等收入的发展中国家。二是经济结构和劳动力结构发生积极变化，到2020年工业和服务业对GDP的贡献率达到72.7%。三是工业结构调整朝着降低采矿业比重、快速提高加工制造业比重的方向

---

① Bài 2: Những hạn chế và nguyên nhân khách quan, chủ quan trong quá trình thực hiện công nghiệp hóa, hiện đại, kinhtetrunguong, 06/12/2022, https://kinhtetrunguong. vn/kinh-te/bai-2-nhung-han-che-va-nguyen-nhan-khach-quan-chu-quan-trong-qua-trinh-thuc-hien-cong-nghiep-hoa-hien-dai-hoa. html.

进行，符合可持续发展的目标。四是农业、农村工业化和现代化促进农业稳定可持续发展，逐步向现代化方向转型。五是服务业强劲发展，向现代化方向发展，服务业对经济增长的贡献率不断提高；形成一批科技含量高的服务业。越南已成为全球最具吸引力的零售市场之一，在全球零售业投资潜力和吸引力的 30 个国家中排名第六。六是城镇化率快速提高，城市空间不断扩大，成为社会经济发展的重要动力。七是技术基础设施、经济社会基础设施体系得到同步化、效率化、质量化的提高，营造发展空间，促进产业和区域化联动，满足国家的工业化和现代化要求。八是在工业化和现代化进程中关注发展文化、社会和人类；人民群众物质和精神生活水平不断得到提高。九是注重资源管理、环境保护和适应气候变化，初步取得积极成效。越南已成为负责任的国际社会成员，努力为国际社会应对气候变化作出积极贡献。[①] 但值得注意的是，越南似乎将社会经济所取得的成绩与工业化、现代化所取得的成绩混为一谈，将越南革新开放以来取得的成绩和数据都当作是推行工业化、现代化后的成果。

2. 工业化、现代化引领越南发展方向

从越南自身发展前景看，经过 35 年多的革新开放，越南国家地位和实力、国际威望、人民信任度日益增强，为推进工业化、现代化创造了重要前提。但越共十三大设定的 2030 年增长目标非常高，平均年增长率高达7%，从目前越南未达到 2020 年建成现代化工业国家的目标、年增长速度在10 年内趋于下降的情况来看，如果单纯依靠旧的增长动力，几乎不可能实现，所以需要寻求新的发展动能。同时，工业化、现代化有利于越南经济独立，建设独立自主的经济对越南具有战略意义。从国际上看，世界上绝大多数国家要成为工业国、发达国家、高收入国家，就必须推进工业化和现代化进程，越南发展条件并不特殊，因此要在 2025 年成为拥有现代工业的发展中国家，到 2030 年成为拥有现代工业和高平均收入的发展中国家，

---

① 《越南力争到 2030 年成为具有现代化工业、中等偏高收入的发展中国家》，越通社，2022 年 12 月 6 日，https://link.gov.vn/G43Lcxb2.

到 2045 年成为发达国家和高收入国家的发展目标，必须继续推进工业化和
现代化。俄乌冲突叠加新冠疫情，为世界带来巨大的不确定性，第四次工
业革命，尤其是数字工业迅猛发展，在诸多领域中取得突破，同时为所有
国家和民族带来机遇和挑战。谷歌公司认为越南的数字经济是东南亚地区
增长最快的数字经济，据越南信息通信部统计，越南数字经济贡献率约占
GDP 的 14.26%。越南在新冠疫情期间经济增长仅为 2%—3% 左右，但"虚
拟"数字经济却增长了 30% 以上。因此越南目前将工业 4.0 被认为是国家
增长的"救世主"。[①] 在科技创新进步的基础上继续推进工业化和现代化是
越南抓住机遇的关键，利用好第四次工业革命的机遇，与世界其他地区相
比，越南在一些领域实现"赶上""并进""超越"有很多机会。快速数字
化转型也有助于加快工业化和现代化进程。[②]

二、越共十三大以来工业化、现代化理论新动向

越共十三大以来，一方面越南对工业化、现代化理论进行了创新，并
体现在大会文件中，另一方面，越南加大研究力度，对于出现的反对意见
进行了严肃的驳斥。

（一）越共十三大文件中的理论认识

越共制定了"两个一百年"发展目标，其中之一便是到 2030 年成为工
业现代化的中等偏上收入的发展中国家。工业化、现代化成为越南到 2030

---

① Chuyển đổi số, "chìa khóa" rút ngắn hành trình công nghiệp hóa, hiện đại hóa, vne-
conomy, 24/06/2023, https://vneconomy.vn/chuyen-doi-so-chia-khoa-rut-ngan-hanh-trinh-
cong-nghiep-hoa-hien-dai-hoa.htm.

② Hội th ảo về công nghiệp hóa, hiện đại hóa trên nền tảng khoa học công nghệmới, baong-
hean, 15/04/2023https://baonghean.vn/hoi-thao-ve-cong-nghiep-hoa-hien-dai-hoa-tren-nen
-tang-khoa-hoc-cong-nghe-moi-post268106.html.

年发展阶段的重要发展内容，因此十三大文件中提出 2021—2030 年期间国家发展方向之一为"确保宏观经济稳定，大力创新增长模式，实现经济结构重组，推进国家工业化现代化，着力建设基础设施和发展城市，统筹农村经济发展与新农村建设，为发展高山地区、少数民族地区农村基础设施优先配置资源，推进基于科技和改革创新的国家数字化转型和数字经济发展，提升国民经济的生产率、质量、效益和竞争力，统筹协调国内和国际市场。"①

越共分析认为应该在科技进步和改革创新的基础上继续大力推动工业化、现代化，具体做法一是要调整、补充、提高越南经济及各行业、领域和地区发展战略、规划、计划的质量，使之符合越南实践情况和世界现代科技发展水平。大力推动先进科技研究、转让、应用、开发和掌握；开发一些在地区和世界享有名声的品牌效应强的主力产品。提高国家科技潜力和人力资源质量，为大力推动国家经济数字化和数字经济发展奠定基础。二是要建设强大的国家工业。对工业进行结构重组，提高科技水平，加强数字化转型，着重发展基础工业，尤其是机械制造工业、辅助工业，提高经济自主性，使之能够深入有效地参与各种全球价值链。优先发展环保的高科技工业。发展结合服务民生的国防安全工业。借助新的先进技术发展仍具有优势的工业产业（农产品加工、纺织业、皮革业等），从而创造出大量工作岗位，生产出口商品，对国家附加值作出重大贡献。更加合理地重新部署各地区的工业分布；提高 高科技区、经济区、工业区的活动效果。提高建筑行业的科技水平，使之在国内外具备竞争力，能为重大而复杂的现代建筑项目进行设计和施工。三是要继续有效落实农业结构重组以及按照生态农业、现代农村和文明农民的方向推动农业和农村经济发展与新农村建设相结合的主张。四是注重发展大宗商品生产和应用高科技的农业；发挥每个区域和地方的潜能与优势。将农业与工业和服务业，生产与储藏、

---

① 《第十三次全国代表大会文件汇编》，越南真理国家政治出版社 2021 年版，第51 页。

加工、销售和建立品牌紧密结合，提高农产品在各种价值链中的价值。鼓励发展以合作社为核心的个体户经济及合作社经济，吸引企业投资、改进国家管理，从而提高农业生产的产量、质量和效果，适应气候变化，确保食品安全。发展农业农村基础设施系统；将农村与城市相连接；继续大力推动新农村建设国家目标计划，建设和提高典型新农村文化生活以及保护生态环境。大力发展以先进科技成果应用为基础的服务业，尤其是附加值高的服务业。着力发展旅游、贸易、通讯、信息技术、运输、物流、技术服务、法律咨询等服务行业。现代化并拓展金融、银行、保险、证券、医疗服务、教育、科技、文化、体育等服务行业。提供符合国际标准的专业、文明和现代化服务。五是落实好海洋经济可持续发展战略，使之与确保国防安全、捍卫海洋岛屿主权、保护海洋资源和环境紧密结合；防范天灾，开展搜救，适应气候变化，提高海 岛地区人民生活水平。做好国家海洋空间规划统一建设和管理的工作，完善海洋和岛屿的综合及专业管理机制。提高海上执法效率和效果，保护国家对海洋和岛屿的主权。大力发展和提高海洋经济及沿海经济区、工业区和城市的活动效果。为海洋经济大力推进人力资源开发，尤其是高质量人力资源的培养工作。加强海洋资源环境研究、科技应用和调研工作；建立海洋岛屿数据库，提高海洋环境监督、海洋和沿海地区 天灾预报及气候变化预测等能力。六是为城市发展和城市经济制定战略、完善体制，并以此作为每个区域和地方的发展动力；加强城市管 理，发展卫星城市，减少过度集中于大城市的趋势。建设类型多样、具有本地区建筑和文化特色的现代文明城市、智慧城市。七是继续大力推动实现与现代工程同步的基础设施体系建设方面的战略性突破。注重对连接国内外经济中心的陆路、铁路、航海和航空交通重点基础设施项目和工程优先投资并尽早投入使用；发展能源基础设施，尤其是可再生能源，确保能源安全，为经济运行和社会需求提供充足稳定的能源保障；按照水资源安全保障和防范天灾的多维目标方向发展水利基础设施；进一步集中各种资源以适应气候变化；同步建设现代城市基础设施，尤其是大城市；在通讯信息技术基础设施发展方面取得突破，建设和链接国家级数据库。制定旨在大力调动和有效利用社会资源的机制，在基础设施建设领域中实现投资形式多样化。八是提高区域规划质量；革新并完善有效的区域管理体制，最大限度地发挥各区域的潜能和优势，加强域内和跨域地方对接。合理合并符合新发展条件和要求的一些乡级和县级行政单位。革新分级、放权、授权机制，使之与划分和提高中央和地方之间的职责相结合。[1]

（二）学界深入研究

越南工业化、现代化政策力度不断加大，越南学界对相关问题的探讨逐渐深入和务实。体现在两个方面：一是研究项目和研究成果数量增多，其中比较典型的有越南国民经济大学主持的国家级重大科研项目《新科学技术和创新基础上的工业化和现代化》（编号 KX04. 19/21-25），并在全国多个省市举办多次研讨会。该项目重点研究 3 个主要内容：一是明确近期越南发展新型科技创新平台的现状以及满足国家的工业化、现代化需求要达到何种水平。二是当今越南在新科学技术和创新基础上的工业化和现代化进程中面临的发展瓶颈及困难和挑战。三是对国家和地方以新科技创新推动工业化、现代化提供对策建议。

二是对工业化、现代化的曲解进行纠偏。武文河指出由于客观因素影响，越南未能完成 2020 年实现工业化、现代化的多项目标，随之而来的是对越南成为工业国家的质疑，以及对越南工业化、现代化政策和措施的批评。虽然表达方式多样，但关于工业化、现代化的错误观点可总结为三类：第一类是因未达目标而对工业化、现代化政策取得的成绩产生怀疑和不信任。武文河强调这种观点故意否认创新过程所取得的总体成就以及工业化、现代化进程所带来的积极成果。这些错误观点利用越南对自身进行的反思、经验的总结以及公开的受到法律严惩的腐败案件，将其归咎于实施目标不

---

① 《第十三次全国代表大会文件汇编》，越南真理国家政治出版社 2021 年版，第 57-60 页。

明的工业化、现代化政策，导致的社会经济危机。事实上越南的工业化、现代化从主要依靠劳动力和土地转向以机器劳动为目标的现代化，在知识经济特别是第四次工业革命发展背景下，越南明确将工业化、现代化进程与知识经济相结合，在后发的条件下，越南有望实现跨越，缩短发展时间。再者说，现代化进程不是直线型的，而是在曲折中前行。在许多国家的现代化实践中，如果过于关注 GDP 增长，就会忽视社会和经济的整体性变革，可持续发展的长期目标就会失败。

第二类是认为越南不应该实行工业化、现代化，而是应该发展商品农业。武文河认为，放弃工业化、现代化转而发展商品农业生产是不恰当的做法，因为没有发达的工业，就不可能成功地发展商品农业生产。要把自给自足的农业生产转变为商品农业生产，对包括社会分工、市场、组织和管理生产的能力、金融、科学等多项基本要素有极高的要求，但问题是这些要素并不会凭空出现，而是必须有相应的生产力作为支撑。因此，如果没有现代机械工具以及制造和操作这些机器的工人和技术，就不可能发展商品农业生产。世界实践表明，商品农业发达的国家如以色列、荷兰等都有非常发达的工业基础，越南在农业发展基础薄弱的前提下，如果不实行工业化、现代化，在越南农村地区和贫困地区，不可能发展商品农业。

第三类是曲解认为越南对工业化、现代化的认识不准确，实施目标不明确且错误的工业化、现代化政策。对于这一观点，学者认为工业化、现代化道路本身不是专为某个国家量身打造的，也不是对他国模仿，而是根据越南的国情特点，结合世界科学成果和技术发展，顺应世界经济变化而形成和构建的。越南历届党代会决议都在逐步补充、完善和日益明确越南工业化、现代化的内涵、发展目标和实施方案。因此，不能说越南工业化、现代化是模糊的、没有目标的。①

---

① Vũ Văn Hà, Phê phán quan điểm sai trái, xuyên tạc về công nghiệp hóa, hiện đại hóa đất nước, tuoitrebinhduong, 4/3/2021, http://m. tuoitrebinhduong. vn/tin-tuc/phe-phan-quan-diem-sai-trai-xuyen-tac-ve-cong-nghiep-hoa-hien-dai-hoa-dat-nuoc-17039. html.

三、越共十三大以来工业化、现代化政策新动向

越共十三大召开后，越南首次出台了工业化、现代化专项决议，该决议提高了工业化、现代化在越南国家发展中的地位，各省市也纷纷按照要求结合自身实际，在中央的指导下，出台了自己的实施方案。

（一）出台专项决议

2022 年 11 月，越南出台了《至 2030 年和远景展望至 2045 年继续推进国家工业化、现代化进程》的第 29－NQ/TW 号决议（下文简称 29 号决议）。这是越南历史上第一个工业化、现代化的专项决议。29 号决议明确了越南工业化、现代化的内涵是经济和社会生活根本性、全面性变革的过程，以科技创新为基础、主要发展工业和服务业是经济社会发展战略的中心任务，建设独立自主、积极进取的经济体系，主动且深度融入国际社会，保持快速可持续发展，成为社会主义定向的高收入发达国家。

重点发展对象是发展制造业和加工业；视数字化转型为缩短工业化、现代化进程的突破性新方法；优先开展农业农村工业化、现代化任务。

决议提出了 2030 年总体目标：越南基本达到工业国家标准，拥有现代工业，平均收入较高；人民生活得到改善。建设具有新型产能、自主性、适应性、韧性的民族工业强国，逐步掌握先导产业和基础产业的核心技术和基础技术。农业向生态方向快速可持续发展。大力应用先进科学技术，服务业在现代数字化技术基础上同步有效重组，不断提升质量、效率和竞争力，形成若干新型高附加值的服务业。具体来说，到 2030 年，GDP 年平均增长率为 7%，人均 GDP 为 7500 美元，人均国民总收入超过 7000 美元。全要素生产率（TFP）对经济增长的贡献率超过 50%，全球创新指数（GII）位居全球前 40 位。农业劳动者占社会劳动力总量的比例低于 20%，接受培训、获得学位、证书的劳动者比例为 35%—40%，劳动年龄人口数

字化基础技能培训率超过 80%。产业竞争力排名东盟前 3，工业占 GDP 比重达到 40% 以上，加工制造业占 GDP 比重达到 30% 左右，高新技术工业产品占加工制造业产值比重达到 45% 以上，人均制造加工业附加值达到 2000 美元以上。服务业占 GDP 比重达到 50% 以上，其中旅游业占 GDP 比重达到 14%—15%。在基础产业、先导产业、支柱产业上形成一批大型跨国工业集团和具有国际竞争力的企业；建设和发展一批具有国际竞争力的国内大型产业集群；拥有多条工业农业价值链。建设自立自强、军民两用、现代国防军工行业。数字经济占 GDP 比重达到 30% 左右。完成数字政府建设，数字经济和电子政务跻身全球前 50 强，在东盟地区排名第三。城镇化率达到 50% 以上。努力实现与东盟领先国家相当的土地、水、矿产资源有效利用、废物再利用和循环利用；环境绩效指数（EPI）达到 55 以上。人类发展指数（HDI）保持在 0.7 以上。到 2045 年越南成为发达的高收入国家，跻身亚洲领先工业化国家行列。

29 号决议提出了 9 项主要任务：一是改革思维定式、深化认识、果断行动，持续推进国家工业化和现代化。二是建立健全促进国家工业化和现代化的制度和政策。三是建设强大、自主、有韧性的民族工业；提高建筑业发展能力。四是加快农业农村工业化和现代化；继续以科技创新为基础调整服务业结构。五是发展适应工业化、现代化要求的科技创新和高素质人力资源。六是发展同步的现代化基础设施；推动城镇化快速可持续发展，紧密对接国家工业化和现代化建设。七是发展多种所有制经济推动工业化和现代化。八是创新金融信贷政策促进国家工业化和现代化快速可持续发展。九是有效管理、利用和节约资源，保护环境，主动适应气候变化；深度有效融入国际市场的同时保护和发展国内市场。

值得注意的是，第三项主要任务的具体发展方案中提出了"越南制造 2045"（MAKE IN VIETNAM 2045）。但未对其进行更为详细的描述和定义。

（二）全国火热推进

29 号决议要求越南各省市抓紧出台自己的工业化、现代化措施。截至到 2023 年 11 月，越南经济较为发达的省市基本已经出台了自己有关于工业化、现代化的政策，甚至部分县市一级也完成了任务。从内容上看，各省市对各自的工业化、现代化发展路径均结合了自身发展实际和特点。在此对较为典型的案例进行分析。

首先，中央政府对每个省市出台政策文件给予了相应的方向指导，督促各省市尽快出台政策文件。例如 2023 年 7 月，越南政府总理范明政同北件省省委常委就该省社会经济发展情况和未来的方向和措施进行工作会谈。总理强调，该省要在充分挖掘森林资源、发展旅游业的基础上，致力实现森林经济发展和工业化现代化建设两大突破口，抓紧完成近期至 2030 年、远期展望至 2050 年远景规划。与国家规划挂钩，重点发展省内、省际、跨区域交通基础设施。加快数字化转型基础设施建设。①

作为九龙江平原的经济火车头，胡志明市率先于 29 号决议出台后的一个月，即 2022 年 12 月发布了《关于胡志明市发展方向和任务的决议》，目标是到 2030 年成为服务型城市现代工业、数字经济和数字社会的引领者，东南亚经济、金融、贸易、科技和文化中心，具有广泛的国际接轨能力；到 2045 年，成为亚洲经济、金融和服务中心，具有全球吸引力、经济文化发展独特、生活质量高的目的地；是与世界主要城市相媲美的发达城区。胡志明市给出了新时期三个发展方案，认为胡志明市的大部分重点产业将由传统产业转向以下三类新兴产业：一类是具有优势的高科技产业，例如，材料机械工程中的新材料、制造业和橡胶塑料工业或电子信息技术工业的软件开发等；第二类是传统产业以应用 4.0 技术为导向进行转化，例如：将数字技术应用于农业以增加产量、降低成本，或者在机械和加工行业应用自动化创造价值；第三类是突破性的新技术产业，助力胡志明市和越南在 4.0 工业革命中处于领先地位，例如：食品领域的纳米技术和基因改造、食

---

① 《越南政府总理范明政：北件省需要重点发展林业经济 加快工业化现代化建设》，越通社，2023 年 7 月 16 日，https://link.gov.vn/Wv5NAmXz.

品领域的 3D 打印技术、机械工程、人工智能技术、AR 和大数据。[①]

作为首都，河内市也于 2023 年 4 月出台了自己的工业化、现代化行动方案，制定的到 2025 年和 2030 年的主要目标包括：首都工业化和现代化26 项标准，其中，8 项经济发展水平指标、9 项文化和社会发展水平指标、5项城市发展水平指标、4 项环境保护和管理水平指标。行动方案还提出了 9项主要任务，体现河内市特色的有：一是继续创新思想、创新意识、狠抓行动，持续推进工业化和现代化。到 2030 年，河内将基本达到工业国、发展中国家的标准，拥有现代化工业，平均收入较高，人民生活不断改善。到 2045 年，着力提高经济社会生活各领域工业化和全面现代化质量。二是建立健全促进首都工业化和现代化的机制和政策。建设和发展首都产业向高科技、现代化方向发展，优先发展低碳排放、资源节约型产业。加快农业农村工业化和现代化；继续以科技创新为基础调整服务业结构。三是发展科技创新和高素质人力资源，符合首都工业化、现代化的要求。力争到2025 年，受训劳动力达到 75%—80%，城镇失业率控制在 3%以下。同时，到 2025 年，基本完成本市政治系统机构数字化转型，建设电子政府，迈向数字政府，建设智慧城市。四是同步发展现代化基础设施，促进快速可持续的城镇化，为首都工业化、现代化提供动力。力争 2027 年前建成四环路，准备 2030 年前投资建设五环路。发展多样化、现代化，使用清洁、环保能源的公共客运，2025 年占比达到 35%，2030 年达到 45%—50%。五是逐步停止开采地下水，增加红河、大河、阳河地表水的开发利用。[②]

除了较发达地区积极地出台相关政策以外，已有县市一级政府制定了发展规划，其中，安沛省安平县提出了较为精准的发展目标，成为一大亮

---

① TPHCM và những trọng tâm công nghiệp hóa, sggp, 09/12/2022, https://www. sggp. org. vn/tphcm-va-nhung-trong-tam-cong-nghiep-hoa-post661811. html.

② Hoàn thiện cơ chế để thúc đẩy công nghiệp hóa, hiện đại hóa Thủđô, kinhtedothi, 04/ 02/2023、https://kinhtedothi. vn/hoan-thien-co-che-de-thuc-day-cong-nghiep-hoa-hien-dai- hoa-thu-do. html.

点。根据安平县发展规划，到 2030 年，安平县力争经济结构转向工业，手工业和建筑业占 56.7%；农林渔业占 10.7%，服务业占 32.6%，工业产值达到 11.8 万亿越南盾。力争 2023 年至 2030 年达到新农村标准，成为智慧新农村区。到 2045 年，安平省基本完成工业化和现代化目标，成为现代化、环境友好、工业发展的典型新农村地区，社会经济发展在全省和北方山区和中部地区处于领先地位。[①]

四、发布专项决议以来实践新动向

29 号决议中，确定的发展重心是以发展制造业和加工业为重点；数字化转型是缩短工业化、现代化进程的突破性新方法；农业农村工业化、现代化是重中之重。决议实施一年后，工业制造业、数字化转型、农业农村工业化、现代化建设取得积极成果，但尚未形成行业领域关于工业化、现代化的专项决议。

（一）工业化建设是重点

2023 年 2 月，越共总书记阮富仲总书记签署并颁布了《关于新形势下生物技术开发应用服务国家可持续发展》的中央政治局第 36-NQ/TW 号决议。决议聚焦发展，努力把越南建设成为世界生物技术产业发达的国家、生物技术智慧生产和服务中心、跻身亚洲领先群体，将生物产业建设成为重要的经济技术部门，为国家 GDP 做出积极贡献。决议提出的目标是，到 2030 年，越南生物技术产业在多个重要领域达到世界先进水平，成为亚洲智能工业生产和服务前 10 名的国家之一。生物技术广泛应用于各行业和领域，促进社会经济快速可持续发展。生物产业对 GDP 的贡献率达到 7%。

---

①　Yên Bình nỗ lực phấn đấu các mục tiêu công nghiệp hoá, hiện đại hoá, baoyenba, 28/7/2023, https://baoyenbai.com.vn/12/297909/Yen-Binh-no-luc-phan-dau-cac-muc-tieu-cong-nghiep-hoa-hien-dai-hoa.aspx.

生物产业企业投资规模和成长规模增长 50%，替代至少 50% 进口生物技术产品；提出 2045 年愿景，越南成为世界生物科技产业发达的国家、智能制造和服务中心；生物技术领域的初创企业和创新企业数量在亚洲处于前茅。生物产业对 GDP 的贡献率达到 10%—15%。①

2023 年 9 月，越南政府副总理陈红河签发了有关批准《2021—2030 年国家能源总体规划和 2050 年愿景》的第 893 号决定。该规划的总体目标是保障国家能源安全，适应经济社会发展和国家工业化、现代化的要求，保障国防安全，提高人民生活水平，保护生态环境；确保能源转型的成功实施，为实现 2050 年净零排放目标作出重要的贡献；能源行业各子行业协调发展，其基础设施同步化、智能化，达到地区先进水平，与世界科技发展趋势接轨。同时，发展独立自主的能源产业；形成以可再生能源、新能源为主的能源产业生态系统，成为地区清洁能源产业中心和可再生能源出口基地。在保障国家能源安全方面，该规划的目标是满足国内能源需求，分别实现 2021—2030 年和 2031—2050 年阶段国内生产总值（GDP）年均增长 7% 左右和 6.5%—7.5% 的经济社会发展目标。在能源转型方面，该规划目标是到 2030 年可再生能源占一次能源总量的比重达到 15%—20%，到 2050 年达到 80%—85%。到 2030 年，节能约为 8%—10%；到 2050 年，与正常发展情景相比，节能约为 15%—20%。2030 年温室气体排放量约为 3.99 亿—4.49 亿吨，2050 年约为 1.01 亿吨，目标是到 2030 年温室气体排放量减少 17%—26%，到 2050 年，与正常发展情景相比减少 90% 左右。在能源工业发展方面，该规划旨在开发和有效利用国内能源资源：2021—2030 年期间原油年均产量达到 600 万—950 万吨。2031—2050 年期间年均产量力争达到 700 万—900 万吨。2021—2030 年期间，天然气年均产量达到 55 亿—150 亿立方米。2033—2050 年期间年均产量达到 100 亿—150 亿立方米。2021—

① Năm 2045：Công nghiệp sinh học đóng góp 10%-15% vào GDP，VnEconomy，08/02/2023，https://vneconomy.vn/nam-2045-cong-nghiep-sinh-hoc-dong-gop-10-15-vao-gdp.htm.

2030 年期间煤炭开采年均产量约为 4100 万—4700 万吨商品煤。2031—2050 年期间，到 2045 年商品煤产量约 3900 万吨，到 2050 年商品煤产量约 3300 万吨。力争 2040 年前对红河煤盆地进行试运行开采，如果试运行成功将于 2050 年前进入工业规模开采。与此同时，重点发展能源产业，建设地区清洁能源产业和可再生能源出口中心，在各地区和优势地方形成和发展可再生能源中心。到 2030 年，绿色制氢年均产量约为 10 万—20 万吨，到 2050 年达到 1000 万—2000 万吨。为实现上述目标，该规划提出了动员和分配投资资金，政策机制，环境、科学技术，人力资源开发，国际合作，组织实施并监督规划实施等 6 大措施。①

（二）数字化转型成为缩短进程的"钥匙"

由于越南党和国家十分重视数字化转型、绿色转型和可持续发展，并将其视为国家工业化、现代化过程的核心任务，视之为缩短国家工业化、现代化过程的新的和突破性方式，数字化转型得到了越南全国的高度重视，可以说取得了三个发展中心当中最大的发展成效。截至 2022 年底，多项数字化转型目标按计划实现并超额完成，例如企业电子发票使用率达到 100%、15 岁及以上人群拥有支付账户比例达 66%、网上公共服务记录率达到 80%、行政手续材料网上提交率达到 50% 以上、企业电子合同使用率达到 50%、拥有宽带光纤网络的家庭比例达到 75%、中小企业数字化平台使用率达 30.07%、智能手机拥有率达到 85%。根据 2022 年联合国电子政务报告，越南在 193 个国家中排名第 86 位。越南在线服务指数在 193 个国家中排名第 76 位。越南被列为电子政府发展指数（EGDI）高于世界及亚洲

---

① 《越南批准〈2021—2030 年国家能源总体规划和 2050 年愿景〉》，越通社，2023 年 9 月 1 日，https://link.gov.vn/JXabUxYU.

和东南亚地区平均水平的国家之一。[①]

截至 2023 年 6 月，越南 30 个部门、机构、部级机构和政府直属机构中的 3 个，63 个省市中的 36 个已颁布至 2025 年，远期至 2030 年的数字化和社会化发展战略行动计划。63 个省市中的 29 个已颁布推进学校、教育机构、医院、医疗机构等数字化转型和非现金支付支持计划。31 个地方已颁布推进中小型企业数字化转型行动计划。[②] 同时，越南内务部称上半年，越南行政改革工作取得的突出成果是建设与发展电子政府和数字政府。2023 年 6 月，通过集成平台和国家数据共享平台（NDXP）的交易量达到 2179 万笔，2023 年上半年交易总量达 2.769 亿笔。自 NDXP 开通以来，交易总量超 13.5 亿笔。居民国家数据库已与 13 个部委、1 家国有企业（EVN）、3 家电信企业和 63 个地方正式联网，以利用信息，为管理工作，为民众和组织办理行政手续提供服务。太原、平福、薄辽、嘉莱、广平、广南、河南、平阳、海阳、富寿和河内等全国 11 个省市在国家人口数据库实现了户籍数据的数字化。[③]

2023 年 6 月，越共中央政治局委员、政府总理范明政主持召开了题为"推动数字化转型和绿色转型，为缩短至 2030 年，远期展望至 2045 年国家工业化、现代化过程创造突破"的工业 4.0 高级论坛 2023 年年会。论坛年会议题围绕推动数字化转型、绿色转型和劳动力转换，旨在提高智能生产能力，缩短国家工业化和现代化过程。全体会议聚焦 4 份报告：政府关于实施第 29 号决议的行动计划草案；推动数字化转型成为缩短越南工业化、

---

① Mạnh Chung, Chuyển đổi số, "chìa khóa" rút ngắn hành trình công nghiệp hóa, hiện đại hóa, vneconomy, https://vneconomy.vn/chuyen-doi-so-chia-khoa-rut-ngan-hanh-trinh-cong-nghiep-hoa-hien-dai-hoa.htm.

② 《政府总理范明政主持召开国家数字化转型全国视频会议》，越通社，2023 年 7 月 12 日，https://link.gov.vn/nXBwDrS.

③ 《越南实现手续档案数字化 发展数字政府》，越通社，2023 年 7 月 19 日，https://link.gov.vn/wDi3nYzE.

现代化过程的突破性方式；越南工业化、现代化过程政策内涵和绿色增长与创新，主要挑战与对策。范明政总理认为，第四次工业革命，其中包括数字转型和绿色转型已对越南工业化、现代化产生全面和深刻影响。每个国家在当前数字纪元和全球化纪元中的适应和发展是巨大、紧迫和长期的问题。对越南来说，因充分意识到机遇和发展需求，政府已在数字时代提高治理能力。2031—2045 年阶段，集中提高工业化质量，推进经济和社会生活等领域的全面现代化。目前的任务是有效实施"国家数字化转型计划"和"2021—2030 年阶段，远景至 2050 年国家绿色增长战略"。从而加快工业化、现代化进程，提高产能、经济质量、效益和竞争力。范明政总理要求推进数字技术工业发展战略制定、颁布和组织有效实施工作；制定和实施到 2030 年，远期到 2045 年越南半导体芯片产业发展战略，制定数字技术产业法等等。[1]

针对数字化转型，范明政总理重点提出了四大优先事项，包括：加快数据库开发；大力推广在线公共服务；发展基础设施与数字平台；确保网络安全与信息安全。范明政总理指出，为了实现上述四大优先事项，需要调动资源和整个政治体系、人民和企业界的参与，共同努力实施，而且必须有条不紊、坚决、灵活和彻底地组织实施。[2]

（三）农村工业化、现代化建设是优先

越南是一个农业国家，在国家工业化进程中，农村地区是国民经济各部门特别是工业和服务业的劳动力来源地。高达 70% 的人口生活在农村，农村劳动力每年补充城镇和特大城市的劳动力市场，因此农业和农村经济在国民经济中占有极其重要的地位。

---

① 《越南政府总理范明政：需把数字化转型、推进工业化和现代化中的渴望化为具体行动》，越通社，2023 年 6 月 14 日，https://link.gov.vn/Rgd9fxfE.
② 《政府总理范明政提出数字化转型的四大优先》，越通社，2023 年 7 月 12 日，https://link.gov.vn/xst1AteP.

越南各级党委、机关、机关、单位、地方负责人深刻领会党的决议、指示关于农业、农民、农村的重要地位和作用使国家实现工业化和现代化，这些决议重点包括：2022 年 6 月越共十三届中央委员会《关于至 2030 年和远景展望至 2045 年农业、农民和农村》的第 19-NQ/TW 号决议、2022 年 11 月越共十三届中央委员会《至 2030 年和远景展望至 2045 年继续推进国家工业化、现代化进程》的第 29-NQ/TW 号决议、国家新农村建设目标方案等。①《关于到 2030 年到 2045 年愿景农业、农民和农村》的第 19-NQ/TW 号决议肯定了"新农村建设已成为全社会积极参与的广泛运动"，为加快农业农村工业化和现代化进程作出贡献。

农业农村工业化、现代化的内容包括两个问题。一是农业工业化、现代化。这是应用科技成果，将农业经济转向与加工业和劳动力市场相结合的大商品生产的过程，提高产品的市场竞争力。二是农村工业化、现代化。除了农业的工业化发展外，新农村建设也是越南农村、农业工业化、现代化建设的重要环节。2022 年 6 月中央第 19-NQ/TW 号决议《关于至 2030 年和远景展望至 2045 年农业、农民和农村》确定，保护水稻文明文化、美丽国家的价值观和文化认同。2023 年越南政府总理颁发了关于越南农村建筑规划发展方向，打造特色乡村并保护传统建筑的第 04（04/CT-TTg）号指示。指示中明确指出，越南党和国家特别重视组织落实新农村建设国家目标计划，促进农村规划和乡村建设等多方面的面貌改造提升。

五、越南工业化、现代化发展前景分析

越南工业化、现代化得到国家上下大力支持，处于最好的发展时期，

---

① Đẩy mạnh công nghiệp hóa, hiện đại hóa nông nghiệp, nông thôn theo tinh thần Nghị quyết Trung ương 5 khóa XIII của Đảng, lyluanchinhtri, 13 Tháng 2 2023, http://lyluanchinhtri. vn/home/index. php/thuc-tien/item/4797-day-manh-cong-nghiep-hoa-hien-dai-hoa-nong-nghiep-nong-thon-theo-tinh-than-nghi-quyet-trung-uong-5-khoa-xiii-cua-dang. html.

掀起了发展的浪潮，有可能形成越南特色的现代化模式。

一是形成以"赶超"为重点的越南现代化道路。越南认为第四次工业革命以前所未有的规模和发展速度，改变了生产力，推动工业化、现代化转型进入知识密集型、突破性、创新性的新阶段。与本地区和世界相比，在某些领域提供了许多"赶上""并进"和"超越"的机会。具体而言，越南将从以下方面着手加快推进建设国家产业发展：继续进行产业结构调整，重点发展高附加值、低碳排放的产业；按照国家总体规划、区位优势、进行专业化发展，调整重点经济走廊区域和地方产业发展空间布局；形成生态导向的大型国家工业园区体系；继续试点经济特区、新经济区模式；加强民用工业与国防工业之间的技术对接、转移转化，形成一批共享创新平台；发展建筑材料生产业，基本满足国内和出口需求，优先发展绿色新材料；发展配套产业，服务出口大产业，增强满足自由贸易协定原产地规则的能力。

二是形成以农业农村工业化、现代化建设为基础的越南现代化道路。越南将落实中央关于"三农"的决议。调整农村经济结构，向工业和服务业方向发展，大力发展农产品加工业、农业设备、机械和材料工业生产。发展农业配套产业和物流服务。推动农业农村全面、实质性、有效数字化转型。社会经济基础设施与农村发展规划、生态环境保护相结合，提高农村人民的物质生活和精神生活质量。[①]

三是降低经济依赖打造独立经济的越南现代化发展道路。目前越南经济对外依存度极高，经济韧性不足，导致 2022 年和 2023 年上半年均受到国际市场波动的剧烈影响，经济安全问题凸显。因此，独立自立的经济对越

---

① BÙI NGỌC QUY，Tiếp tục đẩy mạnh công nghiệp hóa, hiện đại hóa đất nước trong bối cảnh cuộc Cách mạng công nghiệp lần thứ tư，tapchicongsan，04 – 06 – 2023，NHhttps：//www. tapchicongsan. org. vn/web/guest/kinh – te/ –/2018/827435/tiep – tuc – day – manh – cong – nghiep – hoa%2C – hien – dai – hoa – dat – nuoc – trong – boi – canh – cuoc – cach – mang – cong – nghiep – lan – thu – tu. aspx.

南具有十分重要的战略意义，而工业化、现代化有利于越南经济独立，经济独立才能保障越南共产党、国家和人民有充分的权利选择和决定经济体制、经济发展方针、战略和规划，而不必依赖任何外部力量。因此阮富仲总书记在十三届六中全会上强调继续推进工业化、现代化，建设独立经济，保持快速可持续发展，达到成为发达高收入国家的目标，这也明确体现了越共对新时期国家经济发展的战略构想。

另一方面，在如火如荼的发展背景下，仍暴露出较多的问题和巨大的挑战。

第一，概念模糊可能引起发展偏差。

越南已经经历了近 70 年的工业化、现代化。尽管工业化思想发生了很大变化，但对于工业化、现代化的认识仍然存在局限性。

一是将工业化仅仅视为工业发展。导致这一误读的原因有两个，第一是从"工业化、现代化"来看，工业化排在现代化之前，从越南语法来看，工业化的重要性强于现代化。包括 29 号决议当中，也将工业化列为三大发展中心之首，工业化成为越南发展工业化、现代化中的重要环节。第二是越南工业化、现代化由工业化演变而来，长期以来，越南多篇中央文件中，现代化是缺席的。如果把工业化、现代化等同于工业发展，那么只是狭义地看待工业化、现代化，也看不到工业对其他经济要素的扩散和影响，也不能反映工业化、现代化的本质。广义的工业不只是单纯的制造业，更广泛的理解是包括银行业、旅游业等高附加值的服务业。这一误解可能表现为：一是在产业发展上，只注重发展简单产业，而很少注重发展适合各类产业的专业化产业基础设施、打造产业生态系统以及产业空间布局等。二是工业发展陷于孤立，与农业、服务业缺乏联系，区域内各地方之间以及区域之间没有联系。①

二是越南对于工业化、现代化的标准不明确。尽管各国的发展目标可能相同，但由于各国进行工业化的起点不同、实施的社会背景不同，其进行工业化和现代化的模式、方法以及完成工业化的时间并不相同。因此，学界对于一个国家是否已经完成工业化，或者已成为工业国的评价标准也存在很多争论。因此越南达到设定的目标数值后，是否就真的成为工业国家，值得商榷。而越南对于实现工业化、现代化目标设定，特别是2045年的目标往往只是简单的描述性句子，这对于越南长期发展来说缺乏专业的指导。

三是对加快的工业化、现代化进程的认识不完全。首先，越南只强调"千方百计""加快"缩短工业化、现代化进程，然而，目前尚不清楚加速是否必须建立在可持续性和效率的基础上。其次，越南只认为缩短工业化需要结合利用国内外资源，并实施很多吸引外资的政策，但又与强调经济独立相悖。最后，越南只把缩短工业化、现代化进程等同于要寻找突破口和增长动力点，但重点在哪个行业、具体在哪个地区是茫然的。

四是工业化、现代化缺乏全面性。这是由于各阶段目标不具体，组织实施方式不明确，有时存在混乱，例如把国家工业化、现代化目标与产业发展目标等同起来，因此只是随着时间的推移颁布产业发展政策和产业发展战略，没有实现工业化、现代化的战略和路线图。虽然提出了发展科学技术成为国家工业化、现代化的动力的决心，科学技术作为工业化的驱动力，但要创新技术还是引进技术等具体方向不明确。

第二，面临较为严峻的客观考验。

一是政策与实际存在较大差距。该问题在数字化转型方面较为突出，

---

① Quá trình công nghiệp hóa, hiện đại hóaởViệt Nam: Cần những hướng tiếp cận mới nhằm đẩy nhanh và gia tăng hiệu quả, tapchicongthuong, 01/06/2023, https://tapchicongthuong.vn/bai-viet/qua-trinh-cong-nghiep-hoa-hien-dai-hoa-o-viet-nam-can-nhung-huong-tiep-can-moi-nham-day-nhanh-va-gia-tang-hieu-qua-105674.htm.

一方面是难度大，另一方面是基础薄弱。从实际来看，越南的数字化转型尚未达到预期目标，并且存在一些需要克服的局限性。第一是数据库建设问题。一些国家重点数据库尚未建成，一些已经建立的国家数据库尚未有效连接、共享和利用；已建立的数据库没有经过规划、组织和国家机构统一使用。对数据的认识以及组织和利用数据的能力有限，各部委、地方之间缺乏密切、同步的协调。基础设施条件无法保证稳定、一致、同步地收集、连接和利用数据。目前大数据的潜力还没有得到充分开发和利用。第二是数字平台部署困难。具体来说，数字化转型中数字平台的部署是一种新的做法，与以往信息系统的部署不同，因此很多部委、地方在实施上还存在困惑。中央部委牵头的国家数字平台建设进展缓慢，对国家数字平台的架构、总体模型、功能要求、技术特点等方面缺乏规定和指导，部署各地数字平台尚未实现规划目标。第三是缺乏数字化转型人力资源。各部委、地方负责信息化工作的公务员和官员队伍数量不足，缺乏指导和组织实施数字化转型的知识和技能。信息技术和数字化转型的工程师、学士、技术人员的数量和素质还非常有限，不能满足数字化转型的需求。国家数字化转型人力资源开发任务落实进展缓慢。①

二是各个工业化、现代化具体政策之间缺乏整体性，割裂性明显。首先，工业化、现代化专项决议出台较晚，大多数国家规划和行业规划在十三大之后开始陆续出台，甚至早于 29 号决议，导致现行重要行业中长期规划中，工业化、现代化多是其中的描述性文字，而非文中专门的一项主要任务。甚至 29 号决议中提出的三大重要发展内容，如工业、数字化转型、农村农业等都未出现专门的行业工业化、现代化政策，和发展目标。其次，只有各省市在制定到 2030 年和展望 2045 年的规划时，将工业化、现代化列为其中的重要部分。但其实这也是各省市对《2021—2030 年和 2050 年愿景

---

① Mạnh Chung, Chuyển đổi số, "chìa khóa" rút ngắn hành trình công nghiệp hóa, hiện đại hóa, vneconomy, 24/06/2023, https://vneconomy. vn/chuyen-doi-so-chia-khoa-rut-ngan-hanh-trinh-cong-nghiep-hoa-hien-dai-hoa. htm.

国家总体规划》的落实方案，而非各省市专门的工业化、现代化政策。因此，越南工业化、现代化在具体落实层面上面临较为尴尬的局面。最后，越南虽然提出了若干创新概念，例如"越南制造 2045"，但仅在 29 号决议文件中出现过，目前尚未出现有关的研究和实施方案。

［孙梦笛，云南省社会科学院、中国（昆明）南亚东南亚研究院越南研究所助理研究员］

中老磨憨—磨丁经济合作区的由来与发展

孔志坚

中老两国山水相连，磨憨—磨丁分属于中国云南省和老挝琅南塔省，中国老挝磨憨—磨丁经济合作区是我国与毗邻国家建立的第二个跨境经济合作区（以下简称合作区）。2022 年 5 月，昆明市正式托管磨憨镇，昆明成为全国唯一拥有"边境线和边境口岸"的省会城市。

一、百年历史变迁中的磨憨—磨丁（1894—1993）

中老两国山水相连，在 1894 年中老边境勘界定界之前，两国没有边境线。1895 年中法订立《续议界务专条附章》，把车里宣慰司（十二版纳）中的勐乌、乌得及勐腊县南的磨丁、磨别、磨杏三地划归法属越南。1897 年，中法双方签署《滇越界约》，^① 磨憨—磨丁成为中法边界划定的一部分。随着时间的推移，中老磨憨磨丁两地经历了政治、经济和社会的历史变迁。

（一）因盐而生的磨憨—磨丁

在 1895 年中法签订《续议界务专条附章》之前，磨丁在车里宣慰司的管辖之下，属于中国的版图。根据《勐腊县地名志》的注解，"磨憨"为傣

---

① 朱凌飞，马巍：《边界与通道：昆曼国际通道中老边境磨憨、磨丁的人类学研究》，载《民族研究》2016 年第 4 期，第 43 页。

语地名，"磨"为"盐井"，"憨"为"富裕"，合起来则为"富裕的盐井"之意。根据史料记载，老挝磨丁与今日宁洱的磨黑，勐腊的磨龙、磨拉、磨憨等地同属于云南盐井地带。虽然"磨憨"为傣语，但是最早开发利用盐井者，为当地世居者之一的克木人。克木人今归属于布朗族。磨憨的克木人由勐仑土司管辖，而勐仑土司也动员了一批傣族民众移居磨歇一带，挖井取卤熬盐。除了磨歇"一大井"外，还有磨龙、磨老（今磨本）、磨达、磨憨"四小井"，由就近村民自由熬制。①

（二）因路而兴的磨憨—磨丁

1927 年，今日磨憨所属的勐腊正式建县，史称镇越县。1932—1938 年间，镇越县政府征调民工修建境内道路，以县府治所易武为中心，东通老挝勐乌-乌德（约乌），北连江城，西北至思茅（普洱）、普洱（宁洱），西南至车里（景洪），东南至老挝琅南塔、勐醒。至此，中老边境得以连接贯通，道路网络已初具雏形。② 同期，一批驮运盐巴的汉族群众迁徙到了磨憨一带，从事农业生产。

中华人民共和国成立后的 1949 年 11 月 6 日，成立镇越县人民政府（勐腊县前身），后来镇越县历经拆分、重组、合并、县治搬迁、更名，"勐腊县"之名于 1959 年正式出现。1961 年 4 月 25 日，中国与老挝建立外交关系，中国帮助老挝修建了首条从丰沙里至帕卡全长 81.47 公里的"中老友谊路"。随着形势发展需要，从 1968 年起，老挝陆续请求中国帮助修建了贯穿老挝丰沙里、琅南塔、乌多姆赛、琅勃拉邦、桑怒 5 省的多条公路，其中从中国磨憨起经老挝磨丁、那堆、纳磨至孟赛一段全长 105 公里，又从磨丁经那堆到琅南塔首府一段全长 69 公里，方便两国边民开展边民互市贸易。

---

① 朱凌飞，李伟梁：《流动与再空间化：中老边境磨憨口岸城镇化过程研究》，载《广西民族大学学报（哲学社会科学版）》2019 年第 5 期，第 119 页。

② 朱凌飞，李伟梁：《流动与再空间化：中老边境磨憨口岸城镇化过程研究》，载《广西民族大学学报（哲学社会科学版）》2019 年第 5 期，第 120 页。

（三）因贸易而开辟的中老磨憨—磨丁国家口岸

中老两国山水相连，在很长一段时间内，两国边民本着"互通有无，调剂余缺"，在边境开展边民互市。1978 年受国际形势的影响，中老边民互市中断。20 世纪 80 年代初，中老边民互市开始恢复。1987 年随着中老边境地区交通条件改善，双方边民互市已不能满足物质需求，云南省开放边民互市点和小额贸易点，商业部门的边境小额贸易不断扩大。1988 年中老两国恢复互派大使，中老实现关系正常化，中国政府授权云南省与老挝丰沙里、琅南塔、乌多姆赛三省指定国营贸易公司开展滇老贸易。1992 年，中老联合勘界，明确标定两国边界线，国务院批准磨憨口岸为国家一类口岸。为了满足中老两国的贸易需求，1993 年 12 月，中老两国正式开通磨憨—磨丁为国家级通商口岸，自此，中老贸易量和人员流动增长很快，为磨憨—磨丁经济合作区的建立奠定了基础。

二、跨越式发展的磨憨—磨丁（1993—2013）

20 世纪 90 年代中期以后，随着全球经济一体化的发展，老挝分别于 1997 年和 2013 年加入东盟和世界贸易组织，中老贸易量逐年增长，中老磨憨—磨丁口岸无论是口岸基础设施还是两国境内道路建设都有较大改善。

（一）跨越式发展的磨憨

1993 年中老磨憨—磨丁缔结为国际口岸后，中老贸易量大幅增长，滇老贸易在中老贸易中占有重要份额：1991—1995 年年均为 40%；1996 年为 54.5%；1997 年为 48.4%；1998 年为 57.5%；1999 年为 49.2%；2000 年为 47.2%。为了适应中老经贸发展需求，2001 年磨憨边境贸易区挂牌成立。2004 年 9 月，国务院批准磨憨口岸开展口岸签证工作，并对第三国人员开放。2006 年磨憨边境贸易区更名为云南西双版纳磨憨经济开发区。2007 年磨憨经济开发区进行区划调整，把尚勇镇磨憨村委会和磨龙村委会的磨龙、南列两个村民小组划归磨憨经济开发区。从 2004 年到 2007 年这三年的时间里，磨憨口岸的进出口总额以年均 32.7% 的速度增长，磨憨口岸的货物吞吐量也由 2004 年的 9 万多吨上升到 2007 年的 29 万多吨，其中，进口 19 万多吨，大大超过出口的 10 万多吨。出境人员数量从 2004 年的 21.5 万人次上升到 2007 年的 60.9 万人次，年均增长率为 41.4%；进出境车辆数量从 2004 年的 3.6 万车次上升到 2007 年的 8.6 万车次，年均增长率为 33.5%；第三国人员出入境由 2004 年的 5779 人次上升到 2007 年的 13162 人次；磨憨口岸已成为云南省除昆明机场外第三国人员出入境最多的口岸。2008 年昆曼公路通车，为繁荣口岸经济，促进边民往来，磨憨口岸每月一次举办中老国际赶摆（街）节，中老双方参展商品种类繁多，人数达数万人，十分热闹。

2009 年云南省编制了《中老磨憨—磨丁跨境经济合作区可行性研究报告》并上报商务部，正式开始谋划跨境经济合作区建设。基于此，2010 年 9 月，中老国家层面签订《中国磨憨—老挝磨丁跨境经济合作框架协议》，同意成立联合协调领导小组，建立交流会晤机制。2012 年 3 月，时任省长李纪恒率政府代表团出访次区域五国，在老挝分别拜会朱马里主席和通辛总理，双方就共同研究建设中老跨境经济合作区达成共识。老挝总理通辛明确表示，加快磨憨—磨丁跨境经济合作区建设，使其成为老中边境发展典范。2013 年 6—9 月，云南省与老挝南塔省协商建立了两省联合工作组机制，于 10 月 25 日在西双版纳州景洪市举行了第一次联合工作组会议。2013 年 8 月，为落实南博会暨昆交会期间省政府领导与老挝副总理宋沙瓦·凌沙瓦以及南塔省领导的会谈精神，云南省组成特别工作组访问老挝，与老挝中央政府有关部门进行会谈并签署了《会谈纪要》。2013 年 10 月 16 日，云南省人民政府与老挝国家经济特区和经济专区管理委员会在普洱市召开的"中国云南—老挝北部合作特别会议暨工作组第六次会议"上签署《加快中国磨憨—老挝磨丁经济合作区建设合作备忘录》。该部省合作备忘录为国家层面签署谅解备忘录奠定了重要基础。

（二）跨越式发展的磨丁

1991 年老挝人民革命党"五大"确定"有原则的全面革新路线"，正式实施对外开放政策。1993 年随着中老磨憨—磨丁国际口岸的开放，中老贸易量大幅提升，磨丁口岸得到发展。1997 年老挝加入东盟，逐渐融入东盟经济一体化进程。进入 21 世纪，老挝为了促进经济发展，在借鉴中国等国的经济特区建设经验的基础上，开始设立经济特区（专区），以加大招商引资力度，尽早摆脱国家欠发达状况并加快向现代化和工业化方向转变。为了进一步推动经济特区（专区）的发展，老挝政府陆续颁布了《老挝人民民主共和国经济特区和经济专区总理政令》（总理府令第 443 号），《2011—2020 年老挝经济特区和经济专区发展战略规划》。

老挝磨丁口岸于 2002 年 5 月 17 日试行了"境内关外"管理模式。老挝政府以 162 号总理令批准在老挝磨丁口岸至那堆 18 公里的区域设立了国家级磨丁边境贸易区，成立了磨丁边境贸易区管委会，配套了更为优惠的政策。[①] 2003 年完成了磨丁边境经济区总体规划，同年老挝政府批准了香港福兴公司在磨丁经济区进行开发，与老挝琅南塔省政府签订 30 年土地租赁合同，投资建设占地 1640 公顷的磨丁美丽城经济专区。2009 年，根据老挝人民民主共和国总理府颁布的第 089 号总理令，把磨丁经济专区确立为国家级经济专区。

2007—2011 年，磨丁经济专区陆续建成一幢拥有 276 间包括高级套房、会议室、办公室等的星级酒店，酒店副楼客房 125 间，300 多间综合商铺，3 公里的区域内道路、员工宿舍大楼、加油站、区域内的网络通信以及部分市政建设工程。但由于香港福星集团在磨丁专区内开设赌场，导致相关丑闻事件不断。中国和老挝政府都不鼓励这种发展模式。2010 年底，磨丁专

[①] 中国驻老挝使馆经商处：《中老边境口岸勐腊见闻》，载《东南亚纵横》2004 年第 3 期，第 64 页。

区的黄金赌场被迫停业整顿并按要求停止营业。2012 年，香港福兴旅游娱乐有限公司将绝大部分股份出让给云南海诚集团。2013 年云南海诚集团开始正式运营磨丁经济专区。老挝中央政府下发《磨丁经济专区管理委员会委任决议》，成立磨丁经济专区管理委员会，任命云南海诚集团董事长周昆为管理委员会主席，老挝中央政府派驻官员担任管理委员会副主任。同时，云南海诚集团与老挝政府签订了特许经营合同，拥有土地开发使用权、区域管理权、招商引资权和审批投资自主权，每年上缴特许经营费，所有园区税收和行政管理费的 51% 归中央政府，所有土地开发收益则归企业。

三、"一带一路"倡议后的磨憨—磨丁（2013—2022）

2013 年，中国提出了"一带一路"倡议，中老磨憨—磨丁口岸成为中老经济合作的重要平台。在"一带一路"倡议的推动下，磨憨磨丁两地间的交流合作日益密切，合作项目进一步扩大。2016 年国务院批准成立中老磨憨—磨丁经济合作区，跨境经济合作区是次区域合作的一种新模式，其效能的发挥依赖于邻国的经济发展水平和双方的协调治理机制。目前合作区仍分为中方磨憨片区和老方磨丁片区，由于两国管理制度的差异，两侧的建设推进速度存在一定的差异。

（一）"一带一路"倡议推动成立中老磨憨—磨丁经济合作区

2013 年，随着"一带一路"倡议的逐渐推进，学界、政界等部门均在探索跨境经济合作区建设模式对于提高中国与毗邻国家的互联互通水平、促进人员往来、吸引要素集聚、带动产业发展发挥的重要作用。推动跨境经济合作区建设能提高我国与毗邻国家的"设施联通"，提高通关便利化程度，进而推进陆路跨境运输通道建设，实现真正的跨国合作；另一方面，"一带一路"建设也对我国边境地区（特别是边境口岸）的发展提出了新的要求，推动霍尔果斯、磨憨、瑞丽、满洲里、二连浩特等边境经济区的建设，对加快我国边境地区发展、促进边境地区更多地参与国际分工、扩大出口规模具有重要带动作用。边境地区（边境口岸）作为发展边境贸易和旅游文化合作的重要平台，探索跨境经济合作区建设模式对实现"一带一路"政策沟通、设施联通、贸易畅通、资金融通、民心相通，推动与相关国家携手建设命运共同体具有重要意义。

2014 年 6 月，中国商务部与老挝国家经济特区管委会在两国副总理的见证下签署《中华人民共和国商务部与老挝人民民主共和国国家经济特区和经济专区管理委员会关于建设磨憨—磨丁经济合作区的谅解备忘录》，标志着磨憨—磨丁经济合作区正式纳入中老两国国家层面项目开启推动。2015 年 8 月 31 日，在中国国家主席习近平和老挝国家主席朱马里·赛雅颂见证下，中国商务部部长高虎城与老挝副总理宋沙瓦·凌沙瓦在京分别代表两国政府正式签署《中国老挝磨憨—磨丁经济合作区建设共同总体方案》。《共同总体方案》的签署是中老两国经贸合作发展的重要里程碑，进一步促进两国经济优势互补，便利贸易投资和人员往来，推动两国产业合作，加快两国边境地区发展，造福两国边境地区和人民。2016 年 3 月，中华人民共和国国务院批复中老磨憨—磨丁经济合作区（以下简称中老合作区），根据合作方案，中方区域位于中国云南省西双版纳州磨憨镇内，规划面积 4.83 平方公里，东至磨憨集镇，西至磨龙村，南至中老国界线，北至尚岗村茶场。老方区域位于老挝南塔省磨丁经济专区内，规划面积 16.4 平方公里，东至中老边界边防林，西至三峰山国防林，北至中老边界边防林，南至三峰山国防林会通诺河磨别村。① 两块区域合称为"中国老挝磨憨—磨丁经济合作区"。合作区是我国第二个跨境经济合作区，对于促进中老务实合作具有十分重要的意义。

---

① 周俊华，唐玉：《"一带一路"倡议下中老磨憨—磨丁跨境经济合作区建设研究》，载《文山学院学报》2021 年第 3 期，第 30 页。

（二）　中老合作区的地理位置

中老合作区中方区域位于云南省西双版纳州勐腊县磨憨镇，地处昆曼国际大通道中段，中国和老挝的交接点，与老挝接壤，毗邻泰国、缅甸，距云南昆明 701 公里，距老挝南塔 58 公里，距古都琅勃拉邦 285 公里，距泰国清孔口岸 228 公里，地缘优势突出。老方区域位于老挝南塔省磨丁经济特区，距离老挝会晒 243 公里，孟赛 98 公里，湄公河北本码头 168 公里；经老挝会晒到泰国国家正式口岸清孔 240 公里、清迈 482 公里（昆曼公路走向），首都曼谷约 1130 公里，经老挝向东可进入越南，向东南可到达柬埔寨、马来西亚，向南可到泰国，向西可到缅甸。中老合作区地处中老铁路、昆曼国际公路以及老挝南北公路的关键节点，是中国与中南半岛的交通枢纽中心之一。中老合作区中水陆空立体交通网络已初步形成，其中澜沧江—湄公河黄金水道是我国通往中南半岛的唯一水运航道。

（三）　中老合作区定位

中国与老挝山水相连，发展道路相似，前途命运相关。2019 年 4 月中老两国签署《构建中老命运共同体行动计划》，老挝是我国第一个以党的名义签署双边命运共同体的国家。中老合作区是中国与毗邻国家共同建立的第二个跨境经济合作区，建设好中老经济合作区是构建中老命运共同体的生动实践，且符合老挝的发展战略。通过共商共建共享，预计到 2025 年，把中老合作区建设成为中老战略友好合作示范区、中国与东盟深化合作的先行区、中老边境地区发展样板区。至 2035 年，完成"区镇合一"，将中老合作区与磨憨镇合并，管理总面积扩展至 755 平方公里，建成中国最美国际化口岸城市、中老双边友好合作示范区、中国与东盟深化合作的先行区，成为"中老经济走廊""中老泰经济走廊"经济发展的关键动力。①

----

①　王信豫：《中老磨憨—磨丁经济合作区跨境政策研究》，云南师范大学硕士论文，2020 年，第 31 页。

（四）中老合作区中方区域体制机制改革

中老磨憨—磨丁经济合作区建立之后，中老两国政府设立了中央政府、地方政府及合作区管委会三级联动工作机制。地方层面上，云南省于2016年5月设立了中老磨憨—磨丁经济合作区管委会（县级），取代原磨憨经济开发区管委会；但合作区管委会是在勐腊（磨憨）重点开发开放试验区管委会加挂牌子，相关工作由后者全面统筹。园区层面上，磨憨经济合作区、磨丁经济特区不断落实和具体推进规划编制、土地开发、组织管理等工作，但合作区实际建设进展缓慢。为了加速推动合作区建设，云南省人民政府于2019年5月下发《关于设立中国老挝磨憨—磨丁经济合作区管理机构的通知》，成立中老磨憨—磨丁经济合作区建设领导小组，明确合作区为省委、省政府派出机构（副厅级），不再实行双区并行的模式。[①] 基于此，磨憨经济合作区实现了层级提升，与勐腊（磨憨）重点开发开放试验区不再联合办公，试验区管委会于2019年7月从磨憨镇回撤至勐腊县，合作区管委会全面负责管辖区域内（磨憨镇）的经济、政治、文化、社会工作。2022年昆明托管磨憨后，中方片区建设管理主体变更为中老合作区管委会。

四、昆明托管磨憨后的中老磨憨—磨丁经济合作区

2022年5月，为深入贯彻落实习近平总书记考察云南重要讲话精神和关于中老铁路"四个好"重要指示精神，云南省委、省政府作出昆明市全面托管西双版纳州勐腊县磨憨镇、高质量共建磨憨国际口岸城市的重大决策部署。

---

① 宋周莺，姚秋蕙，胡志丁，刘卫东：《跨境经济合作区建设的"尺度困境"——以中老磨憨—磨丁经济合作区为例》，载《地理研究》2020年第6期，第34页。

（一）昆明托管磨憨的背景

一是云南建设面向南亚东南亚辐射中心的需要。云南区位优势独特，习近平总书记两次考察云南并作出重要讲话，要求云南建设成为面向南亚东南亚的辐射中心，主动服务和融入国家重大发展战略，以大开放促进大发展。2021年12月3日，起于云南昆明，终于老挝万象的中老铁路开通运营。中老铁路的开通运营不仅仅联通了中老两国，更是作为交通要道连接中国与东南亚、南亚和印度洋地区。在这个背景下，昆明托管磨憨是落实党中央、国务院关于云南建设面向南亚东南亚辐射中心的实际行动，也是发挥云南毗邻南亚东南亚区位优势、推动云南高水平对外开放、加快云南高质量发展、提升云南服务国家战略能力的重大举措，对云南建设面向南亚东南亚辐射中心有着重要的意义。

二是云南及昆明扩大开放的需要。区位条件虽然是云南和昆明的重要优势，但更多的出路还需要通过开放空间来挖掘。随着《区域全面经济伙伴关系协定》的落地生效，我国"一带一路"倡议的持续推进，以及中老铁路全面通车运营，为云南省奏响了拓展更高层次对外开放的进行曲。而中老铁路开通在云南的对外开放中更有着非比寻常的意义，借助其开通运营，再加之海关监管场所的建设与投入使用，昆明能更高效地集散货物。昆明托管磨憨，让昆明的南向开放空间进一步拓展，这在一定程度上解决了昆明有产业、缺陆路口岸，西双版纳有口岸、缺产业的问题，促进昆明推进口岸功能提升、口岸经济发展、口岸城市建设，扩大开放水平，加强与南亚东南亚的贸易往来和经济合作。

三是西双版纳及磨憨推动高水平开放的需要。西双版纳傣族自治州地处中国云南省最南端，毗邻泰国，与老挝、缅甸接壤。自然人文风情浓郁，地处热带、季风气候，民族以傣族为主，还世居着哈尼、布朗等13个民族。独特的地理位置、丰富的生态资源、多样的文化为该地区的经济发展和国际交流合作提供了难得的发展机遇。1992年3月，国务院批准磨憨口岸为国家一类口岸。2014 年，国家批准勐腊为重点开发开放试验区，2016年中老磨憨—磨丁经济合作区成立。在一个县级行政区内，就有两块国家级金字招牌，磨憨的发展大有可为。但是，受制于当地的地理地貌以及体制机制等因素，自中老磨憨磨丁经济合作区成立后，与老挝磨丁相比较，磨憨的开放和发展相对滞后，为了进一步促进磨憨的发展，将其打造成为中国与东南亚经贸合作的样板区，昆明托管磨憨，让西双版纳及磨憨有了资源的倾斜和政策的扶持，背靠昆明，更好地向南开放。

（二）昆明托管磨憨的举措

一是四区叠加。园区是经济增长和产业发展的重要阵地。昆明有中国（云南）自由贸易试验区昆明片区（以下简称昆明片区）、昆明经济技术开发区（经开区）、昆明综合保税区（综保区）。磨憨有中国老挝磨憨—磨丁经济合作区，为了放大昆明和磨憨在中老铁路沿线"首尾呼应"的作用，整合各区的优势条件，推进"四区"规划协同、产业互补、资源共享、政策联动、营商环境一致。让"四区联动"政策叠加效应转化为更大优势，达到"1+1+1+1>4"的效果。①

二是体制机制创新。省会城市托管边境口岸，放眼全国也是创新之举。云南省成立了由省委、省政府主要领导担任组长的推进"一带一路"建设工作、建设面向南亚东南亚辐射中心、组织实施昆明市托管西双版纳州磨憨镇工作等领导小组，旨在有效地构建高位推动、上下协同的政策体系。②由合作区管委会管理磨憨镇，重新设置合作区机构，党工委书记、管委会主任由昆明市副厅级领导兼任，合作区下设 8 个内设机构、3 个事业单位，设立组建磨憨法庭、磨憨检察室、公安分局、市场监管分局、税务局等，并在全市选配 50 名干部到合作区工作，合作区的发展进入新的历史阶段。

---

① 缪亚平：《四区联动，再添新动能》，《昆明日报》2022-11-07。

② 刘子语，段晓瑞：《云南加快我国建设面向南亚东南亚辐射中心》，《云南日报》2023-02-25。

三是重视民生项目，推进现代化边境幸福村建设。昆明托管磨憨后，以省会城市的标准保障和改善民生，积极引导昆明市优质教育、医疗资源到磨憨开展合作共建。围绕磨憨基层所需、民心所盼的现实问题，建设民生项目，昆明的延安医院在磨憨建有分院，云南师大附小的老师到磨憨对口帮扶等。昆明市认真贯彻落实习近平总书记兴边富民、稳边固边的重要指示批示精神，主动服务和融入国家发展战略，推出"以城带边，以城兴边"帮带共建机制，通过成立专门的领导小组结对帮扶特定村寨，动员省会干部投身边境基层建设。加快推进磨憨镇 6 个沿边行政村现代化边境幸福村建设。其中，昆明市五华区对口帮扶磨憨镇磨站村，盘龙区对口帮扶尚冈村，官渡区对口帮扶大龙哈村，西山区对口帮扶青松村，呈贡区对口帮扶龙门村，安宁区对口帮扶磨整村。在具体的帮扶中，实施一村一策，针对不同村寨的特点，拥有的资源情况，制定不同的计划，因地制宜发展农业种植、河鱼养殖、特色餐饮、风情民宿，以及"林上橡胶，林下家禽"等生态环保发展模式，持续推动现代化边境幸福村建设，实现边境乡村发展、边民富裕，提升边境各族群众的自豪感和认同感。

（三）昆明托管磨憨后的发展成效

自昆明托管磨憨以来，合作区重新编制磨憨镇规划、研究制定合作区产业布局、加大招商引资力度、加速推进围网区主体工程建设，合作区发展取得初步成效，表现为：

一是基础设施不断提升。搭上中老铁路开通、共建国际口岸的快车后，中老边境小镇磨憨迅速发展。2022 年 11 月，磨憨口岸新边民互市场正式运营，该口岸参照磨憨口岸边民互市贸易进出境货物总量达 400 万吨每年的所需承载量来规划设计、开发建设，能满足每天 500 辆大货车的通关作业。新边民互市场采取数字化通关，现代智能申报设备联通手机"边互通"APP，极大简化了通关手续。同时完成中老磨憨—磨丁中方区域 0.83 平方公里围网区建设，其中联合运营中心和综合服务中心主体工程基本建成。

建成磨憨国际口岸城市规划展示中心、磨憨火车站站前广场等配套设施。东盟大道改扩建工程、磨憨盐塘水库扩建工程、中老铁路磨憨火车站至边民互市区连接线项目正稳步推进。

二是口岸进出口贸易和人员出入境均增长。昆明市托管磨憨后，磨憨口岸主要进出口数据超过疫情前水平并大幅增长，2019年进出口贸易量为472.8万吨，2022年全年，磨憨口岸完成货物进出口总量566.69万吨，增长58.2%；其中进口贸易量完成399.1万吨，同比上升62.18%，出口贸易量完成167.59万吨，同比上升49.46%。进出口贸易总额433.38亿元，增长98.99%，进出口贸易总额约占云南省进出口总额的12.4%[①]。2023年1至9月，磨憨口岸进出口货物总量627.6万吨，同比增长55.35%；进出口商品货值362.9亿元，同比增长9.92%；出入境人员106.45万人次，同比增长379.93%。目前磨憨口岸正在进行口岸综合提升改造，加快中国国家进口贸易促进创新示范区和智慧口岸建设，在昆明与磨憨的"双向奔赴"下，磨憨口岸的建设发展将叠加放大更多元的制度政策、区位和产业优势，为加快建设现代化国际口岸城市标注更新的高度。

三是产业培育取得进展。中老磨憨—磨丁经济合作区目前已形成部分特色产业，其中，现代物流产业蓬勃发展，共有300余家各类物流报关公司落户，如金孔雀物流、国际快件监管中心、中劲物流仓储中心等；制造业不断集聚，以双龙、宏跃、曼庄为代表的一批进口农产品和橡胶加工企业不断发展壮大。同时，中老磨憨—磨丁经济合作区拥有公路口岸、铁路口岸两个国家级口岸，可开展一般贸易、边境小额贸易、边民互市贸易、跨境电商、市场采购等多种进口贸易形态，重点通过中老铁路和跨境公路，发展老挝、泰国等中南半岛国家水果、水产品、矿产品、橡胶、木材制品、纺织品等产品进口，打造"境外种植+境内销售""境外采购+境内贸易""境外开采+境内加工"等多条产业链。金融综合配套改革和跨境金融合作

---

① 2022年云南省进口总额259亿美元，出口总额241.39亿美元。

成效初显，如富滇银行与老挝外贸大众银行合资组建老中银行，中国农业银行泛亚业务中心等 6 家金融机构已开展跨境人民币业务。

当前，中老磨憨—磨丁经济合作区中方区域磨憨国门围网区巡逻道、货运专用通道、物理围网、卡口级查验设施建设以及磨憨口岸新边民互市场已完成，联合运营中心（一线）、综合服务中心（二线）主体工程完工并投入运行。老挝磨丁经济特区正在稳步推进围网区建设，采取物理围网和局部电子围网相结合的封闭式围网方式。中老磨憨—磨丁围网区建成运行后为中老经济合作区实现封关运作提供硬件保障。随着中老铁路黄金大通道的效应日益凸显以及全面区域经济伙伴关系（RCEP）生效实施，建设好中老经济合作区这块金字招牌必将有力促进中老经济走廊和中老命运共同体建设。

［孔志坚，云南省社会科学院、中国（昆明）南亚东南亚研究院老挝研究所副研究员］

国门学校在周边外交中的独特作用研究
——基于云南边境沿线的调查

孙　瑞

国门学校①是一个在边境沿线学校教育、边疆教育和国防教育实践过程中逐渐发展起来的概念。虽然在很多的研究中认为其"学理模糊"和"实践混乱"，但在国家间交往增多，安全和发展不平衡问题突出，霸权主义和强权政治仍然是和平发展主要障碍的情况下，国门学校在履行教育职能、维护国家边境安全、教育对外开放、周边人文交流和促进民心相通等方面发挥了不可或缺的作用，国门学校建设逐步成为我国周边外交的重要举措之一。

一、国门学校的由来

国门有广义和狭义之分。从广义上讲，国境线是国家领土的主权边界，所有国境线一侧均为主权国家的国门。守好每一寸国境线，就是守护好国家国门，维护国家安全。国门是国家综合实力、科技实力和综合国力的重要体现。而从狭义上看，国门又可落脚于一个具体的边境口岸或通道。口

---

① 因目前对国门学校没有统一的界定，在相关文件、研究等资料中，相近的称谓有国门学校、边境学校、抵边学校、民族地区学校等，为了便于讨论，本文统一采用目前使用率较高的"国门学校"。

岸和通道既是国家对外开放的门户、对外交往和经贸合作的桥梁，也是国家安全的重要屏障，真正意义上承担了国门的职责。国门也是一个双边概念。在边境一线，既是我国的国门，也是邻国的国门。因此，它涉及国家间政治、经济、人文等一系列安全问题。对于有天然屏障、双边村寨不相连的边境线来说，国家间的边境问题相对单一，但对云南这样一个与三个国家接壤并无天然屏障的边境省份，山水相连、一寨两国、跨境族群、互市通婚……这些关键词都赋予中缅、中越、中老边境和国门更特殊的意义。

（一）国门教育来源于边疆教育和国防教育，是其延伸和发展的结果

边疆教育是国家教育体系的重要组成部分。边疆教育也可称为边疆民族地区教育，因为其所具有的区位、民族和发展滞后的特殊性，边疆教育有别于内地教育。中华人民共和国成立后，围绕政权巩固和民族团结，边疆教育着重在边疆地区建立健全教育体系。国家通过兴建学校，从内地引入师资力量，通过双语教学等方式，让所有少数民族孩子有学上，提高民族地区受教育程度，并着重培养少数民族干部，全方位推动发展民族地区教育。改革开放以后，我国东部沿海地区率先发展起来，经济实力增强，而西部地区由于发展滞后，导致东西部存在较大差距。国家充分意识到兴边强边才能达到守边固边。为了把东部沿海地区的剩余经济发展能力，用以提高西部地区的经济和社会发展水平和巩固国防，逐步加大了对边疆地区的经略。随之确立的西部大开发战略，实施的国家西部地区"两基"攻坚计划、国家中长期教育改革和发展规划等等，有效促进了边疆地区社会经济的发展，特别是在教育促进和质量提升方面，为边疆民族地区教育高质量发展奠定了坚实的基础。

自新中国成立至改革开放之初，边疆教育之于国防的意义更侧重于对内。最主要的方面是在边疆地区普及学校教育，提升边疆少数民族受教育程度；另一方面以学校为载体，向学生普及爱国主义思想，增强维护边疆安全和稳定的意识。从某种程度上讲，这个过程也是边疆少数民族国家认同的过程，通过国家认同在边疆民族地区巩固国家意识、边境意识，筑牢国防意识。

国防教育进一步推动了国门学校建设。为了进一步强化全民的国家意识、国防意识和国土意识，普及和加强国防教育，增强民族凝聚力。2001年4月28日通过的《中华人民共和国国防教育法》在第二章中明确规定了学校国防教育是全民国防教育的基础。小学和初级中学应当将国防教育的内容纳入有关课程，将课堂教学与课外活动相结合，对学生进行国防教育。相比内地学校，国防教育在边境一线学校显得尤其重要。因此，边境州市学校承担了更多国防教育的职责。

国际局势的变化和国防安全的需要进一步促进了国门意识的提升。进入新世纪后，国际局势动荡变化，国家间冲突与战争时有发生，恐怖主义、难民危机、重大传染性疾病、气候变化等非传统安全威胁持续蔓延。习近平总书记指出，随着我国社会主要矛盾变化和国际力量对比深刻调整，我国发展面临的内外部风险空前上升；国家安全内涵和外延比历史上任何时候都要丰富，时空领域比历史上任何时候都要宽广，内外因素比历史上任何时候都要复杂。① 与此同时，我国打开国门搞建设，实现了从封闭半封闭到全方位开放，国家间的交流交往日渐增多。边境口岸和通道成为经贸往来、民间交往的主要通道，这种双向的流动增加了边境传统安全和非传统安全问题的风险，口岸、边境沿线安全以及与周边国家的关系成为国家安全、实现中华民族伟大复兴的重要组成部分。

相对于边疆教育和国防教育，国门教育涵盖了更宽的内涵，融入了周边外交的重要理念。国防教育是国家为防备和抵抗侵略，制止武装颠覆，侧重于"防"；而国门教育更侧重于打开国门，两个邻居常见面、多走动；睦邻友好，守望相助；倡导互信、互利、平等、协作的新安全观；坚持互利互惠，促进地区合作。多做得人心、暖人心的事，使周边国家对我们更

---

① 习近平总书记在 2014 年 4 月 15 日在中央国家安全委员会第一次会议上的讲话。

友善、更亲近、更认同、更支持，增强亲和力、感召力、影响力。国门教育更加包容与豁达，充分体现了大国的责任与担当。因此，国门教育逐步成为边疆地区学校教育的重要构成。

（二）云南省是最早提出国门学校，践行国门教育、发展国门文化的省份

20世纪90年代，党中央准确把握世界多极化、经济全球化趋势，积极应对国际关系新变化，提出了大国是关键、周边是首要，发展中国家是基础、多边是重要舞台的外交总体布局，积极开展了一系列富有成效的外交活动。与周边国家睦邻友好合作关系进一步扩大和深化，中国更加全面深入地参与到以联合国为中心的多边外交活动中。在这一背景下，地处西南边陲的云南省从大后方成为对外开放的前沿，承担了更多周边外交的职责。随着双边交往的增多，在云南省与老挝、越南、缅甸邻近的州市、县，特别是重要的口岸和主要通道的边境学校开始接纳邻国留学生，特别是跨境就读小学、初中的"小留学生"，每天穿梭往返于边境线，成为中越、中缅、中老边境的一道亮丽风景线。这些学校也逐渐被冠以"国门学校"的称号。

东西部定点帮扶有效促进了国门学校建设。开展东西部协作和定点帮扶，是党中央着眼推动区域协调发展、促进共同富裕作出的重大决策。云南省作为西部欠发达地区，得到了东部发达省份的大力支持。外交部自1992年起定点帮扶红河哈尼族彝族自治州金平苗族瑶族傣族自治县。金平县是一个边境县，南部与越南老街省及莱州省接壤，边境线长502公里。1996年，外交部拨付专项资金支持金平县在金水河镇（金水河口岸）建设一所小学，挂牌"金水河国门小学"，成为最先以"国门"为学校名的学校，初步形成了"国门学校"的概念。[①] 此后，国门学校被广泛运用到相关研究和新闻报道中。

---

① 2023年6月国门学校调研，云南省教育厅关于国门学校建设情况的调研材料。

2000 年 8 月出版的《民委纪要》是在知网能查到的最早记录"国门学校"的条目。该纪要记录了广西壮族自治区党委、人民政府为贯彻中央民族工作会议精神和抓住西部大开发的重要历史机遇，决定把那坡、靖西、龙州、大新、宁明等 5 个边境县的 25 所中学和 25 所小学作为重点帮扶对象，并分别明确由有较强经济实 力的 50 个中直、区直单位对口支援争取将这 50 所学校建设成为一流的国门学校。①

由于特殊的区位特点，云南特别注重国门教育和国门文化建构。经过多年的发展，云南省衍生出了许多国门文化概念，如"国门文化交流中心""国门文化友谊广场""国门书社""国门文化传习馆""国门医院"等。云南省在全国率先开展国门文化建设。2022 年 9 月 1 日施行的《云南省公共文化服务保障条例》设专章对"国门文化建设"作出了详细规定，要求"省人民政府应当根据国家有关规定，持续推进边境文化长廊建设，制定国门文化建设规划，整合资源，统筹推进国门文化建设"。②云南省把国门文化建设作为主动响应"一带一路"建设，加强同周边国家文化交流，促进民心相通的重要抓手。

（三）国门学校从实践走向国家战略

伴随边疆教育、国防教育逐步发展起来的国门教育，国门学校逐步承担起了除基础教育以外的国防教育和对外展示中国良好形象、从小培养睦邻友好人士等特殊功能，成为周边外交的一项重要抓手，逐渐进入到国家战略层面。2007 年，为深入推进兴边富民行动，促进边境地区加快发展，帮助边民尽快富裕，巩固祖国边疆。国务院办公厅印发《兴边富民行动"十一五"规划》，在此规划中明确提出"优先把边境县列入义务教育经费保障范围，加快普及和巩固农村九年义务教育，要实施农村中小学寄宿制学校建设工程和国门学校建设工程"。"国门学校"第一次在国家正式文件

① 《民族团结》，民族团结杂志社，2000 年 8 月。
② 《云南省公共文化服务保障条例》，《云南日报》，2022 年 7 月 30 日

中出现。

2018 年，《国务院办公厅关于全面加强乡村小规模学校和寄宿制学校建设的指导意见》中提出要科学布局规划，"坚持办好民族地区学校、国门学校和边境学校"。

2021 年 3 月，国门学校首次出现在国家的发展规划里。《中华人民共和国国民经济和社会发展第十四个五年规划和 2035 年远景目标纲要》在其中"教育提质扩容工程"中，明确提出"在边境县（团场）建设 100 所'国门学校'，以教育基础薄弱县和人口流入地为重点新建改扩建中小学校 4000 所以上"。

根据国家"十四五"规划的要求，云南省积极响应，在 2021 年 12 月出台的《云南省"十四五"教育事业发展规划》中，特别指出要"建设好边境地区基础教育学校，实施边境县学校建设工程，建设一批优质特色的抵边学校和国门学校，增强中国教育对周边国家的影响力和辐射力"。

从 20 世纪末到 21 世纪初，近 30 年的时间，国门学校逐步从实践概念进入国家总体规划，成为国家战略的重要组成部分，可见其重要性。

二、云南省边境地区国门学校建设情况①

云南省有 8 个州（市）25 个县（市）129 个乡镇与缅甸、越南、老挝山水相连，边境线 2060 公里。25 个世居少数民族中有 16 个民族跨境而居。村寨相近相连，双边居民世代交往频繁，文化交融，习俗相通。中华人民共和国成立后，为了守边固边，党中央高度关注云南发展，在中国共产党的领导下，云南各族人民完成了从各个历史发展阶段向社会主义社会的过渡，经历社会主义改造、改革开放，与全国人民一道进入新时代，各项事业得到了长足的发展，特别是教育事业，在发展基础教育的同时，大力发

---

① 由于官方没有正式对国门学校进行准确的界定，本研究仍以云南省边境州、市、县学校调研和统计情况进行讨论。

展少数民族教育，让云南从一个新中国成立之初 85% 人口均为文盲半文盲①、边境一带几乎没有学校的落后状态实现了历史性跨越。为兴边富民、巩固民族团结培养了各式人才；为维护国家统一、守边固防奠定了坚实的基础。截至 2022 年，25 个边境县共有 4171 所学校，其中幼儿园 2215 所、小学 1509 所、初中 262 所、普通高中 83 所、中等职业学校 94 所、高级职业学校 8 所。共计 132.49 万人在读，其中幼儿园 25.62 万人、小学生 60.81 万人、初中在读 27.36 万人、高中 12.25 万人、高职在校学生 6.45 万人、中职在校学生 18.9 万人。② 通过多年的发展，云南边境国门学校呈现以下情况：

（一）学校教育、国防教育、国门教育三位一体

随着国际形势的变化、我国外交体系的进一步完善和云南省特殊的地理位置，云南省边境国门学校不仅承担了基础教育的职责，更承担了国防教育和国门教育的职责，呈现三位一体的特征。

在完成基础教育基本职能基础上，这些学校往往采取多种形式开展边疆地区学生的国防教育，军地共建就是其中一种重要的形式。如云南省腾冲市明光镇与缅甸接壤，国境线长 48.6 公里，有 4 个界碑、5 个简易通道，辖 15 个村民小组 18 个自然村。镇自治完小就属于一所国门小学，该学校和当地驻军结成对子。学校邀请一批"兵教师"给学生们讲授国家、国土、国界等国防知识，培养孩子们国家观念和国防意识。教学楼前"共守边疆，共育未来"充分体现了该学校国防教育的职责。③

被称为"中国第一所边防小学"的银井边防小学建于 1960 年，位于瑞丽市姐相乡银井村，村子处于云南瑞丽和缅甸的交界处，71 号界碑将村子一分为二，属于中国的叫银井村，属于缅甸的叫芒秀村。2019 年，银井边

---

① 《新中国成立七十年云南取得的辉煌成就》，载《社会主义论坛》2019 年第 10 期。

② 本文作者根据 2023 年 6 月在云南省边境国门学校调研材料整理。

③ 《云南军地加强边疆少数民族地区学校国防教育　国门小学打造国防教育课堂》，中国军网，2023 年 3 月 30 日，http://www.81.cn.

防小学学校共有学生 153 人，其中，傣族学生 117 人，缅籍学生 36 人，均为傣族。学生主要来自周边银井一、二社、南端村民小组，以及周边缅甸傣族村寨的学生。银井边防小学开设汉语、傣语、缅语课程，通过三语教学增进中缅两国学生的沟通交流，提高他们学习的兴趣。从小树立睦邻友好意识。[①] 学校门口的"大爱无亲疏、教育无国界"条幅充分体现了我国亲、诚、惠、容的周边外交理念。

（二）得益于国家的大力支持，国门学校得到了较快发展

云南省特殊的区位特点，使国门学校不仅承担教育的基本功能，还承担对外展示中国形象、讲好中国故事、巩固睦邻友好、培养亲华友华人士等周边外交功能。无论是从国家周边外交战略出发，还是从强边固防、兴边富民的角度，从国家和省级层面，都特别重视边境国门学校建设。2009年、2011 年，省级财政曾专项安排"国门学校"建设资金，主要在 4 个边境县和 17 个沿边乡镇中小学建设。《云南省"十四五"教育事业发展规划》中提出教育需全面服务我国面向南亚东南亚辐射中心建设，要"建设好边境地区基础教育学校，实施边境县学校建设工程，建设一批优质特色的抵边学校和国门学校，增强中国教育对周边国家的影响力和辐射力"。[②] 为了落实"十四五"规划，省级层面积极向国家争取项目和资金，同时统筹全省资金用于边境国门学校建设及改善办学条件。现以省发展改革委、省教育厅 2021—2023 年对边境国门学校经费投入为例（见表 8），两家单位以不同项目下达资金共计 48.59 亿元，用于改善边境学校办学条件。

---

① 弹指间行摄：《中国第一所边防小学，地处云南中缅边境，缅甸学生每天跨国境求学》，2019-10-14 15：47。

② 《云南省"十四五"教育事业发展规划》，云南省人民政府门户网站。

表 8 省发展改革委、省教育厅 2021—2023 年对边境学校经费投入情况①

单位	来源	经费（亿元）	用途
省发展改革委	中央预算	6.85	用于边境线 84 个基础教育学校项目建设
	中央预算	3.22	用于腾冲、景洪 6 个义务教育学校项目建设
	中央预算	2.04	用于 27 个边境县基础教育项目建设
	地方政府专项债和省预算	8.09	用于 8 所边境县职业学校建设
	省预算内资金	4.48	用于 21 个教育项目建设
省教育厅	省预算	8.79	25 个边境县义务教育薄弱环节改善与能力提升
	省预算	11.59	25 个边境县农村学校维修改造、抗震加固和改扩建校舍及附属设施建设
	省级专项	0.375	用于 374 个抵边行政村学校项目建设
	中央专项	1.84	用于改善 25 个边境县普通高中校舍改扩建、配置教学物资和附属设施建设
	中央专项	1.3125	用于 25 个边境县学校改善办学条件

（三）外籍学生享受同等国民教育待遇的政策充分体现了大国担当

为加快边境民族地区教育事业发展、从整体上提高各民族素质，准确把握云南在全国发展大局中的地位和作用，主动服务和融入国家重大发展战略。云南省出台了《云南省边境沿线行政村以下小学生免费教育试行办法》，该办法规定从 2000 年起，每年安排 1800 万元，对 8 个边境地州、25 个边境县、129 个边境乡镇的 13 万名边境各民族小学生实行免除课书费、文具费、杂费的"三免"措施。这项措施自 2005 年后逐步调整为"两免一补"政策，2011 年国家实施的农村义务教育学生营养改善计划。此两项政策对跨境就读外籍义务教育阶段的孩子同时适用。这些孩子根据不同年龄段被编入不同年级和班级，实行混合编班，与中国孩子共同上课，家远的

---

① 本文作者根据 2023 年 6 月在边境国门学校调研材料整理。

孩子同中国孩子共同入住宿舍，同吃同住，由学校进行共同管理。老师在教学过程中也不会区别对待跨境就读学生。低年级刚入学由于语言不同，还会安排懂民族语言的老师对其进行辅导，让学生平稳度过适应期。

教育公平与良好的学校氛围极大吸引了沿边境地区的家庭。至 2022 年底，云南省 8 个边境州 1892 所中小学幼儿园仍有跨境就读学生 10013 人（2020 年前在读学生远超此数），其中以小学生、中学生为主，缅甸学生占总数的 76.99%。[①]

实行混合编班、统一作息、同吃同住、共同学习，享受同等资助政策，跨境就读外籍孩子与我国孩子享受义务教育阶段同等国民教育待遇，充分体现大国担当，还向邻国展示了我国民族地区基础教育的良好形象，有效传播了中国文化，增强了民心相通。

（四）国门学校目前以学前教育和义务教育为主

至 2022 年底，云南省 8 个边境州（市）1892 所中小学幼儿园招收跨境就读学生 10013 人，其中学前教育 1024 人，小学生 6599 人，初中学生 1529 人，普通高中学生 231 人，中等职业学校 630 人。学前教育占 10.2%、义务教育阶段占 81.2%，中等职业教育占 6.3%。

从我省跨境就学情况看，主要以学前和义务教育阶段为主。外籍学生主要来源为：居住在中缅、中老、中越一线的外籍边民子女、随母亲嫁到中国的随迁子女、到中国务工的外籍人员随迁子女、因母亲曾嫁到境外离异后带回国的子女、投亲靠友长期居住在境内村寨的适龄儿童等。

---

① 作者于 2023 年 6 月在边境国门学校调研材料整理。

三、国门学校在周边外交中的独特作用

（一）是中国周边外交价值观的重要体现

中国是世界上周边邻国最多的国家，相比于其他大国，地缘环境更为复杂。如何处理好与周边国家的关系，是我国实现伟大复兴、承担大国使命的重要考验。党的十八大以来，以习近平同志为核心的党中央根据国际地区形势及我国同周边国家关系新变化，进一步突出周边在我国发展大局和外交全局中的重要地位，进一步完善周边外交战略布局，确定了我国周边外交的基本方针，就是坚持与邻为善、以邻为伴，坚持睦邻、安邻、富邻，突出体现亲、诚、惠、容的理念。国门学校在不断地发展中，逐步形成了一套既符合国家安全需要，又适应周边外交战略需求，是亲、诚、惠、容理念的具体体现。通过国门学校建设和一系列人文合作与交流，我国加强了和周边国家的教育合作。通过教育合作，我们既培养了一批知华、友华人士，也让我国的教育理念辐射到周边国家。通过教育软实力，本着互惠互利的原则，坚持与邻为善、以邻为伴同周边国家编织更加紧密的共同利益网，使自身发展更好惠及周边国家，实现睦邻、安邻、富邻。

（二）有效促进了民心相通，是深化双边合作的民意基础

2013 年习近平总书记提出的"一带一路"倡议，是促进共同发展，实现共同繁荣的合作共赢之路。民心相通是政策相通、设施联通、贸易相通、资金融通的社会根基。通过教育合作，可为双边和多边关系发展注入了正能量。

云南是面向南亚东南亚辐射中心的重要门户，地缘优势非常突出①。近年来，云南主动服务和融入"一带一路"倡议，不断扩大教育对外开放，加强与南亚东南亚国家的教育交流合作。在省级层面，创建了云南-南亚东南亚教育合作论坛、南亚东南亚大学联盟、澜湄职业教育联盟等教育合作机制。各高校在与南亚东南亚国家合作办学领域进行了有益探索，取得了较好成效。2012年至今，来滇南亚东南亚国家留学生10.7万人、占全部来滇留学生的83.6%②。在2022年第5届南亚东南亚教育合作昆明论坛上，云南省高校与南亚东南亚国家高校签订10个教育合作协议，涉及部省合作、汉语国际教育、医学教育合作、农业教育合作、交通运输领域职业教育合作等多个领域。在边境州市，不断扩大留学生培养规模，招收中小学幼儿园国际学生，积极为邻国开展职业技能培训，派遣华文教师到邻国支教。云南通过与周边国家在教育、文化、科技、卫生等领域的合作，厚植面向南亚东南亚开放的社会民意基础，筑牢民心相通的"连心桥"。努力使周边同我国政治关系更加友好、经济纽带更加牢固、安全合作更加深化。

（三）与缅甸的教育合作是我国周边外交的重要组成部分

云南省有6个州（市）19个县（市）与缅甸北部克钦邦和掸邦接壤，有16个民族和克木人跨境而居。云南省跨境就读学生中近80%为缅甸学生，其中90%以上为缅北学生。滇缅边境线总长1997公里，其中243公里由缅甸政府控制，属于中缅双边管理，而剩余的1754公里则由缅北5个民族地

---

① 云南毗邻缅甸、越南、老挝三国，与通过澜沧江、湄公河的泰国和柬埔寨相连，临近南亚印度、孟加拉国等国际市场，是中国—中南半岛经济走廊和孟中印缅经济走廊重要的交汇区，更是我国面向南亚东南亚和环印度洋地区开放的大通道和桥头堡的前沿，北上可连接丝绸之路经济带，南下连接海上丝绸之路。云南地处国内大循环和国内国际双循环的交汇点。随着"一带一路"深入推进和区域全面经济伙伴关系协定（RCEP）各项政策的逐步落实，云南背靠14亿人口中国大市场，面向23亿人口南亚东南亚大市场。

② 《中国这十年 今天看云南-面向南亚东南亚辐射中心篇》，云南网，2022年7月21日。

方武装控制，属于我方单边管理。虽然中国一直是对缅甸影响最大的国家，胞波情谊一直使中缅关系基础牢固。但新的国际形势需要我们继续深耕中缅关系，教育的文化传播功能无疑更能促进两国民心相通，为中缅命运共同体、全面战略合作伙伴关系打下坚实的民意基础，让战略合作伙伴关系走深走实。国门学校不仅是国家形象的展示，更体现了教育之于国家安全的特殊意义。

四、云南省国门学校建设存在的问题

（一）"国门学校"无明确界定，给相关政策、规划的贯彻落实带来一定阻碍

国门学校是一个从实践中慢慢发展起来的概念，虽然频繁出现在研究论文、新闻报道，甚至国家规划中，但实际上国家和省级从未出台过关于"国门学校"的认定条件和标准。在相关政策文件中的提法也出现概念较多、模糊不清的情况。如 2018 年，《国务院办公厅关于全面加强乡村小规模学校和寄宿制学校建设的指导意见》中提出要"坚持办好民族地区学校、国门学校和边境学校"。2021 年 12 月《云南省"十四五"教育事业发展规划》中提出，"实施边境县学校建设工程，要建设一批优质特色的抵边学校和国门学校"。在这些正式文件中出现多个不同的名称："民族地区学校""国门学校""边境学校""抵边学校"。在一些新闻报道中除出现以上名称外，还有"口岸学校""国防学校""边防小学"等名称。虽然名称不同，但是职能基本相似，但在概念上是模糊的，没有一个明确的标准进行划分。如果不对其进行明确的界定和划分，就会出现底数不清、情况不明的问题，给相关政策、规划的贯彻落实带来一定阻碍。如在国家十四个五年规划中明确提出"在边境县（团场）建设 100 所'国门学校'"，但如果没有明确的界定，很难落实建设任务。

（二）地方财政支撑力度不足，国门学校办学条件有待提高

一是 8 个边境地州、25 个边境县、129 个边境乡镇相对于内地县，起步晚、底子薄、问题多，发展滞后。地方资金筹措困难，学校建设所需资金大，配套资金难以落实到位，导致项目推进难。如澜沧拉祜族自治县边境幸福村学前教育建设项目缺口资金达 3120 万元。澜沧县教育补短板建设项目预计投资 2.6 亿元，目前上级到位资金 0.87 亿元，缺口资金 1.73 亿元。[①]根据 2021—2022 学年教育事业统计数据和义务教育学校基本办学标准测算，全省 25 个边境县在校舍、运动场建设方面，共计缺口资金 74.4 亿元。[②] 二是 25 个边境县均为原来的贫困县，发展基础薄弱，地方财政基本仅维持在"保基本"的层面。政府债务还本付息、各行业发展项目支出、编外临聘人员支出等刚性支出逐年增加，财政收支矛盾十分突出。对学生宿舍教学设施陈旧、学校运动场不达标等教育基础设施、薄弱环节改善等方面没有更多资金投入。如景洪市勐龙镇勐宋小学、景洪市第二中学因无资金来源，至今未建设标准运动场。三是上级下达学校建设单价与实际建设成本有一定差距。如澜沧县学前教育项目上级下达建设补助资金为每平方米 1280 元，实际建设成本为每平方米 5000 元[③]，造成建设缺口和资金保障难度大。四是外籍学生在义务教育阶段与我国孩子同等享受"两免"和营养改善计划政策，一定程度上造成学位、宿舍等资源紧张，也进一步加大了地方财政压力。

（三）跨境就读学生情况复杂，给学校管理带来一定困难

与我省相邻的越南、老挝、缅甸均为发展滞后国家，特别是缅甸，国家情况复杂，给我国边境管控和两国交往带来了较多障碍。一是在较多的

---

① 作者于 2023 年 6 月在边境国门学校调研所得。
② 作者于 2023 年 6 月在边境国门学校调研所得。
③ 作者于 2023 年 6 月在边境国门学校调研所得。

跨境婚姻（特别是与缅甸北部）关系中，缅方随迁子女，无法在我国取得合法身份；其次缅北地区由于人口管理问题导致身份界定困难。目前在读外籍学生中70%以上没有合法的身份证明，学校也无法准确识别核查学生身份；二是跨境学生流动性较大，伴随学生家庭情况变动、国内征兵要求、社会不稳定等因素，跨境学生过境就学有很大的随意性和流动性，给学校管理带来了一定困难；三是按照相关部门办理入出通行证相关要求，跨境就读学生证件有效期较短，停留时间有限，需往返办理，影响正常就学；四是由于外籍学生身份、学籍等原因，部分学生仅以边民身份就读，不能参加高考，升学渠道受阻，给外籍学生和家庭带来一定困惑，也不利于对外籍学生的培养。

（四）受通关政策变动等因素影响，目前跨境就读学生明显减少

与云南省接壤的缅甸、越南、老挝整体发展水平远远低于我国，特别是缅甸、老挝由于教育资源缺乏，对我国教育有较大的依赖性，对到我国就学有强烈的需求。但疫情结束后，受当前入出境政策影响，部分外籍学生无法就近就便入境到我方学校就读。如孟连县2018年共有跨境就读学生293人，疫情后减至228人。[①] 澜沧县2019年有622人，2020年减至489人。西双版纳州2019年在校外籍学生2500多人，截至2023年3月，全州外籍学生仅有776人。孟连县2018年秋季学期外籍学生293名，2023年春季学期，已无入境就读学生。

疫情结束后，跨境就读需求有所增加。笔者2023年6月份在边境一线调研得知，勐腊县2023年春季学期有跨境就读学生284人，到2023年秋季学期将达到400人；勐海县在2023年春季学期在勐海县辖区内居住的国际适龄儿童有就学需求的学生144名。5月份掸邦第四特区向勐海县提出将在2023年秋季新学期开学前送185名学生过境求学的建议。此外，以往部分

---

① 作者于2023年6月在边境国门学校调研所得。

外籍学生是通过通道进入我方就学，现通道关闭，如要通过口岸入关，路途遥远，对于边境居民而言，存在很大困难。

五、进一步完善国门学校建设的建议

（一）推动国家对国门学校的界定

建议从地域、功能、学段、生源等角度对国门学校尝试进行初步划分和界定。一是以地域划分。在所处区域上以是否有边境线为标准；在行政区划上以州（市）、县（市）、乡镇为单位进行划分。以云南省为例，边境一线的 8 个州（市）25 个县（市）129 个乡镇均为国门学校的建设范围。二是以功能划分。国门学校应该满足三个功能。第一按教育规律和国家相关规定完成基础教育任务；第二依据《中华人民共和国国防教育法》，承担国防教育功能；第三承担对外展示中国良好形象、培养睦邻友好人士、促进同周边国家边民友好往来、展示中华优秀传统文化，促进民心相通等特殊功能。三是以学段划分。在州（市）以高等教育和职业教育为主；在县（市）、乡镇以幼儿园、中小学为主。四是以生源划分。以该学校是否接收一定数量的外国学生为准。

满足以上四项拟可划归为国门学校，但在建设投入过程中，应更侧重于紧邻边境一线的县和乡镇，特别是乡镇的幼儿园、小学和中学。

（二）从人财物方面加强国门学校建设

一是充分考虑云南在国家战略中的地位以及地缘的特殊性，增加云南国门学校的数量，加大在国家相关规划中的数量占比；二是争取中央财政加大对云南支持力度，安排专项用途财政资金支持"国门学校"建设，改善办学条件，切实解决国门学校基本办学标准不达标、师资、校舍紧缺等问题；三是加强人才培养，完善保障措施，充分发挥国门学校的特殊功能。

（三）有效加强外籍学生管理

一是建立边境县外籍学生（中小学幼儿园、普高、职高）数据库，适时掌握外籍学生基本情况；二是针对跨境学生特殊情况，研究出台相关政策，有效加强中小学幼儿园等国门学校学生的入出境、学籍、安全、收费等管理，特别是义务教育结束后的升学问题；三是探索建立多部门参与的外籍学生管理工作长效机制；四是对缅北民地武地区学生给予特殊照顾，允许其进入我方高等教育机构进行深造。

（四）尊重边民交流交往历史，逐步开放边境通道，促进边境沿线民间正常交往交流

加强在抵边居民中的宣传教育，增强国门意识，强化边疆安全认知；强化边防（边境）检查站、边防派出所职责职能，规范管理跨境就学人员；通过民间的交流合作，信息互通，促进政府间双边、多边合作机制有效发挥；规范边境通道商品交易行为，促进双边商贸发展，让中国的发展更好惠及周边国家，实现睦邻、安邻、富邻。

[孙瑞，云南省社会科学院、中国（昆明）南亚东南亚研究院东南亚研究所研究员]

附 录

东南亚国家主要社会经济指标

钱小芬

一、菲律宾

年　度	2019	2020	2021	2022
总人口（人）	110380804	112190977	113880328	115559009
人口密度（每平方公里土地面积人数）（人）	370.194	376.265	381.931	
人口增长率（年度百分比）	1.655	1.627	1.495	1.463
城镇人口（占总人口的百分比）	47.149	47.408	47.684	47.977
城镇人口（人）	52043445	53187498	54302696	55441746
城镇人口增长（年增长率）	2.170	2.174	2.075	2.076
农村人口（占总人口的百分比）	52.851	52.592	52.316	52.023
农村人口（人）	58337359	59003479	59577632	60117263
农村人口增长（年增长率）	1.198	1.135	0.968	0.902
出生时的预期寿命（男性）（岁）	69.986	70.244	67.172	
出生时的预期寿命（总体）（岁）	71.865	72.119	69.266	
出生时的预期寿命（女性）（岁）	73.742	73.997	71.482	
总失业人数（占劳动力总数的比例）（模拟劳工组织估计）	2.24	2.52	2.632	2.238
男性失业人数（占男性劳动力比例）（模拟劳工组织估计）	2.053	2.397	2.421	2.045

续 表

年 度	2019	2020	2021	2022
女性失业人数（占女性劳动力比例） （模拟劳工组织估计）	2.534	2.716	2.966	2.541
石油发电量（占总发电量的比例）				
核能发电量（占总发电量的比例）				
天然气发电量（占总发电量的比例）				
燃煤发电量（占总发电量的比例）				
输配电耗损（占电产量的比例）				
通电率（占人口的百分比）	95.290	96.390	97.490	
GDP 增长率（年百分比）	6.119	-9.518	5.715	7.570
GDP（现价美元）（亿）	3768.234	3617.511	3940.874	4042.843
人均 GDP 增长（年增长率）	4.377	-10.978	4.147	6.008
人均 GDP（现价美元）	3413.849	3224.423	3460.539	3498.510
GNI 增长率（年度百分比）	5.425	-11.446	1.679	9.834
人均 GNI 增长（年增长率）	3.694	-12.875	0.170	8.239
人均 GNI（2015 年不变价）（美元）	3937.886	3430.875	3436.714	3719.853
总储蓄（占 GDP 的百分比）	31.755	24.818	20.203	22.497
总储蓄（占 GNI 的百分比）	28.865	23.115	28.865	23.115
总储蓄（现价美元）（亿）	1196.610	897.800	796.171	909.530
军费支出（占中央政府支出的百分比）	5.221	4.922	5.248	3.861
军费支出（占 GDP 的百分比）	1.131	1.297	1.407	0.996
武装部队人员（占劳动力总数的百分比）	0.344	0.370		
武装部队人员总数（人）	155000	157000		
专利申请量（居民）（件）	501	476	490	
专利申请量（非居民）（件）	3879	3517	3903	

续　表

年　度	2019	2020	2021	2022
科技期刊文章（篇）	3457.15	3071.81		
向撒哈拉以南非洲地区发展中经济体的商品出口（占商品出口总额的百分比）	0.260	0.186		
向南亚地区发展中经济体的商品出口（占商品出口总额的百分比）	0.924	1.047		
向中东和北非地区发展中经济体的商品出口（占商品出口总额的百分比）	0.204	0.190		
向拉丁美洲和加勒比地区发展中经济体的商品出口（占商品出口总额的百分比）	1.494	1.413		
向欧洲和中亚地区发展中经济体的商品出口（占商品出口总额的百分比）	0.311	0.308		
向东亚和太平洋地区发展中经济体的商品出口（占商品出口总额的百分比）	23.752	25.311		
向地区外发展中经济体的商品出口（占商品出口总额的百分比）	3.192	3.144		
向高收入经济体的商品出口（占商品出口总额的百分比）	72.271	71.530		
商品出口（现价美元）（亿）	703.340	638.790	746.180	789.300
从撒哈拉以南非洲地区发展中经济体的商品进口（占商品进口总额的百分比）	0.135	0.219		
从中东和北非地区发展中经济体的商品进口（占商品进口总额的百分比）	0.035	0.027		
从拉丁美洲和加勒比地区发展中经济体的商品进口（占商品进口总额的百分比）	1.326	1.263		

续　表

年　度	2019	2020	2021	2022
从欧洲和中亚地区发展中经济体的商品进口（占商品进口总额的百分比）	1.373	1.329		
从东亚和太平洋地区发展中经济体的商品进口（占商品进口总额的百分比）	41.865	41.420		
从地区外发展中经济体的商品进口（占商品出口总额的百分比）	4.666	4.701		
来自高收入经济体的商品出口（占商品进口总额的百分比）	49.354	48.806		
商品进口（现价美元）（亿）	1129.090	907.510	1243.670	1458.670

二、马来西亚

年　度	2019	2020	2021	2022
总人口（人）	32804020	33199993	33573874	33938221
人口密度（每平方公里土地面积人数）（人）	99.845	101.050	102.188	
人口增长率（年度百分比）	1.242	1.200	1.120	1.079
城镇人口（占总人口的百分比）	76.607	77.16	77.696	78.214
城镇人口（人）	25130176	25617115	26085557	26544440
城镇人口增长（年增长率）	1.990	1.919	1.812	1.744
农村人口（占总人口的百分比）	23.393	22.84	22.304	21.786
农村人口（人）	7673844	7582878	7488317	7393781
农村人口增长（年增长率）	-1.170	-1.192	-1.255	-1.270
出生时的预期寿命（男性）（岁）	73.465	73.648	72.659	

续　表

年　度	2019	2020	2021	2022
出生时的预期寿命（总体）（岁）	75.760	75.938	74.884	
出生时的预期寿命（女性）（岁）	78.306	78.472	77.362	
总失业人数（占劳动力总数的比例）（模拟劳工组织估计）	3.260	4.540	4.046	3.73
男性失业人数（占男性劳动力比例）（模拟劳工组织估计）	3.171	4.451	3.900	3.583
女性失业人数（占女性劳动力比例）（模拟劳工组织估计）	3.401	4.681	4.275	3.959
石油发电量（占总发电量的比例）				
核能发电量（占总发电量的比例）				
天然气发电量（占总发电量的比例）				
燃煤发电量（占总发电量的比例）				
输配电耗损（占电产量的比例）				
通电率（占人口的百分比）	100	100	100	
GDP 增长率（年百分比）	4.413	−5.534	3.092	8.694
GDP（现价美元）（亿）	3651.777	3373.395	3729.811	4063.059
人均 GDP 增长（年增长率）	3.125	−6.661	1.944	7.527
人均 GDP（现价美元）	11132.103	10160.829	11109.265	11971.928
GNI 增长率（年度百分比）	4.944	−4.939	2.344	7.699
人均 GNI 增长率（年增长率）	3.649	−6.072	1.204	6.543
人均 GNI（2015 年不变价）（美元）	10822.982	10165.764	10288.190	10961.326
总储蓄（占 GDP 的百分比）	28.575	26.069	29.379	30.813
总储蓄（占 GNI 的百分比）	25.204	24.353	26.785	27.393
总储蓄（现价）（美元）（亿）	896.372	805.012	972.181	1073.450

续　表

年　度	2019	2020	2021	2022
军费支出（占中央政府支出的百分比）	3.789	3.962	4.145	4.279
军费支出（占 GDP 的百分比）	0.895	1.002	0.987	0.958
武装部队人员（占劳动力总数的百分比）	0.827	0.818		
武装部队人员总数（人）	136000	136000		
专利申请量（居民）（件）	1071	989	883	
专利申请量（非居民）（件）	6480	5839	6651	
科技期刊文章（篇）	21280.390	21884.840		
向撒哈拉以南非洲地区发展中经济体的商品出口（占商品出口总额的百分比）	1.541	1.615		
向南亚地区发展中经济体的商品出口（占商品出口总额的百分比）	5.732	4.498		
向中东和北非地区发展中经济体的商品出口（占商品出口总额的百分比）	0.744	0.680		
向拉丁美洲和加勒比地区发展中经济体的商品出口（占商品出口总额的百分比）	1.544	1.542		
向欧洲和中亚地区发展中经济体的商品出口（占商品出口总额的百分比）	1.266	1.290		
向东亚和太平洋地区发展中经济体的商品出口（占商品出口总额的百分比）	29.060	29.341		
向地区外发展中经济体的商品出口（占商品出口总额的百分比）	10.826	9.624		
向高收入经济体的商品出口（占商品出口总额的百分比）	60.094	61.016		
商品出口（现价美元）（亿）	2381.950	2347.660	2994.250	3524.750

续　表

年　度	2019	2020	2021	2022
从撒哈拉以南非洲地区发展中经济体的商品进口（占商品进口总额的百分比）	1.371	1.276		
从中东和北非地区发展中经济体的商品进口（占商品进口总额的百分比）	0.477	0.433		
从拉丁美洲和加勒比地区发展中经济体的商品进口（占商品进口总额的百分比）	1.801	2.213		
从欧洲和中亚地区发展中经济体的商品进口（占商品进口总额的百分比）	0.905	0.860		
从东亚和太平洋地区发展中经济体的商品进口（占商品进口总额的百分比）	34.149	34.123		
从地区外发展中经济体的商品进口（占商品出口总额的百分比）	7.687	8.179		
来自高收入经济体的商品出口（占商品进口总额的百分比）	57.809	57.392		
商品进口（现价美元）（亿）	2049.980	1908.600	2382.400	2943.170

三、缅甸

年　度	2019	2020	2021	2022
总人口（人）	53040212	53423198	53798084	54179306
人口密度（每平方公里土地面积人数）（人）	81.263	81.853	82.428	
人口增长率（年度百分比）	0.708	0.719	0.699	0.706
城镇人口（占总人口的百分比）	30.852	31.141	31.448	31.771

续　表

年　度	2019	2020	2021	2022
城镇人口（人）	16363966	16636518	16918421	17213307
城镇人口增长（年增长率）	1.597	1.652	1.680	1.728
农村人口（占总人口的百分比）	69.148	68.859	68.552	68.229
农村人口（人）	36676246	36786680	36879663	36965999
农村人口增长（年增长率）	0.314	0.301	0.252	0.234
出生时的预期寿命（男性）（岁）	63.572	63.785	62.546	
出生时的预期寿命（总体）（岁）	66.610	66.797	65.672	
出生时的预期寿命（女性）（岁）	69.799	69.959	69.001	
总失业人数（占劳动力总数的比例）（模拟劳工组织估计）	0.410	1.480		
男性失业人数（占男性劳动力比例）（模拟劳工组织估计）	0.367	1.058		
女性失业人数（占女性劳动力比例）（模拟劳工组织估计）	0.479	2.177		
石油发电量（占总发电量的比例）				
核能发电量（占总发电量的比例）				
天然气发电量（占总发电量的比例）				
燃煤发电量（占总发电量的比例）				
输配电耗损（占电产量的比例）				
通电率（占人口的百分比）	68.312	70.416	72.467	
GDP 增长率（年百分比）	6.750	3.174	−17.913	3.003
GDP（现价美元）（亿）	686.978	789.303	651.248	593.644
人均 GDP 增长（年增长率）	5.997	2.434	−18.485	2.278
人均 GDP（现价美元）	1295.201	1477.453	1210.541	1095.702

续　表

年　度	2019	2020	2021	2022
GNI 增长率（年度百分比）	6.329	3.841	−17.928	3.653
人均 GNI 增长（年增长率）	5.579	3.097	−18.500	2.924
人均 GNI（2015 年不变价）（美元）	1531.240	1578.655	1286.602	1324.218
总储蓄（占 GDP 的百分比）	29.774			
总储蓄（占 GNI 的百分比）	30.809			
总储蓄（现价）（美元）（亿）	203.287	237.333	208.597	189.459
军费支出（占中央政府支出的百分比）	10.810	13.814	15.456	14.236
军费支出（占 GDP 的百分比）	2.190	2.990	3.391	3.047
武装部队人员（占劳动力总数的百分比）	2.143	1.924		
武装部队人员总数（人）	513000	463000		
专利申请量（居民）（件）				
专利申请量（非居民）（件）				
科技期刊文章（篇）	281.53	418.5		
向撒哈拉以南非洲地区发展中经济体的商品出口（占商品出口总额的百分比）	1.386	0.885		
向南亚地区发展中经济体的商品出口（占商品出口总额的百分比）	4.379	4.846		
向中东和北非地区发展中经济体的商品出口（占商品出口总额的百分比）	0.089	0.045		
向拉丁美洲和加勒比地区发展中经济体的商品出口（占商品出口总额的百分比）	0.210	0.202		
向欧洲和中亚地区发展中经济体的商品出口（占商品出口总额的百分比）	0.313	0.353		

续　表

年　度	2019	2020	2021	2022
向东亚和太平洋地区发展中经济体的商品出口（占商品出口总额的百分比）	53.761	53.352		
向地区外发展中经济体的商品出口（占商品出口总额的百分比）	6.377	6.331		
向高收入经济体的商品出口（占商品出口总额的百分比）	39.648	40.235		
商品出口（现价美元）（亿）	179.970	166.920	151.540	170.850
从撒哈拉以南非洲地区发展中经济体的商品进口（占商品进口总额的百分比）	0.214	0.150		
从中东和北非地区发展中经济体的商品进口（占商品进口总额的百分比）	0.292	0.197		
从拉丁美洲和加勒比地区发展中经济体的商品进口（占商品进口总额的百分比）	0.623	0.818		
从欧洲和中亚地区发展中经济体的商品进口（占商品进口总额的百分比）	0.643	0.814		
从东亚和太平洋地区发展中经济体的商品进口（占商品进口总额的百分比）	60.052	63.681		
从地区外发展中经济体的商品进口（占商品出口总额的百分比）	5.847	6.263		
来自高收入经济体的商品进口（占商品进口总额的百分比）	34.101	30.052		
商品进口（现价美元）（亿）	185.880	179.470	143.270	174.030

四、泰国

年 度	2019	2020	2021	2022
总人口（人）	71307763	71475664	71601103	71697030
人口密度（每平方公里土地面积人数）（人）	139.576	139.904	140.150	
人口增长率（年度百分比）	0.253	0.235	0.175	0.134
城镇人口（占总人口的百分比）	50.692	51.430	52.163	52.889
城镇人口（人）	36147331	36759934	37349283	37919842
城镇人口增长（年增长率）	1.729	1.681	1.591	1.516
农村人口（占总人口的百分比）	49.308	48.570	47.837	47.111
农村人口（人）	35160432	34715730	34251820	33777188
农村人口增长（年增长率）	−1.243	−1.273	−1.345	−1.395
出生时的预期寿命（男性）（岁）	74.638	74.954	74.518	
出生时的预期寿命（总体）（岁）	78.975	79.274	78.715	
出生时的预期寿命（女性）（岁）	83.433	83.697	83.041	
总失业人数（占劳动力总数的比例）（模拟劳工组织估计）	0.720	1.100	0.992	0.862
男性失业人数（占男性劳动力比例）（模拟劳工组织估计）	0.706	1.109	0.956	0.831
女性失业人数（占女性劳动力比例）（模拟劳工组织估计）	0.720	1.100	0.992	0.862
石油发电量（占总发电量的比例）				
核能发电量（占总发电量的比例）				
天然气发电量（占总发电量的比例）				

续　表

年　度	2019	2020	2021	2022
燃煤发电量（占总发电量的比例）				
输配电耗损（占电产量的比例）				
通电率（占人口的百分比）	99.900	100	100	
GDP 增长率（年百分比）	2.115	−6.067	1.492	2.595
GDP（现价美元）（亿）	5439.767	5004.573	5055.681	4953.406
人均 GDP 增长（年增长率）	1.857	−6.288	1.314	2.457
人均 GDP（现价美元）	7628.576	7001.785	7060.898	6908.802
GNI 增长率（年度百分比）				
人均 GNI 增长（年增长率）				
人均 GNI（2015 年不变价）（美元）				
总储蓄（占 GDP 的百分比）	31.701	28.172	27.349	26.700
总储蓄（占 GNI 的百分比）	32.911	28.804	28.360	27.496
总储蓄（现价美元）（亿）	1724.447	1409.884	1382.654	1322.581
军费支出（占中央政府支出的百分比）	6.224	5.652	4.689	4.579
军费支出（占 GDP 的百分比）	1.351	1.455	1.306	1.158
武装部队人员（占劳动力总数的百分比）	1.139	1.132		
武装部队人员总数（人）	455000	455000		
专利申请量（居民）（件）	865	863	867	
专利申请量（非居民）（件）	7307	6662	7375	
科技期刊文章（篇）	13467.890	13963.090		
向撒哈拉以南非洲地区发展中经济体的商品出口（占商品出口总额的百分比）	2.159	1.761		
向南亚地区发展中经济体的商品出口（占商品出口总额的百分比）	4.112	3.349		

续　表

年　度	2019	2020	2021	2022
向中东和北非地区发展中经济体的商品出口（占商品出口总额的百分比）	0.884	0.816		
向拉丁美洲和加勒比地区发展中经济体的商品出口（占商品出口总额的百分比）	2.753	2.428		
向欧洲和中亚地区发展中经济体的商品出口（占商品出口总额的百分比）	0.890	0.868		
向东亚和太平洋地区发展中经济体的商品出口（占商品出口总额的百分比）	33.851	32.810		
向地区外发展中经济体的商品出口（占商品出口总额的百分比）	10.797	9.221		
向高收入经济体的商品出口（占商品出口总额的百分比）	54.934	57.637		
商品出口（现价美元）（亿）	2462.690	2316.340	2720.060	2870.680
从撒哈拉以南非洲地区发展中经济体的商品进口（占商品进口总额的百分比）	0.977	1.545		
从中东和北非地区发展中经济体的商品进口（占商品进口总额的百分比）	0.548	0.352		
从拉丁美洲和加勒比地区发展中经济体的商品进口（占商品进口总额的百分比）	1.663	1.926		
从欧洲和中亚地区发展中经济体的商品进口（占商品进口总额的百分比）	1.530	1.296		
从东亚和太平洋地区发展中经济体的商品进口（占商品进口总额的百分比）	37.061	39.599		
从地区外发展中经济体的商品进口（占商品出口总额的百分比）	6.974	7.355		

续　表

年　度	2019	2020	2021	2022
来自高收入经济体的商品进口（占商品进口总额的百分比）	54.227	51.562		
商品进口（现价美元）（亿）	2362.600	2061.560	2668.820	3031.910

五、文莱

年　度	2019	2020	2021	2022
总人口（人）	438048	441725	445373	449002
人口密度（每平方公里土地面积人数）（人）	83.121	83.819	84.511	
人口增长率（年度百分比）	0.865	0.836	0.822	0.812
城镇人口（占总人口的百分比）	77.942	78.250	78.554	78.854
城镇人口（人）	341423	345650	349858	354056
城镇人口增长（年增长率）	1.267	1.230	1.210	1.193
农村人口（占总人口的百分比）	22.058	21.750	21.446	21.146
农村人口（人）	96625	96075	95515	94946
农村人口增长（年增长率）	−0.543	−0.571	−0.585	−0.597
出生时的预期寿命（男性）（岁）	72.706	72.749	72.602	
出生时的预期寿命（总体）（岁）	74.748	74.795	74.642	
出生时的预期寿命（女性）（岁）	76.986	77.033	76.881	
总失业人数（占劳动力总数的比例）（模拟劳工组织估计）	6.920	7.410	7.446	7.203
男性失业人数（占男性劳动力比例）（模拟劳工组织估计）	5.964	6.395	6.364	6.133

续　表

年　度	2019	2020	2021	2022
女性失业人数（占女性劳动力比例）（模拟劳工组织估计）	8.277	8.848	8.969	8.692
石油发电量（占总发电量的比例）				
核能发电量（占总发电量的比例）				
天然气发电量（占总发电量的比例）				
燃煤发电量（占总发电量的比例）				
输配电耗损（占电产量的比例）				
通电率（占人口的百分比）	100	100	100	
GDP 增长率（年百分比）	3.869	1.134	−1.591	−1.628
GDP（现价美元）（亿）	134.692	120.058	140.065	166.815
人均 GDP 增长（年增长率）	2.974	0.292	−2.397	−2.423
人均 GDP（现价美元）	30748.320	27179.344	31448.914	37152.466
GNI 增长率（年度百分比）	5.960	1.083	−3.475	
人均 GNI 增长（年增长率）	5.048	0.241	−4.266	
人均 GNI（2015 年不变价）（美元）（亿）	136.602	138.815	133.326	
总储蓄（占 GDP 的百分比）	53.553	50.909	49.736	51.019
总储蓄（占 GNI 的百分比）	52.155	49.419	49.419	52.175
总储蓄（现价）（美元）	72.324	61.199	69.621	85.067
军费支出（占中央政府支出的百分比）	9.491	10.947	10.168	9.158
军费支出（占 GDP 的百分比）	3.079	3.634	3.236	2.370
武装部队人员（占劳动力总数的百分比）	3.679	3.670		
武装部队人员总数（人）	8000	8000		
专利申请量（居民）（件）	8	5	2	
专利申请量（非居民）（件）	133	115	137	

续 表

年 度	2019	2020	2021	2022
科技期刊文章（篇）	221.810	286.840		
向撒哈拉以南非洲地区发展中经济体的商品出口（占商品出口总额的百分比）	0.003	0.299		
向南亚地区发展中经济体的商品出口（占商品出口总额的百分比）	8.423	6.325		
向中东和北非地区发展中经济体的商品出口（占商品出口总额的百分比）	0.004	0.0001		
向拉丁美洲和加勒比地区发展中经济体的商品出口（占商品出口总额的百分比）	0.012	0.007		
向欧洲和中亚地区发展中经济体的商品出口（占商品出口总额的百分比）	0.003	0.003		
向东亚和太平洋地区发展中经济体的商品出口（占商品出口总额的百分比）	26.878	36.597		
向地区外发展中经济体的商品出口（占商品出口总额的百分比）	35.324	43.232		
向高收入经济体的商品出口（占商品出口总额的百分比）	64.653	56.742		
商品出口（现价美元）（亿）	70.390	66.080	110.580	142.300
从撒哈拉以南非洲地区发展中经济体的商品进口（占商品进口总额的百分比）	8.932	2.220		
从中东和北非地区发展中经济体的商品进口（占商品进口总额的百分比）	1.812	0.992		
从拉丁美洲和加勒比地区发展中经济体的商品进口（占商品进口总额的百分比）	0.401	1.159		

续　表

年　度	2019	2020	2021	2022
从欧洲和中亚地区发展中经济体的商品进口（占商品进口总额的百分比）	4.227	4.477		
从东亚和太平洋地区发展中经济体的商品进口（占商品进口总额的百分比）	34.071	35.363		
从地区外发展中经济体的商品进口（占商品出口总额的百分比）	51.826	45.699		
来自高收入经济体的商品进口（占商品进口总额的百分比）	46.505	54.226		
商品进口（现价美元）（亿）	51.03	53.43	85.75	91.84

六、新加坡

年　度	2019	2020	2021	2022
总人口（人）	5703569	5685807	5453566	5637022
人口密度（每平方公里土地面积人数）（人）	7965.878	7918.951	7595.496	
人口增长率（年度百分比）	1.144	-0.312	-4.170	3.309
城镇人口（占总人口的百分比）	100	100	100	100
城镇人口（人）	5703569	5685807	5453566	5637022
城镇人口增长（年增长率）	1.144	-0.312	-4.170	3.309
农村人口（占总人口的百分比）	0	0	0	0
农村人口（人）	0	0	0	0
农村人口增长（年增长率）	0	0	0	0
出生时的预期寿命（男性）（岁）	81.400	83.100	81.100	

续　表

年　度	2019	2020	2021	2022
出生时的预期寿命（总体）（岁）	83.595	84.466	83.441	
出生时的预期寿命（女性）（岁）	85.9	85.9	85.9	
总失业人数（占劳动力总数的比例）（模拟劳工组织估计）	3.100	4.100	3.540	2.758
男性失业人数（占男性劳动力比例）（模拟劳工组织估计）	2.935	3.889	3.359	2.596
女性失业人数（占女性劳动力比例）（模拟劳工组织估计）	3.326	4.388	3.781	2.974
石油发电量（占总发电量的比例）				
核能发电量（占总发电量的比例）				
天然气发电量（占总发电量的比例）				
燃煤发电量（占总发电量的比例）				
输配电耗损（占电产量的比例）				
通电率（占人口的百分比）	100	100	100	
GDP 增长率（年百分比）	1.331	−3.901	8.882	3.647
GDP（现价美元）（亿）	3768.749	3483.217	4237.700	4667.854
人均 GDP 增长（年增长率）	0.178	−3.601	13.519	0.274
人均 GDP（现价美元）	66070.471	61274.006	77710.070	82807.649
GNI 增长率（年度百分比）				
人均 GNI 增长（年增长率）				
人均 GNI（2015 年不变价）（美元）				
总储蓄（占 GDP 的百分比）	54.433	55.575	59.742	60.133
总储蓄（占 GNI 的百分比）	46.409	47.226	50.819	51.515
总储蓄（现价）（美元）（亿）	1548.979	1422.247	1801.644	2017.798

续　表

年　度	2019	2020	2021	2022
军费支出（占中央政府支出的百分比）	19.773	11.886	14.595	16.911
军费支出（占 GDP 的百分比）	2.770	2.837	2.784	2.771
武装部队人员（占劳动力总数的百分比）	1.673	1.680		
武装部队人员总数（人）	59000	59000		
专利申请量（居民）（件）	1727	1778	2024	
专利申请量（非居民）（件）	12409	11487	12566	
科技期刊文章（篇）	11678.080	12221.190		
向撒哈拉以南非洲地区发展中经济体的商品出口（占商品出口总额的百分比）	1.1520	0.6360		
向南亚地区发展中经济体的商品出口（占商品出口总额的百分比）	4.396	3.809		
向中东和北非地区发展中经济体的商品出口（占商品出口总额的百分比）	0.229	0.178		
向拉丁美洲和加勒比地区发展中经济体的商品出口（占商品出口总额的百分比）	0.845	0.839		
向欧洲和中亚地区发展中经济体的商品出口（占商品出口总额的百分比）	0.414	0.396		
向东亚和太平洋地区发展中经济体的商品出口（占商品出口总额的百分比）	42.704	40.583		
向地区外发展中经济体的商品出口（占商品出口总额的百分比）	49.741	46.441		
向高收入经济体的商品出口（占商品出口总额的百分比）	50.213	53.527		
商品出口（现价美元）（亿）	3907.630	3625.340	4573.570	5158.020

续　表

年　度	2019	2020	2021	2022
从撒哈拉以南非洲地区发展中经济体的商品进口（占商品进口总额的百分比）	0.706	0.813		
从中东和北非地区发展中经济体的商品进口（占商品进口总额的百分比）	1.542	0.976		
从拉丁美洲和加勒比地区发展中经济体的商品进口（占商品进口总额的百分比）	1.276	1.680		
从欧洲和中亚地区发展中经济体的商品进口（占商品进口总额的百分比）	1.684	0.667		
从东亚和太平洋地区发展中经济体的商品进口（占商品进口总额的百分比）	35.459	38.517		
从地区外发展中经济体的商品进口（占商品出口总额的百分比）	42.552	44.335		
来自高收入经济体的商品进口（占商品进口总额的百分比）	57.335	55.653		
商品进口（现价美元）（亿）	3592.660	3298.300	4062.260	4755.780

七、越南

年　度	2019	2020	2021	2022
总人口（人）	95776716	96648685	97468029	98186856
人口密度（每平方公里土地面积人数）（人）	305.577	308.359	310.973	
人口增长率（年度百分比）	0.904	0.906	0.844	0.735
城镇人口（占总人口的百分比）	36.628	37.340	38.052	38.766

续　表

年　度	2019	2020	2021	2022
城镇人口（人）	35081096	36088619	37088534	38063117
城镇人口增长（年增长率）	2.859	2.832	2.733	2.594
农村人口（占总人口的百分比）	63.372	62.660	61.948	61.234
农村人口（人）	60695620	60560066	60379495	60123739
农村人口增长（年增长率）	-0.208	-0.224	-0.299	-0.424
出生时的预期寿命（男性）（岁）	69.369	70.787	69.117	
出生时的预期寿命（总体）（岁）	74.093	75.378	73.618	
出生时的预期寿命（女性）（岁）	78.888	79.920	78.235	
总失业人数（占劳动力总数的比例）（模拟劳工组织估计）	1.680	2.100	2.380	1.923
男性失业人数（占男性劳动力比例）（模拟劳工组织估计）	1.757	1.786	2.467	2.167
女性失业人数（占女性劳动力比例）（模拟劳工组织估计）	1.597	2.444	2.287	1.663
石油发电量（占总发电量的比例）				
核能发电量（占总发电量的比例）				
天然气发电量（占总发电量的比例）				
燃煤发电量（占总发电量的比例）				
输配电耗损（占电产量的比例）				
通电率（占人口的百分比）	99.4	99.8	100	
GDP 增长率（年百分比）	7.359	2.865	2.562	8.020
GDP（现价美元）（亿）	3343.653	3466.158	3661.376	4088.024
人均 GDP 增长（年增长率）	6.393	1.937	1.699	7.229
人均 GDP（现价美元）	3491.091	3586.347	3756.489	4163.514

续　表

年　度	2019	2020	2021	2022
GNI 增长率（年度百分比）	7.443	3.724	1.652	
人均 GNI 增长（年增长率）	6.475	2.788	0.797	
人均 GNI（2015 年不变价）（美元）	3115.176	3202.030	3227.559	
总储蓄（占 GDP 的百分比）	31.333	33.007	32.653	
总储蓄（占 GNI 的百分比）	32.990	34.481	34.415	
总储蓄（现价）（美元）（亿）	1047.668	1144.086	1195.540	
军费支出（占中央政府支出的百分比）				
军费支出（占 GDP 的百分比）				
武装部队人员（占劳动力总数的百分比）	0.934	0.954		
武装部队人员总数（人）	522000	522000		
专利申请量（居民）（件）	720	1021	1066	
专利申请量（非居民）（件）	6800	6674	7468	
科技期刊文章（篇）	5812.63	8213.16		
向撒哈拉以南非洲地区发展中经济体的商品出口（占商品出口总额的百分比）	0.706	0.679		
向南亚地区发展中经济体的商品出口（占商品出口总额的百分比）	3.072	2.343		
向中东和北非地区发展中经济体的商品出口（占商品出口总额的百分比）	0.396	0.387		
向拉丁美洲和加勒比地区发展中经济体的商品出口（占商品出口总额的百分比）	2.452	2.383		
向欧洲和中亚地区发展中经济体的商品出口（占商品出口总额的百分比）	1.586	1.608		

续　表

年　　度	2019	2020	2021	2022
向东亚和太平洋地区发展中经济体的商品出口（占商品出口总额的百分比）	24.477	24.721		
向地区外发展中经济体的商品出口（占商品出口总额的百分比）	8.212	7.401		
向高收入经济体的商品出口（占商品出口总额的百分比）	67.311	67.870		
商品出口（现价美元）（亿）	2642.680	2826.290	3359.780	3712.880
从撒哈拉以南非洲地区发展中经济体的商品进口（占商品进口总额的百分比）	0.869	1.012		
从中东和北非地区发展中经济体的商品进口（占商品进口总额的百分比）	0.006	0.037		
从拉丁美洲和加勒比地区发展中经济体的商品进口（占商品进口总额的百分比）	2.692	2.524		
从欧洲和中亚地区发展中经济体的商品进口（占商品进口总额的百分比）	0.990	1.077		
从东亚和太平洋地区发展中经济体的商品进口（占商品进口总额的百分比）	41.508	39.840		
从地区外发展中经济体的商品进口（占商品出口总额的百分比）	6.468	6.353		
来自高收入经济体的商品进口（占商品进口总额的百分比）	52.024	47.097		
商品进口（现价美元）（亿）	2533.930	2627.010	3324.550	3591.480

八、柬埔寨

年　　度	2019	2020	2021	2022
总人口（人）	16207746	16396860	16589023	16767842
人口密度（每平方公里土地面积人数）（人）	91.818	92.890	93.978	
人口增长率（年度百分比）	1.132	1.160	1.165	1.072
城镇人口（占总人口的百分比）	23.805	24.232	24.668	25.114
城镇人口（人）	3858254	3973287	4092180	4211076
城镇人口增长（年增长率）	2.900	2.938	2.948	2.864
农村人口（占总人口的百分比）	76.195	75.768	75.332	74.886
农村人口（人）	12349492	12423573	12496843	12556766
农村人口增长（年增长率）	0.587	0.598	0.588	0.478
出生时的预期寿命（男性）（岁）	68.400	67.999	66.819	
出生时的预期寿命（总体）（岁）	70.692	70.416	69.584	
出生时的预期寿命（女性）（岁）	72.873	72.724	72.291	
总失业人数（占劳动力总数的比例）（模拟劳工组织估计）	0.500	0.170	0.400	
男性失业人数（占男性劳动力比例）（模拟劳工组织估计）	0.117	0.275	0.244	0.298
女性失业人数（占女性劳动力比例）（模拟劳工组织估计）	0.520	0.210	0.420	
石油发电量（占总发电量的比例）				
核能发电量（占总发电量的比例）				
天然气发电量（占总发电量的比例）				

续 表

年 度	2019	2020	2021	2022
燃煤发电量（占总发电量的比例）				
输配电耗损（占电产量的比例）				
通电率（占人口的百分比）	84.000	86.400	82.502	
GDP 增长率（年百分比）	7.054	-3.096	3.026	5.162
GDP（现价美元）（亿）	270.894	258.728	269.611	299.568
人均 GDP 增长（年增长率）	5.849	-4.214	1.833	4.040
人均 GDP（现价美元）	1671.385	1577.912	1625.235	1786.561
GNI 增长率（年度百分比）	6.4366	-0.926	1.747	
人均 GNI 增长（年增长率）	5.238	-2.068	0.568	
人均 GNI（2015 年不变价）（美元）	1374.266	1345.839	1353.483	
总储蓄（占 GDP 的百分比）	31.593	32.771	33.972	31.770
总储蓄（占 GNI 的百分比）	33.528	34.153	35.836	
总储蓄（现价）（美元）（亿）	85.583	84.787	91.591	95.173
军费支出（占中央政府支出的百分比）	9.222	8.767	8.130	7.665
军费支出（占 GDP 的百分比）	2.196	2.451	2.347	2.100
武装部队人员（占劳动力总数的百分比）	2.212	2.198		
武装部队人员总数（人）	191000	191000		
专利申请量（居民）（件）	720	1021	1066	
专利申请量（非居民）（件）	6800	6674	7468	
科技期刊文章（篇）	5812.630	8213.160		
向撒哈拉以南非洲地区发展中经济体的商品出口（占商品出口总额的百分比）	0.459	0.480		
向南亚地区发展中经济体的商品出口（占商品出口总额的百分比）	0.498	0.439		

续　表

年　度	2019	2020	2021	2022
向中东和北非地区发展中经济体的商品出口（占商品出口总额的百分比）	0.057	0.066		
向拉丁美洲和加勒比地区发展中经济体的商品出口（占商品出口总额的百分比）	1.005	0.929		
向欧洲和中亚地区发展中经济体的商品出口（占商品出口总额的百分比）	0.621	0.490		
向东亚和太平洋地区发展中经济体的商品出口（占商品出口总额的百分比）	13.867	12.482		
向地区外发展中经济体的商品出口（占商品出口总额的百分比）	2.641	2.404		
向高收入经济体的商品出口（占商品出口总额的百分比）	83.135	84.690		
商品出口（现价美元）（亿）	149.861	185.222	195.209	231.795
从撒哈拉以南非洲地区发展中经济体的商品进口（占商品进口总额的百分比）	0.070	0.091		
从中东和北非地区发展中经济体的商品进口（占商品进口总额的百分比）	0.011	0.010		
从拉丁美洲和加勒比地区发展中经济体的商品进口（占商品进口总额的百分比）	0.493	0.388		
从欧洲和中亚地区发展中经济体的商品进口（占商品进口总额的百分比）	0.125	0.108		
从东亚和太平洋地区发展中经济体的商品进口（占商品进口总额的百分比）	71.040	73.873		
从地区外发展中经济体的商品进口（占商品进口总额的百分比）	1.862	1.467		

续　表

年　度	2019	2020	2021	2022
来自高收入经济体的商品进口（占商品进口总额的百分比）	23.265	20.992		
商品进口（现价美元）（亿）	222.416	210.660	307.262	320.052

九、老挝

年　度	2019	2020	2021	2022
总人口（人）	7212053	7319399	7425057	7529475
人口密度（每平方公里土地面积人数）（人）	31.248	31.713	32.171	
人口增长率（年度百分比）	1.495	1.477	1.433	1.396
城镇人口（占总人口的百分比）	35.645	36.290	36.939	37.592
城镇人口（人）	2570736	2656210	2742742	2830480
城镇人口增长（年增长率）	3.310	3.271	3.206	3.149
农村人口（占总人口的百分比）	64.355	63.710	63.061	62.408
农村人口（人）	4641317	4663189	4682315	4698995
农村人口增长（年增长率）	0.504	0.470	0.409	0.356
出生时的预期寿命（男性）（岁）	66.155	66.519	66.154	
出生时的预期寿命（总体）（岁）	68.138	68.497	68.061	
出生时的预期寿命（女性）（岁）	70.234	70.594	70.078	
总失业人数（占劳动力总数的比例）（模拟劳工组织估计）	3.273	3.576	3.637	2.633
男性失业人数（占男性劳动力比例）（模拟劳工组织估计）	3.714	4.104	4.069	2.967

续 表

年 度	2019	2020	2021	2022
女性失业人数（占女性劳动力比例）（模拟劳工组织估计）	2.771	2.974	3.147	2.257
石油发电量（占总发电量的比例）				
核能发电量（占总发电量的比例）				
天然气发电量（占总发电量的比例）				
燃煤发电量（占总发电量的比例）				
输配电耗损（占电产量的比例）				
通电率（占人口的百分比）	98.397	99.311	100	
GDP 增长率（年百分比）	5.458	0.503	2.528	2.707
GDP（现价美元）（亿）	187.406	258.728	269.611	299.568
人均 GDP 增长（年增长率）	3.892	−0.971	1.069	1.283
人均 GDP（现价美元）	2598.506	2593.355	2535.623	2088.377
GNI 增长率（年度百分比）				
人均 GNI 增长（年增长率）				
人均 GNI（2015 年不变价）（美元）				
总储蓄（占 GDP 的百分比）				
总储蓄（占 GNI 的百分比）				
总储蓄（现价）（美元）				
军费支出（占中央政府支出的百分比）				
军费支出（占 GDP 的百分比）				
武装部队人员（占劳动力总数的百分比）	4.402	4.358		
武装部队人员总数（人）	129000	129000		
专利申请量（居民）（件）				
专利申请量（非居民）（件）				

续　表

年　度	2019	2020	2021	2022
科技期刊文章（篇）	89.3	89.36		
向撒哈拉以南非洲地区发展中经济体的商品出口（占商品出口总额的百分比）	0.058	0.047		
向南亚地区发展中经济体的商品出口（占商品出口总额的百分比）	0.057	0.040		
向中东和北非地区发展中经济体的商品出口（占商品出口总额的百分比）	0.010	0.008		
向拉丁美洲和加勒比地区发展中经济体的商品出口（占商品出口总额的百分比）	1.171	0.718		
向欧洲和中亚地区发展中经济体的商品出口（占商品出口总额的百分比）	0.386	0.590		
向东亚和太平洋地区发展中经济体的商品出口（占商品出口总额的百分比）	84.479	84.940		
向地区外发展中经济体的商品出口（占商品出口总额的百分比）	1.681	1.403		
向高收入经济体的商品出口（占商品出口总额的百分比）	13.840	13.657		
商品出口（现价美元）（亿）	58.059	61.149	76.945	
从撒哈拉以南非洲地区发展中经济体的商品进口（占商品进口总额的百分比）	0.018	0.010		
从中东和北非地区发展中经济体的商品进口（占商品进口总额的百分比）		0.000085		
从拉丁美洲和加勒比地区发展中经济体的商品进口（占商品进口总额的百分比）	0.059	0.033		

续 表

年 度	2019	2020	2021	2022
从欧洲和中亚地区发展中经济体的商品进口（占商品进口总额的百分比）	0.851	0.288		
从东亚和太平洋地区发展中经济体的商品进口（占商品进口总额的百分比）	92.553	89.509		
从地区外发展中经济体的商品进口（占商品进口总额的百分比）	1.372	0.793		
来自高收入经济体的商品进口（占商品进口总额的百分比）	6.075	9.698		
商品进口（现价美元）（亿）	62.719	53.704	62.750	

十、印度尼西亚

年 度	2019	2020	2021	2022
总人口（人）	269582878	271857970	273753191	275501339
人口密度（每平方公里土地面积人数）（人）	143.585	144.796	144.647	
人口增长率（年度百分比）	1.113	1.144	1.149	1.075
城镇人口（占总人口的百分比）	55.985	56.641	57.290	57.934
城镇人口（人）	150925974	153983073	156833203	159608946
城镇人口增长（年增长率）	3.201	3.187	3.144	3.020
农村人口（占总人口的百分比）	62.595	61.823	61.054	60.289
农村人口（人）	118656904	117874897	116919988	115892393
农村人口增长（年增长率）	−0.551	−0.661	−0.813	−0.883
出生时的预期寿命（男性）（岁）	68.481	66.745	65.533	

续　表

年　度	2019	2020	2021	2022
出生时的预期寿命（总体）（岁）	70.518	68.808	67.570	
出生时的预期寿命（女性）（岁）	72.597	70.982	69.744	
总失业人数（占劳动力总数的比例）（模拟劳工组织估计）	3.590	4.250	3.830	3.554
男性失业人数（占男性劳动力比例）（模拟劳工组织估计）	3.748	4.565	4.272	3.893
女性失业人数（占女性劳动力比例）（模拟劳工组织估计）	3.348	3.766	3.152	3.036
石油发电量（占总发电量的比例）				
核能发电量（占总发电量的比例）				
天然气发电量（占总发电量的比例）				
燃煤发电量（占总发电量的比例）				
输配电耗损（占电产量的比例）				
通电率（占人口的百分比）	98.850	96.950	99.210	
GDP 增长率（年百分比）	5.019	−2.066	3.703	5.309
GDP（现价美元）（亿）	11190.999	10590.548	11865.055	13191.002
人均 GDP 增长（年增长率）	4.039	−2.885	2.985	4.640
人均 GDP（现价美元）	4151.227554	3895.618152	4334.215983	4787.999308
GNI 增长率（年度百分比）	4.985	−1.721	3.625	5.126
人均 GNI 增长（年增长率）	4.005	−2.543	2.908	4.459
人均 GNI（2015 年不变价）（美元）	3773.357	3677.391	3784.333	3953.065
总储蓄（占 GDP 的百分比）	33.261	31.410	35.126	39.301
总储蓄（占 GNI 的百分比）	31.872	30.050	33.858	38.081
总储蓄（现价）（美元）（亿）	3722.245	3326.529	4167.738	5184.185

续 表

年 度	2019	2020	2021	2022
军费支出（占中央政府支出的百分比）	4.447	4.766	4.073	4.113
军费支出（占 GDP 的百分比）	0.729	0.887	0.742	0.703
武装部队人员（占劳动力总数的百分比）	0.496	0.497		
武装部队人员总数（人）	676000	676000		
专利申请量（居民）（件）	3093	1309	1397	
专利申请量（非居民）（件）	8388	6851	7403	
科技期刊文章（篇）	30446.15	32553.79		
向撒哈拉以南非洲地区发展中经济体的 商品出口（占商品出口总额的百分比）	1.781	1.811		
向南亚地区发展中经济体的 商品出口（占商品出口总额的百分比）	9.594	9.038		
向中东和北非地区发展中经济体的 商品出口（占商品出口总额的百分比）	1.296	1.369		
向拉丁美洲和加勒比地区发展中经济体的 商品出口（占商品出口总额的百分比）	1.770	1.747		
向欧洲和中亚地区发展中经济体的 商品出口（占商品出口总额的百分比）	1.565	1.520		
向东亚和太平洋地区发展中经济体的 商品出口（占商品出口总额的百分比）	38.621	39.681		
向地区外发展中经济体的商品出口 （占商品出口总额的百分比）	16.005	15.485		
向高收入经济体的商品出口 （占商品出口总额的百分比）	50.141	49.204		
商品出口（现价美元）（亿）	1676.830	1633.060	2315.060	2.919.790

续　表

年　度	2019	2020	2021	2022
从撒哈拉以南非洲地区发展中经济体的商品进口（占商品进口总额的百分比）	2.034	1.482		
从中东和北非地区发展中经济体的商品进口（占商品进口总额的百分比）	0.410	0.428		
从拉丁美洲和加勒比地区发展中经济体的商品进口（占商品进口总额的百分比）	2.490	3.422		
从欧洲和中亚地区发展中经济体的商品进口（占商品进口总额的百分比）	1.766	1.811		
从东亚和太平洋地区发展中经济体的商品进口（占商品进口总额的百分比）	38.621	39.681		
从地区外发展中经济体的商品进口（占商品进口总额的百分比）	9.461	9.965		
来自高收入经济体的商品进口（占商品进口总额的百分比）	49.682	47.775		
商品进口（现价美元）（亿）	1712.760	1416.220	1961.900	2374.470

十一、东帝汶

年　度	2019	2020	2021	2022
总人口（人）	1280438	1299995	1320942	1341296
人口密度（每平方公里土地面积人数）（人）	86.109	87.424	88.833	
人口增长率（年度百分比）	1.113	1.144	1.149	1.075
城镇人口（占总人口的百分比）	30.947	31.320	31.695	32.074

续　表

年　度	2019	2020	2021	2022
城镇人口（人）	396257	407158	418673	430207
城镇人口增长（年增长率）	3.201	3.187	3.144	3.020
农村人口（占总人口的百分比）	69.053	68.680	68.305	67.926
农村人口（人）	884181	892837	902269	911089
农村人口增长（年增长率）	0.930	0.974	1.051	0.973
出生时的预期寿命（男性）（岁）	66.721	66.837	66.100	
出生时的预期寿命（总体）（岁）	68.268	68.475	67.737	
出生时的预期寿命（女性）（岁）	69.950	70.279	69.544	
总失业人数（占劳动力总数的比例）（模拟劳工组织估计）	4.452	4.804	4.975	4.864
男性失业人数（占男性劳动力比例）（模拟劳工组织估计）	3.254	3.628	3.676	3.562
女性失业人数（占女性劳动力比例）（模拟劳工组织估计）	5.907	6.234	6.549	6.437
石油发电量（占总发电量的比例）				
核能发电量（占总发电量的比例）				
天然气发电量（占总发电量的比例）				
燃煤发电量（占总发电量的比例）				
输配电耗损（占电产量的比例）				
通电率（占人口的百分比）	90.632	96.002	100	
GDP 增长率（年百分比）	23.412	31.962	5.316	−20.542
GDP（现价美元）（亿）	20.270	21.626	36.220	32.048
人均 GDP 增长（年增长率）	21.620	29.977	3.645	−21.747
人均 GDP（现价美元）	1583.079	1663.560	2741.951	2389.296

续　表

年　度	2019	2020	2021	2022
GNI 增长率（年度百分比）	33.534	9.617	−8.617	−26.981
人均 GNI 增长（年增长率）	31.595	7.968	−10.066	−28.089
人均 GNI（2015 年不变价）（美元）	2358.794	2546.733	2290.384	1647.039
总储蓄（占 GDP 的百分比）	−1.413	5.048	41.653	24.325
总储蓄（占 GNI 的百分比）	32.098	27.237	46.602	23.462
总储蓄（现价）（美元）（亿）	10.050	7.929	18.387	7.645
军费支出（占中央政府支出的百分比）	2.464	2.918	2.399	2.548
军费支出（占 GDP 的百分比）	1.696	1.782	1.083	1.107
武装部队人员（占劳动力总数的百分比）	0.369	0.363		
武装部队人员总数（人）	2000	2000		
专利申请量（居民）（件）				
专利申请量（非居民）（件）				
科技期刊文章（篇）	14.09	11.87		
向撒哈拉以南非洲地区发展中经济体的商品出口（占商品出口总额的百分比）	0.392	0.646		
向南亚地区发展中经济体的商品出口（占商品出口总额的百分比）	0.007	0.091		
向中东和北非地区发展中经济体的商品出口（占商品出口总额的百分比）	0.365	0.227		
向拉丁美洲和加勒比地区发展中经济体的商品出口（占商品出口总额的百分比）	8.678	11.54		
向欧洲和中亚地区发展中经济体的商品出口（占商品出口总额的百分比）	0.008	0.127		
向东亚和太平洋地区发展中经济体的商品出口（占商品出口总额的百分比）	66.421	38.559		

续 表

年 度	2019	2020	2021	2022
向地区外发展中经济体的商品出口（占商品出口总额的百分比）	9.450	12.635		
向高收入经济体的商品出口（占商品出口总额的百分比）	24.129	48.806		
商品出口（现价美元）（亿）	1.540	2.640	6.160	4.730
从撒哈拉以南非洲地区发展中经济体的商品进口（占商品进口总额的百分比）	0.166	0.012		
从中东和北非地区发展中经济体的商品进口（占商品进口总额的百分比）	0.079	0.052		
从拉丁美洲和加勒比地区发展中经济体的商品进口（占商品进口总额的百分比）	1.149	0.906		
从欧洲和中亚地区发展中经济体的商品进口（占商品进口总额的百分比）	0.024	0.060		
从东亚和太平洋地区发展中经济体的商品进口（占商品进口总额的百分比）	38.621	39.681		
从地区外发展中经济体的商品进口（占商品进口总额的百分比）	3.042	2.972		
来自高收入经济体的商品进口（占商品进口总额的百分比）	27.318	43.743		
商品进口（现价美元）（亿）	5.910	6.250	8.730	9.340

数据来源：https://data.worldbank.org.cn/.